FROYLÁN TURCIOS
MEMORIAS

ERANDIQUE
LITERATURA

MEMORIAS
FROYLÁN TURCIOS

©Colección Erandique
Supervisión Editorial: Óscar Flores López
Diseño de portada: Andrea Rodríguez
Administración: Tesla Rodas y Jessica Cordero
Director Ejecutivo: José Azcona Bocock

Segunda Edición
Tegucigalpa, Honduras—Septiembre de 2024

UN LIBRO QUE DEBE SER LEÍDO POR LOS HONDUREÑOS

Este es un libro hermoso que debería ser leído en escuelas, colegios y universidades de Honduras.

Porque más que las Memorias de Froylán Turcios, son las Memorias de varias épocas, algunas luminosas, otras oscuras, de nuestro país.

Poeta, periodista, defensor de la soberanía nacional, antologista, diplomático, ministro en varios gobiernos, librero, narrador, Turcios nos hace un relato que comienza en su infancia, allá en Juticalpa, y concluye en 1934.

Aunque son unas Memorias inconclusas, valen oro, pues es la visión de uno de los intelectuales más importantes que ha dado el continente.

Personajes como Marco Aurelio Soto, Pablo Zelaya Sierra, Rubén Darío, Manuel Bonilla, Terencio Sierra, Juan Ramón Molina, Policarpo Bonilla, Miguel Paz Baraona, José Antonio Domínguez, Tiburcio Carías Andino, entre muchísimos otros, desfilan por las páginas de Memorias de Froylán Turcios.

¡Qué privilegio!

Gracias al autor de El Vampiro, Mariposas, Hojas de Otoño, Floresta Sonora, Cuentos del amor y de la muerte, tenemos información abundante de la Guerra Civil del 24 y podemos descubrir varias facetas del que es, en palabras del propio Turcios, el más grande poeta que ha nacido en Honduras: Juan Ramón Molina.

Además de recoger la obra de Molina, Turcios nos hace un retrato conmovedor del llamado Príncipe de la Poesía.

El libro está enriquecido con anécdotas, descripción del carácter y temperamentos de presidentes, generales y escritores, lo que le da un valor incalculable dentro de la bibliografía hondureña.

Óscar Flores López

PALABRAS INICIALES

FUE EN ROMA —meditando una tarde sobre las ruinas del palacio de los Césares— que se hizo verdad en mi espíritu la idea de escribir estas Memorias.

¿Qué analogía recóndita entre la voluntad colectiva que prolonga en las edades los aspectos gráficos de la vida gloriosa del mundo antiguo y mi ser arcano se estableció en aquella hora? ¿Pensé acaso en el anhelo legítimo en su normal instinto- de salvar mi nombre del total olvido? ¿De prolongarlo, siquiera un siglo, en la memoria de mis compatriotas? No podría decirlo: hay en esto algo confuso y abstracto que se resiste a una íntegra respuesta. Sólo sé que sobre aquellos escombros —defendidos de la agresión de los tiempos por la perenne vigilancia de la Historia— se hizo plena certeza mi resolución de grabar en un libro la huella de mi paso por la tierra. Durante diez meses trabajé en él dos horas diarias y en la fecha en que le di término —colocando puntos suspensivos en el minuto presente— volví a sentarme sobre el trozo de columna del Palatino en que resumiera mi deseo, quizá orgulloso de mi voluntad perseverante.

No conozco en Centro América ningún esfuerzo de este género, si se exceptúa *La vida de Rubén Darío* escrita por él mismo, hecha a retazos y deficiente en datos humanos inferior a las tres páginas de su *Benjamín Itaspes*, y los dos novelescos volúmenes en que Enrique Gómez Carrillo recogió las emociones de un lustro de su regocijada vida bohemia. No cumplió su promesa concreta en el título, anunciador de treinta años de episodios literarios, amorosos y cómico—dramáticos; deteniéndose precisamente cuando su fama de cronista empezaba a brillar en Europa. Hay, sí, innumerables bosquejos de memorias, de personajes de la literatura o de la política, pero fragmentarios, ocasionales, de ciertas épocas o etapas; diarios íntimos, narraciones de carácter epistolar, que abarcan lapsos más o menos extensos. Pero nunca la obra completa en que se recorre toda la parábola que va de la cuna al sepulcro.

Este libro ha sido escrito para los hondureños, y, por extensión, para los centroamericanos. Carecerá, probablemente, de interés para los extranjeros; aun conteniendo sensaciones o imágenes de tan diversas comarcas del planeta.

Después de terminar mis dos grandes tomos de la Historia de Honduras (mil quinientas páginas en 4o. de temas graves y prolijos), ni el más severo y exigente de mis lectores —filósofo, filólogo o esteta— tendrá derecho a calificarme de frívolo oególatra por haber escrito estas Memorias. Fuera de que, en gran parte, los sucesos en ellas registrados son de positivo interés histórico, no deberá olvidarse mi carrera literaria y mis campañas cívicas; que actué en elevados cargos públicos dentro y fuera de mi patria, que me pusieron en condiciones de analizar a fondo hechos importantes, ignorados aun o todavía ajenos a la letra de molde; que he sido, o soy amigo, de los centroamericanos más ilustres de 1898 a la fecha, y de eminentes personalidades de América y Europa, y de que se me considera el hondureño que más remotas tierras ha conocido.

Creo, pues, que no fueron vanas y estériles las seiscientas horas que en la Roma Eterna dediqué a este volumen —horas matinales de las seis a las ocho— en que museos, bibliotecas, exposiciones y templos no pueden visitarse; y que veré compensada mi tarea, reducida posteriormente a sus dos terceras partes, si el lector comprensivo juzga que la mayoría de las reminiscencias y sucesos descritos son dignos de que se salven del inmediato olvido.

Establezco aquí un sencillo procedimiento justiciero de aplauso o sanción para actos de personas con quienes me encontré en la ruta recorrida, y que, de no figurar en estas páginas, quedarían para siempre inéditos. Muchos de nuestros grandes hombres aparecen con su exacta estatura moral en anécdotas o incidentes desconocidos o antes apenas delineados.

Estas Memorias, escritas en términos claros y precisos, llevan en sí el perfecto sentido de *Confesiones,* es decir, de *Verdades.* Si en ellas hubiera algo equívoco en los hechos sería únicamente por excepcional inconsistencia en las remembranzas, jamás por un propósito deliberado de falsear una expresión o un acontecimiento. Quien me conozca un poco sabe que la sinceridad es mi suprema característica y que desprecio la mentira en cualquiera de sus formas.

Pudiera decir que un setenta por ciento de las personas que desfilan por este libro reposan en la tumba *(*);* y siempre que, después del día en que empecé a escribirlo tuve noticia de otra desaparición, un doble sentimiento, de tristeza y contrariedad, turbaba mi ánimo, pensando que la falta de actores o testigos vivos, podría restarles fuerza a mis relatos, Aunque, de una vez por todas, a este respecto ya he fijado mi síntesis: todo lo que aquí digo con la salvedad ya enunciada es absolutamente cierto; pero si alguien niega alguno o algunos de sus detalles, que dude o crea lo que se le antoje: que con ello no alterará un ápice la serenidad de mi alma o de mi pensamiento.

(*) Gran número de fantasmas de seres hace mucho tiempo olvidados cobra por un instante nueva vida en estas páginas: salen del sepulcro al conjuro de mis recuerdos, y me imagino que en su mayoría agradecidos a este llamamiento que ilumina las tinieblas de su eterno reposo. Quizá mañana mi espíritu, liberado de la materia, vibre con una emoción idéntica, cuando algún ignoto amigo evoque, en la música de una rima, mi sombra errante en el más allá,

Cuando en las noches sin sueño pasan por mi mente los años vividos me complazco en ratificar que no hay en ellos nada que pueda avergonzarme. Errores y defectos, sí, en abundancia, como en todo ser humano; pero ningún vicio, o delito de ninguna clase.

En mi vida de hogar, en mi vida pública y en mi acción literaria —lo digo sin vanidad— no admito primacía entre mis contemporáneos hondureños. Procuré siempre enaltecer a mi país en toda hora y lugar. Fui el único que lo defendió con ardor, despreciando el peligro, cuando sufrió la afrenta de la soldadesca yanqui. Mi nombre no figuró en solicitudes de concesiones de minas o de tierras para forjar con ellas cadenas de esclavitud, vendiéndolas a la rapacidad del extranjero, ni me manché nunca apropiándome dineros ajenos.

Hice todo el bien que pude, trabajé sin descanso desde mi adolescencia, y en la suerte próspera o adversa cuidé siempre de mi integridad personal, puliéndola como una joya. En todas las oportunidades demostré mi valor, y si mis puños golpearon a muchos cuando fue necesario, nadie podrá decir jamás que puso su mano sobre mí.

Sólo en un punto esencial —tendré la entereza viril de confesarlo, ya que estas Memorias tiene algo de póstumo— me siento, con dolor, y, en cierta manera, un fracasado: en no haber sido Presidente de

Honduras. Poseyendo todas las aptitudes para el mando, y ávido de hacer resonar en el mundo el nombre de mi patria, tengo la firme certidumbre de que mi paso por el Poder Público habría dejado un recuerdo brillante. Si cuando a los diecinueve años fui Ministro de Gobernación me hubiese propuesto, de un modo tenaz y sistemático e invariable, llegar a la Presidencia, tengo por seguro que lo habría logrado; pero mi absorbente pasión por las letras desvió mi destino por rutas opuestas,

No fue, en verdad, propiamente un fracaso, porque nada intenté para llegar a la meta entrevista; pero aun así esto me produce una íntima amargura, desolándome con el imposible anhelo de volver a mi juventud y rectificar el porvenir

Hoy, en el frío invierno, simbolizo mi supremo deseo en esta luminosa expresión d'annunziana:

Dadme una manera noble de morir.
Que la Belleza extienda uno de sus velos
bajo mi último paso. Esto tan sólo
imploro de mi destino.

FROYLAN TURCIOS

San José de Costa Rica, 10, de enero de 1939.

MI PRIMER RECUERDO es un despertar en la hermosa casa en que nací, en Juticalpa, a dos cuadras de la vieja parroquia, al rumor de las alegres campanas llamando a misa, en un amanecer de abril.

La casa fue construida bajo las instrucciones de mi padre, y era, en aquella época, la mejor de la ciudad. Tenía dos grandes patios. En el principal, empedrado, alzábanse tres únicos árboles: en uno de sus vértices un alto esquisuche de flores balsámicas, que, al desprenderse en el silencio de las noches, alfombraban el suelo de pétalos blancos; y en el centro, como inmóviles centinelas, entre redondos arriates, dos júpiteres, cuyos gráciles ramos, morados y de una rosa claro, se abrían espléndidos con las primeras lluvias. A este patio daban las habitaciones más importantes: tres alcobas, la tienda y la sala. Todo rodeado, en su parte interna, por un amplio corredor, que circuía una verja de bronce con dos graciosas puertas en sus extremos. Una profunda pila de ladrillo, bajo el canalón del tejado, recogía las aguas que en los crudos inviernos inundaban el recinto, vaciándose en la calle por un canal subterráneo. Junto al portón estaba la cocina; frente a ésta —a regular distancia— dos cuartos para la servidumbre y otro para la despensa, y hacia la derecha la caballeriza llena siempre de magníficas bestias.

El segundo patio, separado del anterior por una tapia, era un huerto de naranjos, matasanos, anonillos, jícaros e izotes de largas hojas eréctiles semejando espadas, que utilicé en los combates a que inducía, con fogosos discursos, a los pilluelos del vecindario. Estaban allí las dos amplias piezas destinadas para almacén de las mercaderías remitidas mensualmente de Trujillo. Contiguo a ellas, el cuarto con el retrete, limpio e higiénico, el único de su clase entonces en la región.

Mi padre era un hombre de gallarda presencia, alto, blanco, de ojos azules. Instruido y talentoso, audaz en sus empresas, fue a pesar de su origen humilde, un varón excepcional entre sus coterráneos. Se enriqueció en poco tiempo con el pingüe negocio de exportación de novillos en gran escala a la isla de Cuba. Atraíanle las cosas bellas y raras, el esplendor de las artes, los nuevos inventos, las múltiples formas de la civilización contemporánea; y en general, todo lo que era brillante, grato y confortable. Pródigo hasta la magnificencia, hizo entapizar con lujo todas las habitaciones, cubrir los pisos con linóleum, pintar el cielo del salón y el corredor por un artista de

7

mérito. Exornó su residencia con finos muebles: cómodas sillas y sofás, mesas de mármol, suntuosos espejos dorados, arañas de bronce y esplendente cristalería veneciana.

Una noche se hallaba de visita en mi casa el maestro Francisco de Paula Flores. Estuvo dos horas sentado en un sofá, bajo uno de estos espejos de cristal de roca de más de dos metros de altura por uno de ancho. En el preciso instante en que se levantó para despedirse, se desprendió el espejo con gran estruendo, haciéndose mil pedazos, y destrozando el sofá. Si tarda cinco segundos en moverse de allí habría muerto poco menos que fulminado.

En la pared del fondo de la sala un extraño e inmenso reloj complicadísimo mostraba sus innumerables signos y agujas, y en las esquineras de purpúreo ron-ron lucían exóticos bibelots, entre ellos un precioso cronómetro de alabastro bajo su cubierta de ligero cristal. Y en lo alto, entre los espejos, valiosas reproducciones de cuadros célebres en marcos de maderas brillantes.

En el servicio empleábanse diversas máquinas, desconocidas en aquel tiempo en los hogares hondureños: para desgranar maíz, para moler café, para henchir chorizos y triturar la carne, para partir la caña de azúcar y picar el zacate: una cocina de hierro y toda clase de útiles modernos que simplificaban el trabajo mejorándolo.

En sus jaulas amarillas piaban continuamente los canarios y en los patios los pavos reales extendían en abanicos sus colas de plumas deslumbrantes.

Tal fue la mansión en que corrieron mis primeros diez años. Cuando contaba siete eran dos mis hermanas: Lalita, que tenía catorce, y Delia. Entre Lalita y yo nacieron y murieron otro Froylán, otra Delia, y un niño a quien llamaron Ramón, que sólo vivió unos pocos días y que fue enterrado en el primer patio. Con macetas de lirios rojos formaron su nombre sobre el pequeño sepulcro. Así, en las primaveras, veíanse aquellas cinco letras floridas dentro de un cuadro de ladrillos pintados de verde.

El suicidio de mi tío Miguel, hermano menor de mi madre, constituye mi segunda remembranza. Podría llenar un volumen con el relato de las excepcionales aventuras de aquel muchacho extraordinario. Y quizá escriba si la vida me da tiempo.

(Ver el número 15 de ARIEL, en que sinteticé algunos episodios).

Mi tercer recuerdo se relaciona con un lamentable incidente que impresionó de tal manera mi espíritu que jamás he podido olvidarlo.

Cuando llegaron a Trujillo los últimos muebles que mi padre compró en los Estados Unidos para nuestra casa, uno de los olanchanos que se hallaba en aquel puerto solicitó la conducción a Juticalpa de tres elegantes tocadores de caoba. Eran pesadísimos; pero el hombre poseía una fuerza excepcional. Se le hicieron todas las objeciones del caso, manifestándosele que se consideraba tal empresa excesiva para él. Tendría que recorrer más de ochenta leguas de pésimo camino, accidentado por elevadísimas cuestas, por abruptos senderos bordeando tenebrosos farallones. Todo fue inútil. El mozo juró que, a pesar de sus gruesos espejos y de sus grandes gavetas, él los llevaría fácilmente. Pidió cien pesos por su trabajo. Mi padre le ofreció doscientos si los entregaba sin ninguna rotura. Cerca de tres meses empleó en la homérica hazaña. Conducido uno de aquellos muebles a la primera jornada, volvía atrás por otro, y, traído éste, regresaba por el tercero. Intactos, sin el menor desperfecto, los depositó en un extremo del corredor, entre los aplausos de toda la familia y de los vecinos asombrados.

Presentaba el atleta inequívocas señales de tremenda fatiga: el semblante flácido y amarillento, la respiración anormal, la tos continua y ronca. Relató el tenaz esfuerzo agotador, la angustia de las últimas leguas, las horas de penosa inmovilidad sobre la ruta, sin ánimo para moverse bajo el fuego de los soles de marzo. Sirviéronle un suculento almuerzo y un gran vaso de vino. Feliz con los tres gruesos paquetes de plata en las manos, declaró riendo que nunca fue dueño de tanto dinero y pidió que no le tuviesen piedad, viéndole tan aniquilado, pues pronto se hallaría completamente repuesto y más vigoroso que antes.

—Sólo una cosa le voy a pedir, niña Trina—, dijo dirigiéndose a mi madre. Deseo oír una piecesita tocada en uno de esos preciosos tocadores.

Viendo la mísera expresión con que acompañó sus humildes palabras, todos dominaron la risa ante el absurdo ruego. Y de una manera sencilla, con la bondadosa y natural facilidad con que se expresaba mi madre en casos semejantes, le explicó el servicio que prestaban aquellos muebles, que nada tenían que ver con los instrumentos de música. Sonrió el pobre hombre, apenado de su ignorancia, despidiéndose minutos después. (Nunca he podido olvidar aquella lastimosa sonrisa). A la mañana siguiente, tras una noche de atroz desesperación, le dejó exánime un violento vómito de sangre. Mi padre acudió en el acto con un médico en su socorro. Pero todo fue inútil. Su agonía duró dos semanas. Jamás pude mirar aquellos tocadores sin sentir, como una punzada recóndita, el recuerdo de aquel infeliz. Y hasta me parecía ver, en ciertas noches, desvaneciéndose en el fondo de sus claros espejos, su imagen extenuada y macilenta.

Dos recuerdos más surgen palpitando en mi memoria al evocar estos primeros cuatro años: uno de ellos, el de mi prima Carlotilla, mayor que yo, muy linda y sonrosada, con sus buclecitos castaños cayéndole por las sienes... En la mañana de un domingo correteaba yo desnudo por el patio, cuando una criada gritó:

—Ahí viene Carlotilla muy bonita con su vestido blanco.

Más rápido que un ratón me introduje en un horno que había junto a la cocina y allí me estuve agazapado largo rato. La primita asomó varias veces la cara por la abertura, riéndose y llamándome; pero no salí sino cuando se fue con el último toque de campana de la segunda misa.

El otro es un recuerdo rojo. No sé cómo metí un día la cabeza por el angosto hueco, en forma de corazón, de una de las ventanas de hierro de la sala que daba a la calle. Estuve allí conversando alegremente con unos pilluelos descalzos, asombrados de mi hazaña.

Cuando quise zafarme de mi prisión comprendí que era imposible que mi cabeza pasara por tan estrecha oquedad. Hice toda clase de esfuerzos por lograrlo, pero en vano. Cogióme de pronto un absurdo terror y empecé a gritar, dándome tan frenéticos golpes en mi afán por liberarme que la sangre comenzó a correr por mi cuello. A medida que aumentaba mi violencia iba alzándose un coro de bromas y carcajadas entre el numeroso grupo de pilletes. Mis alaridos atrajeron a otras gentes, con lo que el escándalo tomó serias proporciones.

En mi casa iban de un lado a otro mis padres y hermanos sin encontrarle solución al conflicto, y de adentro y de afuera varias personas me retenían cogido de las piernas y del pelo para que no siguiera destrozándome la testa.

Me di en este risible y lamentable espectáculo ignoro cuanto tiempo. De mi frente se desprendíanse hilillos de sangre que me anegaban los ojos; pero aun así podía ver que el número de espectadores aumentaba a cada instante. En el minuto en que el herrero que se había llamado iba a cortar unos barrotes del balcón, oí una voz familiar solucionando el arduo problema:

—Cierra bien la boca y así podrás sacar la cabeza.

Lo hice en el acto y segundos después veíame libre, entre los silbidos y las estruendosas carcajadas de todos.

LAS DOS cuadras que separaban mi casa de la escuela en que aprendí las primeras letras fueron la ruta de mis infantiles tormentos. Un invencible horror destrozaba mi ánimo pensando en el recinto en que se movía mi maestra entre un grupo de párvulos de ambos sexos de mí misma edad. ¡Mi maestra! Era una buena mujer con el rosario siempre en la mano, de pequeña estatura, gorda, de tez descolorida. Llamábase María de Jesús Mejía, entonces ni joven ni vieja. A pesar de su aspecto placentero, inspirábame un miedo rayano en terror. Idéntica impresión seguramente me habría producido cualquiera otra persona que me hubiese obligado a retener entre mis dedos aquella pavorosa cartilla de San Juan, y a grabar en mi mente, a viva fuerza, los iniciales balbuceos del idioma.

Creo que no ha existido otro niño tan refractario como yo a toda imposición y dominio. Sujetarme a una disciplina que, privándome de mi libertad contrariara violentamente mis deseos, era, para mi cerebro de cuatro años, un verdadero crimen. Odiaba la escuela como un lóbrego lugar de suplicio. Comparábala —acostumbrado a la amplitud de las estancias de mi hogar, a la comodidad de los mullidos sillones y de las ligeras hamacas— a una cárcel inmunda, en donde veíame obligado a rozarme con chiquillos sucios y malolientes. Así mis horas lúgubres eran las ocho de la mañana y la una de la tarde en que tenía que partir para la escuela. Con angustia oía sonar las campanadas como siniestros toques de agonizantes ecos. Cuando me llamaban para que partiera, escondíame rápidamente tras de algún mueble o debajo de una cama, con el corazón saltándome en el pecho; y, ya descubierto, persiguiéndome, entablaba furibundos combates con el criado que iba a conducirme. El hombre, después de un

11

sinnúmero de carreras, tomábame en brazos; y llorando, y arañándole, y profiriendo protestas y agudísimos chillidos, me llevaba por la calle entre las risas de los transeúntes.

Al llegar a la puerta de la escuela retenía los sollozos, entrando con el traje deshecho y la cara enrojecida y llena de lágrimas. Los menudos compañeros tapábanse los ojos con ambas manos y gruñían débilmente como cerdos mamones burlándose de mi facha. La maestra, para consolarme, sentábame en sus piernas, acariciándome y diciéndome palabras afectuosas.

—Venga, mi príncipe, venga a estudiar su lección.

Entregábame el puntero de varilla de coco y el pequeño cuaderno, señalando mi tarea de repetir en alta voz las letras del abecedario, que mi memoria no lograba retener en orden.

Había un cuartucho en el corredor que los alumnos mirábamos con repugnancia mezclada de espanto. En él expiábamos nuestras faltas. Era húmedo y oscurísimo, y como en su fondo se hacinaba un troje de maíz, por el piso sin ladrillo discurrían innumerables ratones, gorgojos, cucarachas, alacranes y comejenes. Los sapos roncaban en sus negros agujeros y las panzudas ratas roían las mazorcas con sus agudos dientes. Cautivo en tan ruin ergástula pasé horas de angustioso pánico, pegándome a la pared, evitando el roce con las horribles sabandijas. Fatigado, una tarde me dejé caer en el suelo; pero al instante me incorporé despavorido, pues un baboso animalejo intentó metérseme en la camisa,

Cierta vez fui conducido a la prisión agarrado de una oreja (Le mordí la mano a un chicuelo que no cesaba de gemir).

—Aquí vas a pasar toda la noche y te va a comer Nana Cutana —me gritó mi maestra—, empujándome en la obscuridad y echando la llave.

Como si aquella sentencia me hubiera fulminado, me desplomé sin voz sobre una enorme canasta llena de frijoles y me dormí profundamente. Me desperté luego sobresaltado, oyendo a mi espalda un continuo rumor subterráneo. Conteniendo el aliento, escuché una especie de canto nasal, acompañado de sordos gruñidos y largos bostezos que provenían del sitio mismo en que me hallaba. Los pelos se me pusieron de punta y no osé mover un dedo. Creí que iba a ser devorado por alguna feroz alimaña... Entretanto, el horrendo ruido continuaba. En el momento de gritar, pidiendo socorro, la puerta se abrió y recobré mi libertad.

En Nueva Orleans, mi padre conoció a José Robinson, quien le presentó a su familia, atendiéndolo con amistosa cordialidad. Transcurrieron algunos años, y, en un negocio de minas, llegó Robinson a Juticalpa. Fue alojado en mi casa, destinándole los cuartos del almacén, que a la sazón hallábanse libres de mercaderías. Partió al cabo de algunas semanas, dejando excelentes recuerdos. En mi mente se grabó su figura simpática: sus ojos verdes y sus cabellos amarillos impresionaron mi imaginación.

Seis meses después le vimos entrar en el patio como una sombra de lo que fue. Con gran esfuerzo bajóse de la mula, y, ya, en el corredor, explicó que venía muy enfermo. La fiebre le hacía temblar... Prodigáronsele todas las solicitudes imaginables. Le asistió fraternalmente el doctor Cornelio Moncada y mejoró un poco; hasta se pensó que estaba salvado; pero una repentina recaída de su agudo paludismo le llevó a la tumba en cuatro días. Ya muy grave le trasladaron a la mejor habitación de la casa. Allí pasé muchas horas acompañándole en silencio. Sentábame sobre su lecho y le tomaba la mano que ardía. Él me miraba largamente, sonriéndome con cariño. Sus ojos empañados de lágrimas hundíanse cada vez más. Repetí, con voz triste, esta frase lamentable:

—No querer morir yo. No querer morir yo...

Se confesó, en francés, una mañana, con el padre Martínez y Cabañas. Murió aquella noche. Veo el desfile de su entierro, el ataúd volviendo la esquina de las Osorio. Todos llorábamos. Fue sepultado en uno de los ángulos del viejo camposanto.

Contaba mi madre que hallándose mi hermana Delia aún en la edad en que los niños no articulan palabras completas fue atacada de un grave mal que la puso a dos dedos del sepulcro. Para calmar sus continuos gemidos llevábanle toda clase de juguetes: muñecos automáticos, lanudos, cabritos, gatos barbados, pájaros de colores. Yo, que ya tenía dos años, los miraba con avidez. No me permitían tocarlos, ni siquiera verlos de cerca. Un mediodía la enfermita empeoró y oyendo sollozar a mi madre entré rápidamente al cuarto preguntando a gritos:

—Mamaíta ¿ya se murió Delia para cogerme sus juguetes?

Oyóse entonces una vocecita que salía de la cuna:

—Vía no, Lan...

—¿Oíste, Carlota? —exclamó mi madre, dirigiéndose a una de las presentes—. Se me muere mi hija, no es posible que viva.

Dios quiso que Delia no muriera para dicha de los suyos. Ella ha sido ejemplar modelo de hijas, de hermanas, de esposas y de madres.

En las procesiones de la Semana Santa, en mis primeros años, me vestían de ángel e iba a un lado de la Virgen o de Jesús, cubierto de encajes blancos, con dos ligeras alas y en andas de cedro con adornos de cintas y jazmines. También salí de Adán, bajo el manzano maldito, con una Eva precoz (creo que fue Rosa Fernández) y poco menos que con el traje que usó nuestro primitivo padre. Recuerdo que me sentía muy a mi gusto entre la sudorosa muchedumbre en aquellas tardes tórridas; y que la serpiente se desprendió de la rama en que la pusieron y vomitaba gran cantidad de aserrín a cada presión de mi pie sobre su abdomen, lo que hacía reír a mi compañera en el paraíso, a nuestros conductores y a otras gentes que caminaban junto a nosotros. Ya de nueve años llevaba con frecuencia uno de los ciriales en los viáticos u otra ceremonia dentro o fuera de la iglesia; y, en un jueves santo, teñida la cara de carbón y de achiote, armado de larguísima lanza y con un saco y pantalones de sándalo rojo que me suministró el sacristán, anduve en la turba de los judíos. Lo que me costó una buena paliza materna.

Estas representaciones eclesiásticas y la lectura de bandos en las esquinas fueron mis actos públicos infantiles de mayor relieve. Por mi voz fuerte y mi seguridad en la dicción me buscaban de la Municipalidad y la Comandancia de Armas para que leyera en las calles acuerdos; y yo iba, orgulloso de mi cometido, con el pliego enrollado en la mano y a la cabeza de la tropa (cinco soldados y un cabo), al son del clarín y del tambor. Por supuesto que aceptaba el encargo con la certidumbre de no pasar cerca de mi casa para no exponerme a un seguro castigo.

Mis cinco años vieron llegar a otro huésped de mi padre: el cubano o español Eduardo Viada, joven de hermosa presencia que nunca supe la causa que le condujo a Olancho. Creo que era militar en su país porque frecuentemente hablaba de asuntos de guerra. Me regaló un pequeño rifle de fina madera y metal reluciente y una espadita muy graciosa. Todos los días dábame instrucción práctica. Con mi rifle al brazo y con un quepis colorado parábame frente a él en el corredor repitiendo sus ademanes. Hacíame marchar y contramarchar durante media hora. Me causaba un vivo placer este ejercicio; y, al terminarlo, Viada ponía en mi bolsillo un macaco (Moneda de plata sin acuñar) de dos reales explicándome que era mi sueldo de soldado.

—Llegarás a ser un general —me decía.

Esta simple enseñanza —juego que duró cuatro meses— dejó en mí un gusto íntimo por la carrera de las armas. Y en mi adolescencia soñaba con los uniformes y la intensa vida en una academia militar europea. (Pero ¿cómo someterme a la ciega obediencia y a la férrea disciplina?).

En un mediodía partió Viada. Fui a encaminarle a muchas leguas de la ciudad. Y nunca supe más de él. Oí decir que le vieron en Tegucigalpa, de alta en la guardia de honor del presidente Soto.

Antes de que yo naciera habíanse hospedado en mi casa algunos personajes políticos, entre ellos los presidentes Medina y Leiva y los generales Bográn y Medinita (Juan Antonio). Bográn se encariñó con mi tío Miguel, sorprendido de sus proezas precoces, e intentó llevárselo para Santa Bárbara; pero se opuso mi familia, de lo que se arrepintió después. Y en uno de los cuartos interiores estuvo escondido el general Pedro Fernández, cuando Leiva ocupó con sus tropas Juticalpa. De cada uno de ellos relatábanse cosas interesantes.

ME ENTUSIASMABAN las corridas de toros de la alegre fiesta de Concepción. Durante dos o tres años, siendo muy pequeño, un sirviente, bien montado, me llevaba por delante sobre un cojín. Detenía su cabalgadura junto a la barrera mientras el cornúpeto corcoveaba procurando derribar a su jinete, precipitándose sobre los improvisados toreadores; y en los intervalos en que la plaza quedaba libre del fiero espectáculo, íbamos por las calles entre los grupos de paseantes. En mi simplicidad infantil lo que más me interesaba eran los ridículos movimientos del pelele que montaba el toro y el mico de hoyo con sus piruetas y payasadas, metiéndose, con simulaciones de loco terror, en el triángulo que en mitad del circo constituía su albergue, cada vez que el furioso animal lanzábase tras de su cola de colores acudiendo a sus continuos llamamientos. Un día estuvo a

15

punto de ensartarlo en sus agudos cuernos; con la elma en el coxis se metió en su agujero el pobre diablo, un segundo antes de ser cogido, dejando en el testuz del bruto gran parte de su estrafalaria vestimenta entre las estruendosas carcajadas de la multitud. Le invadió un terror tan grande que resistió a todas las injurias y amenazas que contra él proferían para que diera término a su faena. Sordo ante las imprecaciones, no volvió a salir de su escondite. Y luego huyó, como una liebre, hacia su casa, perseguido a pedradas por una chusma de beodos.

A los cinco años monté solo en un pequeño caballo alazán que, con una bonita silla mexicana, me regaló mi padrino.

Este padrino es una de las figuras de mayor relieve en los pintorescos escenarios de mi infancia. ¿Quién, que le hubiera visto una vez, no le recordara siempre? Cornelio Moncada era un joven de veintisiete años, tipo único de prestancia caballeresca, selecto ejemplar de humanidad en la más alta gradación a que pueden subir las excelencias espirituales. Físicamente bello, su ser moral era aún más exquisito y seductor. Hombre que hacía pensar en una estirpe ilustre, en desconocidas potencias de la naturaleza ascendiendo a la cima de su absoluta perfección, tenía que morir en su mejor primavera, devorado por su propia llama generosa que consumió sus energías en provecho de sus semejantes. Se dio íntegro a los demás y millares de compatriotas lloraron su partida.

Fue el mejor amigo de mi familia: el médico, el consejero, el hermano. En mi casa, enlutada, se le lloró durante mucho tiempo y no se le olvidó nunca, conservándose su recuerdo como el de un ser extraordinario que fue más que un hombre. En verdad era digno del mármol y de la leyenda.

Escribí un artículo sobre este gran hondureño, que apareció en El Nuevo Tiempo con su retrato y después en el Ateneo de Honduras, de los cuales fui director.

Once años contaba mi hermana mayor Rafaela, Lalita, como comencé a llamarla y fue después su nombre familiar cuando la enviaron a Tegucigalpa como interna en un colegio que dirigían dos profesoras norteamericanas, miss Oliver y Miss Hausser. Este acontecimiento constituyó mi primer gran dolor. Lalita, por sus solicitudes cariñosas, era mi afección más profunda. Ella me defendía cuando mi madre me castigaba, ofreciéndose para que le pegara en mi lugar; encargándose del arreglo de mi ropa y de todo cuanto me atañía; contándome cuentos, leyéndome lindas historias, despertando en mí la pasión por las letras, que concretó luego la más imperiosa necesidad de mi vida. Su ausencia, que duró un año, me produjo una grave pesadumbre y el número inicial de mis días felices fue el de su regreso.

Ciertamente, mi verdadera madre, desde que tuve concepto de las cosas, fue aquella blanca y dulce muchachita, tan sería y tan tímida, que me regalaba sus frutas y juguetes, suavizando con sus caricias mis pequeñas penas, protegiéndome a toda hora como si sólo para eso hubiera nacido. La menor de mis contrariedades hacíala llorar y verme contento era su ventura.

Mi madre, con una salud precaria, se ocupabábse poco del cuidado de su hogar, atendido por familiares y sirvientes. ¡La recuerdo siempre tan triste! ¡Tan joven y triste! Se casó aún adolescente, murió a los treinta y seis años y tuvo doce hijos, cinco de los cuales vivieron poco tiempo. Fue bonita, pero la anemia destruyó su organismo. Señora de una gran casa de numerosa servidumbre y en la que el dinero se derrochaba pródigamente, ni los objetos raros y bellos, ni las cosas más gratas merecíanle una sonrisa. Tenaces dolencias físicas y morales evitábanle que gozara de su brillante posición de dama rica y respetada. Provenía de la familia de más limpio y mejor abolengo de Olancho: familia poderosa por sus influencias y su gran fortuna. Fue hija mimada y en extremo querida y su aguda sensibilidad exhalábase en amargas quejas cuando la dureza de las horas hería su corazón. Celosa hasta un grado inconcebible (yo heredé su mal tremendo), con un marido capaz de repetir a su modo la historia de don Juan, y, por añadidura, en los últimos lustros, hábil catador de finos alcoholes, no sólo nunca fue feliz, sino que ignoró la paz y serenidad necesarias para que la cadena del tiempo no se vuelva insoportable. Pienso que, aparte del hondo pesar que le causaba la idea de la orfandad de sus hijos, no le dolió morir; y que la tumba fue un descanso para sus constantes angustias.

¡QUÉ DÍA TAN venturoso el del regreso de Lalita a Juticalpa! Fragantes ramajes de pino llenaban los patios y el corredor, y el salón y los cuartos veíanse colmados de flores. Todos saltábamos de alegría. Chica —una muchacha que se crio en la casa— la bajó del caballo y anduvo corriendo con ella en los brazos, perseguida por las risas y gritos de la gente menuda y por las protestas de las personas mayores. En las noches, después de la cena, nos relataba Lalita sus impresiones del colegio. Ponderaba a las directoras y subdirectora, miss Hausser, Miss Oliver y Miss Ham; conoció al poeta cubano José Joaquín Palma, que fue uno de sus profesores y a quien varias veces oyó recitar. En la fecha de clausura del plantel vio al presidente Soto y a su señora doña Celestina, con un elevadísimo peinado y un traje de seda negra; y al doctor Ramón Rosa y a Estrada Palma y a otros insignes caballeros de que hablaban los periódicos. Ella sufrió mucho por su natural timidez, por su carácter poco expansivo, que la alejaron de sus bulliciosas condiscípulas, algunas de las cuales la mortificaban con sus burlas; guardando simpática memoria de Goyita Córdova, que poseía —transcribo sus palabras— la belleza y el candor de los ángeles; de María Lardizábal, de Ángela Cordón, de Pancha Leitzelar. Relataba casos pueriles que le acaecieron en sus visitas a la familia del doctor Pedro J. Bustillo, a quien fue recomendada, y episodios y frases que oyó en otros hogares, a donde iba de paseo los domingos. Era gran admiradora de la hermosura de Lola López y de la gracia de Pancha Ocampo. Oía yo deslumbrado aquellos novelescos relatos. Consideraba a Lalita como a una niña excepcional que, en tan corto lapso, conociera los más renombrados personajes de Honduras.

Entre sus amigas de la misma edad en Juticalpa tenía Lalita fama de juiciosa e inteligente. Se la disputaban en las casas a donde íbamos de visita en los días festivos. La recuerdo muy bien con sus vestidos cortos, blancos, lilas o rosas, su pequeño sombrero de paja con jazmines, sus zapatitos de seda y su linda sombrilla con pomo de nácar. Era muy blanca, fina, delicada y de graciosos movimientos. Limpia, seriecita, discreta en sus actos y palabras. Sus doce años eran admirables. Y yo me sentía orgulloso de ir a su lado vestido de terciopelo como un príncipe. Entre sus amigas, la que ella más quería era a Lola Bertrand, guapa morenita de ojos claros y ondulantes cabellos castaños. Su padre era de Cataluña y uno de sus hermanos fue el doctor Francisco Bertrand, presidente de la República varios lustros después. Otro, de los menores, Jaime, que murió al entrar en la adolescencia, mi mejor compañero de estudios y juegos infantiles.

Para Lalita y yo la casa de nuestra abuela materna Rafaela Valenzuela, a cuarenta pasos de la de mis padres, fue el asilo más grato. Vivía con su hija menor, Mercedes, mi madrina y con una antigua sirvienta que, por su cariñosa fidelidad, llegó a formar parte de la familia y a quien llamábamos mamá Dorotea. Contaba los mismos años que mi abuela y la acompañó desde que tenía quince.

La otra casa, menos grande que la nuestra, poseía también dos extensos patios cubiertos de árboles, rosales y diamelas. Ocupaba el centro del primero un espléndido tamarindo centenario. Sentado en sus altos ramajes a los que aprendí a subir con mucha agilidad —devoré los iniciales volúmenes de mi predilección— y escribí mis primeros versos. Mil veces comí sus ácidos frutos, y bajo su balsámica sombra, en las ardientes primaveras, pasé horas inolvidables de precoz meditación. En abril brotaban sus nuevas hojas de pálido verdor, semejando un inmenso paraguas de esmeralda. Seguramente no existe en Honduras —y quizá en Centro América— otro tamarindo tan frondoso y corpulento He visto gran número de esos árboles en América, Asia y África; pero ninguno tan bello como el que fue el sonoro amigo de mis primeros años *(5)*.

Con el título *Árbol familiar* fueron publicadas esas últimas líneas en el número 8 de esta revista.

En esas dos moradas solariegas se deslizaron mis horas más felices. No sé cuál de ellas habité más tiempo. Como Lalita vivía en la de mi abuela, seguramente fue en ésta. Jugaba allí, además, al volver de la escuela, con un niño poco menor que yo. Nicho, hijo de mi tío Miguel, que era el ídolo de mi madrina, a quien lo dejó su padre el día de su trágica muerte.

Mi abuelita Rafaela representa en mis remembranzas a la gran señora de su época, rica, piadosa y honorable. Nos enseñaba a rezar, y en su regazo nos amparábamos de los castigos maternos. En la alcoba espaciosa, contigua a la sala, en que ella dormía, estaban, fijos en la pared, los santos de su especial devoción. Allí se repetía, todas las noches, el rosario. Entre sus divinas imágenes destacábase un arrogante San Miguel de vigorosas piernas, dentro de un reluciente traje purpúreo, que atravesaba de parte a parte a un horrible diablo de larga cola y cabeza de vaca con una poderosa lanza de oro. Aquella testa de ojos espantados y enormes cuernos me producía vago terror y con frecuencia la evocaba al acostarme, impidiéndome dormir. Soñé muchas noches que aquel repugnante demonio se evadía de las tremendas acometidas del arcángel, arremetiendo frenético contra mí, y dándome furiosas cornadas.

La primera esposa de mi abuelo materno —don Dionisio Canelas— se llamaba Regina Cabrera. Blanca, bella y dulce mujer llena de virtudes, de un carácter silencioso y apacible, se plegaba dócilmente a los caprichos y autoritarias costumbres de su marido, que no la apreció como debiera. Cuando éste llegaba de alguna de sus haciendas, salía ella al portón a recibirle, y luego, ya desmontado, se inclinaba humildemente para quitarle las espuelas.

Nunca se la oyó gritar, ni la cólera turbó jamás su impasible serenidad. Para todo defecto ajeno encontraba una excusa y a las cosas adversas oponía siempre la indulgencia de su sonrisa. Cierta mañana en que se paseaba por el corredor, con su niña de pocos meses en los brazos, se presentó mi abuelo con otra muchachita recién nacida, retoño también suyo, habido clandestinamente, diciendo al mostrársela, en son de broma:

—Ve, Regina, mi hija es más bonita que la tuya.

No se alteró una línea de su noble rostro, ni pronunció una palabra, mirándole con tal expresión de magnánima superioridad, que el hombre huyó avergonzado y arrepentido de su mal proceder.

Uno o dos años después de perderla, se casó mi abuelo con la joven viuda de Juan Blas Mejía, doña Rafaela Valenzuela, rica y hermosa. Mediaba apenas su luna de miel cuando tuvieron el primer disgusto. Partió para el campo, y al regresar en la tarde no vio por ningún lado a su mujer. Entró en la casa furioso, y ya en ella fue mi abuela a saludarle.

—¿Por qué no saliste a encontrarme y por qué no me quitas las espuelas?

—Porque no soy Regina. Regina era una santa y yo soy tu mujer y no tu esclava.

Y allí terminaron las interrogaciones.

Ambos tenían un vástago de su primer matrimonio. Él, una hembra; y ella, un varón. Joaquina Canelas, buena moza de magníficos cabellos castaños, y José Manuel Mejía, crecieron en el mismo hogar, y, como era natural, el amor los enredó en su tela de araña de colores. Se casaron para sumar un funesto enlace más a los millones de matrimonios infelices que se registran en el vasto mundo.

Una noche apareció Joaquina gimiendo a gritos y mostrando a su padre, en los brazos y en los hombros, las señales de los golpes que su cónyuge acababa de propinarle.

—¡Mira bien, Rafaela vociferó —iracundo— cómo ha puesto tu hijo a mi hija!

En ese mismo instante llegaba José Manuel cubierto de sangre, con las barbas arrancadas y con profundos mordiscos en el cuello y en las orejas.

—¡Ve, Dionisio, cómo ha puesto tu hija a mi hijo!

Pocos años permanecieron unidos. Las continuas reyertas les obligaron, de común acuerdo, a separarse para siempre. Sus dos hijas —Camila y Arcadia— no lograron nunca volver a juntarlos.

Anastasia Romero llamábase mi abuelita paterna. Vivía en la mejor estancia de mi casa, amplia y clara, con una hermosa ventana que daba a la calle. En ella nací y también en ella murió mi madre. De mi mamita Anastasia sólo conservo reminiscencias indecisas. Alta y blanca, la veo pasar como una sombra en mi remoto pretérito. Únicamente surge en mi memoria la mañana de enero en que se extinguió para siempre, cuando contaba ochenta años. "Desde que tengo uso de razón la he admirado", —escribió mi hermana en uno de sus cuadernos de memorias. "Y esta admiración aumenta cada día. Creo, sin ofender a los demás, que lo poco bueno que existe en el fondo de mi ser, a ello lo debo. Era una mujer buena, juiciosa, sufrida, prudente, y tan amiga de la verdad, y tan enemiga de ofender al prójimo, como no he conocido otra en mi ya larga vida". En vez de producirme dolor su desaparición, siendo, como era, tan digna de ser venerada por sus virtudes, sufrí el odioso contagio de la absurda alegría que el fúnebre suceso causó a otro de sus nietos, mi primo Pancho Turcios, mucho mayor que yo.

—Pasaremos el novenario sin ir a la escuela —exclamaba-bailando bajo los naranjos. ¡Nueve días! ¡Qué felicidad! Para él, como para mí, no ir a la escuela era la mayor ventura que se podía gozar en la tierra.

Con lágrimas corriendo por sus mejillas la oyó contar mi hermana a mi mamita Anastasia el atroz martirio moral de que fue víctima el día en que, por orden de Pedro Fernández, le ejecutaron trescientos palos a su hijo Rafael (mayor que mi padre), en la plaza de Juticalpa, creyéndolo comprometido en la revolución contra Medina,

—Tenía destrozadas las caderas y las espaldas —exclamaba— y su sangre corría por el suelo a cada golpe que le daban sus verdugos. Nunca en mi vida sentí un dolor tan tremendo. Grité como una loca, procurando con todas mis fuerzas de desasirme, para defenderlo, de las personas que me retenían, a pocos pasos del lugar del suplicio. Perdí al fin el conocimiento y así me retiraron de aquel sitio. Rafael murió en Trujillo algún tiempo después, en el portal de una casa en donde le negaron hospedaje por hallarse atacado de la fiebre amarilla. Murió en la calle como el más infeliz pordiosero, arañando la tierra en su agonía. Su cuerpo fue arrastrado hasta la fosa como una carroña... Pues bien: cuando me relataron, con los más horribles y dolorosos detalles, su lamentable fin, sufrí mucho menos —aun pensando que lo enterraron vivo como hacían con muchos de los apestados—, que cuando le oía quejarse bajo los crueles azotes empapados en su sangre.

Del citado cuaderno de Lalita transcribiré lo siguiente: "El padre de mi abuelo materno llamábase Miguel Canelas. Era hijo de don Enrique Canelas. Cuando yo estaba pequeña oía decir en la casa que estos Canelas descendían de moros: que dos hermanos, casi negros, habían llegado a Olancho, de Granada, España. No dudo que sea así, porque antes jamás se conoció ese apellido. Ignoro si existe en otras regiones de Centro América.

De las hermanas de mi abuela materna, la más inteligente fue María de los Ángeles —Tane— quien, después del asesinato de su cuñado don Francisco Barahona, y por vengarlo, fue el alma de la revolución. Se casó ya de mucha edad —cuarenta años— con un señor Pablo Brevé, inferior a ella en todo sentido, viejo, algo tonto y feísimo. Las personas que la conocían se quedaron asombradas de aquella unión. ¡Había desairado a tantos pretendientes! Como era natural, poco tiempo después aborreció a aquel marido indigno de ella, que ni siquiera supo estimarla. Y como vivía desesperada —no existía el divorcio— dicen que se envenenó. Pero yo no lo creo.

Trinidad —hermana menor de Tane— se casó en primeras nupcias con Miguel Ángel Santamaría, natural de Costa Rica, quien vino a Olancho con Ocampo, su pariente. De este matrimonio nació Marcial. Santamaría era honrado y bueno, pero muy perezoso. Se pasaba leyendo toda la vida en una hamaca. (¿Qué leería? Yo, incasable lectora, siento vaga simpatía por aquel incansable lector). Pero su mujer lo zarandeaba furiosa por su abulia, injuriándolo a todas horas. Él la oía como quien oye llover, sin dignarse siquiera a interrumpir su lectura. Era un hombre impávido. También lo hicieron pedazos en la revolución. Pobre Santamaría. Cuando se casó con mi tía abuela, ya era viudo de otra Trinidad, madre de Ramón Santamaría, marido de Camila Lara".

Mi bisabuelo materno —don Paulino Valenzuela— era un hombre de corta estatura, grueso y vigoroso, blanco, autoritario, de voz aguda y vibrante. Trabajador infatigable, aunque de corazón sencillo, bueno y noble, todo en él era preciso y categórico.

Por su iniciativa, con su contingente pecuniario y hasta con su trabajo personal, oí decir que se levantó la iglesia de Juticalpa. *(Nota de un cuaderno de mi hermana)*.

Rico, drástico, acostumbrado a que se le obedeciera sin protesta, exasperábale cualquier contratiempo y una réplica poníale furioso. Gobernaba su casa como un déspota de la Edad Media, sin dejar por ello de prodigar sus afectos y cuidados a los suyos. Cuando la cólera le cegaba, su cara poníase purpúrea, perdiendo la voz y lanzando chispas por los terribles ojos. De aquí que se le llamara "el soberbio Valenzuela".

Como veinte singulares anécdotas oí contar en mi casa de aquel bisabuelo frenético. Mi hermana las recogió en un pequeño cuaderno que el tiempo hizo desaparecer. Entre ellas recuerdo las siguientes:

Yendo de viaje para Trujillo, al bajar la cuesta del Agua Blanca, vio subir a un hombre agobiado bajo una aparatosa carga de ollas, cántaros, comales, porrones y otros útiles de barro. Asombrado de la seguridad con que conducía por la difícil aspereza de aquellas alturas un hacinamiento de tan frágiles objetos, le preguntó para dónde iba.

—Para Juticalpa. Hace ya diez días que salí de la Costa y voy más muerto que vivo por la falta de centavos con que comprar las tortillas y los frijoles.

23

Compadecido, sacó mi bisabuelo de su pantalón, en un impulso de su proverbial generosidad, una onza de oro, que puso en manos del infeliz. Este, que nunca viera antes moneda en aquella forma y color, golpeóla contra una piedra varias veces para ver si su sonido era legítimo. No lo creyó así, pues colocando su carga en el suelo, corrió tras su bienhechor, que iba ya a buena distancia, gritándole:

—¡Espere! ¡Espere! Cámbieme el peso porque éste no sirve. Deme un macaco blanco de los buenos.

Tomó don Paulino la moneda, y mirándole con desprecio, clavó las espuelas a su mula, lanzando una de sus más enérgicas interjecciones.

Llegó a su hacienda Los Terreritos un ganadero de San Esteban —un campesino corpulento— con quien entró en un negocio de novillos. Partieron para Juticalpa a poner en papel sellado el compromiso, enmarañándose en el trayecto en una serie interminable de discusiones sobre los detalles del mismo. A don Paulino, ya medio tartamudo de la ira, empezaba a correrle un hilo de fuego por el cuerpo, y cuando, al atravesar el Guayape, el alegato se hizo más violento, precipitó su caballo contra el de su interlocutor, y cogiéndole por la cintura con hercúleo esfuerzo, lo arrojó al agua.

Muy satisfecho de su acción regresó de allí a su casa. El mayordomo que le seguía le hizo ver cuánto le costó al ganadero salir de la corriente.

—De seguro que es el primer baño que toma en su vida —exclamó—. Fue una lástima que el Guayape no estuviera crecido. De estarlo contaríamos con un mentecato menos en Olancho.

Discutiendo un día con un grupo de trabajadores sobre el trazo de un potrero, en Los Terreritos, acaloróse de tal modo oyendo opiniones contrarias a las suyas, que su rostro, como en sus peores crisis iracundas, fue enrojeciendo hasta ponerse cárdeno. Una palabra descompuesta de uno de aquellos hombres le hizo saltar sobre él, cogiéndole violentamente por el cuello. Lo soltó al instante, rodando muerto por tierra como herido por el rayo.

Así confirmó, con su último ademán, su soberbio calificativo.

Guardo vivos recuerdos de las temporadas que el doctor Adolfo Zúñiga pasó en mi casa con su familia. Su mujer, doña Raimunda Inestroza, fue la amiga que más quiso mi padre. Escribíanse por todos los correos y ninguna sombra empañó aquel profundo afecto. Para recibir a los esperados huéspedes la casa entera alfombrábase de oloroso pino, concentrándose en ella todas las flores de la ciudad. Jinetes en briosos caballos íbamos a encontrarlos hasta Lepaguare. Su entrada en Juticalpa era una fiesta. Las puertas y ventanas del trayecto llenábanse de curiosos, hacinándose las gentes del pueblo en las esquinas. Ya en nuestro hogar —antes triste— resonaban por todas partes las voces y alegres risas de los recién llegados. Era en los primeros días de diciembre, en las vísperas de la legendaria función, inolvidable por sus típicos aspectos en la fantasía de los muchachos olanchanos. Gozaban también en ella las personas mayores; y la linajuda familia capitalina y su famoso jefe paseaban en altos corceles por las calles en las tardes de toros, concurriendo a los diversos entretenimientos de la feria, celebrando las bufonadas de las mojigangas y grotescas gigantas de don Alejo Urmeneta; discurriendo por los populares chinamos y admirando en las obscuras noches los esplendentes castillos y los ágiles toros de fuego con que culminaba la pirotecnia regional.

Mientras la familia presenciaba, desde las puertas y balcones de las vecinas casas amigas, los encendidos espectáculos de la plaza, el doctor Zúñiga, tomándome de la mano, decíame con su tono enfático y guasón:

—Vamos, Lancito, a visitar a Juana Benigna.

Quien vendía, en plena calle, frente al cabildo, entre una hilera de comadres del oficio, los mejores ponches de la fiesta. En su clientela sólo había gamonales.

Abriéndonos paso con dificultad por entre la heterogénea multitud, íbamos a colocarnos en la acera de la tienda de Gardela.

Las fogatas de las poncheras ponían rojas claridades sobre la avenida llena de rumores. En cuclillas junto a los panzudos jarros negros que hervían entre las llamas, las mujeres ponderaban con pintorescas frases la calidad de su comercio, rodeadas de compradores indecisos. Avanzábamos buscando nuestro sitio. Juana Benigna era negrita, flaca, descalza y ya vieja. Su servicio era el más rápido y el más limpio, y también el más caro. A cinco metros, calle de por medio, sentábanse, en anchos taburetes forrados de cuero, las personas distinguidas y respetables, que acudían con sus familiares a deleitarse con las calientes bebidas espesas y sabrosas. El doctor, hombre de un orgullo único en Honduras, raras veces cruzaba con ellas algunas palabras. Dándome un duro exclamaba, excitando mi deseo:

—Vamos a ver cómo se porta Lancito esta noche.

Y añadía regocijado:

—¡Valor! Primero muerto que vencido.

Con tales estímulos acercábame al fogón.

—Un chorreado, Juana.

Había dos clases de ponches. Los sencillos, que sólo eran espuma, valían tres centavos. Los chorreados, en vasos más grandes, enteros, sin espuma, medio real, seis centavos.

(Aplico a veces estos nombres de los ponches a ciertas gentes. Sencillos, ponches sencillos: hombres que, hablando o escribiendo, nunca dicen nada: sólo son espuma. Chorreados los que, en sus escritos o en su verbo, nos vigorizan con su profunda ideología).

Con la mayor atención veía agitarse vertiginosamente el molinillo dentro del cacharro. La mujer colocaba el vaso rebosante sobre un plato, colmándolo con delgados chorros de guaro y rematándolo con una ligera capa de canela molida. Yo apuraba el líquido confortable con delicia. Tras del último trago, retirábame satisfecho junto a mi obsequiante.

—¿Qué tal?

—Muy bien.

Después de un corto silencio, él añadía:

—Ya es hora del segundo mecatazo.

Marchaba yo entonces de nuevo, parándome cerca del fuego. A largos sorbos ingería el tónico ardiente, quemándome la garganta y sudando por todos los poros. Retrocedía, como la primera vez, y, pasados seis minutos, el doctor alzaba la voz:

—¿Cómo va ese cuerpo? ¿Resistirá otro vasito?

—Creo que sí.

—Adentro, pues.

Volvía a situarme frente a la buena mujer, que se burlaba con ligera malicia:

—Vea no reviente.

Inquieto por la advertencia, cogía el vaso con menos entusiasmo, Pero lo vaciaba sin dejar una gota. Extraía el duro del pantalón y pagaba:

—Sólo devuélvame cinco reales.

Así, la obsequiaba con real y medio. Y ésta, seguramente, fue la primera propina que se dio en Olancho. Entregaba a mi amigo la vuelta. Pero él la ponía de nuevo en mi mano.

—Ahora a comprar sus chinamitos.

Metíame entonces en las garitas, regresando con un cartuchón de huevos de faltriquera, confites con nuez de cacao, cabritos y pájaros de azúcar y cajetas de dulce de leche, de coco, de coyol, de corozo. Comía de todo y guardaba los sobrantes para los muchachos pobres que se juntaban cerca de mi casa, en las esquinas de don Tomás Rojas y don Layo Verde.

FRANCISCO DE PAULA Flores —el maestro Pancho— nació en Matanzas, isla de Cuba, y llegó a Olancho, con otros exiliados de su país, cuando sólo contaba treinta y tres años. Parece increíble que en esa corta edad hubiera adquirido tan inmenso caudal de conocimientos humanos. Muchos centenares de hondureños le debemos eterna gratitud. Era un hombre de aspecto distinguido, más bien alto que bajo, blanco y delgado. Asombrosa fue su semejanza física con Fedor Dostoievski, el profundo pensador ruso. Lo recuerdo con sus trajes de lino o de cáñamo en las ardientes estaciones, con la parte más alta de la cabeza desprovista de pelo, pulida como el marfil. Usaba bigote, y sus manos marmóreas y bellas, casi femeninas, subrayaban su dicción. Ameno conversador, algo agresivo, en ocasiones epigramático. Su extraordinaria aptitud docente, su imperativa vocación por la cátedra, no se desmintieron nunca. Aun, en la mayor pobreza, en los últimos tiempos rayana en la indigencia, y víctima de un mal cruel, no abandonó la dirección de su escuela, continuando en sus diarios y duras tareas hasta en la época en que no le pagaban sus míseros sueldos.

Quizá por su cordial amistad con mi familia esmerábase en mis estudios, estimulándome constantemente. Yo le obsequiaba con objetos finos y con cajas de magníficos puros habanos que constituían su delicia.

27

Distinguiéndome él entre mis condiscípulos de los mismos años. manifestó varias veces en clase —y para contestar a tácitas protestas de algunos envidiosos— que tal prerrogativa no era motivada porque yo fuese rico sino por la superior calidad de mi inteligencia.

—Froylán posee una fortuna más grande y segura que la efímera constituida por el dinero —decía— y está en su cerebro.

Pero, por la misma exquisitez de su idiosincrasia, y por su selecta estructura moral, él apreciaba en sumo grado las amables formas de las cosas, las gratas y brillantes apariencias. Y pienso que quizá mis trajes venidos del extranjero, mis aterciopeladas gorras y mis relucientes zapatos de charol —cosas únicas e insólitas en mi nativa ciudad— fueran parte en su estimación para mí. Sin embargo, una tarde en que su tenaz dolencia le desesperaba, por una de mis travesuras, intentó castigarme con el grueso látigo con que hacía saltar a Juan Cálix Canelas y a dos o tres de sus más insurrectos alumnos pero yo le amenacé a gritos:

—¡Cuidado! Yo no soporto un latigazo ni de usted ni de nadie.

Y abandoné violentamente la escuela.

Una hora después llegó mi padre a la casa del maestro.

—Nunca le he pegado, ni le pegaré a Froylán —le dijo—. Ni permitiré, mucho menos, que usted lo haga. Corrija sus faltas en otra forma.

Y el caso no se repitió. No abusé de mi privilegio, dominando mi carácter impetuoso. Aunque no tanto que, en una pelea con un muchachote de Manto, en que costó separarnos, y en que me mordió en el hombro y yo le rompí la cara de un reglazo, gritara el maestro exasperado:

—¿Cómo haré para domar a este potro?

Mil veces me he repetido, en el curso de mis años, esta pregunta: en algún ímpetu iracundo, o sintiendo encabritarse dentro de mí, ante cualquiera notoria injusticia, el potro indomable de mi temperamento.

—El exceso de lectura te daña —aconsejábame—. Estás apenas en la edad de los barriletes, los mables y los trompos, pero no de los libros que no sean los de tus clases.

Efectivamente, a los nueve años había devorado la biblioteca de mi padre, compuesta como de seiscientas obras de diverso género. Y todas las novelas que podía atrapar, por compra o préstamo, en la ciudad. Todos los volúmenes de Verne, Sué, Mayne, Red, Walter Scott, Dickens, Balzac, Dumas, etcétera, que existían en Juticalpa, pasaron por mis manos en aquel tiempo, en rápida rotación, porque mi sed de lectura no se saciaba nunca. Contribuyó a ello Lalita, quien sumergíase, en las horas que le dejaban libres sus estudios, en la misma deliciosa tarea espiritual. En la época en que los niños, aun en los países más cultos, no han conocido más libros que los textos de enseñanza, yo, sin salir de mi región materna, sabía, con amplios detalles, la historia de los más grandes hombres, poetas, políticos, guerreros, filósofos; de los varones más ilustres en las ciencias, las artes y las letras; y vivía, más que la vida normal, la existencia fantástica que se desarrolla en las leyendas de todas las regiones del planeta. En la profusa confusión de asuntos hallaba un encanto singular. Mi criterio naciente se perdía en aquellas lecturas heterogéneas sin apreciar la calidad de los autores. Todos contribuían a amenizar mis noches y a todos estaba agradecido; y no fue sino cuando mi adolescencia iluminó mi cerebro con una luz más brillante, sutilizando mi emoción, que empecé a aquilatar el valor de cada uno. En mi casa nadie se opuso a aquella precoz avidez. Mi padre, por el contrario, la fomentó cuanto pudo obsequiándonos con frecuencia, a Lalita y a mí, con innumerables obras clásicas, y obteniendo para nosotros cuantas le fue posible en la capital, sin hacer caso de las observaciones del maestro.

Pero llegó un día en que nos quedamos sin este insustituible alimento. Los mil quinientos volúmenes diseminados en Juticalpa habían pasado por nuestros ojos y carecíamos de otros nuevos con que satisfacer nuestra necesidad primordial. Sufrimos entonces el tormento de los morfinómanos viendo terminada la droga que los embriaga de ilusión.

Un domingo iba distraído por una calle, y al pasar frente a los balcones de la casa del licenciado Pedro Rivera Bustillo me detuve, mirando, en el fondo de un cuarto, un armario—escritorio de cristales repleto de libros empastados. ¡Qué sorpresa! ¿Pero cómo pudo escaparse a mis búsquedas incesantes aquel magnífico tesoro? Mi corazón latió fuertemente pensando en el placer que sentiría Lalita si le llevara uno de aquellos tomos. ¿Contendrían fábulas de andantes caballeros como las que hicieron perder la razón a Don Quijote, o narraciones rusas o novelas inglesas?

Audazmente penetré por el zaguán y me vi luego en la sala. Al ruido de mis pasos abrióse una puerta lateral y apareció don Pedro.

Olía a coñac y su semblante reflejaba satisfacción y buen humor.

—¿Qué tal, Froylancito? —exclamó. Por primera vez llegas a mi hogar, no tan espacioso y con tan bellos muebles como el tuyo, pero también grande y cómodo.

Me mostró las habitaciones, el corredor, el ancho patio cubierto de almendros de oblongas frutas amarillas por fuera y por dentro sonrosadas.

Hablaba. Hacíame un interesante relato de aquella antigua residencia de los abuelos de su mujer, y de las butacas y escaños de la época de la colonia, y de algunos cuadros y objetos desteñidos hacinados en arcas de esquineras de bronce. Tenía ingenio, y su palabra sonaba atrayente, fácil y erudita. Mi silencio discreto y atento le gustó. Mis ojos fijábanse pertinazmente sobre el escritorio. Notándolo, sonrió placentero y con paternal ademán me pasó el brazo derecho por los hombros.

—Ya extrañaba que no vinieras a verme, aunque no existan relaciones entre nuestras familias...

Y continuó levantando la voz:

—Tu visita es interesada, amiguito. Conozco tu vicio, el más simpático, pero también uno de los más apremiantes. Lo conozco. Tú lo cogiste a los ocho años, yo a los treinta. Rarísimo, único, incomprensible; como que, entre cada millón de espíritus, habrá diez que lo gocen y lo sufran.

Llevóse la mano al chaleco y con una llave de plata abrió el armario de cristal.

—Ahí tienes mis libros, todos con pastas de cuero. Son doce hileras compactas. Mis obras favoritas, que pedí a España: de autores alemanes, franceses, italianos, rusos, muy bien traducidos. Y todas las joyas clásicas de nuestro maravilloso idioma. Te los prestaré con dos únicas condiciones: cuidar de que no se ensucien y llevarlos uno por uno. Tomo leído, tomo devuelto.

Emocionado, le di las gracias, y me entregó el primero de las obras completas de Chateaubriand.

Y así conocimos, Lalita y yo, el creador de Atala y René, y luego a Víctor Hugo, Lamartine, Racine, Corneille, Molière, Goethe, Schiller, Heine, Byron, Moore, Shakespeare, Milton, Dante, Petrarca, Tasso, Tolstoi, Dostoievski, Gogol, Ibsen, Björnson, etcétera. En pleno desorden cronológico.

A Lalita la impresionó tan profundamente esta narración que tuvo la perseverancia de copiarla con su linda letra, en un cuaderno de papel de lino finísimo que ella cosió, forrado con terciopelo negro.

Mi mayor ilusión fue entonces aislarme en amenos sitios con alguno de aquellos preciosos libros.

Los insípidos juegos de mis compañeros de escuela o de vecindario repugnábanme en aquel lapso. Con excepción del de guerrillas en las noches de luna, en que nos batíamos a pedradas, persiguiéndonos por las calles y solares abiertos, y de los grandes barriletes en noviembre, que me hacían tanto soñar, en las amarillas tardes, con su revuelo quimérico por las regiones infinitas.

Cuando cumplí nueve años me llevó mi padre a Trujillo, en uno de sus viajes de negocios. Sentí una intensísima emoción viendo, en una cálida mañana, desde las alturas próximas al puerto, el vasto mar azulado, con rizos de jazmines de espuma, sonando con el ritmo profundo del corazón del universo. Durante una hora permanecí inmóvil frente al espectáculo de sobrehumana potencia, atraído por su imán inmortal, por el fuerte perfume de sus sales y de sus yodos, por sus estruendos y sus abismos. Fue la única vez que mis ojos han visto aquella costa, en la vieja ciudad romántica que bañan dos ríos de cristal, entonces florida en su desenvolvimiento económico, hoy muerta por la irrupción en Puerto Castilla de la preponderante plutocracia anglosajona.

En presencia del mar borráronse de mi memoria los paisajes de los verdes valles, de las interminables ondulaciones de zafir de la cordillera, vistos desde elevadísimas cumbres en los doce días de viaje de Juticalpa a las márgenes atlánticas.

¡Época de fértiles impresiones la que pasé en Trujillo! Viví en el hogar de doña Anita viuda de Martínez, a quien vagamente conocía por la temporada que hiciera en mi casa.

Todos los pilletes de la localidad fueron mis amigos. Pero con los hijos del gobernador político y comandante de armas del departamento, general Salomón Ordóñez, me ligó desde el primer instante un estrecho compañerismo. Eudoro y Carlos eran mayores que yo en muchos años. También lo era Alfredo. Los dos primeros, capitanes drásticos de la gente menuda de los suburbios, que se denominó la mancha brava, encabezaban las marchas turbulentas por las calles y por las afueras, alborotándolo todo. El día en que los conocí me invitaron los jefes a comer en el restaurante *La Cassagne,* del que era propietaria una rubia señora francesa cuarentona, charladora y despreocupada, que nos trató como si fuésemos hombres corridos. Almorzamos en una mesa especial. Eudoro hizo llevar dos botellas de vino y latas de varias clases. Los clientes del hotel quedáronse atónitos al ver aquellos menores, dos de los cuales, apenas salidos de la infancia, comiendo, bebiendo y hablando de todo con perfecto aplomo. Un señor, escandalizado, me preguntó mi nombre. En la mitad del ágape, los anfitriones me confiaron discretamente que carecían en absoluto de pecunia y yo pagué el gasto.

Cada mañana señalábase con una nueva aventura. Eudoro, Carlos y Alfredo, seguidos por los más audaces, llevábanme en sus peligrosas excursiones por el mar, de las que, con frecuencia, regresábamos ya muy entrada la noche sometido hasta entonces a la rígida disciplina materna, estaba encantado de aquella vida libre y extraña.

Fui una tarde con mi padre a visitar una goleta recién anclada a regular distancia.

Llamábase *La joven Adela* y fue la primera embarcación de gran tamaño en que puse los pies. Veo aún, en las lejanías de mis remembranzas, la alta proa con ese nombre en gruesas letras doradas. Sobre cubierta comimos cuando el sol se ocultaba en el horizonte en un piélago de sangre. Junto a cada plato había un pellejo de vino que todos vaciamos. El capitán, viejo corpulento de largas barbas rojizas, relató, con descripciones matizadas de remotas nostalgias, su largo viaje por las islas de la Polinesia, su llegada a Tahití en un anochecer como aquél...

Yo le escuchaba trémulo de emoción. Al notarlo sonrió, y pasando su tostada diestra sobre mi cabeza, dijo:

—Nací en Holanda e ignoro en qué sitio de la tierra, en qué mar sin nombre, anclaré por la última vez. Tú también, pequeño, recorrerás el mundo y todos los climas te serán propicios.

Cierro los ojos al trazar estas líneas y aún me parece oír aquellas palabras... Impresionado hondamente por su augurio feliz, abracé en la despedida al barbudo holandés, que en un ligero bote nos condujo al muelle, cuando la luna llena, en un cielo de lapislázuli, surgía en lontananza...

Ya en la calle, mi padre me sorprendió diciéndome:

—Mañana partiré para Sonaguera a inspeccionar las partidas de novillos. Estaré ausente cinco semanas. En el baúl que está debajo de tu cama te dejo ochocientos pesos. Gástalos con tus amigos. Diviértete, eres rico, y el dinero sirve para iluminar la vida. Sólo te prohíbo tomar ningún licor.

Repitió esto delante de doña Anita, mientras cenábamos, algunas horas después, y en vano trató ella de disuadirle, asombrada de aquel despilfarro.

—Es pecado arrojar así el dinero —murmuró.

Pero fue inútil su protesta.

Iniciamos nuestras excursiones fuera de la bahía. Si el patrón del cayuco en que íbamos no hubiera sido Lucas Sambulá, caribe criado de mi padre, que por su orden me acompañaba a todas partes, habría perecido entonces estúpidamente.

A la altura de La Puntilla —donde hoy es Puerto Castilla— una mañana, los Ordóñez mayores, de improviso y con unánime esfuerzo, diéronle vuelta a la débil embarcación, cayendo todos al agua. Tragando el amargo líquido me debatía para no hundirme cuando Lucas acudió en mi auxilio, entre las risotadas de mis amigos que cerca de allí nadaban como peces. Disgusto violento le produjo al negro aquella maldad: después de dejarme en el fondo del cayuco, ya en su natural posición, empuñó el remo, alejándonos de los bromistas rápidamente. Terrible susto pasó. Y oyendo sus llorosos ruegos y sus agudos gritos de pánico para que no los abandonáramos, Lucas y yo reventábamos de risa. Hasta que los vio en peligro fueron recogidos.

No quedaron con ganas de repetir su hazaña; y cuando en otros viajes por aquellos sitios, en las tardes o en las noches de luna, excitaba yo a Casulá para que volteara el cayuco, suplicaban en coro que no lo hiciera.

Cuando mi padre volvió, de los ochocientos duros sólo quedaban el recuerdo. De ellos correspondió más de la, mitad a la rubia de La Cassagne. Con la palpitante emoción de estas aventuras regresé a Juticalpa; y me fue muy difícil someterme nuevamente a las reglamentarias costumbres antiguas, por lo que tuve que sufrir, de manos de mi madre, castigos severos.

En la escuela del maestro Pancho se me tenía como un caso raro de precoz audacia, cuyas proezas marinas causaban espanto y admiración. Yo conocía todas las novelas de Julio Verne y en mis descripciones de los accidentes que me ocurrieron tomé de ellas gran número de complicados detalles.

Jugábamos, en la bella mañana de un domingo, bajo los naranjos del segundo patio de mi casa, grupos de mis amigos y condiscípulos, y de amigas de mis hermanas, en uno de mis cumpleaños. Brincábamos cogidos de las manos, cantando y riendo o nos perseguíamos en rápidas carreras. De pronto una morenita regordeta (E.O.) de espléndidos ojos, la más simpática y alegre de todas, lanzó una exclamación de angustia:

—¡He perdido mi cadena de oro y mi crucita de oro!

Nos pusimos a buscarlas... Pero tras una media hora de inútiles idas y venidas, prosiguiéronse los juegos, que cambiaron de lugar, continuándolos en el primer patio y en el corredor. Sólo quedó bajo los naranjos la muchachita morena, inconsolable por su pérdida, removiendo, de rodillas, las hojas secas.

—Por aquí se me cayeron —decía llorando.

Compadecido de su pena, doblé también las piernas, y muy cerca uno de otro, rebuscamos con minucioso cuidado, moviéndonos en aquella forma sobre la hojarasca. Lleno de júbilo sentí de pronto enredarse en mis dedos la preciosa cadenita con la cruz en un extremo.

—¡Aquí está! —exclamé triunfante.

Fue tan grande la emoción de su linda dueña que me echó los brazos al cuello y me besó en la boca. Ella contaba, como yo, diez años. Y treinta años después me dijo que aquel primer beso fue el más dulce entre los recuerdos de su niñez.

LOS MESES DE vacaciones que pasaba con mi abuela en su hacienda Las Blancas dejaron imborrables huellas en mi vida.

Vagaba a todas horas por los montes y tumbado sobre la yerba me sumergíame en la lectura. El sol filtrábase a través de los ramajes y sus errantes luces acariciaban mi cabeza. Interrumpía el doblar de las páginas para oír el canto de los zorzales y de las oropéndolas revolando sobre las copas de los ceibos gigantes. Y para admirar las habilidades acrobáticas de los olingos (grandes monos vocingleros) o seguir la ruta de las hormigas negras cargadas de anchas hojas, que se detenían al encontrarse como saludándose para luego continuar con su aparatosa carga hacia su nido. Algunas veces veía anudarse a los ásperos troncos largas y corpulentas culebras, o, de improviso, un conejo o una ágil ardilla saltaban sobre mi huyendo velozmente. Pero el caer de la tarde —tendido en la sabana entre las gordas vacas soñolientas— era la hora de mi profundo encanto. Leía y meditaba, sugestionado por la narración de algún cuento fabuloso; o mirando los purpúreos algodones del ocaso o las nubes de plata fulgurante corriendo en el azul. ¡Asaltábame una extraña tristeza... instante solemne en que el primer crespón de la noche tiñe de luto los horizontes! Una cabrita blanca acercábase acariciando mis manos con su lengua; un tenue olor a vainilla flotaba en el aire sutil; una paloma cantaba en el fondo de un barranco... La límpida luna surgía lentamente tras la montaña de El Cacao... Regresaba a la casa envuelto en las sombras como de un misterioso viaje por lejanísimas latitudes.

Siguiendo la antigua costumbre provinciana entre gente rica de aumentar el mérito de los obsequios remitiéndolos con uno de los hijos —aunque sobran los criados para tal servicio— mi madre me enviaba los domingos con algún regalo culinario para doña Eufrasia v. de Tamayo, consistente, ya en un suculento estofado, en un pollo o pavo rellenos o en postres diversos. Sufría en mi orgullo lo indecible cumpliendo tan vulgar encargo, y sólo mi horror al castigo —infalible de diez azotes— me impedía sublevarme. Iba por la mitad de la calle, midiendo los pasos para no estropear el manjar, como quien conduce en una procesión una santa reliquia, seguido de algunos astrosos pilluelos que se burlaban al verme tan bien vestido y haciendo el papel de los sirvientes. Llegaban a ser tan insoportables, sus risas y palabras que, colocando con cuidado el platón en el umbral de una puerta, precipitábame frenético, sobre la turba, armado de una gran navaja, poniéndola en fuga. Pero luego, volviendo a mi paso medido, era de nuevo blanco de sus chacotas. Supliqué a mi madre que me librara de tal suplicio, pero nada obtuve. Intercedió mi hermana inútilmente. Mis nuevos años se obscurecieron... Veía llegar el domingo con verdadero terror. Ya, a las diez, el grupo de pícaros me esperaba en la esquina cercana. Intenté salir por el portón que daba a otro rumbo; pero sabedores en seguida de mi treta acudían a encontrarme por una callejuela del barrio. Desesperado, resolví un sábado concluir con mi tormento. Me puse de acuerdo con los seis compañeros de escuela que me demostraban mayor afecto —entre ellos Jaime Bertrand y Jorge Hunter— para desarrollar a la mañana siguiente este audaz programa: —1º. A las nueve, reunión en el zaguán de mi casa, con los bolsillos llenos de botes de tinta que yo tomaría de la tienda. —2º. Saldría solo, con la clásica vianda entre las manos, soportando impávido las injurias de aquellos léperos; y, al cambiar de calle, en la segunda cuadra, aparecerían de pronto mis amigos bañándolos con el untuoso líquido. —3º. Derrotados los agresores con la inmediata ayuda de mi navaja, los siete celebraríamos el triunfo, yéndonos a un solitario solar de los Garay a comernos el potaje. Así sucedió, con el aditamento de que le rompí la cabeza de una pedrada al jefe de mis procaces perseguidores. En el reñido combate —que presenciaban reventando de risa los transeúntes— se hizo pedazos la bandeja, y uno de mis enemigos, chorreando tinta azul, intentó atrapar el sabroso pavo que iba en ella; pero logramos quitárselo, zarandeándolo del pelo y rompiéndole las narices. El lunes siguiente, al regresar de la escuela, me llamó desde una ventana, doña Justa Garay de Zelaya.

—Froylancito, entra un minuto para que le lleves a tu mamá un plato de aceitunas de un barrilito que recibí de Nueva Orleans.

Ya en la sala, me entregó la señora una fuente colmada del apetitoso fruto. Y en lugar de agradecer el obsequio, yo pensaba:

—Indudablemente se me quiere convertir en mandadero. Y bajo la influencia de esta idea, que humillaba mi dignidad, llegué a casa de Cuite, que me vendía naranjas, y con su familia me comí las aceitunas.

Como la verdad resplandece siempre, tarde o temprano, mi madre se enteró de tan infaustos sucesos y recibí una azotaina que me hizo ver las estrellas en pleno mediodía.

Pero jamás volví a desempeñar los menesteres de los mucamos.

ME CONTÓ EL maestro Pancho varios singulares incidentes de su adolescencia, y cómo, en su ingreso a Juticalpa, en plena revolución de los pueblos olanchanos contra el feroz despotismo de Medinón, le espantó ver, dentro de dos jaulas de hierro colgadas de un madero, en el cerro de El Vigía, las horribles cabezas de los generales Zavala y Antúnez. Hacía tres años que estaban allí, de orden del sátrapa imperante en la región, Acudió a Cinchonero —dueño entonces de la plaza— suplicándole darles inmediata sepultura. Fue atendido en el acto. Colocáronlas en dos cajas de cedro, y con honores militares y los ritos religiosos, oficiados por el párroco Rafael Becerra, inhumáronse en el cementerio. Con este impulso piadoso inició el maestro, en su nueva y definitiva patria, su vida de cultura y de bondad.

En uno de sus últimos viajes a Juticalpa, el doctor Zúñiga aconsejó a mis padres que me enviaran a un colegio de Nueva York. No tengo presente qué causa, de esas que surgen de pronto para cambiar los destinos humanos, impidió la realización de aquel proyecto. Zúñiga me llevó a Tegucigalpa, internándome en el colegio La Unión —situado frente al parque de San Francisco, en la casa que pertenece hoy al Seminario Diocesano, la misma que ocupó el colegio en que estuvo seis años antes mi hermana— que dirigían don Antonio Alvarado, guatemalteco, y don Fernando C. Quintanilla, salvadoreño. Pasé en él seis meses que me fueron muy útiles. Vigilado en todo momento en mis estudios, mi ansia de lecturas llegó a su extremo límite con la prohibición. Mil pequeños recuerdos de aquel tiempo acuden a mi memoria: la caída patética de Laquaniti, un pobre muchacho inexperto, en el hoyo asqueante y profundo del excusado del establecimiento, sus agudos gritos, los odiosos detalles de su extracción. Le condujeron sobre una tabla a La Presa del Río Chiquito, en donde se le enjabonó y sumergió durante una hora, saliendo cada vez más apestoso. Regresó a la cabeza de una muchedumbre formada por todos los granujas de los barrios vecinos, entre una formidable algazara de burlas, risas y silbidos. Las ocurrencias del inspector José Galindo; los iracundos trompones con que castigaba Quintanilla a Cayo Lardizábal y a otros muchachotes indóciles; las compras de panes y frutas y dulces en la próxima pulpería de las Ferrari; los regocijados percances en los dormitorios y en el comedor; los incidentes en las clases y en los recreos. Mis únicos grandes placeres de entonces eran las cartas de mi hermana y mis salidas los domingos a casa de la familia Zúñiga. Despertábame alegremente la música de La Granadera, al ser enarbolado el pabellón nacional en la esquina norte del cuartel de San Francisco, a quince metros de mi lecho. Vestíame corriendo y me asomaba rápidamente al balcón: veía marchar la tropa al compás de los clarines y tambores, y a las mujeres que iban a misa; y, con frecuencia, subida en las ramas altas del iril del patio de su casa, a Mundita Zúñiga, saludándome con su pañuelo y gritándome que me fuera pronto. Almorzaba ese día con el doctor, jugando con sus hijos y con los primos de éstos, los Inestroza, entre los cuales Lolita —que se casó quince años después con Juan Ramón Molina— era una niña tímida y pálida, de pelo negrísimo y espléndidos ojos aterciopelados.

Al volver a Juticalpa —ya clausurado el colegio con motivo de la agitación del país por la campaña unionista de Justo Rufino Barrios, con el apoyo de Bográn— todos se asombraron, el maestro Pancho el primero, del cambio favorable que se operó en mi en aquel corto lapso. Parece que en el internado adquirí el dominio de las buenas maneras, suavizándose mi carácter impetuoso, aunque el doctor Zúñiga, en una carta que en aquella época escribió a mi padre, y que conservo, le informaba que "Lancito posee una inteligencia extraordinaria, pero no soporta ninguna disciplina"; tales palabras constituyen el primer elogio y la primera crítica de que fui objeto antes de cumplir diez años. Las hago aquí resaltar por venir de uno de los hombres de mayor talento de Honduras.

Evocaré la última temporada que aquel ilustre varón pasó en mi casa y que tuvo un término trágico. Llegó solo a fines de octubre del 85, y como siempre, su presencia fue motivo de regocijo para todos.

Varios amigos de mi familia —Zúñiga entre ellos— obsequiaron a mi hermana con un baile, en el primer día del año nuevo (1886). Fiesta suntuosa como quizá no haya habido otra mejor hasta hoy en

Juticalpa. Como en un sueño alucinante recuerdo mi hogar, en aquella noche, con la postrera alegría que en él reinó.

Diez días después, al regresar, en la medianoche, de un paseo en que abundaron los finos licores, la mula en que montaba el doctor dio un violento salto, lanzándolo de cabeza contra el tronco de un árbol. Recogiéronlo en lamentable estado, conduciéndolo a la ciudad en una hamaca. Al ruido de la cabalgata en el portón despertóse mi madre, que padecía un fuerte resfriado. Se levantó al saber lo sucedido, sin abrigarse bien, atravesando varias veces el patio y el corredor en los menesteres indispensables en tales casos. El viento frío, propio de aquel mes en las tierras cálidas, le produjo terrible daño. De él no se dio exacta cuenta sino cuando ya era muy tarde. Atacóle una pulmonía fulminante que la condujo al sepulcro en una semana. Fue el 17 de enero; y el 22, víctima del mismo mal, contraído asistiendo a su hija, murió también mi abuela.

Entre tanto, agitándose furiosamente en su lecho, cogido por dos criados, Zúñiga lloraba, cantaba, reía, en plena locura. Tres médicos asistíanle con toda solicitud. Su familia llegó de Tegucigalpa. Lentamente fue recobrando la razón. Al cabo de un mes pudo enterarse de que mi madre y mi abuela dormían en la tumba. Es indudable que le mortificó mucho comprender que fue él —aunque de involuntaria manera— el causante del doble duelo que enlutó mi casa para siempre.

Desde aquel sombrío diez y siete de enero, la desventura, con su cortejo de múltiples males, cayó sobre nuestro hogar. Los negocios de mi padre fueron decayendo. De fracaso en fracaso, vióse pronto hostilizado por las deudas apremiantes. Entre éstas, la que mayor disgusto le producía, era la que, en dos lustros pesó, como una plancha de hierro, sobre sus hombros. Provenía de un origen equívoco y obscuro. Doña Juana de Castán vendió a mi padre una considerable cantidad de grandes barriles de diferentes vinos españoles que se hallaban, hacía algún tiempo, en depósito en la aduana de Amapala, y cuyo valor sumaba una fortuna. Transportados con innumerables dificultades a nuestro almacén, se vio que estaban casi vacíos. Más de diez testigos de dicho puerto y de Juticalpa confirmaron el consciente o inconsciente engaño durante el pleito que sobrevino y que ganó aquella señora, con asombro de cuantas personas imparciales conocieron el asunto. Actuaron en él, de nuestra parte el doctor Pedro J. Bustillo, y contra nosotros el doctor Remigio Díaz (que era médico y no abogado. Anomalía de las leyes de aquel tiempo).

Como le fuera imposible a mi padre pagar inmediatamente la fuerte cantidad a que fue condenado, tuvo que aceptar el crecido interés mensual que la Castán le impuso, hipotecando para ello nuestra casa, y que, con la suspensión de los pagos en los últimos tiempos, duplicó la deuda, que no fue cancelada sino al cabo de diez años.

No sólo esta vez fue mi padre víctima de su ciega confianza en la buena fe de los demás. Su gran amigo, el doctor Adolfo Zúñiga, le propuso en venta, al crédito —después de su último y dramático viaje a Juticalpa— un extenso lote de géneros finos para señoras, sedas de todas calidades y matices en su mayor parte, que él importara de Europa. Sin examinar previamente la mercadería, e impresionado por su módico precio, entró en el negocio, que arrojaba la suma de diez mil pesos. Llegados los géneros a Juticalpa, fueron expuestos en un local a propósito, y como eran muy bellos por su rareza y coloridos, se vendieron algunos en los primeros días. Pero se corrió luego la voz de que aquellas telas estaban en mal estado, que se deshacían entre las manos de las costureras, y nadie volvió a comprarlas. Hasta entonces se hizo un examen de los lindos rollos, comprobándose, desgraciadamente, la verdad de aquellos decires. En la pequeña tienda de Chepita Moya se realizaron algunos por la décima parte de su valor. Y los demás fueron regalados a parientes y personas amigas. Todavía, en un enorme cajón para guardar cereales que ocupaba la mitad de la despensa en casa de mi tía Mercedes, vi gruesos paquetes de retazos tan bonitos como inservibles.

Un viejo amigo nuestro escribió espontáneamente a Zúñiga, comunicándole que no se recogieron ni trescientos pesos de aquella inútil mercancía; pero no obtuvo contestación. Poco después empezaron a llegar las cobranzas, que luego se multiplicaron en forma indelicada hasta la exigencia. Resentido, mi padre malvendió lo que pudo de su última hacienda y pagó aquellos diez mil pesos.

Dolíanle a mi padre los cien pesos que el 30 de cada mes pagaba por los réditos. En muchas ocasiones fui yo a dejar el dinero en trozos de plata de todos tamaños (los billetes de Banco eran entonces

40

desconocidos en Honduras). Recibíame la acreedora —una dama blanca y gorda de sereno aspecto— tan mal recordada en mi casa, con sonrisa de amable satisfacción. Contaba hasta cuatro veces aquella suma con ofensiva minuciosidad; y yo de pie, con la gorra en la mano, sin querer sentarme, la examinaba en silencio con actitud hostil. Y un día, en que rechazó con ademán despectivo, un brillante macaco, porque estaba perforado, sin dirigirle la palabra, saqué de mi bolsillo una pieza cuatro veces mayor, tirándola sobre una mesa y saliendo en el acto.

—Espérate a que te dé la vuelta.

Tendré que decirlo, avergonzado. Me volví un segundo hacia la respetable matrona y, con la lengua de fuera, le hice con ambas manos una señal compleja, precisa, gráfica, soez.

Viendo a mi padre continuamente sumergido en largas meditaciones, ansiaba ayudarle a salir del abismo económico en que iba hundiéndose. En las noches torturaba mi imaginación con descabellados proyectos para obtener una rápida fortuna. En un lluvioso anochecer, un vecino, Ramón Verde, muchacho de quince años, me llamó desde la puerta de su casa. Después de cerciorarse de que estábamos solos me dijo al oído con aire misterioso:

—He descubierto el sitio en que fue enterrada una gran botija.

Y se puso un dedo en la boca, guiñándome un ojo. Mudo de asombro, sin respirar apenas, le miraba espantado.

—La sacaremos entre los dos —añadió— y nos la repartiremos por mitad. Pero cuidado con decir media palabra a nadie. Esto... sólo para nosotros.

Hicimos ambos la señal de la cruz, estrechándonos las manos. Simple fórmula de sagrado juramento que usábamos en la escuela

Llamaron a Ramón y nos separamos.

No dormí un minuto en toda la noche. Con los ojos abiertos en las tinieblas oía el rumor del aguacero sobre el tejado y caer en la pila con estruendo el grueso chorro del canalón del patio. Me dolía el cerebro de tanto pensar y pensar en el suceso fantástico que me emocionaba hasta producirme un sufrimiento ¡Un entierro! Mis vehementes deseos de ver a mi padre libre de las angustias materiales iban pronto a realizarse. Le entregaría íntegra la parte que me

41

correspondiera en el oculto tesoro. Seguramente sería semejante al de Montecristo... quizá algo menor. Y mi febril ansiedad me precipitábame en las más absurdas esperanzas.

En la escuela nos vimos Ramón y yo, a la mañana siguiente, como dos extraños. Y hasta evitamos mirarnos. No debíamos infundir sospechas. Sólo en el instante de salir pasó de prisa junto a mí cerrando el ojo izquierdo como santo y seña, y entregándome un papel, que desdoblé con mano trémula:

—Te espero en el paso de Calona cuando anochezca.

Allí nos juntamos con la gravedad de dos conspiradores.

—Hay una cosa muy seria —me dijo—. Al que se saca una botija se lo lleva el diablo. Se muere a los dos meses. Tengo miedo.

Me quedé aterrado. La luz de oro de una luciérnaga pasó entre nosotros, helando nuestros corazones. Quejábanse las aguas del río con fúnebre rumor...

Oí de nuevo la voz cobarde:

—Es mejor que abandonemos nuestro propósito. Y digamos nunca su secreto...

No tuve tiempo de contestarle porque una especie de rugido furioso se oyó del otro lado de la playa y salimos en violentísima carrera disparados por el camino. Repuesto de mi pánico en mi cuarto, sentí que acudían a mi espíritu, en amargo reproche, mis nobles aspiraciones filiales, mi generoso anhelo de salvar a mi familia de un seguro desastre, y una enérgica reacción se operó en mí. Avergonzándome de mi pasajera debilidad como de un crimen, con ese ímpetu audaz que me diera después el triunfo en tantas ocasiones críticas, fui en busca de mi consocio. A mis repetidos golpes en su puerta, asomó la cabeza por un postigo, negándose a salir. Tuve que insultarle para lograr mi objeto.

—¡Eres un maricón, un cobardazo de marca mayor! ¡Sacaremos la botija! ¡Y si nos lleva el diablo, que nos lleve!

Como por obra de magia, estas vibrantes palabras transformaron al pusilánime en un héroe.

—Tienes razón. Ya la sacaremos —exclamaba, estremecido de entusiasmo.

Y, convencido, y firmemente resuelto, repetía:

—¡Y si nos lleva el diablo, que nos lleve! Nos citamos para las ocho en punto.

—Pero... ¿dónde está? —le pregunté.

—Aquí mismo, en el patio de mi casa. Trae una barra para hacer la excavación y unas alforjas grandes en que pondrás tu dinero. Te llamaré con un silbido.

Estábamos al final de la cena cuando sonó la llamada en el zaguán. La sentí con la sensación de un martillazo en los oídos.

Minutos después, Ramón y yo caminábamos en pos del misterio en la más profunda obscuridad.

—Aquí es murmuró, deteniéndose al pie de un guayabo. Mi familia salió y nadie nos verá.

Fue a la cocina y trajo un trozo de ocote encendido que me entregó, tomando la barra y riéndose al ver las enormes alforjas que colgaban de mis hombros.

—Ya llenas no las mueve ni Sansón.

Regocijado con sus propias palabras, púsose a escarbar con denuedo. Nos turnamos en la faena y como el piso estaba muy blando por las incesantes lluvias, en veinte minutos abrimos un hoyo de regular anchura y de un metro de profundidad.

Descansamos apagando el ocote. Las chispas verdes de las candelillas rayaban las tinieblas. Ambos ocultábamos nuestra inquietud, sabiendo que con el primer movimiento de temor todo estaba perdido.

Continuando el trabajo con nuevos bríos, la punta de hierro chocó fuertemente con algo duro que se rompió.

—¡Ya está! —exclamó Ramón.

Y así fue. Tras vigorosos esfuerzos en que actuaron unánimes nuestras fuerzas físicas y morales, extrajimos una tinaja oblonga, por cuya abertura salía una cascada de monedas que yo imaginé de gran valor. Ebrios de alegría nos repartimos concienzudamente el tesoro. Abrumado por la fatiga llegué al portón de mi casa con mi preciosa carga. La deposité, con todo género de precauciones, junto a la pared, debajo de mi cama; acostándome en seguida, satisfecho de que nadie me hubiera visto, a saborear mi felicidad. Dormí de un tirón toda la noche, soñando con espléndidos palacios llenos de piedras preciosas y despertando con una gratísima impresión de triunfante ventura.

Después del desayuno acerquéme a mi padre que se paseaba meditabundo por el corredor.

—No se preocupe —le dije con tono de protección— que yo lo sacaré de todas sus dificultades de dinero. Sonrió afectuoso, pasándome una mano por el cuello.

—Sí, ya sé que cuando seas grande me ayudarás con todas tus energías.

—Sí, sí; pero no se trata de cosa tan lejana. Ahora, hoy mismo, ya, pondré término a sus preocupaciones.

Y le conté mi aventura.

—¿Una botija? —exclamó, incrédulo y guasón.

Por toda respuesta corrí a mi cuarto y regresé arrastrando las pesadas alforjas. Y, al vaciarlas, con gran estrépito, en el suelo, mi corazón vibraba de dicha.

Sonriendo siempre, mi padre examinó una de aquellas monedas. Y abrazándome después.

—Eres un buen muchacho —dijo— y te agradezco tu noble intención. Estas piezas son de níquel y no tienen hoy ningún valor, Pero ellas han servido para probarme tu cariño, que para mí vale más que todas las riquezas del mundo.

Exasperado por sus acreedores, resolvió mi padre vender su hermosa casa de Juticalpa antes que desprenderse de sus haciendas El Suyate, San Pedro y Los Terreritos.

Pensó ofrecerla al presidente Bográn —de quien era amigo— para el servicio de las más importantes oficinas departamentales. Y sabiendo que aquél se hallaba en Santa Bárbara, dispuso su viaje para dicha ciudad. Con placer acogí su deseo de que yo le acompañara. El mejor sastre olanchano, Cayetano Zapata, me hizo tres trajes, y como era un empedernido guasón, me convenció, abusando de la candidez de mis once años, de que uno de ellos, de fino paño azul, debía ser de levita.

Partimos. En su casa de Comayagua nos recibió familiarmente don Calixto Valenzuela, por cuyo consejo esperamos allí al mandatario, próximo a llegar. Permanecimos un mes en la antigua capital, en el que tuve por inseparables compañeros a los tres hermanos, Calixto, Héctor y Edgardo, hijos de don Calixto. Correteábamos alegremente por los suburbios y campos aledaños, evocando las leyendas que tantas veces oí relatar, comiendo en las tardes y en las mañanas en el Humuya o en el Río Chiquito, o recorriendo la huerta de mis amigos, al final de la calle en que vivían, tras de los bananos amarillos o las cañas blancas.

Don Calixto se enfurecía por nuestras largas escapatorias; pero doña Teresa, su inteligente y bondadosa mujer —espejo de virtudes— me salvaba de sus reprimendas y a sus vástagos de los coscorrones y los latigazos. Entretanto, mi progenitor, cuyo temperamento amoroso ardía al menor contacto como la yesca, prendió en la red de sus seducciones a una incauta mozuela del vecindario (omito su nombre para que me lo agradezca), cuyos quince años florecían apetitosos y fragantes. Todas las mañanas uno de nuestros criados —Ramón Palma— le llevaba un ramito de jazmines ceñido con una cinta azul y un billete que mi padre escribía con su bella letra de giros clásicos, y regresaba con otra ardiente misiva que era entregada con la mayor cautela. Con mi sutil suspicacia pronto me di cuenta de aquel juego. Ya en las vísperas de nuestra salida de Comayagua fue traído una noche, en forma misteriosa, un objeto extraño envuelto en una manta, que Ramón depositó sobre un taburete del cuarto en que dormía. Lo descubrí, adivinándolo de antemano. Era un gracioso galápago de tafilete rojo con el fondo de terciopelo morado. Todo su complemento, freno, gualdrapa, etcétera, estaba allí, nuevo y brillante. Hasta una menuda espuela de plata pulida colgaba de su cinta de charol. Ramón, urgiéndome guardar el secreto, me confió en el silencio de la estancia:

—Pasado mañana, nuestra linda vecina irá en el macho romo sobre esa montura digna de una princesa. Hay que convenir en que mi patrón sabe hacer como ninguno estas cosas sin importarle el dinero que se gaste. Con la presente se completará la docena de doncellitas que tras él han volado del nido materno.

Al día siguiente, mientras el venturoso don Juan hacía milagros caligráficos, explicando su pasión, llamé a la inocentona madre de doña Inés desde un solitario sitio de la calle. Caminamos un poco, doblando la próxima esquina. En breves palabras la puse al tanto del rapto inminente. Oyéndome, se quedó más pálida que una muerta. Luego, sin proferir una sílaba, regresó corriendo a su casa.

La mocita desapareció como si la tierra se la hubiera tragado. Y don Juan perdió inútilmente su tiempo buscándola. Le sobrevino una grave tristeza, que degeneró en silenciosa melancolía. Viéndole en tan romántico estado, el remordimiento me obligó a preguntarle si estaba enfermo. Me respondió que nada tenía con voz tan afectuosa que estuve a punto de contárselo todo, pues lo que más le amargaba era su creencia de que la muchacha se había arrepentido de sus continuas promesas. Pero me contuve, y fingiéndome contrariado, y riendo interiormente de la cara que iba a poner, exclamé:

—¿Y ahora qué vamos a hacer con el galapaguito?

Sus ojos azules me miraron con equívoca expresión y su rosto se encendió como si fuera a estallar en sangre. No insistí; y tomando un cepillo de una mesa, procuré no dar importancia al caso, limpiando, con lento cuidado, mi gorra de seda.

Nunca vi más el precioso galápago, obra maestra de algún genial talabartero anónimo, que trabajó en ella en el corredor de una antigua casona de la histórica metrópoli. Quizá sobre su muelle asiento se posó, en un rapto nocturno, la virgen número 12 de otro don Juan hondureño.

En 1922 pasé en Comayagua veinte días. Era diputado al Congreso reunido ese año en la vieja ciudad. Fue una noche a visitarme una anciana, que me relató interesantísimos episodios locales del remoto pretérito, con acento emocionado, en el que, al contestar a mis preguntas, sentía vibrar un profundo afecto para mí. Al despedirse me abrazó, murmurando:

—Deseaba retenerlo un instante sobre mi corazón, como lo debí hacer cuando tenía usted once años y evitó que mi hija se hundiera en el deshonor. Ella ha sido muy feliz en un hogar honorable. Y toda su ventura y mi tranquilidad se la debemos a usted.

EN LA PAZ CONOCÍ al general Bográn. En el momento en que penetré con mi padre en el salón de la casa en que se hospedaba, decía con voz alta y sonora, alzando la diestra entre un grupo de cortesanos:

—Lo dije entonces: al primero que levante la revolución le corto la cabeza.

Se refería al fusilamiento del heroico Emilio Delgado, acaecido en Comayagua el año anterior.

El gobernante me acogió con expresiones afectuosas. Llevaba yo ceñida la azulada levita hecha por Cayetano, y que produjo sensación entre los personajes allí presentes, quienes a duras penas contuvieron la risa. Di muestras de mi precocidad mirándoles con impavidez y recitando sin esfuerzo —a su solicitud—, *La cabeza del rabí*, de Rubén Darío, o algo así, no recuerdo bien, y el soneto *A mi patria,* que yo escribiera aquella misma tarde.

Al terminar, Bográn me retuvo abrazado largo tiempo y ordenó traer para mí unos dulces que, según dijo, fueron hechos por su pequeña Chonita.

Al volver a Juticalpa, nuestra cómoda casa —ya vendida con todos sus muebles al gobierno por una cantidad irrisoria que no llegó a la mitad de su valor (quince mil pesos) y cuyo pago se hizo en largos plazos— fue entregada al gobernador político don José Manuel Zelaya. Entre gran número de objetos artísticos, se hallaba un lindo reloj del más puro alabastro con alegorías de oro, que yo imaginé, al escuchar con deleite su campana melódica, obra del cincel mágico del divino Benvenuto. Aquella admirable escultura, que no hubiera disonado sobre el escritorio de un príncipe del Renacimiento, manejada después por burdas manos ignaras de su mérito, fue estropeándose sobre sórdidas mesas, convirtiéndose en mísera ruina como todas las cosas resplandecientes arrebatadas por la adversidad. Al salir de nuestra casa para nunca más volver, Lalita y yo sufrimos una intensa amargura. Dos noches continuas me torturó el insomnio, pensando en el amado hogar perdido para siempre.

En él conocí los imperecederos goces de la infancia y mil dulces recuerdos agitábanse dolorosamente en mi corazón al decir adiós a aquellos sitios sagrados. En la estancia en que vine al mundo y en donde murieron mi madre y mi abuela paterna, permanecí las últimas horas. No he vuelto a poner los pies en aquella mansión inolvidable. En el correr del tiempo pasé mil veces frente a ella; pero una fuerza extraña me impidió penetrar en su recinto. Hoy es una ruina.

En febrero de 1888, Nicho —mi primo— y yo fuimos enviados a Tegucigalpa para continuar nuestros estudios en el Instituto Nacional.

Salimos de Juticalpa bajo la custodia de un criado de confianza —Vicente Cruz— en una obscura mañana. Sentía una inexplicable repugnancia por aquel viaje. Por ningún motivo deseaba ir entonces a la capital con esta impresión. En todo el trayecto de la primera jornada iba proyectando la manera de burlar la vigilancia del mucamo para regresar a mi casa, que era ahora la de mi tía Mercedes.

Aproveché un descuido imprevisto, escapando a todo correr por cerros y llanuras. Iba sobre un caballo de gran resistencia, y cuando sonaban las nueve de la noche desmonté en el corredor en que mi familia concluía de cenar. Mi hermana se disgustó a tal extremo por mi proceder, que me condujo, golpeándome, hasta la caballeriza. Y me obligó a partir de nuevo, en el acto, en compañía de Ramón Palma, cuya notoria debilidad era su pavoroso miedo a los muertos. La noche, blanquecina en sus comienzos por un arco de la luna nueva, volvióse de una negrura sepulcral. El uno en pos del otro avanzamos en silencio por el incierto camino, siniestramente iluminado por los fuegos errantes de las luciérnagas, llenos de inquietudes y sobresaltos. Tres veces el hombre cobarde me instó ansiosamente para que nos refugiáramos en alguna de las viviendas de la ruta; pero fortalecido por mi profundo resentimiento con Lalita, única emoción que podía prevalecer entonces en mí, me negué a ello con palabras coléricas.

Cabeceando sobre mi cabalgadura hasta casi desnucarme con sus frecuentes tropezones, oía, como en un mal sueño, las llorosas quejas que contra su adversa suerte lanzaba el pusilánime, cuando de súbito, en la medianoche lóbrega, miramos en un fantástico claro del monte, un espectáculo que nos aterró, helándonos de espanto. Supino en tierra, entre fulgurantes llamaradas, vimos un horrendo cadáver... Tras de los segundos en que el pánico paralizó su lengua, lanzó Ramón un tenebroso alarido, precipitándose en el vértigo de una carrera frenética. Pero gracias a la superioridad de mi caballo le seguí con la furia de un ciclón, hasta pasar como un relámpago junto a él, dejándolo atrás. Sólo me detuve al cabo de un cuarto de hora, impresionado por sus voces suplicantes, temiendo que perdiera la razón.

El muerto, de seguro, era un trozo de ocote, caído casualmente entre cuatro fogatas, cosa común en los campos hondureños en el tiempo de las quemazones.

Al amanecer llegamos a la casa de Lepaguare en que mis compañeros aún dormían. Nicho se puso contentísimo al verme, y en cuanto desayunamos emprendimos la marcha, terminándola, al caer de la tarde, en Campamento.

Este pequeño pueblo, blanco entre verdes colinas, fue funesto para aquel pobre niño. Sin atender a mis ruegos, comió gran cantidad de coco, que le produjo violenta sed. Bebió varios vasos de agua, atacándole después una disentería que lo deshizo. Las veintiséis leguas que nos separaban de la capital fueron para él angustiosas, pues veíase obligado a bajarse de la bestia sin cesar, víctima de agudísimos sufrimientos. Murió a los seis días de nuestra llegada.

Mi tía Mercedes escapó de enloquecer. Durante una semana estuvo sin moverse, hundida en tenaz catalepsia. A fuerza de cuidados volvió a la vida. ¡Pero, qué vida! Más odiosa que la más dura muerte. Vistiendo siempre de negro, rígida en su aspecto, sumergióse en su desventura como en un océano de lágrimas y las gentes y las cosas se revistieron para ella de formas hostiles y repugnantes. Pasados los seis años legales exhumó los restos de Nicho. Retúvolos en su casa largo tiempo, velándolos noches enteras. En las tristes madrugadas oíanse sus amargos lamentos y sus lúgubres gritos que convirtieron su morada en mansión funeraria propicia a todas las desolaciones. Aquella infantil calavera, con los otros míseros huesos, fueron al fin a reposar definitivamente en el mausoleo de nuestra familia, labrados, como las santas reliquias, por los besos y caricias de una adoración sobrehumana. Poco después, la muerte, compasiva, puso término al perenne y sombrío dolor de aquel ser como ninguno infortunado.

No quiero pasar a otro asunto sin fijar aquí una emoción de mi infancia, clara y precisa en mi memoria. Un campista de Las Blancas capturó con un lazo, en la vega del Guayape, un pequeño olingo (mono aullador) y lo condujo a la casa arrastrándolo por la sabana. La madre del feo animalejo, desprendiéndose del alto higuerón desde donde presenció la captura, corrió desesperada tras de su cría, gimiendo lastimosamente como una mujer. Así llegó hasta el patio en el que unos rústicos la ultimaron a machetazos.

Nicho —que era entonces un muchachito de cinco años, pálido y endeble—, y yo, jugábamos en los corrales con los hijos del mayordomo, y al enterarnos del caso acudimos corriendo en defensa de la infeliz bestezuela, que se revolcaba en el polvo cubierta de sangre. Todos protestamos indignados de aquella cobarde crueldad. Pero Nicho fue presa de un extraño frenesí. Mordió la mano de uno de aquellos patanes y lloraba a gritos mesándose los cabellos.

—¡Pobrecita! ¡Pobrecita! —decía sollozando—. ¿Cómo pudieron asesinarla estos hombres malvados sólo por no poder abandonar a su hijo?

Le llevaron de allí y costó mucho calmarlo.

Una de las más grandes impresiones de mis cinco a mis trece años era la llegada a Juticalpa de las compañías de circo. Sabedores los muchachos de la ciudad de la hora de su ingreso, íbamos muchos a encontrarlas a pie en alegres grupos. Nuestro regocijo se desbordaba en aplausos y ruidosas aclamaciones cuando los veíamos avanzar en pintoresca tropa, vistiendo sus viejos trajes multicolores, bajando algún áspero cerro o corriendo por una planicie del camino. Venían todos montados en flaquísimos burros o en caballos idénticos al fabuloso Rocinante, con sus descoloridas maletas a la grupa, las mujeres con sus hijuelos en brazos.

Nuestro encuentro era por demás espectacular y divertido. Después de entregarles los paquetes de chorizos asados, queso, frijoles, tortillas, sal y huevos cocidos que les llevábamos, nos zarandeaban amistosamente dando saltos mortales, divirtiéndose con nuestra ingenua admiración e interrogándonos sobre detalles de interés para su negocio. Comían como si hubieran ayunado una semana, bebiendo aguardiente en sus cantimploras y charlando como cotorras. Entrábamos todos en Juticalpa en familiar promiscuidad, los más atrevidos, yo entre ellos, jinetes en las ancas de sus acémilas, cogidos de las cinturas de los histriones. La escandalosa algazara por las calles aumentada con las desabridas y estridentes charangas de unos cuantos músicos bolecos armados de clarinetes y pistones, hacía que multitud de curiosos llenaran las esquinas, hacinándose en las puertas y ventanas, entusiasmados ante la cómica y extravagante cabalgata. Sólo al acercarnos a nuestras respectivas casas escapábamos de la farándula para volver a reunirnos con ella en otro sitio, pues menudeaban los chilillazos maternos sobre las posaderas de los gritones más empedernidos.

En el vasto patio de la casa Vilardebó, en el corazón de la ciudad, instalábase la maroma. Dividían convenientemente el recinto, separando con cuerdas los palcos de los gamonales de la galería del pueblo, y, en medio, sobre un amplio círculo cubierto de gruesos postes, de barras fijas, de trapecios y de otros juegos de menor importancia, alzábanse suspendidas con alambres, enormes pelotas de aguarrás, que esparcían violentos resplandores sobre el escenario en que actuaban los volatineros.

El paseo carnavalesco anunciando la función verificábase entre las nueve y las once de la mañana y a él concurría toda la gente menuda. Treinta minutos antes de la hora fijada, la puerta por donde el grupo clownesco iba a salir, y la calle, colmábanse de una turba vibrante de alborozo. En ágiles caballos, alquilados para el caso, aparecían los faranduleros, que eran recibidos con gritos de júbilo, rechiflas y resonantes apóstrofes. El payaso era el último en presentarse. Con la cara embadurnada de blanco, azul y rojo, su agudo bonete pierrotesco y su ancha vestimenta a rayas verticales de colores chillones, constituía la atracción culminante del estruendoso desfile.

Corrían todos raudamente, siguiéndolos nosotros sin descanso en sus vueltas y revueltas, sudorosos y medio muertos de fatiga y de risa. En cada esquina, al distribuir el programa —impreso con irregulares tipos de madera— el payaso gritaba un rimbombante discurso en hiperbólica alabanza de la compañía. Terminaba su cáfila de disparates y sandeces moviendo vertiginosamente los ojos y las orejas y sacando toda la lengua, lo que nos producía una hilaridad indescriptible. Precipitábase después en terrible carrera como si le picaran voraces avispas, contorsionándose sobre su corcel que, por las Coces y relinchos que lanzaba, parecía compartir el insensato frenesí de su atolondrado jinete; mientras los cuatro o cinco filarmónicos, galopando junto a él, se desgarraban la garganta en lucha tenaz con sus doblemente latosos instrumentos.

Rememoro con pena un lamentable caso ocurrido en uno de estos paseos. Mientras el clown, vistiendo un flamante pantalón de seda a cuadros de púrpura y esmeralda y una casaca de terciopelo azul de Prusia, la quintaesencia de su indumento, disparaba entre horribles gestos y extravagantes ademanes su acostumbrado y loco discurso, un miserable que se hallaba cerca, agachóse sobre un charco, arrojándole al pecho varias manotadas de lodo que le arruinaron el traje. El pobre diablo quedóse como herido por el rayo, mudo y atónito, estallando luego en sollozos. Muchos celebraron aquella canallada; otros prorrumpieron en protesta contra el agresor, que se mofaba cruelmente de su víctima; pero no pasó esto de palabra. Temblando de indignación excité a varios compañeros de escuela, mayores que yo para que le castigáramos allí mismo. Y sucedió que mientras el villano, envalentonado por la impunidad y por los estímulos de otros tan ruines como él, riendo a carcajadas intentaba repetir su cobarde acción, como cinco o seis muchachos menores de doce años le caímos encima a puñetazos y patadas; y aunque se defendió con todas sus fuerzas, golpeando a algunos, le arrojamos en el lodazal con las costillas molidas y las narices rotas. Cuando el Policía se presentó, enarbolando su látigo, saltábamos como venados a cien metros del sitio del combate.

Temprano de la noche las familias pudientes enviaban sus sillas para asistir a la función, que comenzaba a las ocho. Las de mi casa alineábanse de primeras en uno de los palcos, constituíame en centinela para que no las cambiaran de sitio, escogido por mí de antemano. Sorda inquietud me asaltaba cuando, ya para empezar espectáculo y con el patio lleno, mi familia no aparecía. Llegaba al fin, y rebosando de satisfacción veía yo a cada uno ocupar su asiento. Dando torpes brincos aparecía el payaso bajo las fulgurantes fogatas. No se me escapaba un solo gesto ni la menor palabra de su vulgar fraseología; desternillándome de risa hasta saltárseme las lágrimas con sus ridículas piruetas y sus estólidas gracejadas. Nunca me asaltó el sueño en aquellas horas venturosas. Y cuando a medianoche terminaba el sainete, me sentía triste, y únicamente me reanimaban los apretones de manos de los maromeros, quienes veían en mí el mejor de sus admiradores, y también el más importante por las relucientes monedas que mi padre les arrojaba al redondel.

El grupo de chicuelos que iba a encontrarla, acompañaba en su partida a la compañía una legua por lo menos. Cuando la perdíamos de vista, impresionados por la misérrima cabalgata de burros y caballejos y hombres andrajosos y mujeres infelices, y por sus últimos adioses, regresábamos en silencio, sin ningún deseo de reír y la mayoría con los ojos húmedos,

Al revés de la generalidad de los niños, Lalita y yo casi nunca sentíamos hambre. Sólo nos gustaban los dulces y las frutas. Fuera de las sandías y los melones en los veranos, y de los zapotes, limas, plátanos, guayabas, anonillas y algunos frutos silvestres, nuestra fértil región carecía, por negligencia y falta de iniciativa de sus moradores, de estos apreciables y deliciosos dones de la naturaleza. Las piñas, las naranjas, los mangos eran acidísimos. Había dos casas de pobre apariencia a donde fui centenares de veces en busca de estos últimos: la de Cuite, cuyas naranjas nos parecían relativamente buenas, y las de Carmen Boquín, con árboles de mangos de gratísimo sabor. Dulces sí los había en abundancia, entre ellos, los de corozo y palmito de coyol; y las jaleas de manzanas y membrillos que en cajetas nos llegaban de la capital. Además, teníamos las uvas y ciruelas pasas, limones, duraznos y peras cristalizados que en pomos de loza o en cestas metálicas venían entre los artículos de la tienda; y los budines ingleses, rosquillas en miel, alfajores y otras muchas exquisitas cosas confeccionadas en nuestra casa.

Cuite —con ésta lo cito ya tres veces— (que sean leves mis recuerdos sobre su tumba), era un cuarentón de piel obscura, que subía ágilmente a los naranjos, para arrojarme riendo las frutas doradas. Cuando yo pasaba para la escuela me detenía con frecuencia en su puerta, contándome noticias absurdas o chismes de su vecindario. Yo le oía, sin dar crédito a sus palabras, pero agradeciéndole que me tratara como a persona mayor. Demostrábame gran afecto, lo que no fue óbice para que me lanzara a una aventura que pudo costarme la vida. Un día de noviembre en que se desató un viento furioso lo encontré en la calle, cerca de su casa, encumbrando un barrilete de extraordinario tamaño, como nunca lo había visto. Era de lona amarilla con varillaje de caulote y larguísimas barbas de género de colores. Formaba su cola una redonda trenza de fuertes lazos terminada con un trozo de soga, de esas que usan los campistas olanchanos para lazar los toros cimarrones; y la gruesa cuerda de cáñamo que lo lanzaba a las alturas habría resistido el ímpetu de una potencia dos veces mayor. Alabo su solidez porque sin ella quizá no estaría grabando ahora mis evocaciones en estas páginas.

El pesado armatoste —que viera antes inmóvil sobre el empedrado— cabeceaba luego con violencia a unos cien metros de tierra, costándole mucho a su dueño sujetarlo. Viéndome éste absorto ante el insólito espectáculo, presenciado por regular número de transeúntes y por los granujas del barrio, me instó para que cogiera la cuerda: y seducido por la vanidad de realizar un acto de fuerza superior a mis años, la tomé sin vacilar. Sentime de súbito levantado en el aire como cinco metros y mi ascensión involuntaria por el espacio habría revestido caracteres fantásticos, si Cuite no salta instantáneamente sobre el rollo de cáñamo, y tirando de la cuerda con la ayuda de otros, no me hubiera devuelto al sitio de donde partí. Como en tan singular suceso —por su vertiginosa rapidez— no grité ni di ninguna señal de terror, los muchachos me rodearon entusiasmados. ¡Cómo, en treinta segundos críticos, puede uno convertirse en un héroe! Y en medio de ellos llegué a mi casa, en donde el mayor hizo un relato que emocionó a todos.

Otro accidente, de verdadera gravedad, me acaeció días después, bañándome en la poza del río llamada La piedra gorda. Me arrojé al agua, muy profunda en ese lugar, viendo hacerlo así a unos hombres que se divertían zambulléndose alrededor de la roca, pasando debajo de uno de sus extremos y persiguiéndose a colazos. Intenté permanecer sumergido, dejándome llevar por la corriente, como lo hiciera en otros sitios; más cuando quise volver a la superficie, mi cabeza chocó de pronto con una arista de la piedra; y perdiendo el conocimiento, quedé con medio cuerpo prisionero en la conocida oquedad que allí existe. Nunca habría salido vivo de aquella trampa de no acudir en mi socorro uno de los bañistas —cuyo nombre siento no recordar— pero que fue ampliamente recompensado; fue ésta la primera vez en que estuve en trance de ahogarme.

Con las primeras lluvias de abril reventaban los negritos —fruta negra, de grato sabor, de la forma y tamaño de la aceituna—, e íbamos los domingos todos los muchachos de las escuelas de ambos sexos a la vecina aldea de La Conce tras el sabroso fruto. El trayecto se me hacía cortísimo por la agradable promiscuidad. Comprábase de antemano toda la cosecha de dos frondosos árboles. Subían los más grandes hasta las ramas cubiertas por centenares de húmedos gajos, y, sacudiéndolas vigorosamente, hacían caer sobre la yerba lluvias estrepitosas de aquellas uvas silvestres. Recogíanse con rapidez en las canastas y sacando del bolsillo los cartuchos de sal, la espolveábamos sobre ellas, comiéndolas ávidamente.

Regresábamos al anochecer, charlando y corriendo, entre risas y bromas.

Así eran también nuestros paseos escolares para comer sandías en las vegas del Guayape, en la clara estación del calcinante verano. Al apuntar el alba ya caminábamos a pie hacia las márgenes del río de oro, distante siete kilómetros. Llegábamos bajo un sol de fuego, sentándonos a la sombra de alguna higuera centenaria; y devorábamos los pollos asados, los olorosos chorizos, los huevos duros, las embutidas de queso y frijoles, los trozos de dulce de leche. Y dos horas después caíamos como famélica langosta sobre el sandial, del que sólo quedaban las hojas y las cáscaras.

En uno de estos paseos llegó a la playa en que nos encontrábamos una cabalgata de personas importantes. Entre ellas iba Justita Zelaya en sus adorables diez y seis años. Era el momento de nuestro regreso y ella me invitó para que montara a la grupa de su caballo. Así lo hice. Reíase cuando en las subidas y bajadas del camino estrechaba su cintura,

Mi primer amor, mi amor infantil, fue inspirado por una linda adolescente: Lolita Fernández, hija del célebre general Pedro Fernández, de infausto recuerdo en la revolución de Olancho, y de doña Lola Garay, dama distinguida por su talento y por su gracia.

Vivía en una casona antigua frente a la plaza. Su madre y la mía canjeábanse libros y revistas; yo los llevaba de una a otra y de este modo nació en mi corazón aquel ensueño inicial. Un domingo me envió mi hermana a dejarle a doña Lola cuatro voluminosos tomos de no recuerdo qué novela. Iba temblando por la calle y llamé a la puerta con verdadero pavor. Estuve allí varios minutos, con la esperanza de que nadie acudiera, cuando se presentó en el umbral, vestida de blanco y con una rosa roja sobre el negro cabello, la angélica niña. Verla, y dejar caer los libros y salir en carrera fue cosa instantánea, Otros cómicos incidentes me ocurrieron en mi adoración por aquella beldad, que ya brillaba en los bailes y discurría entre las personas mayores. Mis condiscípulos me fastidiaban con chismecillos, provocando mis celos. Y en una Semana Santa, hallándome en la iglesia recostado en un pilar, en éxtasis a dos pasos de mi amor, que de rodillas leía en su devocionario, dos de aquellos pícaros, acercándose cautelosamente, me dieron tan formidable empellón que fui a caer sobre la jovencita. No sé cómo salí de tan ridículo percance. Sólo recuerdo que me impresionó por mucho tiempo como si se tratara de una irreparable desgracia.

Me asaltan recuerdos de cosas en que no intervine porque estaba en la infancia y que lastiman mi espíritu como delitos que yo hubiese cometido. Así el de la venta de la pequeña casa en que vivían unas pobres parientas nuestras, Magdalena Andrade y Leticia Vargas. Era de mi padre y se las cedió gratuitamente para que la habitaran. En un gran apuro económico, sin reflexionar, vendió aquel inmueble por una suma miserable (de lo que se arrepintiera tardíamente), quedando las infelices sin hogar, pues la cantidad con que las remuneró apenas pudo servir para el alquiler de dos cuartos por un año.

Lalita me decía que aquel incidente precipitó la decadencia de nuestra fortuna y en él pienso con lastimosa pesadumbre.

Entre los muchachos de la escuela de Juticalpa había un grupo filatélico para quien un sello postal exótico representaba una fortuna.

Yo era uno de los más entusiastas, y mis colecciones causaban asombro y envidia. Iba recogiéndolas por diversos conductos; mi padre y algunos de sus amigos me daban las estampillas por centenares y también por centenares las obtenía a precios módicos, para lo cual fijé un anuncio caligráfico en una de las puertas de la tienda de mi casa.

Sólo de Centro América logré reunir quince mil, en cinco cajas con los nombres de las cinco repúblicas. Entre las extranjeras había varias de gran mérito, sobresaliendo una del Japón, en vivos colores, con un bello paisaje de rosados cerezos. Este sello tiene su historia. Claudio, mozo de nuestra servidumbre, me lo mostró una tarde, sacándolo de una vieja cigarrera de petate.

—¿Qué te parece? —me preguntó, sonriendo—. Te lo cambio por dos puros habanos de los que fuma el patrón.

Tres minutos después se los entregué, y fui corriendo a enseñarlo a los compañeros, ponderando su valor con apropiadas frases. Lo admiraron con avidez, como si fuera algo del otro mundo, y rechacé todas las ofertas que por él me hicieron.

A los cuatro días se presentó en mi casa el Administrador de correos.

—Está en la cárcel el cartero de mi oficina —explicó— por haber arrancado un sello de una carta dirigida de Nagasaki a don Agustín

Yates. Y me dicen que Froylancito lo tiene...

Oír aquello y salir disparado en busca de mi amigo don Agustín fue para mi cosa de segundos. Tras una breve explicación devolví el cuerpo del delito. Pero él lo puso en mi mano, obsequiándomelo con otros de su patria, Inglaterra, y de Australia y del Indostán.

Un domingo en que jugábamos en el solar abandonado de la vieja casa de dos pisos de don Salvador Garay, frente a la de don Indalecio Argueta, Jaime Bertrand castigó con unos cuantos pescozones a un muchachote grosero (vive todavía), que maltrataba continuamente a los más débiles. Asombrado de su proeza, le regalé mi sello japonés.

Como una bomba de dinamita cayó entre el grupo filatélico un aparatoso folleto en colores de una casa comercial de Chicago (imposible recordar su nombre), en que ofrecía, a cambio de estampillas centroamericanas, una multitud de útiles brillantes capaces de perturbar las mejor equilibradas imaginaciones infantiles. Al margen de los textos capciosos, con los detalles para los pedidos, veíanse, en forma llamativa y gráfica, hebillas de plata, cadenas de diversos metales, puñalitos y navajas con secretos resortes, preciosos cortaplumas de veinte formas y calidades, álbumes con raras estampas, gemelos de puño, plumas y lapiceros de oro, etcétera.

Cada uno escogió lo que más deseaba en relación con el número de sus sellos. Yo pedí con todos los míos —como veinte mil— una cartera de piel de Rusia con mi monograma, un estilete con el pomo de plata y un precioso reloj de bolsillo con los números rojos y que debería traer mi nombre en el centro de la carátula. Llené todos los requisitos del envío, con escrupuloso cuidado, y quedé esperando... hasta hoy aquellos encargos que en mis sueños de entonces tomaron una apariencia fantástica

Robo tan canallesco me decepcionó para siempre de mi afición filatélica; y los más elegantes muestrarios de esta especie me impresionan menos que la más absurda incógnita algebraica.

Pleno aun de la visión de las corridas de toros y demás pintorescos espectáculos de la última fiesta de diciembre en Juticalpa, ingresé en febrero del 89 en el tercer curso del Instituto Nacional. La casa en que viví estaba frente a la de don Abelardo Zelaya. Sus hijos fueron mis amigos: Clementina, de tres años, cantaba como los ruiseñores. En la noche oía su dulce voz entonando, sentada al piano, tiernas romanzas. Esbelta, con sus ligeros vestidos claros, con blancas rosas sobre su seno naciente, con su boca de fresca púrpura, fue la primera ilusión de mi adolescencia, tan romántica que no pasó de miradas, sonrisas y cartas y versos rebosantes de íntimas ternuras y vagos deseos.

En ese año había en el Instituto un inspector, oriundo de un pueblo de Olancho, a quien llamaré con el apellido convencional de Ortiz, odiado, con razón o sin ella, por todos los muchachos. Cetrino, de mediana estatura, al caminar movía las nalgas como los maricones, conquistándose por esa causa un apodo ridículo y obsceno que mi pluma se resiste a escribir, pero que el lector sagaz adivinará al instante. La vil palabreja hacía perder el juicio al pobre hombre. Nadie se atrevió nunca a decírsela, pero en los pizarrones, en las puertas, en las paredes, hasta en los ladrillos de los corredores y piedras de los patios aparecía diariamente en caracteres de todos tamaños, grabada con yeso, lápiz o carbón.

Fueron inútiles las continuas pesquisas que se hicieron para descubrir a los culpables. Complot hermético con el siniestro propósito de asesinar a un hombre con un dicterio soez, el círculo de hierro en que se desarrollaba no se rompió jamás. La Dirección —interinamente a cargo del doctor Rafael Alvarado Guerrero— ofreció, en un aviso en lo alto del zaguán, un premio a quien descubriera a los anonimistas. La hoja del anuncio, en que se trazó cien veces el cínico apodo, se puso amarilla con el tiempo, desprendiéndose arrugada sin que se presentara un delator.

Cómplices de los que actuaban en aquel delito eran todos, menos uno. Y ese uno era yo, no por excepcional bondad, sino porque un instinto de estética me apartaba con repugnancia de las cosas ruines y groseras. Y rencoroso, el mejor de mis amigos, cuyo nombre por piedad no escribo aquí, porque no me sumaba a tan infame juego, aseguró cobardemente a Ortiz que era yo el único autor de aquella odiosa campaña.

Un mediodía, al bajar, con otros compañeros la escalera que comunicaba los dos pisos del colegio, recibí de pronto un violentísimo empujón que me hizo caer de bruces. Levantéme rápidamente con la cara llena de sangre, buscando a mi agresor y vi, con gran sorpresa, que éste era Ortiz, quien pasó junto a mi profiriendo vulgares insultos y amenazándome con los puños. Me precipité sobre él, pero el conserje y otros se interpusieron cogiéndome por los brazos. Los Zelaya, Amílcar Bonilla, José Jereda y cuatro más, mayores que yo, me acompañaron hasta el parque La Merced, entre indignados y burlones.

—Esto sí que está divertido —exclamó Amílcar, que era el actor cómico del Instituto—. El único que nunca ha escrito el apodo del maricón fue el que se sacó la rifa.

—¡Qué reventada de narices tan gratuita! —dijo con énfasis el tuerto Jereda, guiñando irónico el ojo sano.

—Tienes dos heridas. ¿Qué piensas hacer? —indagó Manuel Membreño.

—Serás un infeliz si te quedaras con ese ultraje —exclamó José Centeno.

—Yo lo conozco bien. Froylán no dejará impune la acción traicionera de ese miserable —murmuró otro a media voz, simulando que yo no iba a oírle.

Entre aquellas excitativas tendientes a incluirme en la nómina de la delincuencia hondureña, yo forjaba en silencio mi plan de venganza inmediata.

—¡Le mataré! —resolví con energía, levantándome.

—¿Y con qué? —preguntó uno alegremente—. ¿Tienes algún revólver o navaja?

—No, le mataré con el arma con que se mata a las víboras: con una piedra. Búsquenme pronto una, grande y redonda.

—¡Espérate! —gritó Amílcar, entusiasmado—. Voy corriendo a mi casa y en cinco minutos regreso con lo que necesitas.

Cuando tuve en mis manos aquella piedra lisa y negra —la piedra con que asentaba las tusas de sus cigarrillos doña Lupe de Bonilla— la idea homicida tomó fuerza en mi cerebro.

A las doce en punto iba salir del colegio el inspector con dirección al cuartucho de La Ronda en que vivía. Me aposté tras de la esquina de las tapias de la iglesia La Merced. Uno de mis consejeros me avisaría con un silbido la aproximación de mi enemigo. Saltándome los pulsos, vibrante de pies a cabeza, esperé como diez minutos que se me hicieron eternos.

—Froylán ¿qué haces ahí? —me preguntó doña Lola Irías desde la puerta de su casa.

—Nada. Estoy jugando al escondite con el choco Jereda.

En ese instante sonó la señal convenida, y cuando Ortiz torció el paso hacia la calle en que me hallaba, me puse frente a él, lanzándole la injuria clásica que lo enloquecía. Saltó sobre mí en el segundo en que la piedra volaba de mi diestra, por lo que el violento golpe que recibió en la cara fue aún más terrible. Le vi vacilar y caer de espaldas en las piedras.

—¡Corre, corre, que vienen los policías! —me gritó Amílcar.

Minutos después, veloz como un venado, atravesaba el barrio de La Hoya rumbo a El Guanacaste, cuyo puente crucé como una saeta, introduciéndome en unos zacatales cercanos a Palmira.

Como a las tres de la tarde avanzó por la carretera un grupo de estudiantes de quinto año. Les silbé detrás de un matorral, creyéndolos amigos; pero al verme se vinieron sobre mí en actitud agresiva.

—¡Allí está! Hay que cercarlo y lo agarramos como haya lugar.

Entonces se entabló una cacería por aquellos cerros digna de ser descrita por un detective profesional.

(Otra cacería, ésta de epílogo sangriento, ocurrió ante mi vista varios lustros después en aquellos sitios, En 1909 —siendo Presidente de la República el doctor Miguel R. Dávila y Director de Policía el general Luis Salamanca— me hallaba una tarde sentado en una de las bancas de ladrillo de El Guanacaste cuando pasó un ebrio al galope de su caballo, gritando y disparando al aire su revólver. De la próxima sección de Policía salieron entonces seis agentes con sus rifles, persiguiendo al borracho que, atravesando el puente, huyó por el camino de Suyapa. Oí después un fuerte tiroteo y, pasada media hora, aquel grupo de asesinos celebrando con grandes carcajadas su villano triunfo, regresaba trayendo el cadáver del infeliz, con una docena de balazos, atravesado sobre su montura. Yo denuncié aquel repugnante crimen ante las autoridades mencionadas, y en una protesta en mi diario El Heraldo; pero los culpables no recibieron ningún castigo).

60

Duró más de una hora y en ella fracasaron mis perseguidores. Casi anocheciendo, y mirando libre el campo, salí de nuevo al camino, en donde poco después vino a juntarse conmigo el guasón Amílcar, quien luego de entregarme un paquete de mangos tiernos y dulce de naranja, me informó, cerrando los ojos y con voz lúgubre, que Ortiz había muerto.

Conocí entonces la emoción del que ha matado. Amarga, desoladora, indescriptible emoción, desgraciadamente familiar a millares de hondureños.

—Como tienes tan pocos años no irás a la cárcel.

Estábamos en la obscuridad, bajo la fronda tupida del guanacaste centenario. En las casas de enfrente encendíanse algunas luces y yo me imaginé a mi víctima, rígida y ensangrentada entre cuatro cirios amarillos. Sentía en el corazón un malestar profundo.

—Voy a entregarme a la Policía —murmuré, poniéndome en marcha.

Amílcar caminaba silencioso a mi lado. De pronto soltó la risa.

—No, hombre, no lo mataste. Apenas le rompiste tres dientes y el hueso de la narizota. Fue lástima que no pusieras más fuerza en tu brazo. En otra ocasión hay que pegar en medio de las cejas. Te expulsarán del colegio, nada más...

No me expulsaron. Defendí bien mi causa. En el cuarto obscuro del Instituto, el último del primer piso, cuyas paredes dan a la casa que fue de doña Ramona Agurcia, me tuvieron diez días encerrado. Mis camaradas conversaban conmigo a través de la cerradura de la puerta y mis amigos mayores, próximos bachilleres, Carlos Ordóñez y Octavio Mazier, espontáneamente me acompañaron durante las noches de mi cautiverio.

Retrocedo en mi relato evocando las sombras de dos personas de mi casa que me interesaban mucho: Chepita Aguilar, buena mujer muy inteligente, que nos refería innumerables episodios de duendes y aparecidos, que a ella le contaron en su larga permanencia en Comayagua, en el Palacio Episcopal en que vivió, acompañando al virtuoso Obispo Fray Juan de Jesús Zepeda, de quien era sobrina.

Con un esfuerzo de memoria la veo aún ir y venir de un lado para otro en el recinto familiar: de estatura normal, de ágil delgadez, de ojos y cabellos negros, ni fea, ni bonita. Mi hermana, de doce años, y ella de veinticinco, se demostraban sincero cariño: con frecuencia salían juntas y bajo los naranjos se ponía a leer novelas sentimentales que las impresionaban hasta el llanto. Se decían *Arbolito* (era costumbre antigua en Olancho, entre las amigas, llamarse entre sí con un nombre convencional casi siempre de pájaros o de flores), y nunca alteró su cordialidad el menor disgusto. Dedicada a sus costuras y a otros quehaceres domésticos, vivía con nosotros como un número más en la familia.

La otra persona era Eduardo González, el mozo de manos: un hombre muy joven, bien parecido, de aspecto serio: callado, respetuoso, hacía su servicio con la mejor voluntad, siempre atento y oportuno. Era el de mayor confianza entre la servidumbre; el que me llevaba por delante en las cabalgatas de la fiesta de Concepción en mis primeros años; el que acompañó siempre a mi padre conduciendo las cargas de plata para la compra de novillos; el que servía la mesa, cuidaba de la caballeriza, moviéndose en menesteres del hogar.

Un día hubo reunión en casa de mi abuela materna, una especie de consejo íntimo para resolver un asunto extraordinario. Tratábase del matrimonio de Chepita y Eduardo, solicitado por ambos ante mis padres. Hubo la natural sorpresa y hasta el caso pareció absurdo y escandaloso. Ella era una señorita pobre, pero de excelente ascendencia y él no pasaba de ser un humilde sirviente, aunque sin vicios, trabajador y simpático. Vivieron cinco meses muy felices en la casita de un amigo. Una noche, al regresar Eduardo del campo, fue acometido de fuerte dolor en el pecho que culminó en copioso vómito de sangre. En dos semanas una tisis galopante lo convirtió en un espectro. Su mujer, desesperada, extremó con él su solicitud y amorosas demostraciones, con olvido absoluto de toda prudencia; comían en el mismo plato, bebiendo en el mismo vaso y usando en común ropas y objetos. De aquí que, poco después del entierro de Eduardo, ella sufrió el primer acceso del horrendo mal que le anunciaba un próximo fin lamentable.

Vestida de negro, demacrada y macilenta, volvió a nuestra casa; pero no ya a su antigua habitación junto a la sala, sino a uno de los grandes cuartos del almacén, en el segundo patio. Pronto la infeliz se dio perfecta cuenta de que la aislaban por temor al contagio; y su tos cavernosa y sus rojos esputos hicieron cada día más apremiante aquella precaución. Ya Lalita, obedeciendo órdenes terminantes de nuestra madre, extensivas a todos sus hijos, evitaba juntarse con ella, a pesar del dolor que esto le causaba; y hasta la criada puesta a su servicio no podía disimular su miedo de contraer la terrible enfermedad. Yo burlaba la vigilancia materna e iba en las noches a distraerla con mis pláticas. No le faltaron nunca ni las diarias visitas del médico, ni las medicinas por costosas que fueran, ni los cuidados materiales, ni la presencia momentánea de todos los de la casa y de algunos parientes y amigos. Sí le faltó un consuelo espiritual más eficaz, exento de mísero egoísmo.

Una mañana en que tomaba el sol sentado en una silla en el patio, cerca de su cuarto, pasó Lalita junto a ella, saludándola apenas.

—¡Ah, mi Arbolito! —exclamó la pobre mujer con voz dolorosa—. Me tiene asco y por eso no se queda ni un minuto a mi lado...

—No, no, créamelo —dijo mi hermana, con los ojos llenos de lágrimas—. Si me lo permitieran, pasaría con usted todo el tiempo que la escuela me deja libre. Yo la quiero ahora más que antes, Arbolito, y no sólo no le tengo ningún asco, sino que no le temo a su dolencia. Y con un impulso de su corazón generoso la estrechó largamente en sus brazos, besándola con el mayor cariño.

—Me faltaba este instante de felicidad para morir —sollozó la moribunda.

Aquella noche se extinguió sin una queja, en el mayor silencio.

...La veo en su ataúd, entre los cuatro blandones, con un velo negro sobre el rostro descarnado y lívido en el pálido amanecer, y con un pequeño crucifijo entre las manos amarillas...

A fines de 1889 fui de la capital a pasar las vacaciones con mi familia y en junio del 90 partí de Juticalpa con mi padre para San Salvador, en donde me quedaría interno en un colegio. El asesinato del Presidente Menéndez —así debe calificarse— y la guerra que sus victimarios sostuvieron para conservarse en el poder, frustraron aquel proyecto, reteniéndonos durante varios meses en Tegucigalpa y obligándonos a regresar a Olancho.

Salimos para Juticalpa el 19 de septiembre en la mañana, y, a la media hora de camino se sintió mi padre súbitamente enfermo, cayendo de su caballo en la carretera. Nuestros dos criados y yo lo condujimos en brazos hasta una casa próxima, en donde mejoró tras de algún tiempo de reposo. Ya para ponerse el sol quiso proseguir el viaje; pero al llegar, casi de noche, a San Antonio de Leche, su mal volvió a atacarle con mayor violencia. Gentes rústicas habitaban aquel antiguo caserón, de propiedad entonces del general Rafael López Gutiérrez. Con viles razones, impropias de los aldeanos hondureños, nos negaron hospedaje en alguno de los cuartos y tuvimos que acomodarnos en el corredor. Con una vieja tarima y las ropas sacadas de los baúles, se le preparó un lecho al enfermo; y un pariente que nos acompañaba, hombre de noble corazón, Juan Turcios, calmó sus dolores. Dijo luego que se hallaba casi bien, con deseos de dormir. Para dejarle descansar todos nos acostamos: Juan y los sirvientes en el suelo y yo en una hamaca que colgué junto a él. Reinó el silencio. Medio dormido oía los múltiples rumores de la noche oscurísima y muy lejos, por los pinares de las alturas, el canto monótono de un pájaro. Sentía que algo irremediable iba a suceder, que una potencia maléfica rondaba en nuestro derredor... Sonó con timbre extraño la voz de mi padre, llamándome:

—Froylán, levántate. Ven a acostarte conmigo.

Salté al instante, y tanteando en las tinieblas, porque carecíamos de fósforos, llegué hasta él.

—Por aquí —me dijo, alargando el brazo. Quédate en la orilla, yo me correré al rincón. Tengo lo que nunca he sentido...

—¿Un dolor agudo?

—No, un miedo terrible.

—¿Miedo de qué?

Y oí mi voz invadida por el espanto.

—De algo siniestro, de un peligro obscuro que me amenaza... ¿No oyes, unos pasos que se alejan y se acercan? Pero es mejor no hablar, no hablar...

Guardó silencio. Cogiendo mi mano dijo algunas palabras con débil acento. Vagamente entendí que iba serenándose su corazón y

que ya no le mortificaba ninguna angustia,

Estuve como una hora sin dormir, pensando, pensando... El pájaro cantaba de nuevo en la lejanía y los ruidos de la noche eran cada vez más pausados y tristes. Millares de luciérnagas encendían y apagaban sus luces fantásticas en la negrura de los campos.

...Caí en el sueño como en un lóbrego abismo y pasó el tiempo... Desperté con el alma sobrecogida de terror. Una ráfaga glacial azotó mi espalda y sentí aquel frío aún más intenso en la mano que mi padre apretaba entre la suya. Un pensamiento fulminante hirió mi cerebro. Puse sobre su frente la mano que tenía libre y la encontré más helada que la nieve. Estaba muerto.

Sería imposible expresar la emoción tremenda que conmovió mi espíritu ante aquella inesperada desventura. Y fue en la noche lúgubre —mientras los sirvientes buscaban los caballos en los potreros— inmóvil en la obscuridad junto al cadáver, que me convertí, aún lejos del umbral de la adolescencia, en un hombre, forjado y fortalecido por el dolor y la meditación.

La ruindad de la servidumbre de aquella casa culminó con su negativa a vendernos unas míseras velas mostrándose sorda a nuestros llamamientos. Pensé derribar con mis criados la puerta, castigando a los villanos que tras ella se burlaban quizá de nuestra angustiosa situación; pero desistí de mi intento por no profanar con una escena de violencia la solemnidad de aquellas horas supremas

Sintiendo la amargura sin nombre de tan crueles instantes, evoqué, con un sentimiento de irónico escepticismo, la amplia y generosa hospitalidad con que mi padre recibía siempre a cuantos pobres o ricos llegaban a su hogar de Juticalpa o a las casas de sus haciendas. Y en sus últimas horas sobre la tierra estaba allí, en el corredor de una vivienda campesina, entre la inexplicable animadversión de unos desconocidos, como un mendigo sobre inmundas tablas, sin una luz que iluminara sus despojos... Fue la primera vez que germinó en mi espíritu el odio contra la cobarde maldad de los hombres. El amanecer, amarillento y tristísimo, me encontró inmóvil en el sito siniestro...

Jamás he vuelto a poner los pies en los terrenos de aquella casa maldita. La rememoro, a mi pesar, como se evoca el recuerdo de un odioso paraje, de un lugar sombrío e inhumano, de un sitio protervo de desolación y de ruina.

El general López Gutiérrez se mostró indignado al enterarse de la villana de sus sirvientes y con toda caballerosidad se excusó con mi familia por un proceder tan miserable.

Inolvidable temporada la que pasé, en los días finales de aquel año, en nuestra casa de El Suyate. Allí encontré a Soledad, la muchacha de la hacienda que cumpliera el último octubre catorce años, la virgen balsámica en cuyos brazos conocí el hondo misterio de la vida, mi primera flor de voluptuosidad, como relato en mi poema que lleva su nombre, y que en 1930 tradujo al francés, prodigándole sus elogios, el ilustre Francis de Miomandre.

En Las Blancas viví después meses plácidos de ensueños y recónditos ardores. Mi vocación literaria afirmábase cada día. Mis cuadernos estaban llenos de cálidas églogas, de rimas sonoras y prosas de músicas extrañas. La vida de los campos contribuyó a que se multiplicaran mis quimeras, encendiendo argentinas estrellas en mi cielo romántico.

Las sábanas y montes de la hacienda, con su eterna feracidad, saturaban de salud y frescura mi cuerpo, vibrante de amor y ávido de emociones.

En un recodo edénico, a pocos metros de una quebrada quejumbrosa, refugiábame en las tardes ardientes a pensar y a soñar. Era en un extremo de los verdes llanos, en un pequeño círculo de arbustos en flor. Me tendía de espaldas sobre el gramal, y aspirando las fragancias campestres en la profunda soledad, una embriaguez deliciosa corría por mis venas. El sol acariciador, el aire tibio y ligero, los vagos ruidos del anochecer, el mugir de las vacas, el galopar de los garañones persiguiendo a las potrancas, los gritos de los alcaravanes, la metálica limpidez de los firmamentos en que erraba la luna con su palor de amaranto, me adormecían en arcanas divagaciones, en el espíritu pletórico de ternura, el cerebro de versos y la sangre de ímpetus sensuales.

En un rancho de las inmediaciones se moría desesperada en la mayor miseria una infeliz mujer, víctima de un espantoso mal. Mi hermana la recogió, alojándola en una pequeña dependencia de la casa. Cuidábala con aquella piadosa perseverancia que fuera una de sus virtudes substanciales. La enferma debatíase en llantos y quejas perennes, enloquecida por el sufrimiento.

Esta desventurada, asquerosa basura, tenía una hija que era como el botón de un clavel fragante. Llamábase Lucía, como la ilusión de Musset, y su nombre debió ser Amor: así por su abril de fuego, por su sexual encanto, por el tesoro de su cuerpo florido y moreno. ¡Yo le enseñé a leer y a escribir... ¡y ay de mí! otras artes más gratas y menos inocentes. Rebosaba salud y alegría, ágil y peregrina en su adolescencia; ágil y selvática como las jóvenes venadas y cimarronas que cruzan saltando los claros de los bosques. Iba tras de mí, arrebatada y ciega, como la mariposa tras una ráfaga de luz...

¡Idilio de agreste perfume! La primera vez que la tuve en mis brazos creí morir de placer. Ceñida a mi cuerpo, su boca, de hálito de fruta en sazón, devoraba mi boca. Fue en una divina noche de plenilunio, en mi recodo de meditaciones, sobre un lecho de musgos aterciopelados... Estaba intacta como Soledad, pero tenía un sabor diferente. Permanecimos después en silencio, mirando en las alturas, entre los naranjos temblorosos, el astro de plata en un marco de oro, único testigo de nuestra dicha... No se fatigaba de besarme, con hambre de mis caricias, prodigándome las suyas con dulcísimas palabras.

Toda ella olía a retama, a geranio, a reseda, a muchacha limpia, plena de salud.

—¡Tuya, tuya, sólo tuya! —murmuraba, ocultando su cabeza en mi pecho.

¡Idilio intenso de agreste perfume! Comparábala, en mi concepto bucólico de cuanto me rodeaba, con las vacas plácidas de ojos de mujer, con las cabritas morenas de hocicos rosados que a nuestro derredor mugían y balaban plañideras con llamamientos amorosos. Pero había en ella algo más que el instinto: el naciente espíritu apasionado, la emoción entrañable, la ternura absoluta hacía un único ser. Que la hacía suavemente gemir, en la entrega total, más con el corazón que con el sexo:

—No he querido ni amaré jamás a ningún otro... ¡Tuya, sólo tuya, Froylán mío, Froylán mío!

Fue la primera vez que penetraron en la raíz de mi organismo estas dos palabras, que en ocasiones innumerables oí y vi escritas después, taladrándome el alma con su ardoroso arrullo.

Urgido de quietud y soledad para forjar mis sueños, grabándolos sobre el papel, escondíame en las hondonadas y en las secretas espesuras del monte, huyendo de la linda Lucía; pero, buscándome por todas partes, la misteriosa videncia de su amor la guiaba a mi escondite. Encontré, al internarme en un bosquecillo de arrayanes, próxima al riachuelo rumoroso, una pequeña caverna oculta en una inmensa roca. Cubrí el piso con espesa alfombra de pino y allí pasábame leyendo y escribiendo horas y horas. Lucía me buscó entonces en vano. Pero en una clara tarde, en que me hallaba sumergido en el mundo melodioso de El Cancionero de Heine, la vi cruzar por una senda cubierta de gramales, mirando ávidamente en todas direcciones. En silencio y oculto tras un árbol observé sus actitudes y la angustia de su carita infantil. Segura de la inutilidad de su búsqueda se dejó caer en la yerba sollozando.

Yo he tenido siempre para las mujeres el alma blanda, fácil al enternecimiento del amor o la piedad. Con cautela, sin mover apenas las hojas, llegué a su lado y tomándola tiernamente en mis brazos la conduje a mi albergue balsámico. Nunca la vi tan feliz. Lloraba como una pequeñuela, sonriéndome entre sus lágrimas...

LOS ACREEDORES de mi padre exigieron a inmediato pago de sus débitos. El total arrojó una cantidad considerable, el triple de la que pudimos imaginar. Sólo podría cancelarse haciendo un supremo sacrificio que nos reduciría a la pobreza. De los siete hermanos, únicamente Lalita era mayor de edad. Ella nos expuso la situación:

—Vamos a resolver lo que haremos con los apremiantes cobros que nos han llegado. El Juez de Letras vino ayer a decirme que la ley está de nuestra parte, negándonos a pagar, ya que los bienes que dejó nuestro padre apenas sumarán la mitad de los tales cobros, quedando así, con lo que aún tenemos, en una modesta pero desahogada situación económica. Pero ¿cómo consentiremos, sin cometer una acción ruin, en que el nombre de un padre, que fue tan bueno y tanto se afanó por sus hijos, se vea despreciado y escarnecido? Yo creo que debemos vender las haciendas de San Pedro y El Suyate para cancelar con su producto dichas deudas. Poca cosa nos quedará, pero de ella disfrutaremos sin ningún remordimiento. De los siete herederos sólo yo he llegado a los veintiún años y para autorizar la escritura de venta tengo que responder del consentimiento de ustedes.

Yo alcanzaba los tres lustros, y en mi nombre y en el de los demás menores opiné que se utilizaran todas nuestras propiedades para cancelar aquellas cobranzas.

Se vendió a don Emiliano Muñoz por un ínfimo precio (ningún otro comprador se presentó), El Suyate, fértil hacienda de extensísimas tierras que valía una fortuna. A diez y seis leguas de Juticalpa, por la ruta de la ubérrima región atlántica. No olvido algunas de las cláusulas que oí leer en el rollo de papel notarial: por cada cabeza de ganado cimarrón, vacuno o caballar, que apareciera después de la entrega de la propiedad, pagaría el comprador seis pesos. Los terrenos, casa y potreros, se adjudicaron por sumas ridículas.

¡Cuántas veces, en días de penuria, fui donde el rico hacendado, en nombre de mi hermana, reclamando el precio de algún toro o caballo! ¡Solicitud ingenua! En los primeros tiempos con éxito vario; después completamente negativo. Aquellas salvajes bestias, felices lejos de los hombres, en las abruptas serranías, no se dejaban coger, ni mucho menos se presentaban sumisas para sumarse a sus pacíficos congéneres en la servidumbre de los corrales. Parece que un mayordomo poco escrupuloso formó, con buen número de ellas, un hato en tan feraces montañas, inutilizando así mis visitas al amigo Muñoz.

Todas las deudas paternas fueron canceladas. En cambio, no se presentó ningún deudor en nuestra casa. En los libros en que se anotaban los préstamos aparecían más de cien personas debiendo cantidades más o menos importantes. Caso que entonces me pareció asombroso y que mi experiencia me hace ver hoy perfectamente normal. En muy pocas ocasiones de su activa vida de comerciante y ganadero en gran escala exigió mi padre el formulario legal para entregar las sumas que, sin interés ninguno, le solicitaban sus amigos.

Hombre pródigo hasta la hipérbole, despreciador del dinero, sin dobleces ni malicias, conformábase con alguna carta o telegrama, y, en lo general, con un compromiso de palabra.

Un día, en las inmediaciones del pueblo de Río Tinto, nos encontramos con un individuo, después poderoso terrateniente que, tras larga plática, le rogó prestarle ochocientos pesos, jurando devolvérselos dentro de cuatro meses. Nos acompañó hasta Catacamas, recibiéndolos allí, sin exigirle recibo. No los pagó nunca. Por consideración a su familia no concreto su nombre. Y así como éste podría citar gran número de casos semejantes en que fue lamentablemente robado.

Hubo, sí, una excepción. Un vecino de la aldea de Laguna Seca —no me ha sido posible recordar su nombre— entregó a mi hermana cuatrocientos pesos, manifestándole que mi padre se los había prestado en tiempo muy remoto. Doblemente fue celebrada tan buena acción, pues aquél día era absoluta la ausencia de pecunia en nuestra casa.

Y aquí abriré un paréntesis con un pueril episodio. En 1902, haciéndome cómplice del irónico Luis Suárez —progenitor de mi colega Clementina— en una broma ingeniosa, fui a visitar a don Emiliano Muñoz en su casa de Juticalpa, ubicada cerca del cabildo. Tras el cordial saludo y las preguntas ocasionales, le dije con voz grave y aspecto de equívoca amenaza: "Amigo: usted sabe muy bien, y diez abogados residentes hoy en esta ciudad pueden repetírselo, que la escritura de venta de El Suyate, a pesar de los once años transcurridos es absolutamente nula, pues los herederos de aquella magnífica hacienda, con excepción de Lalita, éramos entonces menores de edad. He venido a Olancho a promoverle a usted, un litigio para la inmediata devolución de dicha propiedad, que constituye una parte de nuestra herencia materna. Ventilará este justísimo reclamo mi amigo el talentoso jurisconsulto Luis Suárez, quien apostó ayer cien novillos contra cincuenta que ganará el pleito en breve tiempo; pero, por la especial estimación que le guardamos a usted, mis hermanos y yo, nos conformaremos con recibir la mitad de la hacienda, en las condiciones en que hoy se halla".

El hombre —gordo y de pequeña estatura— se puso primero amarillo, después lívido, luego rojo como un zapote. No pudo, de momento, articular un solo vocablo. Yo hice un supremo esfuerzo para no estallar en una carcajada.

—Vea, Froylán... —tartamudeó al fin. Veinte veces me han dicho lo que usted acaba de expresar. Ya sé que la compra fue ilegal pero tenía tan completa confianza en que, por respeto al nombre honorable de su padre, por el valor de su propia palabra y por el compromiso firmado por su virtuosa hermana, usted jamás intentaría nada contra mí, que nunca me intranquilicé por este asunto.

Dominando mi emoción, reteniendo las palabras a fuerza de voluntad, guardé silencio. Pasaron dos minutos. Levantóse de su silla, paseándose por el cuarto.

—Está bien —exclamó con voz ronca—. Que me sirva esta lección de amarga experiencia y de castigo por mi credulidad. No me fiaré ya más de nada ni de nadie. Les entregaré mitad de la hacienda como usted lo exige.

Me levanté a mi vez y le abracé diciéndole:

—Perdone, mi amigo, el mal rato que le hice pasar. Todo lo dicho por mí no es sino una broma de mal género. Jamás, por nada en la tierra, y mucho menos por algunos millares de miserables pesos, expondría a un mal juicio la memoria de mi padre o el nombre venerado de mi hermana.

En nuestra casa de campo de Los Terreritos —como último resto de los días de esplendor— quedaban algunos grupos de pavos reales, errantes en los aledaños, libres de toda sujeción doméstica. La mala suerte nos perseguía y hasta las cosas más urgentes faltaban en nuestro hogar.

Una noche llegó a vernos Nicomedes Ramos —omito su verdadero nombre por consideración a sus hijos—, un antiguo criado de mi padre; rústico de muchas gavetas, tartamudo, entre tonto y listo, diestro para captar en equívocas formas legales los dineros ajenos.

—¿Quiere que vaya a Tegucigalpa a venderle esos pavos? —le preguntó a mi hermana—. Yo conozco allá mucha gente rica y procuraré obtener por ellos el mejor precio posible. Fuera de los gastos indispensables no le cobraré nada por este servicio, en memoria de mi patrón, que tan bueno fue conmigo. Como nadie vive ahora en Los Terreritos los pavos se perderán en las montañas o serán objeto de los robos de los malos vecinos. Por la Azacualpa han aparecido tres que un achín se llevó y hay quien asegura en Laguna Seca y en San Francisco que su carne es excelente por haberla comido en muchas ocasiones.

71

Aunque con pena, obligada por la necesidad, convino Lalita en la venta. Recordaba que, en los prósperos tiempos, de diversos lugares de la República solicitaban con frecuencia aquellas magníficas aves, ofreciendo hasta ciento veinte pesos por una pareja ya emplumada. Nunca se atendió a estas propuestas y sólo seis fueron remitidas en obsequio al presidente Bográn, a doña Raimunda de Zúñiga y a don Cornelio Moncada.

Fue ímproba la tarea de capturarlas. Huían enloquecidas por los cerros, subiéndose a las copas de los ceibos, lanzando agudísimos gritos; y, ya prisioneras, debatíanse desesperadas entre los brazos de sus perseguidores. Entre tanto, lápiz en mano, yo hacía la cuenta, con discreción y cálculo pesimista:

Dieciséis parejas a cien pesos cada una...1600. Rebajando 80 del alquiler de ocho bestias, 20 del mozo, 20 de gastos en el camino, y 20 en la capital, quedaban... 1,460 pesos.

Ya empacados, en cinchos hechos a propósito, fueron conducidos los bellos animales, del fresco valle en que correteaban felices, a sitios lejanos en que no gozarían de ninguna libertad.

Ocho días después recibióse el primer telegrama de Nicomedes:

Pavos llegaron estropeados. Trayecto muriéronse tres. Comienzo gestiones.

Desde esa hora no transcurrió un solo día en que no llegara un telegrama absurdo de aquel majadero.

Pavos mejorando. Continuaré informes.
Animales niéganse caminar. Buscando veterinario.
Tres pájaros machos patas quebradas. Otro muy triste.
Murio otro pavo, ¿Qué debo hacer?

Yo le contesté, entre las risas del telegrafista:

Entendido pregunta. Suicídate.

Pero no sólo no se suicidó, sino que desde entonces sus mensajes diarios hiciéronse más extensos y explicativos. También llegaron algunas cartas suyas llenas de sandeces, cuya lectura repetía yo en alta voz cuando nos sentábamos a la mesa y en los corrillos nocturnos de la esquina de don Tomás Rojas.

Regresó al fin aquel pícaro, cinco semanas después de su salida, no sin dirigir un postrer telegrama de Campamento, dando la grata nueva de la muerte repentina de una de las mulas. Precisamente llegó en un día de grave penuria, y todos le esperábamos como a un momentáneo salvador.

—Por muy mal que le haya ido —dijo mi hermana— traerá la mitad de la suma que calculamos: unos setecientos pesos.

—Tal vez ochocientos o algo más —murmuraba yo entre serio e irónico.

Presentóse al fin en el patio, arreando con voz quejumbrosa las siete acémilas, más flacas que el celebérrimo Rocinante; tres de ellas rencas y las otras casi tuertas y con mataduras causadas por los aparejos. Entre suspiros y lamentaciones entregó a Lalita... ¿Seis o nueve billetes de a cien pesos cada uno? —se preguntarán nuestros lectores No. Un mugriento papel, que copio literalmente, corrigiendo sólo su ortografía:

ENTRADAS:
Pavor muertos: 6
Venta de pavos que no murieron: $140

GASTOS:
Alquiler de ocho mulas: 80
Valor de 35 días de potreraje de mulas, mozo y yo: 60
Pago del mozo: 20
Precio de la mula difunta: 50
Total en telegramas: 10
Veterinario y otros gastos que se me olvidaron: 15

TOTAL: $235

Toda la familia —reunida como para la lectura de un testamento— oyó estupefacta la noticia de que, en lugar de recibir de setecientos a novecientos pesos (unos 400 dólares entonces), se le debían a aquel abnegado y generoso mucano, $ 95, que suplicaba le fueran entregados allí mismo, pues no tenía un centavo con qué llegar a su aldea.

Nadie interrumpió el silencio: por unánime acuerdo todos le mirábamos fijamente. No pudo soportar aquella terrible protesta y salió tropezando en los muebles. Ya en el umbral se volvió hacia mi hermana con expresión humilde:

—¿No me reconocerá siquiera doce pesos por tanto tiempo de continuo trabajo?

Transcurrido un año volví a Tegucigalpa y al pasar una tarde por la casa de don Abelardo Zelaya escuché un grito estridente, para mí familiar en los recuerdos de mi infancia. Entré al portón y vi en medio del patio, amarrada a un árbol con un grueso lazo, y como si se tratara de una dañina alimaña, a una pobre pava de las que corrían aleteando en los verdes montes de Los Terreritos.

Nana Santos fue la nodriza de Lalita, y por ello todos en la casa la llamábamos así. Era de Mamisaca, aldea próxima a Juticalpa. Incansable para el trabajo, solícita y afectuosa, nos servía adivinándonos el pensamiento. Sólo un defecto pudo comprobársele: su excesivo rigor para castigar a sus hijos. Por la menor falta les azotaba sin piedad, dejándolos medio muertos. Intervenir era peor. Creo que la cólera, en ella fácil, la hacía perder la razón. Su marido era en sus manos un pelele. Cuando éste se excedía de copas le zarandeaba furiosa, hincándole y arremetiendo contra él con el azote. Sus hijas, Chica, Carlota y Lola —y últimamente Cornelio— se criaron en mi casa. La primera —hermana de leche de Lalita— murió muy joven. Carlota, muchacha honradísima, y de excelente corazón, ayudó mucho a la familia de mi ilustrado amigo Timoteo Miralda en épocas de aguda pobreza en La Habana y Nueva Orleans. Cornelio, mi ahijado, recorrió medio mundo, actuando en innumerables oficios y peleó en la gran guerra bajo el pabellón de Francia. (¿Dónde se hallará hoy?).

En octubre de 1890, yendo todos de Las Blancas para Juticalpa, en un día lluvioso, el caballo de Nana Santos, rozado en las ancas por la cabeza del que venía detrás, dio un súbito salto, derribando sobre un tronco a la pobre mujer, quien se apoyó instintivamente en el brazo derecho, quebrándosele más bajo del codo. El hueso astillado quedó de fuera y la mano desprendida. Con la mayor solicitud, ligándola del modo más eficaz que se nos pudo ocurrir, llegamos con ella a la orilla del Guayape; pero estaba tan crecido y amenazador que el pipantero Benito Peralta se negó a pasarnos, temiendo una desgracia.

Regresamos a la hacienda con los peores presentimientos, y allí nos dedicamos a atender a la infeliz, poniéndole paños de cuanto nos pareció oportuno para evitar que la horrible herida se infectara. Hasta después de dos días pudimos trasladarla a Juticalpa. El doctor David Oliva dijo que era urgentísimo cortarle inmediatamente el brazo, pues veía en él síntomas de gangrena.

—Pues córtelo —exclamó la enferma—. Yo tengo resistencia para todo.

—No puedo cortarlo porque no soy cirujano, sino apenas, aunque ya viejo, un estudiante de Medicina de tercer año.

Como no había otro médico en la ciudad dirigí en el acto un telegrama al doctor Valentín Durón, suplicándole saliera sin pérdida de tiempo. Pero, ya porque no se hallara en Tegucigalpa o porque no quisiera hacer el viaje, pasaron dos días sin recibir respuesta, al final de los cuales se presentó en la enferma, no la gangrena sino el tétano, con su siniestro cortejo de espantosas angustias. Y allí comenzó el cruel suplicio de la desventurada. Sin poder tragar ni una sola gota de agua, entre violentas convulsiones, devorada por una terrible sed, deliraba con la boca trémula y los ojos agrandados por el espanto.

—¡Agua! ¡Agua! —gritaba sin cesar—. Veo venir hacia mí un río fresco y clarísimo. ¡Agua! ¡Agua un solo trago, uno solo! Adormecíase por algunos minutos para despertar con un alarido o pronunciando lamentables palabras.

—¡Qué desgracia la mía, señores! Me pusieron a escoger frente a una mesa en que había cincuenta brazos sanos y uno malo... y yo cogí ése, el único que estaba pudriéndose... ¡Qué desdicha tan grande la mía!

Y lloraba con tan profunda amargura que también todos nosotros sentíamos los ojos llenos de lágrimas.

A la madrugada, entrando en la agonía, se calmó su desesperación y ya no hubo necesidad de sujetarla. Su boca movíase apenas con frases indecisas:

—¡Qué buena es y qué alegría produce! ¡Tan clara, tan suave, tan fresca! Ahí va, ahí se oye corriendo entre las piedras... el agua, el agua tan pura y deliciosa... Arrójenme en ella... Quiero morir sintiéndola pasar sobre mí...

En el colegio El Porvenir, dirigido en la capital por el pedagogo guatemalteco Víctor Chavarría, entre tantos cordiales compañeros, fue José Lozano el amigo fraternal de mi adolescencia. El condiscípulo que más quise, después de José, fue Felipe Zelaya. Su madre, doña Nicolasa Bustillo, dama del tiempo antiguo, franca, inteligente, dadivosa, era mi madrina, y cuando yo iba a su casa en Juticalpa me obsequiaba como a un príncipe. Algunas veces, por sus instancias, llegaba a desayunarme en su comedor. Frescos huevos fritos, embutidas hebrosas de excelente queso, doradas tortillas de plátano, panes de yemas, hojaldres color de oro, y cuántas cosas más, rodeaban el caliente y colmado tazón de café con leche o la jícara de espeso chocolate.

—Coma, mi hijo —me decía— que comer con gana es una delicia. Entraba y salía de la cocina, pródiga y solícita, trayendo, ya un chirriante sartencito de frijoles, ya un sabroso picadillo de aguacate.

—Ya sé que en tu casa comen mejor que en la mía —murmuraba—. Pero lo que te ofrezco está hecho expresamente para ti.

No almorzaba yo el día de aquellos opíparos desayunos. Complacía a la bondadosa señora que yo la tratara con toda confianza y en mis ausencias enviaba a Felipe a buscarme.

—Quiero a este muchacho como si lo hubiera parido — exclamaba, estrechándome maternalmente contra su pecho—. Lo quiero como a Felipe y hasta se parecen como si fueran hermanos.

Felipe sonreía, fraternal. Amigo invariable, ingenuo, atrayente, valeroso, abierto de espíritu y de bolsillo como su madre, ¡Y qué raro destino! Mis dos inseparables compañeros del colegio, José y Felipe traspasaron el más allá por la puerta purpúrea del suicidio.

De Jalapa, Guatemala, era Chavarría, encontrábale gran semejanza con los retratos de mi tío Miguel. Maestro por vocación, exento de todo vicio, instruía y educaba con la palabra y con el ejemplo. Quizá exagerado en la vigilancia y en extremo autoritario, sus discípulos no le querían, pero le apreciaban y le respetaban. Al conocerle inspiróme inexplicable aversión. Tal vez fue porque dispuso que se colocara mi catre en un cuarto estrecho ocupado por tres granujas poco limpios. Pedí que se me pusiera en otro dormitorio; pero él se negó obstinadamente. Con violencia contestó a otra solicitud que me vi obligado a hacerle; y las menudas agresiones de su parte culminaron un mediodía en que, por una falta insignificante, me ordenó a gritos que permaneciera con la cabeza descubierta en medio del patio bajo un sol canicular. Soporté durante treinta minutos aquel estúpido castigo. Todos mis amigos intercedieron por mí, obteniendo, por único resultado, que obstinara en retenerme, por bien o por mal, tres horas en aquel sitio. Al oírlo, me dirigí rápidamente a mi cuarto, en el que penetró don Víctor, temblando de cólera.

—¡Vuelva usted en el acto al sitio en que le ordené permanecer! —vociferó con ronca voz...

—¡No voy! —grité, mirándole a la cara con altanería—. Lo que usted desea es que yo coja una insolación; pero no lo conseguirá. Usted no tiene derecho de imponer a sus alumnos un castigo tan salvaje.

Avanzó entonces hacia mí furioso.

—¡Cuidado con tocarme! —prorrumpí, metiendo la mano en el bolsillo—.

Vio en mi diestra brillar el acero de una gruesa navaja y, retrocediendo, salió de la habitación.

Mis camaradas miráronme sorprendidos. Algunos me abrazaron.

—Si te expulsan me iré contigo para Olancho —declaró José.

Se me llamó a la Dirección y allí don Víctor me amonestó en una forma culta, casi cordial. Y, desde aquella fecha, el grosero castigo, usado con frecuencia, fue suprimido...

Pasaron dos semanas. Una noche me sorprendió el director, en las horas de estudio, de las siete a las nueve, con la cabeza oculta tras un alto diccionario, escribiendo...

—¿Qué hace usted?

—Nada. Unos versos...

—¡Cómo! ¿Usted escribe versos?

Y tomó el papel de la mesa. Era un soneto para Hortensia Lozano.

En su oficina, al día siguiente, me interrogó afectuoso:

—¿De veras son suyos? Me parecen muy bonitos. Pero... no se disguste: creo que usted los ha tomado de algún libro.

—Dos veces voy a demostrarles que son míos. En primer lugar, éste es un soneto acróstico formado con mi nombre y apellido, que van de tal modo, sustituyendo mi firma. Escribiré aquí mismo, otro semejante, con el nombre de usted, completo, que, como el mío, tiene catorce letras ¿Trece? No. Yo convertiré, con su permiso, y haciendo uso de una licencia que yo mismo me concedo, la erre doble de Chavarría en dos erres sencillas, ya que ninguna palabra comienza con aquella.

Encantado, sonrió. En diez minutos le entregué los versos, sin borraduras, en letra clara y firme. En las cuatro estrofas ingeniosas confesábale que era yo un melómano, por lo que le pedía que me dejara salir de las siete a las nueve de la noche de los jueves para oír el concierto en el Parque Morazán. Después de su lectura, mientras los guardaba en su cartera, estrechó mis manos alegremente.

—¡Diablo de muchacho! —exclamó.

Fastidiábame una noche en el salón de estudio, oyendo, a lo lejos, el primer número del concierto, cuando se abrió la puerta que daba a la calle, cerca de mi pupitre, y oí la voz de don Víctor:

—Vaya por su sombrero. Daremos una vuelta.

Los internos no volvían de su asombro. Jamás imaginaron que tal cosa sucediera. Pasé triunfante —evocando agradecido al Padre Apolo, autor de aquel milagro— junto al profesor y luego me vi en la calle al lado del grave dómine.

—De hoy en adelante seremos muy buenos amigos —me dijo—. Yo también escribo versos. Siento, desde niño, una verdadera pasión por la poesía. Le entrego este cuaderno, que contiene gran número de renglones cortos, para que los lea con cuidado y me dé sobre ellos su opinión franca.

Añadió, mientras yo tomaba el paquete:

—No hable de esto a nadie. Pongo a prueba su discreción.

Ya cerca del parque se despidió, permitiéndome que me quedara en él hasta las nueve.

Fui a sentarme en una banca del centro, frente a la estatua del héroe de Perulapán. Acariciado por la música leí algunas estrofas de mi respetado colega, que me dieron la medida de su numen. Anhelaba una grata sorpresa melódica, algunos cálidos ritmos de amor, alguna honda y celeste nostalgia flotando como invisible encaje entre las rimas ligeras; pero sólo hallé líneas de acentos uniformes, sin la magia del ensueño, de la idea o de la resplandeciente ilusión.

Guardé entristecido el cuaderno, entregándome a las abstractas y encantadas divagaciones que la buena música hace surgir en mi cerebro. Caminé luego al azar y me detuve mirando entre las jóvenes paseantes a la hermana de mi amigo José. Iba graciosamente vestida con un traje claro y en su sombrerito de paja movíase un ramo de cerezas enlazadas con menudas rosas. ¡Qué linda era! Me saludó sonriendo. Pasó dos veces más. De improviso la sentí a mi lado.

—¿Y José? — me preguntó.

—Está en la sala de estudio cabeceando sobre un libro,

—¿Y usted cómo salió? ¿Cómo está aquí?

—Me fugué por una ventana para verla un minuto.

Su precioso rostro se alteró con una expresión de inquietud.

—Pero... lo van a castigar, quizá lo expulsen del colegio.

—Tal vez... ¡Qué importa! Por verla sería yo capaz del acto más temerario.

La inoportuna llegada de sus compañeras interrumpió el diálogo...

Aquella noche tuve un sueño en que me veía en un espléndido jardín, dorado por la luna, corriendo tras de Hortensia, tan encantadora como la admiré en el parque. Huía, riendo, ocultándose en las rosaledas; y cuando iba a darle alcance, esfumábase en las notas de una romanza amorosa, idéntica a la que escuché en el concierto cuando hablaba con ella. Desperté suspirando.

Don Victor fue en lo sucesivo para mí como un hermano mayor. Mi catre de bronce ocupó un sito en el dormitorio de José y Ricardo Lozano, Simón y Remigio Díaz. Se me permitió salir una hora en algunas tardes y a los conciertos de los jueves. (Los domingos eran libres para todos los internos). I así llegó el tiempo de los exámenes y luego el de las vacaciones.

La remembranza de don Víctor se halla obscurecida en mi memoria por un remordimiento. En 1925 me remitió de un lugar de Guatemala, con una carta de cariñosos elogios, una copia en máquina de todos sus versos. Pensaba él publicarlos pronto en un volumen para el que me pedía un prólogo. Tuve la intención de escribirlo; pero el tiempo fue pasando y cuando iba a remitírselo me llegó la noticia de su muerte. Está allí, en una de las cajas de mis papales, ese humilde cuaderno, síntesis de una gran ilusión en un sepulcro... Sufro siempre que lo veo.

DEDICO AQUÍ UN recuerdo al espíritu de Jennie Scudery de Matute —missis Jennie o la niña Juanita, como se la llamaba en mi ciudad nativa—. Era norteamericana y esposa de Trinidad Matute. Físicamente bella, lo fue aún más por su singular inteligencia y por sus raras virtudes. Amiga fraternal de mi madre, desde que la conoció hasta que le cerró los ojos en su lecho de muerte, no olvido que su mano piadosa me sostuvo en el instante en que ella agonizaba y en que mis nueve años gimieron bajo la garra del adverso destino. Fue después excelente con Lalita y la primera en augurarme futuro brillante en mi inicial vocación literaria.

Repose en la gran paz, no en el olvido: que almas preclaras como la suya, idealizándose en el tiempo, se transforman en quienes las comprendieron y amaron, en símbolos de eternidad.

En las fiestas de diciembre de 1891 llegó a Juticalpa una caravana de húngaros y entre ellos la vieja espectral de antigüedad secular que a Jerónimo Reina y a mí nos profetizó lo que relaté en las páginas de *Un presagio* de mi libro de cuento *Del amor y de la muerte*.

Por aquellos días llevé al poeta José Antonio Domínguez mis cuadernos de prosas y versos.

—Le ruego —le dije al entregárselo—s que me diga con toda franqueza si tienen algún mérito. Los escribí de los diez a los trece años. Si usted juzga que carecen de valor los romperé, renunciando a continuar en un esfuerzo inútil.

—Déjemelos y vuelva por ellos dentro de dos semanas.

Transcurridas éstas, el licenciado Domínguez —a quien consideraba como verdadera autoridad literaria— me explicó:

—He rayado en sus manuscritos lo que me parece que debe usted destruir. Como verá, se trata de una gran parte de sus trabajos. Indudablemente posee usted un talento de primer orden, una extraordinaria aptitud para la prosa y la poesía, pero es preciso que estudie, que se dedique a la gramática, a la retórica y a las selectas lecturas. Usted describe con espontánea fuerza, canta como los pájaros en las montañas; pero ignora las reglas más elementales que rigen el estilo. No sabe una palabra de los metros castellanos, ni lo que es un asonante, ni la armónica medida de los versos. Pero le sobra temperamento apolíneo, facultad creadora, potencia estética, pasión por el arte. De sus poesías la mejor es la titulada *Nila* (Una agraciada muchachita de quince años, pariente mía, Petronila Turcios, por un disgusto con su novio en una fiesta, se suicidó en el pueblo de El Real. Hice a caballo un viaje de once leguas, en menos de cinco horas, para verla en su lecho fúnebre. Y su primaveral belleza coronada de jazmines me conmovió tanto que expresé mi dolor en esa poesía ingenua saturada de lágrimas), por su honda emoción y por su melancólica música. Usó en ella, sin saberlo, el decasílabo, tan melodioso cuando se sabe manejarlo; tomando de modelo, seguramente, las estrofas de uno de nuestros bardos en honor de una dama. Pues bien, estas suyas, con sus deficiencias de técnica, son superiores a las que, inconscientemente quizá, le sirvieron de norma.

Atendí a Domínguez y eché al fuego todas las páginas rayadas.

Pasé el año de 1892 en Los Terreritos, uno de los rincones más gratos de Olancho, en un pequeño valle rodeado de colinas cubiertas de pinares y con un arroyuelo de clarísimas aguas. Mi padre hizo construir allí una casa de aspecto moderno, con amplias habitaciones y corredores, con el confort posible. En su género no había otra mejor entonces en aquel departamento.

Conservo en toda su plenitud las reminiscencias de los sitios que circundaban tan dulce hogar. Del jardín cultivado por Lalita, cubierto de diamantes, rosales y bellísimas que subían por las paredes: y de un opulento jazminero con millares de flores en forma de estrellas de intensa blancura que embalsamaban el ambiente; de los bosquecillos aledaños sonoros de pájaros, en las márgenes de la quebrada, a cuya sombra, en horas de ilusión, di forma a tantos recónditos sueños; de los cerros en que los pinos gemían con la caricia de los vientos y desde cuya cumbre más alta se miraba a lo lejos Juticalpa con sus casas esfumándose en el horizonte. Tiempo sedante de profundo soñar en que viví dichoso entre los ruidos de los bosques y de las aguas, entre los tristes cantos de las palomas y barranqueras y los escándalos amorosos de las oropéndolas en sus nidos colgantes de las copas de los ceibos y guapinoles; oyendo, en los plácidos atardeceres, el mugir de las vacas en los pajonales, el estridente grito de los alcaravanes, el monótono leitmotiv de las cigarras, moradoras en el tronco de las viejas encinas. Vida de sanas actividades, cuyas remotas memorias conmueven todavía mi corazón. Levantábame al amanecer, y tras un agradable desayuno, montaba a caballo y recorría, lleno de salud y de fe en la vida, los alcores, los montes y los valles. Bañábame en los riachuelos, comía frutas silvestres, anonas, ciruelas, guayabas, zuncuyas de fuerte aroma. Apeábame a soñar en algún blando sitio de oculta arboleda; y acostado en el gramal, con el oído atento a los rumores de la tierra, contemplaba largamente el quimérico espectáculo de las nubes errabundas en las alturas de zafir. Surgían de los arcanos de mi instinto, de mi alma y de mi cerebro, quemando mis venas con extraño fuego, seductoras imágenes de vírgenes, tendiéndome los brazos y ofreciéndose desnudas a mis caricias. Tomaban las formas de mis deseos y por turno eran Lucila, Hortensia, Clotilde, Clementina... Cerraba los ojos en la claridad meridiana o en el opalino crepúsculo y las sentía adormecidas junto a mi corazón, mirándome con voluptuosa languidez, gimiendo de apasionado amor. Aspiraba su leve perfume ambarino, su hálito tibio, su íntimo olor sexual, y me embrujaban sus cabellos y su piel en mi boca y sus tiernos cuerpos sellados en mi carne.

Grababa en mis rimas estos sueños ardientes y cantando emprendía el regreso, saturado de sol, de vitalidad y de optimismo.

(Iba a omitir el párrafo siguiente, temeroso de que algunos lectores pudibundos piensen que me complazco en evocar escenas de ardores genésicos; pero una figura juvenil, surgiendo de una senda misteriosa, me impone que la vuelva a la vida por un instante...).

...En ocasiones salía a encontrarme, en el anochecer, por lo espeso del monte o por el encinar penumbroso, la muchacha sonrosada de El Bijagual, ávida de mi presencia. Yo desmontaba rápidamente, internándonos en la arboleda. Quejábase suspirando, en la plenitud de su felicidad, ciñéndose a mi cuerpo como si quisiera ahogarme. Se introducía en mí con violento ardor, absorbiéndome por cada uno de mis poros, entregándome hasta el más ínfimo pliegue de sus entrañas, hasta la más recóndita fibra de su sexo. Lloraba dulcemente sobre mi pecho acariciándome con sus manos y con los más cariñosos diminutivos. Aun rendida en ese caer suavísimo en una pasajera y deliciosa muerte, ella no desataba sus brazos de mi espalda, ni separaba su boca de mi boca, intentando lo imposible, lo que sobrepasa el límite humano: eternizar la vibración suprema, dándose a mí aún después de extinto el deseo. Era una maravilloso instrumento de amor que yo sólo conocí. Comprobé que fui su único dueño. La llamaba Florecita de almendro y murió a los diez y seis años. En mis Cuentos, en una página escrita con sangre, sonríe su imagen, perdida en la sombra...

En un mediodía candente pasé en mis vagancias por una huerta, deteniéndome para admirar las fértiles matas de espléndidas cañas blancas, quebradizas y muy dulces en aquella región. Sentía mucha sed y me asaltó un vivo deseo de coger la que estaba junto al cerco, al alcance de mi mano. Saqué el cuchillo...; pero el sagrado respeto a lo ajeno —que en mí es invencible— detuvo mi brazo.

Iba a continuar mi camino cuando, de entre las rígidas hojas del cañal surgió frente a mí un hombre ya viejo, pequeño, gordo, vestido como los aldeanos. Había estado observándome, sin duda, pues sonrió con segura comprensión de mi pensamiento.

—Corte las cañas que quiera —me dijo con afectuosa voz—. Hoy y siempre que pase por este lugar. Son magníficas.

Y como yo le diera las gracias sin bajarme de la bestia, él cortó en un momento media docena de las mejores, y, dobladas por la mitad, las amarró tras de mi montura.

—¿Vive usted cerca de aquí? —le pregunté.

—Sí, a cuatrocientas varas está mi casa, La Roqueta. Venga a verme. Fui muy amigo de su padre y le contaré algunas cosas interesantes.

Eran don Jorge Bonilla, el padre del general Manuel Bonilla.

Una de las características de mi adolescencia fue mi afición por los hermosos caballos, en la que influyeron mis lecturas de cuentos árabes, en que los corceles superan a los hombres en belleza, lealtad y nobles instintos; los heroicos recuerdos de los palafrenes de los paladines, y un gran libro que, con *Los siete tratados de Montalvo*, me regaló el maestro Pancho —conteniendo la historia gráfica de los caballos célebres en todos los siglos y naciones—. Ser dueño de un magnífico potro blanco traído de la Arabia fue uno de mis anhelos más vehementes. Ante la imposibilidad de realizarlo conformábame con algún raro ejemplar de la tierra olanchana En mi niñez prestóse mi padre a complacerme y luego yo mismo compré algunos entre los mejores de que tuve noticia. Y así pasan hoy por mi memoria los de distintos colores y estaturas que me pertenecieron en mis años mozos y después en diversas épocas de mi agitada existencia. Tras duras y escabrosas prácticas llegué a convertirme en un buen jinete. Prefería los grandes potros ágiles que saltaban temblando al simple roce de los talones, con los ojos vivaces, las orejas erguidas y las narices trémulas; que se espantaban de su propia sombra y corrían con la velocidad de los vientos. Potros, caballos enteros, altos y fuertes, que relinchaban enardecidos sintiendo el olor de las yeguas en celo y que erguían airosos la cabeza como interrogando al horizonte en las inmensas y verdes sabanas de mi pródiga tierra.

Errar, sin dirección, sobre una de estas potentes bestias, era uno de los continuos placeres de mis días impetuosos No recuerdo las caídas que sufrí en los tiempos de mi inicial aprendizaje para evocar las cien añoranzas de años posteriores en que, seguro de mi absoluto dominio sobre el indómito bruto, le hacía revolverse enloquecido con la espuela clavada en el ijar y el látigo en la diestra, precipitándolo en vertiginosa carrera por las faldas de las cuestas o las llanuras interminables. Decía yo entonces, más en serio que en broma, que como jinete audaz no me superaba ninguno. Y creo que era la verdad.

Dos espléndidos animales, entre veinte, fueron mis favoritos: un bayo de más de siete cuartas de altura y un rosillo de la misma estampa. En ellos hice largos viajes. Con los años perdieron su ardor v su brío y tuve que abandonarlos por otros jóvenes y pujantes. Ambos perecieron lamentablemente; el bayo sepultado en un suampo y el rosillo en las aguas del Guayape.

Contaré la postrera hazaña de este último. Regresaba en él, en pleno temporal de octubre, de la fiesta de Catacamas. A mi llegada a Juticalpa en la tarde, bajo un formidable aguacero, un vecino me informó que mi familia estaba en Las Blancas. No teniendo la llave de la casa resolví continuar la marcha hasta la hacienda. Entre el estruendo de un verdadero diluvio, ya de noche, me detuve en la orilla del Guayape, asombrado del extraordinario volumen de sus aguas, que arrastraban árboles corpulentos con espantable ruido. La luna amarillenta tras de nubes plomizas y su tenue claridad descendía confusamente sobre los fríos parajes. Dos veces estuve a punto de retroceder ante el grave peligro; pero se me hacía cosa imposible regresar por los hondos fangales que recorriera poco antes en supremos esfuerzos. Yo estaba acostumbrado a atravesar sobre aquel caballo el río turbulento en sus mayores crecidas, pero de día, desafiando el riesgo a plena luz y con el animal descansado. De noche, y tras catorce leguas de camino, era una locura intentar tal empresa. Iba a retroceder cuando sentí un fuerte impulso del caballo hacia las aguas, acompañado luego de un alegre relincho. Comprendí. Y aprovechando aquel ciego impulso me lancé a la corriente en el propio sito en que el Guayape se une con el Jalán. Rápidamente crucé este último, deteniéndome sobre el médano formado en el encuentro de ambos, para orientarme en la anchura del primero, como de noventa metros de extensión. Resplandeció la luna y miré a cuatro pasos un tronco que se movía. El rosillo dio un salto para atrás y otro y otro. Vi entonces surgir a flor de agua un enorme lagarto. Pero en pocos segundos me hallé lejos de sus mandíbulas, arrebatado por la rauda potencia del caudaloso río. En breve tiempo alcance la opuesta margen y veinte minutos después las herraduras del valiente animal golpeaban las piedras del corredor de la hacienda.

Cierro este capítulo recordando la hermosa mula negra preferida por mi padre en sus viajes a Trujillo. De cómodo andar, suave de rienda, para subir las más empinadas cuestas. Nunca la rendían las grandes caminatas y en cuanto quedaba libre de la montura revolcábase placentera en el polvo, resoplando de satisfacción y corriendo por todos lados.

Las señoras y los niños de la casa montaban en ella sin temor a un corcovo o a un brusco reparo. El zacate más tierno, el maíz con sal por las mañanas, los dulces jilotes, los trozos de salitre, las hojas y cáscaras de plátano, la caña picada y otras cosas por el estilo constituían su alimento. Y como era bueno y abundante estaba siempre tan gorda como un canónigo romano. Los baños, la almohaza y el cepillo tenían la suave y lustrosa, sin parásitos ni plagas. Sobre el empedrado de su pesebre hacía sonar satisfecha sus cuatro herraduras brillantes y macizas.

Fueron pasando los años y la mala suerte llegó cuando menos se la esperaba. Los reveses de fortuna sucedíanse rápidamente. La mula, ya envejecida, y de la que ya nadie se cuidaba, tornóse haragana en poder de los criados, que no le quitaban de encima la albarda sino para sustituirla con el burdo aparejo en que iban y venían las cargas de cereales. Cambió de pelaje y de andar, volviéndose parda y trotona, con trote pesado urgido por la espuela y de paso remolón cuando ésta faltaba.

Lo natural, lo humano, después de cuatro lustros de continuos servicios, habría sido dejarla en paz, soltarla en el campo para que descansara y muriera tranquila. Pero a nadie se le ocurrió esto en mi casa y un día de crisis económica fue vendida por cincuenta pesos. Se la llevó una mañana el nuevo dueño, dándole cinchazos porque no quería salir del patio en que pasaba dormitando.

Y sólo muchos años después, cuando el infeliz animal molido a golpes había dejado ya sus pobres huesos en algún camino, mi hermana y yo nos dimos cuenta, con tardío pesar, de nuestro ingrato proceder.

En diciembre de 1892 fue capturado el general Manuel Bonilla —en armas contra el gobierno de Leiva— en Goacoca, Olancho, por el inspector de Policía don Santiago Becerra. Quejóse este hombre excelente de su mala estrella que le obligó a conducir cautivo a un amigo a quien tanto admiraba. Pero el general le consoló diciéndole que aquellas eran cosas fatales de las que nadie podía evadirse.

(Don Santiago Becerra fue un hombre sencillo, pero con un espíritu de exquisita delicadeza.

Viendo, con los ojos arrasados en llanto, a su hija Lencha en su blanco ataúd; a su hija más querida, modelo de virtuosas doncellas, muerta en la flor de sus años, sollozó:

—Prefiero verte así, con ese traje de tu inocencia, que llevarás al sepulcro, a mirarte con un vestido nupcial).

Por la esquina de la casa de don Pablo Ayes miré pasar al prisionero, entre dos filas de soldados. Fui a verlo a la cárcel, y conociendo su fama de valiente, no me extrañó su perfecta serenidad en aquella situación peligrosísima. Tenía él la absoluta certeza de que iba a ser fusilado, como lo fuera en Trujillo, poco antes, su compañero de insurrección, el joven y gallardo coronel Leonardo Nuila.

El general Domingo Vásquez, quien entró en Juticalpa al frente de numerosas tropas, condujo al jefe revolucionario a la capital, por la vía de Danlí, con todas las consideraciones debidas a su rango. Se dijo que la influencia poderosa que ejercía don Carlos F. Alvarado sobre el presidente Leiva salvó al general Bonilla de una muerte segura.

No era ésta la primera vez que veía yo a un prisionero de significación. En 1884 vi salir de Juticalpa, entre gran aparato militar, al famoso coronel cubano Manuel Morey, bárbaramente engrillado sobre un mulo con aparejo de carga. De igual manera fueron también conducidos a Tegucigalpa Francisco Murillo Medina y Gabriel Moya.

En un sangriento combate, en 1886, pocos días antes de la captura del general Emilio Delgado, quedó el coronel Morey gravemente herido entre los muertos. Viendo que iba a caer prisionero, se suicidó.

CONTABA CERCA DE diez y seis años cuando resolví no constituir una carga para mi familia sino más bien una fuerza y un apoyo. Para lo cual tendría que abrir, con mi personal esfuerzo, mi propio camino. Partí para la capital a fines de febrero de 1893.

El doctor Esteban Guardiola y su bondadosa madre me acogieron con cariño en su casa, y en ella permanecí dos o tres semanas, trasladándome después a un cuarto que alquilé a las señoritas Reyes, frente al actual Teatro Pálace.

Fue entonces cuando creí oportuno entregar las dos cartas de recomendación que espontáneamente me entregó en Juticalpa el general Carlos F. Alvarado. Una era para el presidente Leiva y la otra para su ministro de Hacienda, don Próspero Vidaurreta. De ambos había oído hablar a mi padre en los mejores términos. A las diez de la mañana llegué al palacio y, ya en el segundo piso, fui introducido a un salón (donde estuvo después el ministerio de Instrucción Pública), y allí esperé media hora la llegada del gobernante. Hallábame distraído mirando un cuadro, y al volverme vi a mi lado a un anciano de baja estatura, enteco, con la cara totalmente cubierta de espesa barba canosa, preguntándome qué deseaba.

—Traigo una carta para usted —dije, entregándosela.

Registró sus bolsillos, buscando los anteojos, y luego entre los papeles de una mesa próxima. Pero no encontrándolos desdobló la carta, intentando en vano enterarse de su contenido. Malhumorado la puso en una silla, repitiendo:

—Dígame lo que desea.

—Vengo de Olancho a continuar mis estudios en el Instituto Nacional. Pero como carezco de fortuna solicito de usted un pequeño empleo para atender a mis gastos más indispensables.

—En mala hora ha llegado, jovencito No hay empleos de ninguna clase disponibles. Le aconsejo regresar a su casa.

Examiné un momento sus ojillos adormilados, su boca que se abría como una cueva obscura entre aquel boscaje de pelos grises y blanquecinos, toda su figura escuálida e insignificante, y salí.

En el corredor me tomó del brazo un hombre alto y colorado, de aspecto extranjero. Sin habernos visto nunca bajamos como dos amigos la escalera. Ya en la calle, exclamó:

—Oí lo que le dijo Leiva. ¡Qué calamidad! De él nada tiene que esperar la juventud. Veré si encuentro un cargo para usted. Vaya mañana a buscarme, a esta hora, por el local del Congreso.

Fui exacto. Llegué cuando sonaba la campanilla, abriendo el presidente la sesión. Era éste el general Vicente Williams, el mismo a quien buscaba. Me envió a una oficina en donde nada obtuve. Pero le agradecí su deseo de ayudarme y conservo el mejor recuerdo de su persona.

Del Congreso me dirigí a la casa de don Próspero Vidaurreta (donde hoy se halla el hotel Ambos Mundos). Di dos aldabonazos en el portón y luego apareció en el umbral un señor gordo, bajo, algo amarillento, de mediana edad.

—¿Qué se le ofrece, joven ?

—¿El señor Vidaurreta?

—Con él habla.

—Don Carlos Alvarado me entregó para usted esta carta de recomendación.

La tomó, devolviéndomela después de un instante.

—Esta carta es para el presidente Leiva —exclamó con tono de disgusto.

Había yo confundido los malhadados papeles. Cuando pude verlo el hombre gordo había desaparecido. Me retiré de allí con la amargura de lo que yo consideraba un grosero desaire.

Otro paréntesis, querido lector: (En el correr del tiempo, siendo yo Ministro de Gobernación, vi una tarde al mencionado Vidaurreta frente a mi escritorio, presentándome una solicitud. La examiné e hice que se le diera el trámite legal).

—Tengo urgencia, señor ministro, de regresar a Santa Bárbara. Le ruego decirme si podré esperar la resolución de este asunto dentro de una semana.

—¿Una semana? No, señor. Mañana mismo recibirá el acuerdo correspondiente, que, en justicia, será como usted lo desea. Murmuró algunas frases de agradecimiento, y, al despedirse, dijo con voz indecisa:

—Creo, señor, que lo conozco. Pero no puedo recordar donde lo he visto.

—En febrero de 1893, en el zaguán de su casa, cuando era usted ministro de Hacienda. Fui a entregarle una carta de recomendación de don Carlos Alvarado, que confundí con otra que traía para el presidente Leiva. Me la devolvió usted con disgusto, cerrando el portón y dejándome plantado.

Oíame con aspecto confuso, procurando con rápidas palabras atenuar el ingrato recuerdo. Mirándole en tal apuro, terminé sonriendo:

—Hago memoria del incidente obligado por usted. Y, de ningún modo, con intención de molestarlo. Sin quererlo, usted fijó un punto esencial en mi conducta política, pues el dolor que me produjo su desaire me ha hecho tratar siempre con afectuosa benevolencia a todos los jóvenes que se me acercan solicitando mi protección.

Y le acompañé hasta la última puerta de la oficina, despidiéndole cordialmente.

El doctor Pedro J. Bustillo —miembro distinguido del foro hondureño—, ministro de Instrucción Pública, me encargó del despacho de su correspondencia personal.

Mi sueldo era de treinta pesos, que recibía al finalizar cada mes. Trabajaba sólo tres horas diarias, permitiéndoseme asistir a mis clases en el colegio El Porvenir, ya bajo la acertada dirección del Doctor Guardiola y que ocupaba el mismo local en que funcionó en los tiempos de don Víctor, hoy casa de las señoritas Medina.

Fundóse allí, con su mismo nombre, una sociedad literaria, compuesta por más de cincuenta muchachos entusiastas, de la que fui, por votación unánime, electo presidente. ¡Cuántos interminables discursos, conferencias y altercados en aquellas bulliciosas sesiones! Celebrábanse dos por semana en el salón de actos públicos, de las siete a las nueve de la noche, bajo la vigilancia del director. En una de ellas dispúsose publicar un periódico, que serviría de órgano a nuestro centro, y careciéndose de fondos, se me designó para que solicitara del general Domingo Vásquez, ministro de Gobernación, la orden para que fuera impreso gratuitamente en la Tipografía Nacional.

Cumplí con tal encargo un sábado por la tarde. El temido militar escuchó impertérrito mi solicitud, sin moverse de su asiento.

—¿Quién será el director? —me interrogó
—Yo —le respondí.
Sonrió con sutil ironía.
—Bien, amiguito. Tendrá usted su semanario.

Y me despidió con ademán paternal. De El Porvenir sólo aparecieron unos pocos números. La guerra civil que incendió el país acabó con nuestra sociedad.

A fines de marzo de ese año de 1893 llegué a la redacción del Diario de Honduras, expresando a sus directores, Alberto Zúñiga y Juan María Cuéllar, mi deseo de publicar en su periódico mis ensayos literarios.

El último me preguntó con acento socarrón:
—¿Formarán muchos volúmenes?
Mirándole con descaro repliqué:
—Quizá. Por ahora sólo se trata de dos cuadernos de versos y cuentos.
—¿Los tiene allí?

Tomé de una mesa, en que al entrar los había colocado bajo mi sombrero, los dos pequeños paquetes, entregándolos a Zúñiga, a quien consideré mejor dispuesto en mi favor. Hojeó uno de ellos, y luego sin hacer caso de las bromas de su colega:

—Hagamos un trato —me dijo—. Voy a leer sus trabajos y si ellos revelan un verdadero talento, nuestro diario los acogerá en sus columnas. Si a mi juicio no tienen ningún valor, los arrojaré a la canasta de papeles inútiles, como hago todas las mañanas con los innumerables manuscritos de sandeces que nos remiten de todos los ámbitos del país. ¿Acepta mi propuesta?

Sin vacilar le contesté, despidiéndome, entre las sonrisas burlonas de Cuéllar.

Espíritu alto y comprensivo, Cuéllar fue después conmigo muy cordial. En mis periódicos y revistas inserté muchos bellos trabajos suyos.

Pasó una semana sin que apareciera mi firma en aquel diario, que esperaba todas las tardes con ávida impaciencia. Nada, nada. El desaliento me asaltó y ya no tuve la menor duda de aquel fracaso.

¡Cuál no sería mi placer cuando Manuel Membreño me dijo que uno de mis cuentos ocupaba media página del número que estaba circulando! Y que, además, contenía una elogiosa nota de presentación, en la que se insinuaba que iban a publicarse todos mis versos y prosas. Y así fue.

Este es el recuerdo, vívido como si no fuera del remoto antaño, que conservo de los directores del Diario de Honduras.

A las dos de la tarde de un día calurosísimo de abril (1893) me encaminaba a recibir una clase, cuando al pasar por la callejuela que separa las casas de la familia Planas, miré en medio de la vía, confundido con los presidiarios que empedraban un espacio fangoso, a don Santos Soto. Llevaba al pie una fuerte y larga cadena y en su rostro notábanse las huellas del miedo y del dolor. Arrojaba en un montón las piedras que otros extraían del piso. Tras de cada movimiento se llevaba el pañuelo a la cabeza desnuda por donde corría el sudor. Aunque apenas le conociera de vista, sentí gran compasión por aquel hombre, el más rico de la república, reducido a aquel extremo por unas correspondencias revolucionarias capturadas por el Gobierno. Acercándome a él le manifesté que sentía mucho verle en aquella situación. Y al expresarle mi deseo de servirle me pidió un vaso de agua. Se lo traje en el acto de una casa vecina y lo apuró con avidez.

A pesar de que me miró fijamente dos veces no pudo quizá retener mi fisonomía. Sólo así me explico que, en cuantas ocasiones intervino en asuntos que conmigo se relacionaron, me demostró una inexplicable y persistente hostilidad.

En otra tarde de aquel mes y año vi que un hombre, apoyado en unas muletas, descendía trabajosamente por las gradas de una casa, a la del doctor Remigio Díaz. Corrí en su ayuda, y ya en la acera, me tomó una mano, dándome las gracias.

—¿Cómo se llama, joven? —me preguntó.

—Froylán Turcios.

—Raro nombre, pero no desconocido para mí por sus publicaciones en el *Diario de Honduras*. No creí que tuviera usted tan pocos años. Muy bien, muy bien. Persevere, estudie. Llegará muy lejos.

Era el doctor Ramón Rosa. Ni él ni yo pudimos entonces imaginar que, cincuenta días después —el 28 de mayo—, estaría yo recitando, en aquella misma hora en el cementerio, y en representación del colegio El Porvenir, sentidas estrofas frente a su cadáver.

LA GUERRA CIVIL ensangrentaba a Honduras. Por las calles miré un día pasar nueve prisioneros descalzos y andrajosos, conducidos por un pelotón al lugar del suplicio, el atrio de la iglesia de Comayagüela. Uno de aquellos infelices, que fue criado de mi familia, me lanzó un lamentable llamamiento:

—Froylán, corre donde el general Vásquez. Suplícale mi perdón, No soy desertor. Ignoro con quién me han confundido.

Vibrando de piedad llegué en tres minutos a la residencia del jefe que ya ejercía de hecho, el poder supremo. Uno de sus ayudantes —Maximiliano Ferrari— me impidió el paso; pero yo penetré por otra puerta a la sala en que se hallaba el general, rodeado de varios personajes. Con rápidas palabras le rogué que salvara a aquel pobre diablo, a quien yo conocía, y jurándole que era inocente.

Sorprendiéronse los uniformados subalternos de mi osadía, y Vásquez tomándome ligeramente de un brazo, exclamó con sonrisa placentera, después de darme una negativa rotunda:

—Este muchachito es lo que ni ustedes ni yo hemos sido nunca: director de un periódico y presidente de una Sociedad. Maneja la pluma y pronuncia discursos. Será un gran literato. Quizá no prospere en política por su buen corazón.

Y llamando a su sobrina doña Luisa le dijo que me obsequiara con unas cajetas de jaleas. Pero no las acepté y salí corriendo para alcanzar la lúgubre comitiva. Llegué en el preciso momento en que una descarga ultimaba a los nueve desdichados. Fue la primera vez que me llené de horror ante las crueles matanzas en nuestras oprobiosas luchas intestinas.

Con mejor sueldo fui secretario del doctor Rosendo Agüero ministro de Guerra. Era éste un honorable ciudadano de simpática prestancia, a quien preocupaban, sobre sus personales intereses, los graves problemas de su patria. Veía acercarse, sin poderla evitar, la tragedia política que culminó con la desastrosa guerra con Nicaragua.

Su magnánimo espíritu, refractario a la violencia, le hizo desempeñar, en aquella época crítica, actuando como presidente de la República, un papel incoloro y pasivo. La audaz ambición de Vásquez —hombre nacido para el mando absoluto— anuló por completo su personalidad, convirtiéndolo en su dócil instrumento.

Una mañana, el doctor Rafael Alvarado Guerrero, subsecretario de aquel despacho, me dijo, tendiéndome la mano con algunas monedas:

—Cómprese una caja de plumas y algo más que haga falta en la oficina.

La orden, expresada con acento imperioso, me hizo el efecto de una injuria.

—Creo que me ha confundido usted con el conserje. Este es quien debe hacer las compras a que se refiere.

—¡Usted las hará porque yo se lo mando! —gritó. –

—¡No, señor! No recibo órdenes de esta clase ni de usted ni de nadie.

Levantóse una cortina y apareció el señor Agüero.

—Turcios tiene razón —dijo con su serenidad habitual—. Él trabaja aquí bajo mi exclusiva dependencia y usted no tiene derecho a ordenarle nada.

Transcurridas varias semanas fue destituido aquel subsecretario, quien, en una hora de intemperancia alcohólica, ordenó el fusilamiento de tres míseros campesinos, capturados por un error cerca de la capital.

En noviembre regresé a Juticalpa y vi correr los primeros meses del 94 en el campo. Gozaba entonces en Los Terreritos de un amor extraño. *Dindirah* era su nombre en lo arcano de nuestro idilio, que nadie conoció por el romántico misterio en que lo envolvimos. *¡Dindirah!* Tipo de doncella árabe nacida en el norte africano, obscura de color, negrísimos los ojos, la boca purpurea, los dientes como jazmines. Alta y graciosa en el andar y en todos sus movimientos, fina de espíritu y de cerebro, mereció como ninguna la felicidad y fue en sus últimos años la más desventurada de las criaturas.

Algunos viejos árboles que rodean la mansión solitaria deben conservar aún sobre su corteza el nombre melancólico y exótico —*Dindirah*— grabado por mi mano con una hoja de acero en tardes remotísimas... Escribo con íntima amargura esta reminiscencia de aquellos días ilusorios muertos para siempre... El sabor de sus besos sube de mi corazón hasta mis labios un instante, como un ligerísimo hálito que, al evocar con tan intenso dolor su recuerdo, me enviara de los parajes numerosos del más allá… Del amor ella sólo conoció, por su natural virtud de integridad, las puras emociones. Y bajó al sepulcro sin mancilla, con su blanco traje de virgen. Que las flores agrestes perfumen el lugar en que reposa...

Año del 94, tan hondo en vibraciones mentales, tan fecundo en mis sueños de gloria. Año de la azul esperanza, en que la vida me acariciaba en cada hora quimérica, en cada ilusión hecha verdad. Tenía en mi vecindario, a pocos metros de mi cuarto en la capital, una novia adolescente a quien daba citas en el zaguán penumbroso, cuando la luna plateaba la tierra con su lumbre propicia. Un aromado optimismo guiaba mis pasos por los senderos floridos. Misteriosos ruiseñores cantaban en mi corazón. Luces de milagro encendían mi ser. Iba, en mis jornadas, devorando emociones con hambre inextinguible, con insaciable sed. Ansias de lo ignoto, súbitos arrebatos hacia todas las cumbres. Ímpetus de ambición y de pensamiento, no aprisionados por la dura realidad, con que el águila de mi espíritu ascendía al infinito ebria de sol. Dinamismo sobrehumano en el esfuerzo drástico, en el impulso hacia todos los horizontes. Sobrábanme energías para cruzar a nado los profundos piélagos, para salvar los abismos en saltos frenéticos, para aprisionar en mis brazos a todas las doncellas del mundo. ¡Año del 94! ¡Rosa de sangre de un jardín encantado! ¡Canción de victoria de la divina juventud!

...Admiré, en 1930, en la Avenida de la Opera, en París, entre un grupo de magníficas esculturas, un desnudo mancebo de bronce, ágil y vigoroso, en actitud combativa, alta la testa, altaneros los ojos vibrantes los músculos, los cabellos en desorden. Figura fascinadora de audacia viril, de encendida potencia, de imperativa arrogancia. Me hizo evocar mi vida del 94 al 98 el epígrafe de este soberbio símbolo: Veinte años.

El triunfo del Partido Liberal —encabezado por el doctor Policarpo Bonilla— abrió una era brillante para las letras patrias. El presidente no era literato, pero con el más amplio espíritu acogió a los jóvenes que descollaban por su talento, estimulándolos con generosas distinciones. A mí me otorgó espontáneamente el cargo de corrector de pruebas en la Tipografía Nacional, ordenando, además, que se imprimiera, por cuenta del Estado, mi revista *semanal El Pensamiento,* en la que colaboraron todos los escritores y poetas hondureños. En sus páginas, y en el diario *La Regeneración,* del malogrado Francisco Calix Barahona, publiqué mis trabajos de aquel tiempo.

Alejo S. Lara y José Antonio Domínguez vivían juntos en una pequeña casa frente al parque La Merced, y una tarde, por un motivo baladí —en que la razón estuvo de parte de Alejo— riñeron hasta la violencia. Domínguez fue lanzado a la calle, y yo, que presencié la reyerta, ofrecí al poeta, que había sido mi consejero y luego mi profesor, una de las dos habitaciones que alquilaba en la residencia de la señorita Luisa Vásquez. De este modo estuvimos, durante muchos años, unidos por estrecha amistad, y un libro interesante podría yo escribir sobre aquel infortunado compañero para quien la vida fue tan dura y amarga.

¡Cuántos ensueños irrealizables nos asediaron —a Domínguez y a mí— en el continuo divagar de los días monótonos! Leíamos a nuestros autores predilectos, idealizábamos las más crudas realidades, cambiando, a cada momento, ideas e impresiones acerca de cuanto ocurría a nuestro derredor. En las tardes paseábamos fuera de la ciudad, subiendo a las alturas cercanas, a veces caminando en silencio y en otras charladores y alegres. Colaborábamos asiduamente en La

Juventud Hondureña, publicación de la sociedad del mismo nombre, de la que fui después redactor o director.

Domínguez padecía de un pesimismo tétrico, que angustiaba su visión de la vida, envolviéndose en desoladas tinieblas. A las pocas semanas de observarle y conocerle predije —en carta para mi hermana— que terminaría suicidándose. En lo que me equivoqué fue en la forma: yo pensé en un veneno y no en un tiro de revólver.

(Domínguez se mató en Juticalpa el 5 de abril de 1903).

Hombre de una timidez morbosa, turbábale toda novedad en las apariencias humanas y todo aspecto insólito en los acontecimientos. Joven de gallarda figura, una muchacha que de él se enamorara habríale puesto en precipitada fuga. Su pasividad nirvánica, su absoluta carencia de iniciativa, su perenne irresolución ante los asuntos cotidianos, su pavor ante los graves problemas que encierran nuestro destino, tenían que arrastrarle a un término trágico. Cualquier frívolo detalle social, exento del menor interés, asustábale como si constituyera un caso de profunda trascendencia. Me imagino el esfuerzo de su escasísima voluntad para dominar su encogimiento en alguna recepción a que asistiera cuando fue a Guatemala como secretario de la Legación encabezada por el doctor Juan Ángel Arias. Misión diplomática en que irónicamente juntó el acaso a los dos varones más antitéticos que ha producido mi patria: al hombre más ambicioso y sensual paladín de los siete pecados capitales, atrayente y simpático, pródigo y burlón, epicúreo sin escrúpulos; y al poeta tímido y romántico, abstraído en su mundo recóndito, casto como un anacoreta, tendiendo a la inacción y al silencio. Caracteres tan opuestos debieron, sin embargo, entenderse, porque en la campaña eleccionaria de 1902 Domínguez figuró entre los aristas.

MI NOMBRE SONABA ya en Centro América llevado por mis prosas y poesías en diarios y revistas. Fuera de los elogios y estímulos que constantemente recibía del exterior, Rómulo E. Durón me auguraba laureles al final del prólogo de su libro Crepusculares; Pancho Cálix Barahona ponderaba en su diario mis producciones y Alberto Uclés insinuaba al Congreso Nacional que se me enviara a estudiar a Europa por cuenta de la República.

Excitativa —si la memoria no me falla— que no tuvo el mejor resultado por que fue hecha la víspera de recesar la Asamblea y no hubo ninguna otra sesión ordinaria. ¡De qué hilos tan tenues está colgada la misteriosa lámpara de nuestra suerte! ¡De qué incidentales causas depende nuestro destino!

En agosto del 95, el Gobierno de Honduras acreditó una Legación ante el de Costa Rica, designando como ministro al general Terencio Sierra, quien desempeñaba la Comandancia de Armas de Amapala. Fui nombrado secretario y, llevando las credenciales respectivas, desembarqué en aquel puerto.

Yo no conocía a Sierra. Su fama era de osado guerrillero, de hombre valiente, drástico y peligroso, y hasta de brujo por su inmunidad en los combates en que actuara.

Al muelle fue a encontrarme mi amigo Luis M. Zúñiga, con quien almorcé en el hotel. A los postres tornóse comunicativo y confidencial, y, al apurar el último vaso de vino, me dijo en voz baja de repente:

—¿Quieres que te dé un oportunísimo consejo? Si tienes valor hay que mostrarlo en esta ocasión. No te envidio el cargo que traes por honroso que sea. Este es el caso de los confites en los infiernos. Sierra está acostumbrado a humillar al que tiene cerca y sé que se halla incómodo porque te nombraron secretario de esa Legación sin consultarlo. Él antes había propuesto a un cubano, un señor Suárez que le acompaña siempre.

Yo le oía en silencio. Bajando aún más la voz, prosiguió:

—Pues oye: si te dejas te come vivo. Pero si te le enfrentas con energía...

—¿Qué sucederá?

—Tendrás el cincuenta por ciento de probabilidades de que te lleve el diablo... y cincuenta de que, sorprendido de tu audacia, te aprecie y te guarde consideraciones. Este hombre medio salvaje, brusco y temerario, sólo por los valientes tiene verdadera simpatía. Impresionado por sus palabras continué silencioso.

—¿Qué piensas hacer?

—Seguir tu consejo —le contesté.

A las tres de la tarde me dirigí a la comandancia, y al llegar al puesto de guardia, pregunté por el general. Un soldado le llevó mi tarjeta diplomática, y, al regresar, me condujo al salón contiguo, en el que esperaban varios individuos. Pasaron veinte minutos. De pronto abrióse con estrépito una puerta, y apareció un extraño sujeto en camisa, alto y seco, de ancha frente y largos bigotes, con un puro entre los dedos.

—¿Quién de ustedes es Turcios?

Todos nos habíamos levantado de nuestros asientos y avancé hacia él, entregándole las notas del ministerio.

—¡Cómo! —gritó—. ¿Este niño es el que me envían de secretario? Pero... ¿qué edad tiene usted? ¿Quince, diez y seis, diez y ocho años? Su nombramiento es ilegal.

Yo me eché a reír.

—Hace un mes que soy mayor de edad —expresé burlonamente.

—Que se lo crean los tontos. Es mejor que regrese a Tegucigalpa. Usted no podrá desempeñar cargo tan importante y he nombrado ya para que le sustituya al señor Suárez, hombre de talento y de experiencia.

Sentí que la sangre me golpeaba las sienes.

—Yo no vengo a discutir con usted general. El presidente me designó para este empleo, que no solicité. Sólo él, y ningún otro, puede hacer esta clase de nombramientos. Me apena su contrariedad, pero no regresaré a Tegucigalpa.

El tono resuelto de mi voz detuvo a medias su cólera, próxima a estallar.

—¿Y si le embarco a la fuerza para San Lorenzo?

—Hágalo. Quiero verlo.

—Y tomando mi sombrero, salí violentamente.

Sorprendido, no hizo ningún ademán para detenerme. Pero luego me siguió, llamándome a gritos. Detúvose cuando una señora le salió al paso. Así miré por vez primera a doña Carmen.

Horas después, hallándome en el paseo de La Punta, llegó un oficial a comunicarme que me necesitaba el comandante.

—Dígale que no estoy de alta, que aún no tengo la edad para el servicio.

Regresó para anunciarme que el vapor saldría a las nueve de la siguiente mañana para Costa Rica y que media hora antes debería yo estar en el muelle con mi valija.

En aquel vapor iba con su padre, en dirección a Francia, una linda y delicada señorita salvadoreña, de apellido Álvarez, con quien hice amistad en la primera hora de viaje.

En Corinto llegaron las autoridades a bordo, invitándonos, en nombre del presidente Zelaya, para un almuerzo. Dicho puerto carecía entonces de muelle y los pasajeros eran transportados, del sitio en que se varaban los botes hasta la playa, en hombros de los marinos. Ignoraba esto la jovencita que iba con nosotros, y cuando un gañán sudoroso y barbudo intentó conducirla, ella se negó rotundamente, diciendo que prefería volver al vapor. Salté al agua, y hundido en ella hasta la rodilla, le tendí los brazos para conducirla. Resistióse algunos segundos; pero ante una palabra de su padre se abandonó sobre mi pecho. Pesaba lo que un pajarillo y me sentí ilusoriamente feliz con el calor de su seno, oyendo en breves instantes, el latir apresurado de su corazón. Este fue el premio de aquel acto impulsivo y romántico y su castigo la mirada iracunda que me lanzó Sierra y a la que correspondí en una sonrisa impertinente.

Ya a la vista de Puntarenas, mi terrible jefe me dijo, entregándome una llave en su camarote:

—En esas cajas van ocho mil pesos. Usted se encargará de ellos, llevando un conocimiento de los gastos que se hagan.

Con esta inesperada prueba de cordialidad pensé que había concluido su animadversión; pero estalló de nuevo, poco después, en el Hotel Imperial de San José.

—Hágame un telegrama para don Policarpo manifestándole esto y esto y esto...

Lo escribí con todo cuidado y con mi mejor letra.

—No me gusta esa redacción. Cámbiela.

Rompí la hoja y en otra fijé los conceptos variando la forma.

Tampoco éste es como lo deseo —exclamó, reteniéndolo en la mano.

Tras medio minuto le presenté el tercer telegrama. Se retiró al hueco del balcón para leerlo, mientras yo caminaba hacia la puerta, riéndome con todas mis fuerzas.

En lugar del texto que él esperaba leyó:

—Los dos mensajes anteriores expresaban, en perfecto castellano, lo que usted, desea. Primero me cortaré el brazo que escribir sobre esto una línea más.

No demostró disgusto. Y envió el despacho que había conservado.

Circuló el programa de la solemne fiesta con que iba a inaugurarse, en el Parque Nacional, el simbólico grupo de bronce consagrado a los héroes de la guerra contra Walker. En él se indicaba que en aquel acto haría uso de la palabra el ministro de Relaciones Exteriores.

Faltaban apenas cuatro días para aquel acontecimiento cuando una noche, al regresar del teatro, oí al ministro de Guatemala, Rafael Spínola, decir a un amigo suyo en el salón del hotel:

—Yo solicitaré que se permita, como es natural, ocupar la tribuna a los representantes de Centro América. Un mes de trabajo me ha costado esta oración y no he de guardarla para cuando se inaugure otra estatua en honor de los grandes patriotas del 56.

Continuando la lectura interrumpida por estas palabras.

En la cama estuve meditando sobre lo que acababa de escuchar, y en la mañana escribí un discurso de cien líneas, alusivo a la fiesta próxima, y como para ser pronunciado por el general Sierra. Lo corregí y saqué en limpio varias veces, poniendo mi mayor esfuerzo por adaptar los conceptos de ideología, carácter y condiciones peculiares de aquel militar. Quedó al fin como lo deseaba: claro, enérgico, sencillo, con las palabras y pensamientos, sin hipérboles y sin literatura. Me entendí con el criado del comedor que imprimía los menús en una pequeña prensa del establecimiento. Con la entrega de una moneda de cinco dólares él me grabó, en un hermoso pliego de lino, y en gruesos caracteres, los párrafos tan concienzudamente trabajados, distribuyendo el texto en seguida y asegurándome guardar el secreto.

No dije nada a nadie de lo que oyera ni de lo que hice; y así llegó la esplendorosa mañana en que millares de niños de toda la República, vestidos de blanco, desfilaron hacia el gran parque, lleno hasta no caber una persona más, poco antes del mediodía. Todos los personajes, todas las damas de Costa Rica reuniéronse allí en aquella hora memorable. Junto a la estatua cubierta alzábase a regular altura la tribuna que, en el momento reglamentario, fue ocupada por el ministro Ricardo Pacheco.

Al terminar levantó el brazo exclamando:

—Mi país y mi gobierno esperan que los señores representantes centroamericanos harán uso de la palabra en la conmemoración de un acto que afectó a nuestros cinco pueblos en lo más caro y precioso que poseen: su libertad y su soberanía.

Y, tras ligera pausa:

—Señor ministro de Guatemala.

Pronunció Spínola su discurso académico, cosechando nutridos aplausos.

Rafael Severo López, gran orador, y Joaquín Sansón, de fácil palabra, ambos acostumbrados a salir airosos en aquellos trances, esperaron su turno con serenidad. No así el general Sierra, que en aquel instante habría dado lo imposible por hallarse a quinientas leguas de allí, aunque fuera solo y cara a cara con Domingo Vásquez y su tropa en los campos de Coa. Debatíase inquieto y violento, Y aproximándose a mí me dijo al oído con acento imperioso:

—Usted dirá que estoy resfriado y no puedo hablar e improvisará cuatro frases en mi nombre.

Yo le miré sonriente y burlón.

—Guarde su tono imperativo para cuando regrese a su cuartel de Amapala. Le empeño mi palabra de que no subiré esos escalones, a los que mira usted con más horror que Camilo Desmoulins las gradas del cadalso. Usted tiene la obligación, el deber ineludible de levantar aquí muy alto el nombre de Honduras, y si para ello le faltan aptitudes, hilvane unas cuantas palabras y salga como pueda de este grave compromiso.

Callándose un minuto, habló de nuevo con su voz más cordial.

—Como amigo se lo ruego. Yo no sirvo para estas cosas. Haga por mí un esfuerzo.

—No, no, y no. ¿Por qué voy a exponerme a un fracaso estando usted para resistirlo? A usted, veterano en toda clase de críticas situaciones y no a un niño como yo, según su juicio, es a quien corresponden el riesgo y la gloria de este momento.

—Se lo ruego, amigo. Diga dos palabras. No expongamos a una burla a nuestro país.

—No, no, y no.

Corría el tiempo. Entre tanto, López y Sansón improvisaban resonantes períodos, recibiendo ovaciones estruendosas.

—Señor ministro de Honduras.

Saqué rápidamente el pliego del bolsillo interior de mi levita.

—Aquí tiene su discurso, general.

Lo tomó, subiendo a la tribuna con seguro paso. Gozaba de simpatías por su fama de valiente, su aire grave y su aspecto marcial, entre la juventud costarricense, que le aplaudió mientras él limpiaba, con alarde inusitado de aplomo, sus anteojos de oro. Dijo lentamente, con serena entonación, los párrafos cívicos, cortos y netos. Al descender oyéronse unánimes vivas a nuestra patria.

Horas después, mientras charlaba en mi cuarto con Rafael Ángel Troyo y otros camaradas, irrumpió Sierra amable y de excelente humor, obsequiándonos con una copa de champaña. Y cuando le acompañé por el pasillo me dijo:

—Oiga, Froylán. Yo seré presidente de Honduras y nunca olvidaré este día. Siempre encontrará en mí un amigo. Gracias.

Y así fue, en efecto, en la medida de su comprensión de la amistad.

Conservo gratísimos recuerdos de mi primera permanencia en Costa Rica. Soñador adolescente, distinguido por un cargo diplomático, todas las puertas se abrían a mi paso y miraba la vida como a través de cristales de colores. El gran presidente Iglesias fue entonces mi mejor amigo, y de él y sus ministros y demás autoridades recibí afectuosas atenciones. El gobierno y los círculos sociales agasajaron espléndidamente a los representantes de Centro América con banquetes, bailes, veladas, paseos a Alajuela, a Puntarenas y a Limón, funciones en el Teatro Nacional, visitas a escuelas y colegios —entre ellas una inolvidable al Colegio de Sión—. Los días pasaban rápidos y magníficos y en el Hotel Imperial de Benedictis veíame rodeado por los jóvenes poetas y escritores. Los diarios publicaban mis artículos y versos con honrosos comentarios y un amorcillo romántico perfumaba mis sueños con sus rosas de ilusión....

Amé a Costa Rica desde aquella época brillante, considerándola siempre como mi segunda patria, reiterándole mi afección en todo tiempo y lugar; y al decirle adiós, entre las manifestaciones cariñosas de mis amistades, sentí una emoción intensa, como si me alejara de un mundo encantado...

Cuando terminaba ese año del 95 publiqué mi primer libro —Mariposas— con un prólogo de José Antonio Domínguez. En él un —volumen como de trescientas páginas— recogí gran parte de mi producción en prosa y verso, de los catorce a los diez y siete años. Labor que, aun cuando careciera de verdadero valor estético, tendría el de la precocidad, de la frescura primaveral, de los sueños de la adolescencia. Dentro de la sordidez de nuestro ambiente, entonces más denso que ahora, alcanzó un éxito brillante. Obtuve con él mi inicial ganancia práctica con la pluma, con la que realicé mi anhelado viaje a Guatemala.

Partí para dicha República en mayo de 1896. Los jóvenes intelectuales de diversos países que se reunían en la Biblioteca Nacional —bajo los estímulos de su director Ramón A. Salazar— me acogieron con la más afectuosa simpatía. Juan Ramón Molina fue a visitarme, asombrándome con su raro indumento. Lucía una larga levita verde y un ancho pantalón a cuadros: una inmensa corbata aparatosa, anudada a un alto cuello de color, un sombrero de paja de anchas alas y un fuerte garrote nudoso pendiente del brazo. Me explicó que se veía en la necesidad de portar un bastón tan tosco e incómodo para defenderse de una probable acometida de un tal Leopoldo Culebro.

—Es un rabioso escritorzuelo de Quezaltenango —concluyó— con quien acabo de sostener una tremenda polémica.

Fundamos todos una sociedad literaria de la que fue presidente don Ramón A. Salazar y yo secretario y director de la *Revista El Álbum,* que le sirvió de vocero. Formaban aquel grupo más de setenta muchachos talentosos, inquietos, agresivos en la discusión. Allí hice mis primeras armas en la crítica y en el difícil manejo del epigrama y de la sátira, aunque siempre en un plano de cultura y de elevación espiritual.

Vivía yo en la casa de huéspedes de doña Mercedes de Pizzioli y una mañana encontré bajo la pila del baño un espléndido solitario. Lo guardé en mi cartera, esperando que el dueño diera señales de vida.

Cuando todos almorzábamos llegó el general Fidel Bulnes, cliente de la pensión, lamentándose con amargura de la pérdida de la sortija.

—Me la obsequió mi mujer en el momento de morir —decía—. Es un magnífico diamante blanco valorado en dos mil dólares. Estoy perseguido por mi mala suerte. Al que me dé razón de su paradero le obsequiaré en el acto con trescientos pesos oro.

—¿Su palabra, general?

—Mi palabra de honor.

—Aquí tiene su anillo.

Y se lo entregué, detallándole cómo vino a mis manos. Bailaba de júbilo. Me abrazó varias veces, llamándome el joven más honrado de la tierra. Pero ni un dólar, de los trescientos ofrecidos, ingresó a mi escuálido bolsillo.

EN MI VALIJA tenía varias cartas de recomendación, entre ellas una del presidente Policarpo Bonilla para don Juan Ponciano, director de Telégrafos y otra de Juan Ángel Arias para el Licenciado Próspero Morales, omnipotente ministro de Guerra en el gobierno de Reina Barrios. Aunque por mi experiencia lamentable de 1893 —y aún más por la semejanza de los nombres— no les daba ninguna importancia, viendo que los dineros se me iban acabando, fui a la oficina de Ponciano y le entregué el pliego de don Policarpo. Satisfecho de no haberlo confundido con el de Morales, me senté a esperar el resultado. Leyólo despacio y me preguntó si estaba dispuesto a desempeñar desde aquella misma hora un empleo que el día anterior quedara vacante. Le contesté que con el mayor gusto.

—Bien. Su trabajo consistirá en transportar aparatos telefónicos. Como se está haciendo una nueva instalación hay que llevarlos a las casas que los soliciten y traer los viejos. Puede usted conducir el primero a la dirección escrita sobre la caja. Miré al hombre panzón de rostro renegrido y luego el pesado objeto que me señalaba y me reí sarcásticamente.

— Usted está loco, señor — exclamé con voz agresiva—. No soy mozo de cordel. De tal cosa tiene usted más apariencia. Me pondré esa carga sobre los hombros cuando lo vea a usted marchando delante de mí con otra mayor.

Quedóse estupefacto. Y no sé qué me gritó cuando yo traspasaba el umbral.

Transcurrido un mes, recibí una carta de don Policarpo, reprochándome con acritud el haber despreciado aquel empleo con tan irrespetuosas palabras, añadiendo que con orgullo y altivez no se llega a ninguna parte. Sorprendido de extraño criterio en un prohombre tan dogmático y altivo, le contesté con dos páginas de impertinencias, que debieron producirle pésima impresión, pues nada volví a saber de él en mucho tiempo.

Algunos años después de este incidente llegó a Tegucigalpa el señor Ponciano. Su esposa había muerto a bordo de un vapor y se vio obligado a sepultarla en una desierta playa de Costa Rica. Considerándolo profundamente herido por aquella desgracia, fui a visitarle. Le hallé presa del mayor abatimiento, y tras de las primeras frases y de felicitarme por mi alta posición política y literaria, me pidió excusas por su proceder cuando solicité su ayuda. Le interrumpí manifestándole que sin duda estaba en un error, pues nunca antes le había visto; añadiendo que deseaba vivamente servirle en algo. Estrechó conmovido mi mano, comprendiendo, Y pronunciando cariñosas palabras.

Me acaeció en aquellos días una aventura que me produjo honda pena. Aun palpita, avergonzándome con dolor, en mi recuerdo. Fue una de esas malas acciones de las que, ni expiándolas amargamente, nos sentimos nunca redimidos. Un desleal amigo me indujo con su ejemplo y con sus excitativas a jugar, una noche de fiesta, en la ruleta del Jocotenango. Gané al principio una considerable suma; pero mi suerte adversa acentuóse en seguida de tal manera que no solamente perdí mis ganancias sino todo el dinero que poseía. Exasperado, propuse en venta al ruletero mi reloj, que fue de mi madre, que usó ella siempre, con su nombre en una tapa interior y con la linda cadenita que tantas veces vi entre sus manos en mi infancia. Era una joya de familia de valor inapreciable; preciosa de forma, de oro finísimo, con arabescos en colores y con la excelente máquina incrustada de diamantes y rubíes. A mi padre le costó doscientos cincuenta dólares en Nueva York. El tahúr lo examinó detenidamente, concluyendo por ofrecerme cien pesos plata por él. Protesté asegurando que valía seis veces más; pero todo fue inútil. Cogí, con un temblor sin duda vagamente parecido al que sintió Judas, al recibir las monedas malditas, la miserable cantidad, que la terrible raqueta se llevó a los pocos minutos. Salí desesperado de aquel sitio siniestro. Pasé muchos insomnios perseguido por el remordimiento. Los años y los lustros no han borrado de mi alma tan odioso recuerdo.

A un inesperado incidente debí no haberme visto en serias dificultades en los únicos tres meses de mi juventud en que no tuve un centavo en el bolsillo.

Fui de los primeros clientes de una casa de huéspedes que se abrió en aquel año de 1896 en una de las calles más céntricas de Guatemala. Por el cuarto y la comida —de la mejor calidad— debería pagar sesenta pesos plata mensuales. Transcurrieron ocho semanas sin que hiciera ningún abono y la vergüenza de esta irregularidad me producía una perenne inquietud. Conocí entonces esos miseros sobresaltos ante una mirada o una sonrisa que imaginaba dirigida contra mí con equívoca expresión de burla o de lástima. No había manera de ganar un dólar y mi deuda y mi angustia de ánimo iban en aumento.

Paseábame en un extremo del corredor, meditando en mi amarga situación, como a las diez de una lluviosa mañana, en que todos los comensales habían salido, cuando sonaron voces violentas y rápidos golpes en las habitaciones de los propietarios. Llegué a ellas en el preciso instante en que el marido, enarbolando una silla, se dirigía furioso contra su mujer. Súbitamente me interpuse y logré desviar su brazo, gritándole que era una canallada golpear a una señora.

Le vi en el acto coger su sombrero y salir de prisa por el portón. Y como desempeñaba un cargo militar importante pensé que iba a ordenar mi captura.

Guardé silencio sobre lo sucedido y pasó aquel día sin otra novedad. Sí noté mayor atención para mí de parte de la servidumbre.

Poco tiempo después fue el hombre a mi cuarto, y sentándose junto a la mesa en que yo leía, me dijo:

—Le estoy profundamente agradecido por su oportuna intervención en el lamentable caso de anteayer. Sin ella habría cometido una infamia hiriendo injustamente a mi señora. Es la primera vez que nos disgustamos, por un estúpido error mío, y por los malditos tragos que yo tomara con unos malos amigos. A mí el alcohol me enloquece.

Asentí con la cabeza, murmurando:

— Evítelo siempre y habrá obtenido el mejor de los triunfos

—¿A Ud. no le atraen las copas de coñac?

—Detesto las bebidas que convierten en cerdos a los hombres.

— Muy bien. Le felicito. Y quiero decirle, en nombre mío y el de mi esposa, que está usted aquí en su propia casa y que no se apene en lo más mínimo por no haber cancelado aún la pequeña suma que adeuda. Sabemos quién es usted, y puede permanecer con nosotros, no dos meses sino dos años, sin preocuparse por lo que nos deba, pues tenemos la convicción de que usted cancelará su cuenta.

Pasada una quincena obtuve trabajo en las oficinas de un diario, recibiendo adelantados tres meses de sueldo, con los que pagué mi débito, normalizando mi presupuesto.

EL AZAR ME condujo a la casa del mexicano Alberto Beteta. Semejaba un rey asirio con su corpulenta figura y su larga barba negra. Su expresión normal era despectiva y amenazante, con un vozarrón que le envidiara Esténtor y que hacía temblar a sus subalternos. Pero yo comprendí al momento que tras de aquella apariencia agresiva ocultábase un varón bondadoso. Sin que yo dijera una palabra, sospechando mi escasez de pecunia, me ofreció un sueldo mensual de ochenta pesos plata por la última corrección de las ocho páginas de pruebas del *Diario de Centro América,* que él dirigía, y porque escribiera, para el número de los sábados, una corta semblanza, en prosa o verso, de las más bellas jóvenes de la alta sociedad guatemalteca. En esas tareas me ocupé seis meses. Pero no bastándome aquella cantidad para cubrir mis gastos le propuse que aumentara mi trabajo y subiera cien pesos mis honorarios. Vociferó denegando mi solicitud. Suavizando su aspereza terminó por hacerme, con acento quejumbroso, menudas confidencias económicas en que sonaban a falso las palabras. No obtuve un peso de aumento, a pesar de sus reiteradas expresiones de cariño.

Recordé entonces la carta del doctor Arias y con ellas me dirigí a la suntuosa residencia del ministro Morales.

— A la cuarta es la vencida —me decía a mí mismo, pensando en las tres inútiles recomendaciones anteriores.

En el amplio corredor iban y venían hombres y mujeres, en afanoso movimiento algunos y otros paseándose en actitud de espera indefinida. Entregué mi tarjeta y la nota a un oficial, quien me indicó que a mi turno vería yo a su jefe. Pasó una hora que se me hizo eterna y, agotada mi paciencia, iba a retirarme, cuando se me acercó una esbelta joven pronunciando mi nombre.

—Vuelvo a agradecerle el envío de su admirable libro Mariposas —me dijo.

Era doña Natalia Gorriz, quien me condujo a presencia de su marido, rogándole que accediera a mi solicitud y ponderando mis aptitudes para cualquier cargo.

Al retirarse, Morales murmuró:

—Ya atenderé el deseo de mi excelente amigo Juan Ángel. Pero ¿por qué ha retenido más de ocho meses esta carta?

—Se lo diré con toda franqueza: porque no creo en las cartas de recomendación. Tres como ésta se me han dado espontáneamente finalidad negativa.

Y le relaté lo ocurrido con la del señor Ponciano. Rióse, desarrugando el grave semblante.

En la estancia magnífica, cubierta hasta su mayor altura de resplandecientes armas blancas, paseábase aquel hombre, pequeño de cuerpo, flaco, de apariencia enfermiza, que algún tiempo después, alzado contra el gobierno, caería para siempre en un campo de muerte. Me levanté, despidiéndome; y notando la extrema parquedad de palabras del taciturno personaje, apenas pasé del ademán de saludo, como el militar francés que llevó en 1871 unos pliegos a Bismarck. Juzgando que a hombre tan circunspecto y extraño le gustaría otro que se le pareciese. Ya en 1897 un cartero me entregó en la calle un acuerdo en que se me nombraba oficial tercero del Comité de la Exposición Nacional, con un sueldo de ciento cincuenta pesos al mes; pudiendo trabajar, además, algunas horas en la noche para aumentar mis honorarios.

Se me instaló en una moderna oficina, con hermoso escritorio, teléfono y una prensa para copias, encomendándome la correspondencia de las remisiones de objetos de los departamentos. Cumplía mi cometido con estricto cuidado, duplicando mi actividad cuando era necesario, y trabajando extraordinariamente de las ocho a las doce de la noche, asegurándome una mensualidad total de más de trescientos pesos.

En esta buena situación económica me encontró mi hermana a su llegada a Guatemala y me fue muy grato obsequiarla con la mitad de lo que ganaba, durante su permanencia en aquella ciudad.

Lástima que tan próspera fortuna sólo durara unos pocos meses. Pues sucedió que, por un disgusto que el secretario Antonio Valladares (el ingenioso Chascarrillo) tuvo con el presidente del Comité, ingeniero Buerón, aquél presentó en el acto su renuncia, y los oficiales —entre los que recuerdo a Ricardo Toriello y Alberto González— por afecto y consecuencia con Toño, hicimos cándidamente otro tanto. Las renuncias fueron aceptadas y me quedé cesante. Pero recordando las continuas excitativas que Beteta me hacía para que volviera a mi empleo en su periódico y su obcecación en no aumentar el sueldo, le llamé por teléfono para decirle que por última vez le solicitaba que me pagara los cien pesos, comprometiéndome a hacer en el diario una labor eficiente.

—Acepto, pero si se viene en este instante — me contestó.

— En breves minutos estuve otra vez frente al formidable director de voz de trueno y barbas de profeta.

Cuando supo mi estratagema se encolerizó un poco; pero, como siempre, concluyó lamentándose, compungido, de sus inquietudes pecuniarias... aunque en su interior riéndose de sus propios embustes.

Apareció una tarde en el *Diario de Centro América* un personaje fantástico, de arrogantísima presencia y aire exótico con una tarjeta en que Reina Barrios ordenaba que se le diera en el periódico (el Diario de Centro América ha pertenecido siempre al gobierno), un cargo con doscientos pesos de sueldo. Para Beteta fue como un balazo en el estómago; pero dominando su desagrado, recibió al intruso con exclamaciones de complacencia. Era un aristócrata auténtico —el conde de Soromenho— brasilero, escritor, héroe en cien arduas aventuras, duelistas, tipo nómade y equívoco, paladín de novela de Dumas o de Walter Scott.

Encomendáronsele las crónicas musicales, pues actuaba en el Teatro Colón una famosa compañía de ópera y él manifestó que hizo con el mejor éxito esa labor en Italia. Escribía pésimamente el castellano, viéndose obligado a solicitar mi ayuda para poner en aceptable español su pintoresca prosa portuguesa.

Trabóse luego una candente polémica entre Soromenho y Pedro Milla, que actuaba en La República como crítico de arte, y quien, en su inicial arremetida, cubrió de insultos al brasilero. Este contestó con ímpetu salvaje —con una de sus cornadas de búfalo, como él decía— estropeando a su enemigo con abominables sarcasmos. La pluma convirtióse en látigo y en estilete envenenado y sobrevino un duelo que puso a Beteta más alegre que unas castañuelas. Pensaba —me imagino— que de resultar un difunto de aquel encuentro se libraría, o de un adversario político (los de La República, conservadores de cepa, atacaban frecuentemente al Diario de Centro América, órgano de gobiernos liberales), o de un parásito que mensualmente aligeraba su bolsillo de una cantidad importante. Tuvo efecto el lance en una casa de madera a medio construir, cerca del Hipódromo, siendo el sable corto el arma elegida. Un permiso especial del presidente garantizaba la ausencia de la policía en la hora y sitio convenidos. Presencié el combate con el mayor interés. El guatemalteco —hijo del célebre novelista Salomé Jil— demostró gran valor y pleno conocimiento del arma; pero, muy gordo y de corta estatura, presentábase desventajosamente ante su enemigo, alto, vigoroso y ágil, y poseído de su patético papel de duelista invencible. Sucedió lo que era lógico: que el lance fue un desastre para Milla, quien recibió un sablazo en la cara.

Por un cablegrama llegado de no recuerdo que extrema latitud de la tierra, repentinamente partió Soromenho de Guatemala, no sin obsequiarme antes, por mis elementales traducciones del portugués, con un maravilloso puñal antiguo, que me dijo haber comprado en Florencia y que llevaba siempre bajo su chaleco.

—Con él maté a un bandido que intentó quitarme a mi novia —me confió, al entregármelo.

Acero precioso que yo estimé en lo que valía y que villanamente me fue robado en Tegucigalpa un año después.

(En 1906, al pasar por una amplia avenida en Río de Janeiro, me detuve ante un palacio que ostentaba, en grandes letras doradas, la palabra Soromenho. Toqué el timbre del portón monumental y me hice anunciar. Me introdujeron a una vasta sala, en la que, en los primeros segundos, se encontraron mis ojos con el retrato de cuerpo entero, en un marco magnífico, de mi fabuloso colega en el Diario de Centro América. Contemplándole estaba cuando apareció tras una cortina un señor anciano, quizá el mayordomo de aquella residencia, cuyos dueños salieron de viaje. Enterado del motivo de mi visita me contó, en breves frases la dramática historia del temible conde.

—Murió hace tres años en un corto duelo a puñal con el más feroz matador de hombres que ha pisado la tierra del Brasil. Ambos cayeron simultáneamente, en segundos fulminantes, con el acero enemigo clavado hasta el pomo en pleno corazón).

CUANDO MENOS LO esperaba recibí un telegrama del presidente Bonilla, excitándome para que regresara a Honduras. Púseme en camino por la vía de El Salvador, en cuya capital me encontré con el doctor Francisco Bertrand, que acababa de obtener el título de médico y con quien hice el viaje a Tegucigalpa.

Al llegar fui nombrado subsecretario de Gobernación, de cuya cartera estuve encargado días después por lenta y pertinaz dolencia del ministro, general Dionisio Gutiérrez. Desarrollé toda mi aptitud y actividad en tan alto cargo, y don Policarpo, que no era pródigo en sus elogios, no me los escatimó en varias ocasiones.

En esa época fundé tres hojas periódicas: *La Revista, El Ferrocarril, y El Heraldo,* este último con Timoteo Miralda.

Domínguez y yo —habitando en cuartos contiguos en la misma casa en que antes viviéramos— reanudamos nuestra vida de estudio y lecturas selectas y nuestras excursiones vespertinas por las afueras de la ciudad, discutiendo sobre los eternos e irresolubles problemas del espíritu y del más allá, o silenciosos y meditabundos admirando, desde las alturas coronadas de pinares, los esplendores del ocaso en los melancólicos anocheceres.

Llegó de Guatemala Juan Ramón Molina y fuimos ya tres los que paseamos nuestros sueños por los montes y cerros que circundan a Tegucigalpa.

Debo confesar que Molina no me fue simpático. Reconocía ampliamente su brillante mentalidad, publicaba con elogios en mis revistas sus bellos versos y sus magníficas prosas; el poeta, en su alta expresión que había en él, era digno de todos mis aplausos y se los

111

prodigaba sin reticencias; pero el hombre me pareció detestable. Su innata pedantería, su egotismo superlativo, sus eternas posturas cómicas y el dogmático tono con que intentaba imponer su criterio chocaron, desde el primer instante, con mi carácter impetuoso, que no tolera las apariencias falsas y teatrales y que admira la sencillez y la naturalidad como virtudes inestimables. Por otra parte, nunca he podido soportar a los alcohólicos. El agua siempre fue y es mi única bebida y los desplantes y desequilibrios de la dipsomanía me producen invencible repugnancia. Molina usaba y abusaba hasta el frenesí de los satánicos nepentes. Todo fue causa para que nuestros primeros encuentros terminaran con ásperas discusiones que Domínguez oía desolado, y en las que, más de una vez, estuvimos a punto de llegar a las manos, es decir, a los tiros, porque ambos íbamos, como auténticos hondureños, armados de revólver. Con rápidos intervalos de cordialidad (uno de ellos acaeció cuando un poeta de la generación anterior a la nuestra, después de rogarme, innumerables veces, que escribiera el prólogo de un folleto suyo, disgustado por la franqueza de los juicios que en él emití, intentó destrozar mi libro *Renglones,* atacándome en iracundos artículos. Preparaba mi réplica en el mismo tono cuando apareció un fulminante libelo de Molina, en su trisemanario *El Cronista,* y en el que, después de pedirme que le permitiera defenderme, cayó como un rayo sobre mi adversario, dejándole hecho una lástima como hombre y como versificador. La muerte súbita de éste puso fin a tan feroz acometida), azuzados ambos por míseros espíritus, nos miramos tácitamente como enemigos durante un lustro, hasta que, con el tiempo, y tras de algunos sucesos en que tuve la satisfacción de intervenir en su favor, fue afirmándose día por día nuestro mutuo afecto, que llegó a culminar en un cariño tan hondo, en una fraternidad tan íntima que —como él lo expresó en su última carta—, sólo la muerte pudo romper.

(La carta fue publicada en periódicos hondureños y en Flores de Almendro, páginas 21 y 22).

EN UN ANOCHECER del final de 1897 vi paseándose en la acera de la casa de altos que es hoy de la familia Soto, frente al Parque Morazán, a un hombre alto y blanco vestido de negro. Atrajo con tal fuerza mi atención su porte patricio que me acerqué a saludarle. Me tendió la mano sonriendo y nos hicimos amigos. De manera tan sencilla entró en mi vida el más perfecto tipo de superior humanidad que encontrara en mi senda: Rafael Uribe Uribe. Recorrimos juntos, en las frías tardes, los alrededores de Tegucigalpa, sin que me preguntara mi nombre. Sus palabras, sus gestos, sus graves ademanes, hasta sus silencios ajustábanse a una medida de verdad y de sereno reposo interior, a un molde lógico y armónico que imponía y deleitaba al mismo tiempo.

Transcurridas dos semanas de diarias excursiones nos encontramos en un banquete con que le obsequiara el presidente Doctor Bonilla. No se extrañó de verme ocupando un asiento cerca del mandatario. Mas bien felicitó a don Policarpo por haberme escogido para un alto puesto a pesar de mis pocos años, añadiendo que me consideraba con todas las aptitudes necesarias para cualquier cargo por elevado que fuera.

(Nueve años después nos volvimos a ver en Río de Janeiro, en la Conferencia Panamericana. Reanudamos nuestros paseos en aquella resplandeciente metrópoli. No conocía él a Guillermo Valencia sino por sus versos y yo hice la presentación en el Hotel Alejandra.

Caminando una tarde por Beiramar, viéndole como perdido en profundas abstracciones, hice un justo elogio de su brillante destino, consagrado a su patria. El murmuró con amargura:

—Como Bolívar, he arado en el mar.

Reaccionando, continuó:

—Si Colombia logra establecer una paz permanente alcanzará el más alto plano de civilización. Pero temo que los odios inveterados de los partidos políticos esterilicen los sacrificios y las abnegaciones hechos por ella.

En noviembre de 1914 recibí en Guatemala, con intenso pesar, la noticia del infame asesinato perpetrado cobardemente en el general Uribe. Aquella testa olímpica, urna de los más grandes y nobles pensamientos, fue destrozada por el hacha traicionera de dos miserables, que debieron expiar en un patíbulo su horrendo crimen).

En 1918 diéronse algunos suntuosos bailes en casa de la familia Streber, que constituyeron una serie de tormentos para los jóvenes de la élite capitalina. Pues a ellos sólo eran invitados los alemanes residentes en Tegucigalpa y Amapala, y los padres de familia con sus hijas.

Los novios, despechados y celosos, veían, desde las aceras próximas, a sus Dulcineas meciéndose apaciblemente al compás de los valses austrohúngaros, en los brazos de los alegres germanos, enardecidos por las cervezas de Baviera y por las continuas copas de Kummel y coñac cinco estrellas.

Innumerables disgustos, y aun rompimientos de compromisos matrimoniales hubo entre Romeos y Julietas por tales fiestas. Resultaban absolutamente inútiles las súplicas de aquéllos para que éstas no concurrieran a bailes a que no les invitaban, replicando que sus padres las conducían contra su voluntad a que se aburrieran terriblemente con las pláticas insubstanciales de los teutones. Exasperados por el menosprecio con que se les trataba, y por su incapacidad para evitar tan hostil actitud, resolvieron acudir a medidas extremas para cortar el mal.

Dirigidos por los más valerosos —Mariano Moncada y Alfredo Ordóñez— armáronse veinte con gruesos bastones, látigos y revólveres. Ocultos en sitios cercanos, esperaron una noche, hasta la madrugada, la salida de los felices danzadores, y cuando todos formaban bulliciosos grupos en la calle, cargaron sobre ellos con disparos al aire y al grito de "¡Viva Honduras!" con tanta violencia, que los pusieron en precipitada fuga. Pero ninguno se escapó de los leñazos, pues cada asaltante eligió con antelación a su víctima y en ella sació su cólera. Alfredo persiguió a la suya —el más joven y gordo, L.S.— en veloz carrera hasta el Puente Mallol y allí le ejecutó una buena tanda de bastonazos y patadas. Mariano escapó de ahorcar a un señorón rubicundo, quien, para verse libre de sus iras, tuvo que pedirle cacao...

Huelga decir que tan eficaz procedimiento puso término a las regocijadas fiestas germanas.

DESEABA YO vivamente concurrir como diputado al Congreso Unionista de Managua —1898—, y supe con placer, por Pancho Cálix Barahona y Julio César Durón (durante las sesiones de dicho Congreso, murió Cálix Barahona en Managua, y Durón en Pespire cuando, clausurado aquel Cuerpo, regresaba a Tegucigalpa.), que mi nombre figuraba en la nómina formada por la Asamblea Nacional entonces reunida. Tuve en mis manos al día siguiente aquella lista, pero de ella se me excluía a última hora con una raya de lápiz rojo. Indignado, me quejé a don Policarpo, calificando de abusivo al autor de la supresión.

—Yo soy el abusivo —me replicó sin disgusto—. Usted es demasiado joven para ese cargo. Prepárese para el próximo Congreso unionista.

En el segundo semestre del 98 arreció el furor con que los grupos enemigos, cuyos órganos fueron El Cronista, de Molina, y Patria, de José María Moncada, atacaban al presidente Bonilla. Gozaba entonces el país de una perfecta libertad de imprenta que, traspasando los límites del derecho y la cultura, degeneraba en campaña anárquica de soeces epítetos.

Una tarde, hallándose el mandatario en el Parque Morazán, en pláticas con algunos amigos, en la Banca de los viejos *(*),* fue groseramente injuriado por un ebrio. Escuchó impasible sus insultantes vociferaciones entre el asombro de las personas atraídas por el escándalo. Hubo un momento en que el ministro, doctor César Bonilla, perdió su calma habitual, y dirigiéndose a los policías que llegaban, les gritó con voz colérica:

—Capturen a ese lépero y métanlo en una bartolina. Ya lo sujetaban con violencia cuando intervino don Policarpo. –

—¡Suéltenlo! Es un hombre ausente. Está borracho y no sabe lo que dice.

(*). Banca de los viejos o Club del Naranjo. Así se designaba en la ciudad a la banca situada bajo un naranjo que aún se ve —creo— frente al actual establecimiento La Samaritana, en la que se reunía todas las noches de las ocho a las diez, un selecto grupo de amigos a charlar sobre todos los temas universales, con excepción de los políticos y religiosos. Componían los doctores César Bonilla, Alberto Uclés, Federico Uclés, generales Rafael López Gutiérrez, Máximo B. Rosales y Francisco Altschul, don Daniel Fortín h., don Gonzalo Guardiola y el que esto escribe, el más joven del club. Si alguno se omite en esta lista, ruégole disculpar mi falta de memoria.

Faltaban pocos días para la transmisión del poder al general Terencio Sierra —que en espera de ese acontecimiento se hallaba en

Tegucigalpa, viviendo en palacio— cuando apareció en Patria un editorial en que, tras de algunos párrafos de merecidos elogios para el gobernante saliente, se atacaba a Sierra en términos vigorosos y agresivos. Tal valentía asombró a todos, y yo, que siento vibrar mi espíritu ante los actos nobles y audaces, temí por la vida de Moncada. Empleado en la Central de Policía hallábase un tal Luis Bianchi, aventurero italiano de atlética presencia, que deseando sin duda congraciarse con el nuevo presidente, atacó por detrás a Moncada, derribándolo a puntapiés y puñetazos. El hecho ocurrió una mañana, en la acera de la familia Fernández, que se halla contiguo a la que hoy ocupan Uhler & Cía. Destrozado por los furiosos golpes, allí hubiera muerto, si su compatriota Juan Banegas, alias la Barbona, no acude en su auxilio, ejecutándole al italiano tan formidable leñazo en la testa que lo dejó medio minuto sin sentido. Recobrado un poco, y viéndose objeto de la hostilidad de los circunstantes, que le injuriaban por su alevosía, levantóse con rapidez, poniéndose en precipitada fuga, dejando a Moncada cubierto de sangre y en tan absoluta inmovilidad, que muchos supieron —y yo entre ellos al llegar en ese instante— que era ya difunto. Dominado por la indignación, ordené a los policiales, que acudían corriendo, la captura del delincuente, quien se refugió en la casa de doña Raquel viuda de Gutiérrez, en cuyo zaguán se aglomeraba una compacta muchedumbre. El licenciado Marcos Carías era su jefe y al verme gritó:

—Joven ministro, no deje impune esta infamia. Disponga que se capture y castigue al cobarde asesino de Moncada.

Hacíale coro el gentío, lanzando iguales o parecidas expresiones. Comprendí, con la videncia que ilumina mi cerebro en los instantes críticos, la gravedad del caso, peligroso para mí en extremo, estando Sierra de por medio, si atendía las insinuaciones de los llamados enemigos del gobierno de que yo formaba parte; no ignorando que no se puede allanar una casa en tiempos normales sin la orden escrita de un juez competente; pero mi repugnancia en dejar en la impunidad aquella canallada pudo más que los dictados de la razón y de la conveniencia.

Dirigiéndome a Carías, que no cesaba en sus exhortaciones, le dije, levantando la voz cuanto pude para dominar el tumulto:

—Voy a proceder como usted y sus amigos lo desean, doctor, no por darles gusto a los enemigos del gobierno a quien sirvo, sino para obedecer a mi conciencia.

Di fuertes golpes con el bastón en el zaguán y éste se abrió, apareciendo en el umbral doña Raquel. Le expuse mi petición y se negó a ella manifestando que en su casa no estaba el agresor y que nadie entraría sin presentar antes una orden judicial.

—Yo asumo toda la responsabilidad, señora. El asesino está allí y la policía procederá a capturarlo aunque tenga que hacer uso de la fuerza.

Entonces abrió toda la puerta y yo penetré en el interior con dos oficiales. No se le encontró por ninguna parte y ya nos retirábamos cuando vi, en un extremo del corredor, un gran cajón de los que se usan para importar los pianos.

—¡Allí está! — exclamé—. Sacadle. ¡Si dispara, fuego sobre él! Fue extraído a tirones de su escondite. Rojo de ira, me mostró los puños, mascando injurias. Yo me reí. Y aquí terminó la primera parte del incidente. La segunda comenzó con la llegada a mi casa de un ayudante. El presidente me pedía pasar a su despacho. Escribí mi renuncia del ministerio y con ella en el bolsillo abordé la presencia de mi juez. Quien, con ceño severo y voz velada por la contrariedad, me preguntó si yo era un agente de policía o el Ministro de Gobernación.

Le contesté que lo último.

—Entonces ¿por qué degrada usted su alto cargo? ¿Por qué hace oficios de policía?

—No es degradar un cargo, por alto que sea, posponerlo a los dictados de humanidad y de conciencia. Antes que ministro soy hombre, un hombre honrado que cumple con su deber poniendo su autoridad, en donde quiera que se halle, al servicio de la justicia.

En ese minuto entró Sierra. Tenía la cara de los malos días.

—Pues obró usted muy mal —continuó el doctor Bonilla, con su peculiar acento dogmático.

—Esa es la opinión de usted. Procedí bien. Mal habría procedido si estando yo presente me hubiese cruzado de brazos ante el crimen de ese cobarde esbirro, pues fuera de lo inhumano de la impunidad, todo el mundo hubiera creído que era obra vengativa de usted y del general Sierra por la violenta campaña de Moncada en su periódico.

Con la captura del criminal, hecha por el jefe superior de la Policía que soy yo, nadie pensará en semejante cosa. Pero como usted desautoriza mi proceder, le presento mi renuncia.

Y después de colocar el pliego en un escritorio próximo, saludé y salí del despacho. Cuando bajaba la escalera del pasillo oí gritar mi nombre, llamándome; pero continué mi camino sin volver la cabeza. En los últimos días de enero del 99, maltrecho y cubierto de vendajes, huyó Moncada furtivamente de Tegucigalpa. Hizo muy bien. Si se queda, todas sus ambiciones, líos y aventuras, que culminaron en la presidencia de Nicaragua, habríanse ahorrado al convertirse en mísero polvo en la fosa que le preparaba el tamagás de Coray. Yo no volví al ministerio sino cuando Sierra envió a buscarme el 31 de enero.

—Hay que hacer el acuerdo admitiendo la renuncia a los ministros del doctor Bonilla y otro nombrando a los que formarán mi Gabinete.

Y me entregó la lista. Después de las transcripciones de ley me retiré de la oficina.

No asistí a las fiestas con que fue celebrada la transmisión del Poder. Y no presencié —y de ello me congratulo— la escena en que Sierra, en pleno banquete oficial ultrajó a Juan Ramón Molina, arrojándole después del palacio, únicamente por su intento de insinuarle un programa de gobierno, exaltado por algunas copas de champaña.

Molina fue apasionado partidario de Sierra en el simulacro de campaña electoral del 98 y uno de sus panegiristas en los clubes políticos de aquel año.

EL 2 DE FEBRERO fui de nuevo llamado por el mandatario.

—Usted continuará en su puesto —me dijo—. El nuevo ministro, don César Bonilla, lo estima y quiere. Con él completará su aprendizaje para que lo sustituya en propiedad a su debido tiempo. Efectivamente, don César —el mejor y más talentoso oficinista que ha tenido Honduras— me enseñó cuanto sabía. La exactitud, la disciplina, el orden reinaban en aquel despacho. Entrábase a él a las nueve y se salía a las doce. Seis horas con las de la tarde —de dos a cinco— sin pérdida de un minuto. Era allí todo de una precisión matemática en la que el jefe daba siempre el ejemplo. Los asuntos marchaban metódicamente al día, sin dejar —sino por excepción rarísima debida a especiales circunstancias— ninguno para la jornada próxima. Creo que nunca la maquinaria oficial funcionó con tanta eficiencia como aquella en mi país. Don César era hombre de poderoso intelecto, probo, íntegro, sano de corazón, con una memoria feliz y una vasta experiencia. Sus pláticas, subrayadas con profundas observaciones y sutiles ironías, me instruyeron más que un centenar de clásicos volúmenes sociales y filosóficos. Era, a veces, desconcertante, acentuando, con impávido rostro, las más tremendas paradojas. Parece que afinó su instinto crítico, y con frecuencia mordaz, en sus relaciones con el doctor Rosa, cuando fue subsecretario de ese mismo ministro y don Ramón desempeñaba todas las secretarías de Estado. Tenía placer —así me lo expresó varias veces— en conversar conmigo, considerándome, tácitamente, y en cierta manera, su discípulo. Durante el período en que trabajamos juntos no hubo entre nosotros el más leve disgusto.

—No sé por qué dicen algunos que usted es muy violento —me dijo una mañana—. Yo siempre le he visto ecuánime y sereno.

—Quizá mi plano de carácter esté en un término medio. Aunque seguramente se incline más a la violencia que a la serenidad.

—No lo creo así. Usted se encoleriza ante cualquier acto vil o cuando intentan hacerle víctima de alguna injusticia. Pero no hay en su organismo un átomo de agresividad o malevolencia.

Le achacaban sordidez, egoísmo, dureza espiritual. Sus enemigos —él aseguraba burlonamente que nunca los tuvo porque jamás prestó dinero a nadie— exageraban hasta la hipérbole aquellos cargos. Y yo, que le conocí íntimamente, puedo asegurar que sólo era sórdido para sí mismo, y más bien generoso y amplio para los suyos. No egoísta, sino indiferente, amargado por la vida. Vestía como el último en la escala de la pobreza, fumaba tabacos abominables que compraba a precios irrisorios. No se permitía ni el más insignificante gasto extraordinario. Pero sus sueldos iban a parar íntegramente a manos de su familia, que vivía con el mayor desahogo.

Lo recuerdo con simpatía y afecto e innumerables veces le defendí —y defendí, ya muerto, su memoria— de las sátiras groseras de individuos superficiales que, sin ahondar en la verdad, todo lo juzgan por las apariencias.

Don César me contó —entre otras muchas, todas interesantes, que aparecerán en mi Anecdotario Hondureño— estas dos anécdotas, que evocaré aquí en forma concisa:

En algunos periódicos guatemaltecos apareció la noticia —que circulaba furtivamente en Tegucigalpa— de que era el Ministro General, doctor Ramón Rosa, y no Soto quien dirigía la política y la administración de la República.

Una noche en que, con motivo de su cumpleaños, visitaban al Jefe del Estado conspicuas personalidades, tras de amenas pláticas en que don Marco derrochó el vigor de su verbo, volvió de pronto al grupo en que se hallaba Rosa, preguntando:

—¿Quién creen ustedes, señores, que manda en nuestra Patria?

Y antes de que nadie contestara, afirmó, con tono enfático mostrando su lapicero morado:

—Este, y sólo éste, manda en Honduras.

El Presidente Soto firmaba siempre los documentos oficiales, decretos, acuerdos, etc. y aun sus cartas particulares, con un lapicero de dicho color.

Un día de febrero de 1878, en el momento en que se sentaban a almorzar, en el palacio viejo, el doctor Soto y su familia, en compañía de don Ramón, del general Enrique Gutiérrez y otros íntimos amigos, llegó un correo de Santa Rosa de Copán con importante correspondencia para el mandatario. Abrió Soto el paquete, que contenía un extenso escrito y un pliego en que se le comunicaba el fusilamiento de los generales José María Medina y Exequiel Marín.

Don Marco palideció, y la cuchara de sopa que sostenía en la diestra golpeó nerviosamente el plato hasta casi romperlo.

—¿Qué te pasa, Marco? —interrogó don Ramón.

Y tomando la nota caída sobre el mantel se impuso de ella rápidamente.

—¡Bah! —exclamó riendo—. Ignoro por qué te impresionas. Esta noticia es el mejor aperitivo que pudiéramos desear.

EN ESE TIEMPO visité varias veces a doña Anita Arbizú, viuda del general Santos Guardiola. Había llegado a la máxima ancianidad, pero su cerebro funcionaba admirablemente. Su memoria, su clara evocación del detalle sintético, eran asombrosas.

Oí de su boca interesantísimos relatos de una de las épocas de mayor relieve en la historia de Honduras. En dos o tres ocasiones me contó, con voz emocionada, y con todos sus pormenores, el episodio del asesinato de su marido.

Conservo el relato de aquella trágica escena de traición y de sangre, de puño y letra de doña Anita, y que aparecerá en la biografía de Guardiola, inserta en mi libro Presidentes de Honduras. Referí, en la Legación de Honduras en París, ese dramático suceso, tal como salió de los labios de su íntimo testigo, al doctor Miguel Paz Baraona. Poco después de despedirse supe que dijo al amigo que le acompañaba, al bajar la escalera, que había oído contar de otro modo aquel acontecimiento. Pudiera ser. Pero su verdad única está en las palabras de la viuda de la víctima.

Era una dama de elevada estatura, que hacía pensar en una vieja marquesa del Renacimiento y que debió ser muy bella. En mi Anecdotario Hondureño figuran algunas de sus remembranzas de los tiempos de Guardiola, de Medinón y de Soto. Desfilaban en sus recuerdos encumbrados personajes de la sociedad y de la política. Las más lindas mujeres, los incidentes más curiosos, las fiestas, los amores, los dramas. Todo expresado con esa grave sencillez, con esa gracia serena y reposada con que solían evocar su melancólico pretérito nuestras encantadoras abuelas.

EL GENERAL TERENCIO Sierra es el gobernante hondureño que retuvo en sus manos mayor amplitud de fuerza y de dominio. Comparado con el suyo, los despotismos de los caciques que escandalizaron la República antes del advenimiento de Soto, y aun el de éste —que manejó el país con garra de hierro forrada en guante blanco— nos parecen débiles. En los cuatro años de su mando, y desde el mismo instante en que lo captó, asumió todos los poderes, poniendo su voluntad omnímoda sobre la Constitución. Del 1º de febrero de 1899 al 31 de enero de 1903 pudiera muy bien decirse que no se movió una hoja en Honduras sin el permiso de Sierra. Fue tan grande el pavoroso miedo que inspiraba, que nadie osó, no digo lanzar un grito revolucionario, pero ni siquiera proferir la más mínima protesta ante la violación de alguna ley o de algún procedimiento administrativo. El Congreso, la Corte Suprema de Justicia, los empleados públicos, todos los ciudadanos temblaban frente al autócrata. Por simples suposiciones o gratuitas antipatías eran retenidos los honorarios de magistrados y diputados, amenazándoseles y aun procediendo contra alguno de ellos. Juan Ramón Molina fue atrozmente sometido a degradantes torturas, poniéndosele en cepo de campaña y ensangrentándosele a latigazos en el cuartel de San Francisco, con la crueldad de exhibirle luego entre los criminales con cadena que trabajaban en la carretera del sur, por sospecharse que con doble intención reprodujo en el diario que dirigía un viejo artículo de Benjamín Franklin —El hacha de afilar— aparecido antes como seis veces en periódicos hondureños. Pero aquí pararon los actos tiránicos. La nación ratificó el concepto que tenía de su jefe y todos evitaron hasta la menor apariencia equívoca. Lo que fue, en cierto modo, una oportuna expresión de sensatez colectiva, pues de lo contrario habría corrido la sangre a torrentes. Sierra era capaz de llegar a los últimos límites de la represión más violenta y de imponerse sobre una montaña de cadáveres. Hombre altanero y temible, con el salvaje valor que no razona, dotado de músculos de bronce y de un temperamento agresivo, daba la exacta impresión de una fuerza ciega de la naturaleza. Semejaba un ágil tigre en acecho cuando, a grandes trancos, con los ojos encendidos y el bigote erizado recorría, en sus horas peligrosas, de uno a otro extremo sus estancias. Nadie pronunciaba un monosílabo cuando él rugía en las crisis de sus neurosis. Un movimiento, una mirada hubieran producido una catástrofe. Todos los que le rodeaban acostubráronse a sus monólogos patéticos llenos de absurdos prejuicios y de increíbles alucinaciones. Calmábale poco a poco el silencio circundante, y recurriendo a la caja de finos puros, su rostro recobraba sus rasgos humanos —y, pasada la crisis—, sonreía cordial. Sonrisa que era como un relámpago, que, al aparecer, se borraba en crispaciones simultáneas: detalle peculiarísimo, como el temblor de sus manos y el movimiento vertiginoso de sus párpados, cuando la cólera cegaba su razón. Tenía algo de felino, de elástico y de lúgubre, de fatalmente procaz y pérfido, de carnicero y destructor: suprema potencia de acometividad ávida de víctimas, que con espanto deben todavía recordar algunas presas de sus frenéticos asaltos. Pero a medida que penetraba en su entendimiento la certidumbre de que ni la más leve sombra de oposición surgiría ante él, modificábase la mórbida irritabilidad de su carácter y sus excesos iracundos eran menos frecuentes.

Odiaba a los hombres de pluma, sobre todos a los periodistas, y no perdía oportunidad de zaherirlos, presintiendo sus ataques. Pero detestaba aún más a los abogados, contra los que profería los peores insultos.

—Creen estos majaderos —exclamaba— que el que no ostenta un título es incapaz de comprender, de interpretar las leyes, como si las bases fundamentales del Derecho no fueran conocidas de todos los estudiosos, y los casos de aplicación de sus detalles, variables según los países, no pudiesen ser fácilmente analizados por quienes en ello tengan interés. Tales bases son únicas, eternamente las mismas, y se hallan al alcance de una inteligencia de cuarto orden, aunque no se haya especializado en las enseñanzas de nuestra incipiente Universidad. ¡Pretenciosos leguleyos infelices! Con sus tontos dogmatismos y carcomidos levitones voy a mandarlos a que aprendan a trabajar en las carreteras.

Los infelices leguleyos que le escuchaban pálidos de miedo, reíanse, con risa forzada, de sí mismos, celebrando las ingeniosas ocurrencias de su ilustre jefe.

Pero, en verdad, si todos los valores morales yacían por tierra, si todas las libertades se hallaban con cadenas, haciéndose escarnio de las instituciones democráticas e irrespetándose nuestra Carta Magna, la República florecía como nunca en su aspecto material y económico. Partíanse con dinamita las montañas, dando paso a las amplias carreteras; construíanse puentes y edificios para escuelas; saneábanse las ciudades; y la agricultura y las industrias iban mostrando una prosperidad antes desconocida. Sierra, probo como Trinidad Cabañas, hubiera castigada con la muerte al ladrón público, y de ahí que las rentas ingresaran íntegramente a la Caja Nacional, y que hubiese siempre dinero para pagar al día a los empleados, y para atender, con largueza, a los demás gastos de la Administración, llegando a obtenerse un superávit considerable. La estadística criminal, horripilante en los últimos tiempos, disminuyó en forma sorprendente. Los asesinos y demás empedernidos malhechores, que antes se burlaban procazmente de las leyes y de los jueces, seguros de que sus delitos, por tremendos que fueran, se quedarían impunes, temblaban pensando en el célebre corvo —machete curvo y corto que usaba Sierra en sus campañas, cuyos golpes y filo conocieron muchos compatriotas y aun algunos extranjeros— más que las beatas que sueñan con el diablo.

Pesados los bienes y males de aquel gobierno, el futuro dirá por dónde se inclina la balanza. En Honduras jamás hemos visto el milagro de un presidente que aúne el bienestar material, o sea el progreso, con el absoluto respeto a las libertades públicas. Me adelanto a decir que todo país en que los valores morales sufran mengua, por floreciente que se mire en sus aspectos económicos, es país que se estaciona y disminuye en el movimiento de la civilización contemporánea. Pero hay miles de hondureños que opinan lo contrario —como lo he visto en letras de molde y en otras formas categóricas en muchas circunstancias—, asegurando que el gobierno de Sierra es el mejor que ha tenido la República. En lo que haya en esto de cierto me satisface tal juicio por haber formado yo parte de él durante más de tres años y medio.

Conservo grata memoria de aquel audaz caudillo que en sus horas negras arremetía ciegamente contra todo el mundo, y de manera especial contra sus ministros, y que a mí me trató siempre con afecto, a pesar de mi parquedad en el elogio y de mi negativa aptitud para el oficio de cortesano; y, en parte, quizá, debido a esto mismo. No le debí ningún desahogo pecuniario proveniente de empleos bien remunerados, pues si es cierto que en los años referidos desempeñé en su Gabinete un ministerio —del de Gobernación estuve encargado por acuerdos especiales en largos períodos, uno de ellos de un año— fue con el ínfimo sueldo de ciento veinticinco pesos mensuales, lo que hoy gana cualquier mecanógrafo hondureño sin mayor esfuerzo.

Su avaricia para economizar los dineros nacionales fue una de sus notorias características. Recuerdo a este propósito que, obligado por un compromiso apremiante, presenté a la Secretaría de Instrucción Pública una solicitud, ofreciendo en venta para la Biblioteca Nacional, tres obras en perfecto estado de limpieza: Enciclopedia Moderna, en treinta y cinco grandes volúmenes; Historia de España, en siete, y El Consulado y el Imperio, en trece. De Mellado, el Padre Mariano y Thiers, respectivamente. Todos con magníficas pastas y por la módica suma de ciento cincuenta pesos. Enterado Sierra del asunto me dijo que él las compraría y que se las enviara. Así lo hice. Pero transcurrieron seis meses sin que me fueran pagadas. Cierto día en que para un acuerdo importante llegué a verle en una hora imprevista, le encontré absorbido en la lectura del libro de Thiers. Estaban con él varias personas de quienes se había olvidado. Mientras le explicaba el objeto que me llevó a su presencia, volvía yo inconscientemente los ojos hacia el volumen abierto en la página ilustrada en que aparece Napoleón en su caballo blanco frente a la Vieja Guardia. La miré sin duda varias veces, quizá recordando el intenso interés con que mi padre admiraba aquella estampa. De pronto se levantó el general de su asiento, poniéndose a pasear por la habitación con las manos en la cabeza, como lo hacía cuando estaba de buen humor, gritando:

—Sí, hombre, sí. Ya, inmediatamente, le pagaré sus libros. ¡Carmen! ¡Carmen! Tráeme ciento cincuenta pesos. ¡Pero corre, que me mata este poeta con los ojos!

DOÑA CARMEN. Este nombre se pronunció, durante cuatro años en Honduras, como el de un ser omnipotente, dispensador de perdones, dádivas y empleos. Acudían a ella, en persona o por medio de cartas, los eternos solicitantes de granjerías, los peticionarios de tierras o dinero, o de pensiones, los sospechosos de adversar, en la intimidad, el régimen político existente, los amigos y los embozados enemigos, hombres y mujeres de un extremo a otro del país. Algo lograban, en extraordinarias ocasiones, los que hacían acto de presencia en el viejo palacio. Y nada, absolutamente nada, en toda la desconsoladora expresión del vocablo, los que recurrían a la pluma, por una causa simplísima: porque la señora no sabía leer. Las notas que se le enviaban iban rectamente, sin abrir, a los profundos cajones de una vieja cómoda, y de ahí, rotas por una sirvienta, al depósito de basuras. Brígida Sanabria, hija suya, de su primer matrimonio, muchacha fea, inteligente y buena, cuando sus continuos quehaceres le dejaban tiempo, revisaba aquella lamentable correspondencia, sin ningún resultado para sus autores. Durante los años en que doña Carmen desempeñó, no del todo mal, su papel de primera dama de la República, ninguno de sus allegados se dio cuenta de su ignorancia. Lo que demuestra su talento. Fumaba gruesos puros de tabaco nicaragüense, y de esta calamitosa costumbre apenas se enturaron dos o tres personas. Fue una mujer honorable y sencilla en su manera de

vivir, que no se envaneció con el mando, y a la que los hondureños debemos recordar siempre con gratitud, pues empleó el absoluto dominio que tuvo sobre su terrible consorte para evitar violencias y enderezar entuertos. Soportaba, con admirable paciencia, las excentricidades, resabios y singulares caprichos de su temido señor, a quien, con estudiada mansedumbre, convertía en esclavo sumiso. Sierra, cuya extrema suspicacia y juicio pesimista sobre la humanidad llevábanle a creer que se urdían constantemente planes de asesinato contra él —viendo un Pablo Agurcia en todos sus amigos y en cada oficial de su guardia— no comía sino lo que le preparaban con sus propias manos su hija política o su mujer. Sonriendo con ofensiva malicia hacía distribuir entre su servidumbre las ricas viandas con que le obsequiaban a menudo las familias más importantes de la capital. Viendo que ninguno moría se imaginaba que era debido a la escasa dosis del veneno o a la vigorosa complexión de sus servidores.

—Hay brutos de éstos —decía— que se pueden tragar docenas pastillas de sublimado y se quedan riendo.

Cambiaba cada semana de dormitorio. Hasta el salón del Congreso fue dividido por espesos cortinajes para ese fin. En su fúnebre monomanía, agravada por las prácticas espirituales.

—Cara a cara, con el machete en la mano, puedo matar a diez, y hasta veinte —murmuraba, explicando su errar nocturno de un lado a otro—. Pero ¿qué podré hacer si me sorprenden dormido? Tenía sumo cuidado de que no trascendieran sus inquietudes, que amenguarían el concepto popular de su extraordinario valor. Que era efectivo, indudablemente, aunque sujeto a las perturbaciones de su morbosa idiosincrasia.

Don Terencio, en sus antiguas correrías de guerrillero, excedíase con frecuencia en el uso del alcohol y de allí la causa de alguna de sus crónicas sangrientas. Pasada la época de su actividad militar normalizó su vida, y, ya en la Presidencia, no le vi nunca apurar licores de ninguna clase. Esta dificilísima abstención, lograda apenas por un corto número de alcohólicos de voluntad excepcional, entre millares de ebrios comunes que intentan la prueba, da la medida de su férreo carácter.

Cierto día, sin embargo, en que hallábase de excelente humor por no recuerdo qué incidente parlamentario, favorable a sus proyectos de construcción de carreteras, quiso tomar una copa con algunos de sus amigos, dos o tres de sus ministros que con él nos hallábamos. Tocó un timbre y acudió un criado.

—Sírvenos una botella de aquel jerez que me enviaron de España.

Circularon de mano en mano las copas con el vino de oro. Íbamos a apurarlas cuando se abrió una puerta y entró doña Carmen. Arrebató al Presidente la suya, dándole otra llena de agua, y mirándole a los ojos como hace el domador con los tigres.

—Ya te he dicho, Terencio, que el agua es lo único que te conviene beber.

Y salió. Todos nos quedamos inmóviles. El general estaba pálido. Su bigote alzábase y bajabase, la piel de su frente se contrajo y la copa se derramó sobre sus manos. Pero, reponiéndose al instante, exclamó, con su sonrisa fugaz:

—¡Salud, señores!

En aquellos años tres viejos ilustres me honraron con su amistad: José Leonard, Alejandro Angulo Guridi y Enrique Guzmán, llegados a tierra hondureña por azares del destino.

De los tres guardo las mejores impresiones, sobre todo del que más me atraía, de Papá Leonard, como le llamábamos sus íntimos. Revestíase a mis ojos de un prestigio de heroísmo legendario por haber combatido en su juventud por la independencia de Polonia, su patria, en el Estado Mayor del general Kruck, y por sus interesantes viajes por Europa. Inolvidables horas pasé en su casa, oyéndole evocar episodios de su vida aventurera, en la que desfilaban bellas mujeres y personajes célebres. Hablaba siete idiomas y poseía un extenso repertorio de ingeniosas anécdotas. Los finos licores y la buena mesa eran entonces sus únicos placeres, ¿Un glotón, un dipsómano? Ni lo uno ni lo otro. Sí un perfecto catador de vinos de las mejores marcas Y un auténtico gastrónomo. En este ramo de la amable ideología de Epicuro tuvo por predilecto discípulo al gran Alejo Lara, para quien un manjar exquisito era el mejor presente de los dioses. Pero su émulo máximo en Honduras fue el general Ricardo Streber, que aun en su mayor ancianidad dirigía en persona los servicios de su cocina y que, hasta cuando no tenía comensales a quienes honrar, gustaba ver sobre el mantel blanquísimo, junto a su cubierto de plata, el menú manuscrito, y más lejos los claros vasos llenos de rosas. Para este alemán cada comida era un acontecimiento casi tan importante como su placer genésico. Por su capacidad pecuniaria estuvo siempre en condiciones de derrotar al formidable compatriota de Kosciusko, cuyo haber nunca fue floreciente. Con iguales armas, en duelo de alta culinaria, la cosa hubiera sido digna de una crónica crítica de Brillat-Savarin. La última vez que vi a Papá Leonard fue en Alajuela. Me envió a San José una invitación en verso para almorzar en su casa. Le encontré, poco antes de mediodía, en mangas de camisa en la cocina, entre dos guapas mozas que rápidamente atendían sus órdenes.

Comí espléndidamente, escuchando sus remembranzas y bebiendo con delicia en su honor el oro diluido de un añejo chablís con que lo obsequiara el ministro de Francia. En el hotel que cerca de la catedral abrió en zaragozano Manuel Salinas conocí a Angulo Guridi. Su activa senectud expandíase discurriendo sobre asuntos filológicos, que espantaban de su lado a las visitas. Por el contrario, yo le oía con toda atención, sin sonreír nunca ante sus extravagancias y conceptos iracundos contra los que destrozaban nuestro idioma, y de ahí provino su afición a mi compañía, a tal extremo que sólo en las horas de mi trabajo, y en la noche en las del sueño, me dejaba solo. Delgado, de aspecto huraño, siempre metido en un negro levitón, en desorden los cabellos blancos, paseábase continuamente en su cuarto rumiando sus monomanías. Contaba yo apenas veinticinco años y él cerca de ochenta. Más de medio siglo de experiencias había entre nosotros. Él se constituyó espontáneamente en mi mentor; y en verdad que mucho aprendí de aquel sabio dominicano, celebrado autor de Temas políticos y de obras notables de jurisprudencia muy conocidas en América. El único elogio que de él recibí fue a propósito de mi *Plenilunio,* que apareció en una revista en aquellos días.

—Ese poema —me dijo con su énfasis de docto catedrático—, es digno de figurar en una antología de clásicos castellanos.

De *El Moro Muza* —cojo de un balazo que le ejecutó Carlos

Selva— hago también agradables reminiscencias. Polemista y crítico famoso en el istmo centroamericano, me contó varios incidentes cómicos y dramáticos motivados por sus diatribas.

—Yo no sé cómo estoy vivo —me decía—. El oficio de censor es el de más grave peligro en estos paisecitos de tontos.

Hablaba en términos mordaces. Ponía en sus expresiones mostazas y chiles picantes, y aun tratándose de las cosas más serias, aparecía en sus labios la sonrisa equívoca y el agudo epigrama.

Gustábame exacerbarle, contradiciéndole con brusquedad. Pero esto fue precisamente lo que fortaleció nuestras relaciones. Luego de irritarle, dejábale monologar sin hacer objeción alguna a sus dictámenes inquisitoriales. Y así llegamos a ser excelentes amigos, sin que para ello fuera óbice que él peinara canas y yo cabellos castaños.

Rememoro también con afecto la figura de otro camarada de aquel tiempo, imborrable para quien la contemplara una vez, por rara y única en su escuálida apariencia. Con el traje común de los hondureños quizá hubiera pasado inadvertido. Pero envolvía su cuerpo largo y enjuto en una como clownesca levita verde y en estrechos pantalones de un matiz vetusto, todo coronado por un pequeño sombrero cumbo, que fue blanquecino en sus primeros años de servicios y de un gris indefinible en los últimos lustros. Liberal colombiano, periodista, orador, taquígrafo, polígrafo, militar, ventrílocuo, teósofo, masón, tipógrafo, zahorí descifrador de enigmas. Hombre de gran talento, algo cáustico en su despreocupada ironía, noble, leal, valeroso: tal era Gustavo Ortega, que fue secretario de Maceo y coronel del Ejército Cubano, luchador heroico por las libertades de su patria con Ricardo Gaitán Obeso y en la gloriosa revolución del 99. Aun me parece verle cruzar con lento paso por las calles de Tegucigalpa, encorvado y meditabundo. Sierra le llevaba consigo en sus excursiones por Coray. Y en su nombre dirigía la palabra a los grupos de munícipes y bobalicones que iban a rendirle vasallaje en las etapas de su ruta. Jinete en mansa mula, erguido en actitud estatuaria sobre los estribos, con su voz de trueno y su fulminante oratoria, dejaba estupefactos de asombro, y hasta de pavor, a rústicos y gamonales. Y no sólo a éstos sino a públicos ilustrados habría conmovido, pues ciertamente su elocuencia era de legítimo mérito y merecedora del aplauso de ateneos y academias,

Sierra demostrábale cordialidad y le protegía con escasos sueldos que no le sacaron nunca de sus apuros apremiantes. Taquígrafo del Congreso, llegaba a mi cuarto después de las sesiones, mustio y derrengado, con cara de mártir en agonía.

—Estoy medio loco de anotar el millón de sandeces de esos padres conscriptos que, por asesinos de nuestra hermosa lengua, deberían estar engrillados. ¡Qué asnos, Dios mío! Oyéndolos y recogiendo sus interminables vómitos de necedades voy al fin a salir de allí rebuznando.

Una tarde, en la función de Comayagüela, charlábamos Ortega y yo en un paco, divirtiéndonos con las bufonadas de los micos de hoyo y banderilleros improvisados. Salió del coso, saltando como un energúmeno, un novillo de airosa estampa y agudísimos pitones, que puso en rápida fuga a cuantos se habían bajado de la barrera. Derribó a los que se le enfrentaron con la capa, y, escarbando furiosamente, fue a situarse, con la cabeza en alto, junto a la estatua del centro de la plaza.

Viendo que nadie se atrevía a acercársele, sintió Ortega vibrar su natural valor con la media docena de tragos dobles del mejor guaro de Cantarranas que tenía entre pecho y espalda. Deslizóse de su silla, y con su paso medido y parsimonioso, y dando vueltas entre los dedos de su diestra a la varita negra que le servía de bastón, se dirigió hacia el toro. Surge ante mí, mientras escribo, con su incoloro chapoplín y su larga levita verdusca, más flaco que Don Quijote, entre el asombro y gritería de las gentes.

—¡Lo va a matar! ¡Saquen a ese loco de la plaza! —vociferaba la multitud, que desconocía el sádico placer de las turbas enloquecidas en el circo romano.

Pronunciando cierto término macabro, que usaba, como talismán en sus instantes críticos, estiró hacia el cornúpeto su varita, y el animal retrocedió, retorciendo la cola, como el diablo ante la cruz. Nuestro hombre avanzando y el bruto retrocediendo, ofrecieron al público el más divertido espectáculo. Pero éste llegó a su colmo cuando Ortega empezó a caminar para atrás seguido del toro, paso a paso, hasta detenerse en el punto preciso de donde partió. De un salto quedó de nuevo en su silla, saludando con su cumbo a los concurrentes, que exaltaban su nombre con nutridos aplausos y vivas frenéticos.

Contrajo matrimonio con una agraciada y virtuosa joven hondureña; pero como los demonios azules del alcohol iban siempre tras él bailando su terrible zarabanda, su vida no pudo encauzarse por senderos de paz y de ventura,

—Hay en mi mundo recóndito, mi querido Froylán, un ancestro sarcástico que me tortura sin cesar. Me envenena y me empuja hacia todos los abismos, apartándome de la felicidad cuando apenas doy en ella algunos pasos.

Oigo su voz amarga, veo la expresión lastimosa de su rostro... Se mató a puñaladas en el parque Barranquilla.

Que estas líneas formen festones de madreselvas, olorosos Y ligeros, sobre su sepulcro.

Muero con dignidad y con valor. En los primeros días de este año de 1916, a causa de mi mala salud, ya no pude conseguir certificado de sanidad para embarcarme para Cuba, donde habría podido curarme y vivir con tranquila comodidad.

Posteriormente, en Bogotá, Medellín, Cartagena, Santa María y Barranquilla, ciudades donde antes tuve, en cada una de ellas, poco menos de un centenar de amigos cultos, algunos opulentos y generosos, no encontré una sola persona que me hiciera el favor de ayudarme a curarme de un modo independiente. Hoy, ya bajo la acción de un dolor insoportable, sin alimento ni medicamentos, ni un cuarto ni una cama donde morir, ¿qué hacer? ¿Rodar por los hospitales y los asilos, en un sufrimiento continuo, meses, años tal vez, sin esperanza, entre una balumba de insensatos resignados, y cobardes? Eso nunca.

Cuando un patricio romano llegaba a convencerse de que no podía vivir con dignidad tomaba la resolución de morir y la ejecutaba en seguida, poniéndose de pie y atravesándose el pecho con una espada.

Eso mismo voy a hacer ahora yo, en este hermoso parque de Barranquilla, entre árboles, flores, aire y luz. Pido a los periodistas colombianos el favor de insertar estas líneas, pues conocido como soy personalmente en casi todo el país, deseo que tal cual amigo que aún debe quedarme sepa que he muerto, no como un degenerado, sino como un hombre, sin rectificar ninguna de mis ideas radicales y aleas, y me haga el servicio de acordarse de mi hijo Ricardo, de 13 años, quien queda desamparado y en la miseria en Medellín, y al cuidado de un amigo pobre, el joven Jorge Lalinde, de la dirección de El Correo Liberal.

GUSTAVO ORTEGA.

(De un periódico de Barranquilla, septiembre de 1916).

EN EL BAILE oficial de un 15 de septiembre, cuya invitación, por el cargo que desempeñaba, me tocó firmar, fui con el doctor Fausto Dávila y otros dos personajes, poco después de las nueve, en comisión para conducir al Presidente Sierra y su familia, de su residencia al salón de retratos.

Encontramos al general en cuclillas, ayudándole a Brígida a terminar de vestir a doña Carmen, de pie en medio de la estancia. Tenía el aguerrido jefe un papel con alfileres en la mano, que utilizaba solícito como si fuera un profesional del hilo y de la aguja.

—Ya ven ustedes, señores —exclamó sin cambiar de posición— cómo hasta los hombres de espada tienen que hacer estos menudos servicios.

—Los hombres de espada que son buenos maridos —dijo la señora.

Transcurrida media hora, y ya todo en orden, emprendimos la marcha, la primera dama del brazo de Fausto, Brígida del mía y Sierra con los otros, detrás. En el momento en que bajábamos los escalones, al final del pasillo del salón del Congreso, puse distraídamente el pie sobre la cola del vestido de doña Carmen, al dar ésta un paso, desprendiéndose con un rápido estridor de seda desgarrada que sonó ingratamente en mis oídos. Cuando todos esperábamos alguna palabra de disgusto del iracundo tamagás de Coray, acostumbrado a no disimular la menor contrariedad, contentóse con decir, oyendo mis excusas:

—No tenga cuidado. En pocos minutos repararemos el daño.

Volvimos al sitio de partida y el desperfecto quedó luego arreglado, entre las risas y bromas de las dos mujeres.

Al ingresar el mandatario al recinto de la fiesta, espléndidamente iluminado, cien parejas pusiéronse de pie, mientras la orquesta ejecutaba el himno nacional, con la letra de José Antonio Domínguez, dándose en seguida principio al baile.

MI HERMANA SE enfermó gravemente a fines de 1901 en Juticalpa. Una tenaz anemia la consumía. Me escribió a la capital diciéndome que el doctor Bertrand le recomendaba un régimen riguroso y dilatado, pero que no podía ponerlo en práctica por carecer del dinero necesario; suplicándome interesarme en la venta inmediata de Las Blancas, que recibiera ella en herencia.

—Aquí ha sido imposible encontrar quien compre esa heredad tan bella —me decía—. Véndela por lo que te den y me envías sin pérdida de tiempo las medicinas especificadas en la lista adjunta. No olvides que empeoro cada día y que si no vienen pronto pudieran llegar tarde.

Quedé aterrado. La nómina sumaba una cantidad mayor de lo que pudiera imaginar. Yo no tenía un centavo. Acudí al general Manuel Bonilla y le expuse la urgencia del caso, rogándole que comprara la hacienda que tanto le había gustado cuando la conoció. Estuvo largo rato leyendo y releyendo el papel que concretaba la venta: la espléndida sabana, redonda, de una legua de circunferencia; la casa, diez caballerías antiguas de ubérrimos terrenos con millares de árboles de coyol y treinta cabezas de ganado vacuno y caballar; cerca del Guayape, a ocho kilómetros de Juticalpa. Vaciló un cuarto de hora.

—Daré por todo, y sólo por tratarse de ustedes... dos mil pesos.

Yo había calculado que me ofrecería, por lo menos, seis mil Protesté:

—Pero, general, si únicamente las caballerías de tierra valen más de dos mil pesos. Usted sabe bien que no hay en todo el país un sitio más hermoso que Las Blancas. La sabana, limpia y fértil, está rodeada de bosques de ricas maderas. Recuerde que el general Manuel Calvar ofreció, hace algunos años, por los terrenos circundantes, sin incluir en ellos la sabana, la casa y el ganado, diez mil pesos,

—Por todo daré dos mil pesos plata —repitió; contrariado—. Si hay quien dé más, mejor para ustedes.

Ambos sabíamos que era inútil toda gestión que se hiciera para encontrar otro comprador. Vi, agrandado por mi cariño, el peligro en que se hallaba Lalita...

—Bien, general, Acepto su propuesta.

Díjome entonces que hablaría con su abogado Antonio Callejas, quien quedó sorprendido de que vendiera por una suma tan ridícula una propiedad que valía ocho veces más.

—Esto es absurdo —dijo.

Le expliqué el motivo urgentísimo de la venta. Aquel dinero se empleó en su totalidad en la curación de mi hermana, la que, a Dios gracias, se obtuvo por completo. Por lo que siempre he tenido por bien hecho aquel mal negocio. Pero cuando en el transcurso de mi accidentada existencia he visto que dos mil pesos plata —que en diversas ocasiones he regalado a tres personas, que— están vivas, (y si leen estas líneas las confirmarán en silencio)— son una mísera cantidad; recordando la extensión y esplendidez de aquellos campos familiares, testigos del despertar de mi corazón y de mis primeros sueños, una extraña amargura obscurece mi alma. Transcurridos tres lustros ofrecí a la señorita Trinidad Bonilla doce mil pesos por Las Blancas; pero se negó a vender aquella hacienda por ningún dinero.

Del 99 al 1903 publiqué mi libro *Renglones* y fundé la *Revista Nueva* —quincenario de letras finamente editado— en el que hice conocer en el exterior, como antes en *El Pensamiento,* pero con más alto y firme criterio, nuestros valores mentales. Recogiendo, además, en sus páginas, las producciones de los grandes maestros extranjeros. En esta revista inicié mi campaña cultural, que culminó en Esfinge, para difundir en Honduras, y pudiera decir en Centro América, el buen gusto literario. Por primera vez llegaron entonces a mi patria, en canje a mi publicación, las más brillantes revistas y folletos y libros en todos los idiomas. Vivió varios años y hoy es muy difícil encontrar la colección completa de sus setenta números.

Pasaba mis vacaciones en Juticalpa en 1901 cuando murió mi mamá Dorotea. Jovencita llegó como sirvienta a la casa de mis abuelos maternos y en ella vivió sesenta y cinco años, querida y respetada por todos. Fue sencilla y buena: dedicó su existencia a prácticas piadosas y a servir a tres generaciones de mi familia. Vida simple y humilde, no iluminada jamás por ninguna profunda emoción, siempre igual, hora tras hora. Sus rezos en la iglesia y en su cuarto y los cuidados de su hogar constituyeron todo su mundo. Era inocente, como un niño. Jamás tuvo novio, ni sus oídos escucharon ninguna palabra de amor. Y sintióse siempre feliz. Dos cosas recordaba con placer en su senectud: los grandes elogios que hacía de sus guisos el doctor Adolfo Zúñiga y el haber conocido en Manto, cuando era una adolescente, a Morazán.

—Era galán —decía—. Blanco, mediano de estatura, con cerrada barba negra. La voz un poco aguda, la nariz aguileña, los ojos brillantes.

Le tocó en suerte servir la mesa en que almorzaba el héroe, que la obsequió con un pequeño macuquino de oro.

—Tome, negrita, y muchas gracias.

Hablaba con pesar de la pérdida de aquella moneda, Murió a los ochenta años, atendida por las personas que la amaban. Fue enterrada en el viejo camposanto, en una triste noche. Los concurrentes portaban velas encendidas. Desde su casa hasta el sitio en que reposa llevé sobre mis hombros, con tres amigos, su ataúd blanco. D. E. P.

En mi regreso de aquel año a Tegucigalpa acompañáronme un músico llamado Leonidas Manzano, renco y guasón, y tres muchachos que iban a estudiar mecánica a la Escuela de Artes. Pasado el pueblo de Guaimaca, en un caluroso mediodía, invité a mis compañeros a que pernoctáramos en La Soledad, hacienda extraviada del camino real y una de cuyas ancianas propietarias fue amiga de mi padre.

Llegamos a ella, tras equivocar varias veces la ruta, cuando la tarde magnífica de un final de enero empezaba a caer. Jamás viera antes un paisaje de tan sombría y terrible belleza. Lo formaba una extensa oquedad cercada de rocas gigantes por donde iba quejándose un río pedregoso. Dominando todas las demás alturas aledañas con su vasta mole, alzábase un cerro de forma cónica, desprovisto en su cima hasta del menor vestigio de vegetación.

De los milenarios peñascos superpuestos semejando torres de ciclópeos castillos; de los altos y rugosos pinos cubiertos de plateados follajes y grisáceos musgos; de las sollozantes aguas; del encendido cielo de rosa y lapislázuli; del aire como saturado de un fúnebre olor desprendíase una pavorosa angustia, una obscura sensación de peligro y de tragedia. Con este sobrecogimiento desmonté en el blanco patio, recibiendo la cordial bienvenida de una señora muy vieja, pálida y seca, que producía una impresión de limpieza y dignidad.

135

Sentado en un escaño del corredor, le pregunté si recordaba a mi padre, dándole detalles de su figura. Repetí su nombre y guardó silencio.

—No tengo idea de quien era —murmuró al fin—. Sin duda cuando vino yo estaba ausente y fue mi hermana quien lo atendió. Ella murió hace muchos años.

—Se cuentan de este sitio cosas lúgubres —dije en voz baja.

—Mentiras de las gentes...Sin embargo, sí, se relatan algunas historias extrañas... Pero quizá todo no pase de invenciones.

—¿Ud. qué piensa? ¿Ha visto algo? —exclamé, con afectuoso acento, acercándome a ella y cogiéndole una mano.

Mi voz y actitud parecieron conmoverla. Pero nada dijo. Fuimos caminando hasta el opuesto corredor, desde donde el siniestro aspecto del paisaje volvíase más intenso y penetrante.

—Vea-murmuró, levantando el brazo en dirección del cerro más alto—. En aquella cumbre fue ahorcado un hombre..., no sé por qué ni cuándo. Se dice que desde entonces secáronse allí las yerbas y los árboles y que su alma se halla pensando por sus contornos. Después de la medianoche, no siempre, se oyen sus horribles lamentaciones.

Viéndola persignarse, sonreí, incrédulo.

—Efectivamente se oyen. Ya los oirá usted. Y al cerro le llaman *El Gritón.*

Pocas veces, quizá nunca, viajero por remotas latitudes, he sufrido el fúnebre encanto de un crepúsculo tan lóbrego. Pensárase que la vasta oquedad atraía las sombras: que en ella se albergaban los lutos de los cielos y los clamores de los confusos ámbitos. Todo, de repente, se puso negro, con espantable negrura, y apenas una que otra estrella tendía su hebra de luz entre las plomizas nubes. Y en aquel silencio de eternidad las innumerables formas circundantes repetían, como un sueño de la otra vida, las quejumbres del río como ecos de plegarias... Después de la cena se me ofreció una cama en un cuarto frente al del mayordomo. Manzano y los demás no pasaron del corredor.

Estuve paseándome por el patio más de una hora, meditando en las cosas obscuras que escapan a la comprensión de nuestras almas y de nuestros imperfectos sentidos: en todo lo abstracto, inexplicable y ambiguo de nuestros pensamientos sobre el más allá; en múltiples motivos de pavores y supersticiones. Ya muy entrada la noche miré por última vez aquel escenario de errabundas tinieblas, aquel cielo de satánico negror, y fui a acostarme.

Dormí profundamente durante algunas horas. Despertóme un aullido lejano y gemebundo que parecía surgir de las entrañas de aquellos cerros espectrales. Escuché el monótono alarido intermitente, a veces atenuado e implorante y en otras imperativo y colérico... No dudé ya de que lo lanzaba a los vientos nocturnos el legendario Gritón, el espíritu del ahorcado debatiéndose en infernales castigos en círculos dantescos o entonando su miserere aterrador como suprema Protesta por la humana perversidad.

Pero, analizando con todas las sutilezas del oído los matices y variaciones de aquel extraño e implacable grito, pude al fin darme cuenta de que encerraba un nombre, seguido de una lastimera y como interrogante exclamación. Claramente sonaron de improviso, concretos y desgarradores:

—¡Teodoro...! ¡Ah!

Sentí agitarse al mayordomo en su tapesco, sobre su cuero de vaca, revolviéndose entre la vigilia y el sueño.

Nuevamente me dormí, para despertar en seguida. Permanecí algunos minutos con los ojos abiertos en la obscuridad. Ya remoto, ya cercano, el grito diabólico continuaba como surgiendo de un abismo. ¡Eterno martirio de las almas en pena! ¡Siniestra expiación de pecados y crímenes!

A la madrugada aquella petición de auxilio llegó a lo extrahumano y patético. Mis compañeros de viaje de seguro movíanse presas del pánico... Pero ¿qué protección podría dársele al fantasma de un réprobo?

—¡Teodoro...! ¡Ah!

Se oyó entonces la voz de la dueña de la casa un tanto irritada:

—Teodoro, lo están llamando. Toda la noche han gritado por el cañón del río. Me parece que es mi compadre Miguel. ¡Hágame el favor de levantarse!

Intenso frío penetraba bajo las puertas. El hombre se hizo el sordo. Pero la señora insistió de tal modo que tuvo que obedecerla.

Refunfuñando salió al campo con un manojo de astillones de ocote encendido.

Media hora después sintióse el rumor de voces en un diálogo violento y los ferrados cascos de una bestia golpeaban las piedras del patio. Seguido de Teodoro, como una tromba penetró en la casa el viajero extraviado. Llegaba ronco de gritar nueve horas seguidas, con el traje cubierto de gruesas gotas de esperma de las candelas con que en vano intentó encontrar el camino.

—¡Qué hombres todos estos que están aquí! —exclamaba iracundo—. ¡Qué orejas! ¡Qué oídos...ah! ¡Sordos...ah! ¡Qué noche...ah! ¡Qué hombres... qué corazones tan duros! ¡Ah! ¡Ahl

Era el general Miguel R. Dávila, que algunos años después fue Presidente de la República.

EN ENERO DE 1902 el general Bonilla preguntó a Sierra si deseaba reelegirse.

—¡Jamás! No lo deseo, y aunque ello me fuera grato, por ningún motivo violaría la Constitución.

—Escúchame, Terencio —insistió el general—. Tú has sido un buen gobernante, y el país entero vería con gusto tu continuación en el poder. Puedes contar conmigo y con mis partidarios.

—¡Jamás! —repitió Sierra—. Me tiene fastidiado la tal presidencia y sólo anhelo que venga otro a recoger esta carga.

—¿Qué piensas hacer entonces sobre la próxima campaña electoral?

—Dejaré en absoluta libertad a Honduras para que elija el mandatario que le convenga. Esta es la ocasión en que podremos conocer el volumen de tus prestigios. Lanza tu candidatura, y si alcanzas la mayoría de votos será muy de mi agrado ver que un hombre de tus merecimientos ocupa mi puesto.

—¿Es ésta tu última palabra en tan grave asunto? ¿Tu palabra de honor?

—Sí, mi última palabra.

Con impulso unánime se estrecharon las manos.

Por casualidad presencié esa escena. El general Bonilla —gran conocedor de los hondureños— aclaró el caso con fino tacto, simulando para obtener sobre él una declaración categórica. Pero se equivocó en esta vez. Él quería evitar a su patria una nueva guerra civil, y si Sierra le hubiera dicho con franqueza que estaba resuelto a reelegirse habría renunciado a su candidatura, como lo hizo públicamente en 1898.

Apenas hubo salido manifesté al presidente que yo era partidario del general Bonilla y que iba a presentar mi renuncia para trabajar por él.

—No se precipite, mi amigo —me contestó—. Bien está que usted opine como quiera, ya que es un hombre libre y a ello tiene derecho. Pero quédese en su puesto y, si el caso llega, yo le indicaré cuándo deberá dejarlo. Entre tanto le pido no hablarme más de esto.

El distinguido nicaragüense Manuel Coronel Matus llegó en aquel tiempo a Tegucigalpa, en muy mala situación económica. Yo obtuve para él el nombramiento de director general de Estadística. Hospedóse en el cuarto contiguo al mío y por esta vecindad nuestras relaciones se hicieron más cordiales. Conocí de este modo los sucesos más importantes de su vida, sus campañas cívicas y sus anhelos patrióticos de un futuro mejor. A pesar de su carácter reconcentrado, confiábase a mi amistad, tornándose a veces en un fraternal compañero. Él acotumbraba leer, durante una o dos horas, antes de acostarme, junto a la mesa que le servía de escritorio y que colocó frente a la puerta cerrada entre nuestras habitaciones.

Una noche en que volví a mi cuarto exacerbado por un disgusto, arrojé violentamente mi revólver sobre una silla, disparándose al caer sobre el piso. Poco después vi llegar a Coronel Matus muy pálido y con todas las señales de una gran emoción.

—Amigo Turcios —me dijo con voz trémula—. Por un verdadero milagro no me despacha usted al otro mundo. Mire el trozo de madera que su bala arrancó a la puerta. Pasó, vea usted, toque la sangre, rozándome la sien derecha.

Cuando el presidente Sierra salió del país para concurrir a las Conferencias de Corinto —acompañado del doctor César Bonilla— depositó el poder en el Consejo de Ministros. Me dirigió un telegrama de Amapala, dándome instrucciones para que dicho Consejo se reuniera en las oficinas de mi cargo.

A las nueve de la mañana siguiente se verificó la primera sesión. Reunidos los secretarios de Estado, doctor Juan Ángel Arias, general Máximo B. Rosales, don Daniel Fortín h., don Francisco Altschul, licenciado Ricardo Pineda y yo —con excepción mía todos artistas—

uno de ellos se me acercó para proponerme que presidiera el Consejo. Me opuse, manifestándole que, según la ley, y las prácticas sobre el caso, el ministro de Gobernación era el presidente del Consejo; pero que lo mejor sería que ninguno presidiera y se designara únicamente un secretario que transmitiría al general Sierra las disposiciones respectivas. Si esto no se aceptaba, yo presidiría el Consejo.

Fue en el acto atendida mi insinuación. Por ser yo el más joven me constituí en secretario y redacté los telegramas que durante varios días se dirigieron al presidente.

Conocí personalmente a Marco Aurelio Soto en una lluviosa tarde de invierno de 1902. En el salón de la casa del doctor Rafael Fiallos (hoy Casino Hondureño) pasé con él dos horas que nunca olvido.

Mi visita comenzó con una pregunta pueril.

—Perdone, doctor: aunque no soy curioso, lo seré en esta vez por tratarse de usted. ¿Qué guarda en esa docena de grandes baúles que vi al entrar?

—Ropa y útiles complementarios. Ropa fina, interior y exterior. Estoy acostumbrado a cambiarme de traje completo diariamente después del baño.

—Muy simpática y grata esa costumbre —murmuré—. He de practicarla cuando la fortuna me favorezca.

Por nuestra conversación se deslizaron cien asuntos. Procurando evitar el tema político de actualidad, caí en él cuando evoqué sus magníficos siete años de mando, los beneficios que Honduras recibió de su gobierno, los esplendores de su corte de bellas mujeres, de poetas, militares y políticos. Y luego, rápidamente, le hablé de literatura, de música, de viajes, de inventos... Pero él obstinábase (ya dos veces desviara yo sus preguntas) en llevar la plática al tópico palpitante, a la lucha eleccionaria.

—¿Qué piensa Sierra? Usted, que a todas horas le ve y le oye, debe conocer bien sus determinaciones,

—No lo crea. El presidente es hombre difícil. Sería más fácil saber lo que piensa la Esfinge que lo que pasa en su cerebro. Ni él mismo sabe lo que quiere en algunos graves asuntos.

—Pero, ¿qué juicio le merecen a usted los actuales acontecimientos?

Le miré, vacilando. Temí mortificarle con mi respuesta. Él sonrió:

—Cuente con mi absoluta discreción.

Interpretó como inquietud personal mi silencio. Subrayé, despacio, las sílabas de mis frases:

—Sierra intentará imponer al doctor Arias. Pero el general Bonilla triunfará en las urnas con gran mayoría.

—¿Y yo?

—Usted vino al campo de la lucha demasiado tarde. Y apenas obtendrá unos cuantos millares de votos.

—¿Y qué deberé hacer? Antes de que se

—Retirarse de la contienda. Regresar a Europa, antes de que se desate la guerra civil.

—¿Cree usted en una revolución?

—La juzgo inevitable y sangrientísima.

De pie frente al balcón que daba a la calle, el gran hombre miró con tristeza caer la lluvia torrencial. Se paseó por la sala con las manos a la espalda.

—¡Cómo llueve aquí! No pasa nunca el agua. ¡Qué largos, interminables aguaceros! ¡Y con qué furor me insultan los pasquines!

Le recordé cómo estas ofensas constituían un detalle normal en nuestras incipientes luchas cívicas. A falta de razonamientos empléanse el epíteto sarcástico, el vocablo envenenado, la calumnia soez contra el candidato enemigo. Pero que esta asqueante epidemia sólo duraba el tiempo preciso del proceso eleccionario.

—¡Pobre país! —murmuró—. ¡Pobre país!

—Dentro de un año, ya en el olvido su intervención en este combate político volverá a sonar su nombre acompañado de interminables elogios como antes. Usted es el presidente de Honduras que, fuera del mando, ha sido objeto de los mayores homenajes y alabanzas. Siento haber venido al mundo tan tarde, pues no pude ver la época brillante en que usted dirigió los destinos de mi patria. Me habría complacido mucho conocer los personajes entonces y escribir un bello libro sobre el renacimiento nacional.

Guardamos un minuto de silencio.

—Estoy reuniendo todos los documentos para escribir la Historia de Honduras —continué—. Dentro de ella irá la narración más completa de la revuelta de Olancho, en la que aparecerá naturalmente, como figura central, la de José María Medina. ¿Me permite que le haga una pregunta, tal vez un poco atrevida, pero cuya contestación aclarará un punto obscuro de nuestro pretérito?

—Puede hacerla con toda confianza.

—¿A qué obedeció su resolución de fusilar al general Medina? ¿Hubo pruebas efectivas, indiscutibles, de que conspiraba contra su gobierno? ¿0, sin haberlas, quiso usted, suprimiéndolo, destruir la última vieja raíz de las sangrientas insurrecciones?

—Noté en su rostro la más viva contrariedad,

—En los papeles públicos de aquel tiempo encontrará todos los detalles de tan desgraciado suceso. Medinón preparaba un levantamiento que, de triunfar, habría destruido mi obra civilizadora y constructiva. Pero, aunque hubiera sido inocente, no son los olanchanos los que deberían sentir su trágico fin.

—Ninguno lo siente. Un viejo coterráneo, que actuó en la revolución de Olancho, me remitió un cuaderno que contiene los nombres de más de novecientos ciudadanos ahorcados por los procónsules de Medina, con instrucciones de éste.

—Fueron más de mil doscientos, la mitad de ellos, por lo menos, sin culpa alguna. El general Bonilla conoce gran número de interesantes episodios sobre aquella hecatombe. Y a propósito: también él podría darle datos de importancia sobre la muerte de Medinón, pues tomó parte en su proceso.

—Se los pediré.

—De París voy a enviarle una copia de mis anotaciones históricas. En ellas encontrará usted preciosos materiales para la obra que proyecta, digna de mi mejor aplauso.

Recibí esa copia mucho tiempo después. Y sus referencias, algunas de ellas interesantísimas y en absoluto desconocidas por nuestros historiadores, aparecerán en mi libro.

Le obsequié con mis dos libros y con colecciones de mis revistas, lujosamente empastadas. Él puso en mis manos un extraordinario ejemplar de *El ensueño*, de Zola, en cuya primera página escribió una afectuosa dedicatoria.

Un amigo cleptómano se llevó de mi escritorio, en Tegucigalpa, aquel bello volumen forrado en piel de Rusia, y nunca más volví a verlo.

EVOCARÉ UNA anécdota que me contó Juanito Vilardebó, excelente joven español y uno de mis mejores amigos, asesinado miserablemente cerca del pueblo de Manto.

Media Honduras sabe que el doctor Soto, valiéndose de su poder omnímodo, por medio de gentes sin escrúpulos, redujo a la mitad el capital de don Juan Vilardebó, el primero entonces en la República. Veinte años transcurridos, en julio de 1902, Juanito Vilardebó, sobrino de aquel millonario y uno de sus herederos, entró una tarde en la Farmacia Unión, escapando de una estruendosa tormenta que se desataba sobre la ciudad. Allí se encontró con un hombre alto y elegante, magníficamente vestido, que entabló con él conversación, como si de antiguo le conociera. Largo rato hablaron de diversas cosas con mutua simpatía y perfecta cordialidad, y, al abordar el tema político, mostróse Juanito, aunque parco en palabras, resuelto partidario del general Bonilla, expresando su disgusto por la candidatura de don Marco.

—¿De manera que tiene usted la peor opinión del doctor Soto? ¿Podría saberse por qué?

—Usted lo ha dicho, señor: la peor opinión. ¿Por qué? Por esto, y esto, y esto (sin aludir a su caso personal).

La lluvia había cesado y Juanito cogió su sombrero despidiéndose del desconocido. sombrero,

—Hemos hablado durante una hora —dijo entonces don Marco— ignorando nuestros nombres. Yo soy Marco Aurelio Soto.

Juanito le miró fijamente con serenidad.

—Y yo Juan Vilardebó.

PREVIENDO LOS desastrosos acontecimientos que se aproximaban, en noviembre de 1902 presenté mi renuncia y partí para Costa Rica.

Rafael Ángel Troyo llegó a encontrarme a la estación en San José y me invitó para que me fuera a vivir con él en su hermoso chalet de Cartago. Rehusé la cordial oferta y durante dos meses fui huésped en la pensión de doña Julia Dee. En mi cuarto, único del segundo piso, recibía a mis compañeros de letras y en la noche iba a la tertulia en el salón, muy concurrido por lindas jovencitas de la mejor clase social.

Allí conocí una, primorosa, de origen judío, que me llevaba sus versos y cuentos primaverales para que se los corrigiera.

Almorzando un día en el Hotel Imperial recordé el tiempo que en él viví. Siete años pasaban ya sobre aquellas remembranzas. El general Sierra de entonces era el mismo que con su tiránica imposición provocaba ahora una de las matanzas más feroces que han asolado a mi patria.

A mediados de marzo el general Salomón Ordóñez me llamó de Amapala, en donde publiqué el Boletín de la Revolución. Iba con frecuencia al cuartel de El Aceituno, centro de las actividades bélicas del sur. Poco después de su entrada en Tegucigalpa el presidente Bonilla nombró a Ordóñez ministro general. Jerónimo Reina y yo desempeñamos las subsecretarías, tres cada uno. Trabajábamos sin descanso diez horas diarias, con docena y media de ágiles escribientes. Reorganizado el país, nombróse el Gabinete. Se me ofreció la subsecretaría que fuera de mi gusto y quedé en la de Gobernación, por especial excitativa que me hizo el general Dionisio Gutiérrez, designado ministro.

En noviembre de ese año (1903) obtuve permiso por un mes para hacer un viaje a Olancho, dejando en mi cargo al señor José María Moncada, el mismo que ya conocen mis lectores por su caliente artículo contra Sierra, por su cómico duelo con Miranda y por la tremenda golpeada que le dio el aventurero italiano Bianchi. Yo lo propuse para sustituirme por tan excepcionales antecedentes en que se aunaban lo ridículo y lo heroico.

Partí para mi tierra maternal en compañía de una fragante doncella cuyos quince años embriagaban mi corazón. Las cinco jornadas del viaje me parecieron etapas fugaces en la ruta divina del paraíso. Transcurridos apenas quince días recibí un telegrama del mandatario:

"Razones de Estado reclaman su presencia en esta capital. Salga inmediatamente. Su amigo-Manuel Bonilla".

Sorprendióme la forma de este mensaje. Me pareció impropia del empleo que yo desempeñaba. Por otra parte, bajo el absoluto dominio del más ardiente amor, no me hubiera movido de Juticalpa sino para asumir la Presidencia de la República, y, de ninguna manera, para encargarme del ministerio, como era la realidad. Abandonar mi feliz edén por el desempeño de una posición política, por alta que fuera, me pareció el colmo de la insensatez. Contesté que íntima y graves causas me impedían por el momento regresar a Tegucigalpa, por lo que presentaba la renuncia de mi cargo. Todavía me llegó otro despacho telegráfico más apremiante. No le di respuesta y mis relaciones con el presidente quedaron rotas. Cinco semanas después sobrevino el golpe de Estado (8 de febrero de 1904), que me desagradó profundamente.

Para que me acompañara a Olancho había invitado a un hermano de la linda joven, muchacho de veinte años, simpático y valeroso, que me demostraba una gran afección. Pasó divertido en fáciles amores los primeros meses en Juticalpa. Pero luego se cansó de su inactividad y resolvió poner fin a su temporada. Es posible que alguien lo indispusiera contra mí. Pues mientras nos desayunábamos, en una mañana de marzo, volvióse bruscamente hacia Annabel, nombre legendario de mi amada, diciéndole con voz imperiosa que se preparara porque partirían dentro de veinticuatro horas.

—Yo no vine contigo sino con Froylán —replicó la joven—, y sólo con él regresaré. Si tú quieres irte, puedes hacerlo.

—Soy tu hermano mayor y tienes que obedecerme —gritó enfurecido.

—He dicho y repito que no me voy contigo. Lo que pasó después lo recuerdo como un mal sueño.

Eudoro —le llamaré así— se arrojó sobre Annabel ciego de ira y yo le cogí por el cuello, arrojándole al suelo. En seguida intentó hacer uso de su revólver pero yo le puse el mío en el pecho y no se movió. Exasperado por sus amenazas, le arrojé a la calle. Alejóse como un loco, profiriendo insultos y jurando matarme.

En la tarde recibí una carta en que me retaba a un duelo a muerte, citándome para las seis en punto en el Paso de Chacón —nombre de un sitio del río de Juticalpa—. Le contesté en el acto que allí me encontraría en la hora indicada. Burlando la continua vigilancia de Lalita y de Annabel, salté por una tapia y antes de las seis estaba en el lugar convenido. Era terrible el trance en que me veía. Ya matara a Eudoro o ya muriese yo, Annabel quedaba perdida para mí. Pero si me hubiera negado a concurrir a la cita, mi retador se habría vuelto insolente, creyendo que me inspiraba miedo, persiguiéndome hasta obligarme a defenderme. Oí con amargura, llevados por el viento que venía de la ciudad, los seis campanazos en el viejo reloj que don Juan Vilardebó hizo colocar en la torre de la iglesia y cuyos sonidos alegraron mi infancia. Después un cuarto, la media, tres cuartos, las siete... No llegó. Supe luego que, descubierto en sus designios homicidas, los hombres de la casa en que se alojó lo encerraron a viva fuerza en un cuarto. Al amanecer partió de Juticalpa.

He aquí el epílogo de aquel incidente. Mucho tiempo pasó. Un día recibí en Tegucigalpa una carta de Puerto Cortés, en cuyos términos agresivos Eudoro me anunciaba su inminente viaje a la capital con el único objeto de matarme. Su rencor se exacerbaba con los años. Mi contestación fue la misma que la primera vez que le esperaría —y entonces no sólo dispuesto a defenderme sino seguro de matarlo.

Mostré aquella carta al presidente Bonilla, pidiéndole consejo.

—¿Qué piensa hacer? —me preguntó.

—Averiguar el día y la hora en que llegará, buscarle inmediatamente y atacarle a tiros cara a cara en un sitio público.

—Bien. Si lo mata así, no irá usted a la cárcel. Pero no se confíe. Ese joven no sólo es valiente, sino temerario, como lo demostró en el combate de Coray y después cuando Sierra estuvo a punto de fusilarlo. Su amigo Jacobo Galindo conoce el episodio.

—Yo también lo conozco. Pero no tenga cuidado. Y gracias por su ofrecimiento. Era lo que esperaba de usted..

Todas las tardes iba a Juana Laines (un cerro de Tegucigalpa) a ejercitarme con el revólver. Gasté centenares de cartuchos, logrando hacer blancos a larga distancia, lo que excedía a mi propósito. De manera que cuando me llegó un telegrama del puerto citado, en que Eudoro me comunicaba su arribo al final de la semana, no sentí ninguna impresión: sólo la de su próxima muerte. Arreglé mis asuntos, procurando que nadie se enterara de lo que me ocurría por temor de que llegase a oídos de Lalita.

En la fecha en que mi enemigo debería llegar a Tegucigalpa oí dobles de campanas en la catedral. Pregunté por quién y me dijeron que por Eudoro, que acababa de morir de fiebre amarilla en Puerto Cortés.

EN UNA DE aquellas fabulosas tardes de mi región olanchana fui con Ella, con mi cuñado Tomás Becerra y con dos amigas a tomar coyol al barrio de Calona. El licor gratísimo y único aligeró nuestros espíritus. Paseamos por los próximos campos, yendo a sentarnos en una colina. Recostado sobre la falda de Annabel, sintiendo la caricia de sus manos en mi cabeza, adormíame en un delicioso ensueño. El crepúsculo, de un sonrosado amaranto, empezó a caer; oíase a lo lejos el toque de oración y densos grupos de pájaros vocingleros pasaban sobre nosotros. Híceles un disparo con mi revólver, riéndome del susto de las muchachas. Tomás sacó el suyo y sonó otra detonación. Repetí el tiro y todo quedó en silencio.

Pasó un cuarto de hora y de improviso vimos avanzando hacia nosotros un grupo como de doce hombres armados de machetes. Nos preguntaron si éramos los autores de los disparos y contestamos que sí.

—¡Pues ustedes han matado a mi padre! —gritó el que iba delante con acento colérico—. Hallábase a la orilla del río y está muriéndose con un balazo en el estómago. Ustedes le han herido y venimos a capturarlos.

Di dos pasos hasta quedar frente a ellos, diciendo:

—Si por una desgracia para su padre y para nosotros es cierto lo que usted dice, lo sentimos mucho. Hemos disparado para arriba, de modo que es ilógico pensar que las balas hayan caído tan lejos. Por lo demás, carecen ustedes de autoridad para capturarnos y sólo muertos nos llevarán a la cárcel. Al primero que se acerque le meto un tiro en la cabeza.

Y emprendimos el regreso. El grupo hostil nos siguió a la misma distancia y, al atravesar el río, se fue engrosando con gran número de curiosos. Así llegamos a mi casa entre el alboroto del vecindario y los llantos de mi familia. Minutos después apareció una escolta, cuyo jefe me manifestó que tenía orden del gobernador para conducirnos a la cárcel. Resolvimos Tomás y yo no oponernos a ella para no prolongar tan molesta situación. Me costó desprenderme de los brazos de Annabel, que sollozaba enloquecida, mojándome la cara con sus lágrimas. Ya íbamos a penetrar en el presidio, frente a la plaza, cuando resonó una voz de mando:

—¡Deténgase esa escolta! Siendo yo comandante de Armas, Froylán Turcios y Tomás Becerra no pondrán jamás los pies en la cárcel.

Era el general José Ángel Rosales. Fuimos conducidos por él a un cuarto del segundo piso del cabildo. Luis Suárez, juez de Letras, se presentó al instante. Abrió su despacho, admitiendo las fianzas que Rosales y otro amigo ofrecieron en nuestro favor. A las diez de la noche quedamos provisionalmente libres.

Siguióse un largo proceso y, meses después, la Corte Suprema de Justicia sobreseyó en él, con pesar, según supe, del gobernador y del que, por mi recomendación, quedara sustituyéndome José María Moncada, uno de los que actuaron con mayor actividad en los deplorables incidentes del 8 de febrero. Probóse, sin que nosotros iniciáramos ninguna averiguación, que el balazo que se nos atribuía fue causado por el rifle de un enemigo de la víctima, oculto en el lado opuesto del río. Manuel Turcios llamábase el herido. El doctor Francisco Bertrand, por su amistad con nosotros, lo asistió día y noche, logrando salvarlo. Viéronle todos, con sorpresa, más fuerte y gordo que antes. Sin embargo, nos escribió pidiéndonos a Tomás y a mis doscientos pesos por el peligro de muerte en que lo pusimos. Se los enviamos, advirtiéndole que en el proceso se confirmó que nada tuvimos que ver en tan desdichado asunto. Tres disparos al aire nos costaron más de mil duros, amén de innumerables molestias y penas morales de nuestra familia.

CONTARÉ ALGO que parecerá una simpleza a las gentes despreocupadas y que me impresionó de tal modo que hoy surge espontáneamente a la punta de mi pluma. En aquellos inolvidables días de mi última temporada en Juticalpa, un perro vagabundo, venido de no se sabe dónde, llegaba a echarse a mis pies en las horas de las comidas. Inmóvil sobre sus patas traseras, observaba con grave atención todos mis movimientos y sus ojos volvíanse suplicantes viendo que no se compartían con él los buenos bocados. Cuando premiaba su paciencia con un trozo de carne tornábase más cordial y zalamero, gruñendo de placer. En la cocina hartábase a su gusto; pero él quería que yo le atendiera.

De una de sus largas ausencias, pasadas en algún nauseabundo estercolero, regresó hecho una lástima. Comenzó a cubrirse de llagas que producían un hedor insoportable. No había manera de curarle, pues todo él quedó convertido en una infecta carroña. Se le amarró en un extremo del patio, pero cortaba la cuerda con los dientes para seguir mis pasos, aullando y saltando de alegría. Se le echaba a la calle, amenazándole con un palo; pero un minuto después volvía a entrar por otra puerta.

Las sirvientas decidieron ahorcarle, pero yo me opuse. Mas cada día iba en aumento la fetidez del infeliz, hasta el punto de que, no siendo ya posible soportarla, accedí con pena a que se cumpliera su sentencia. La muchacha que se encargó de la fúnebre tarea le puso un lazo en el cuello y lo condujo a un monte cercano. Yo estaba en el corredor cuando, con un trotecillo lamentable, iba tras de su verdugo. Al transponer el zaguán volvióse hacia mí, moviendo la cola, y con los ojos implorantes, velados por una expresión de tristeza casi humana.

Tantos lustros caídos sobre esta reminiscencia no han logrado borrarla de mi mente. Surge, como una vaga amargura, el espectro de aquel harapo inmundo en que latía un corazón cariñoso, que fue traicionado por los seres que amaba.

En mayo de 1904 —seis meses después de mi partida— volví a Tegucigalpa. Debo decir que fueron los más intensos y venturosos que he pasado en la tierra. Resplandecen, como piedras preciosas, los mágicos días de ese tiempo, en las apasionadas páginas de mi novela Annabel Lee. Ingresé a la capital con la intención de partir en seguida para San Salvador. Pero, cuando preparaba mi equipaje, llegó un oficial con una tarjeta de saludo del Presidente, en la que me pedía fuera a verle sin pérdida de tiempo.

—¿Qué le pasa? —me dijo, al verme, abrazándome—. ¿Por qué quiere irse del país? De aquí mismo va usted a tomar de nuevo posesión del Ministerio, que conoce mejor que nadie y en donde hace usted verdadera falta.

En aquella oficina encontré a Moncada en compañía de numerosas personas. Yo no ignoraba que manifestó repetidas veces que yo no volvería a ocupar mi puesto, mucho menos después de mi proceso por homicida en Olancho (palabras textuales de una carta que recibí en Juticalpa y que conservo. Era natural que Moncada se hubiera convertido en mi enemigo: dos veces había yo expuesto mi posición política por favorecerlo y por mi voluntad me sustituyó en el Ministerio).

Me vio en cuanto entré, pero lo disimuló para molestarme. Por renuncia del general Gutiérrez, desde los primeros días de febrero actuaba como Ministro, y confiado en la protección del Presidente, tenía la firme creencia de que nada ni nadie podría removerle de aquel cargo, sobre todo después de su notoria complicidad en el golpe de Estado. Ratifiqué el error en que aquel hombre se hallaba mirando su actitud altanera. Sentado con aparatosa gravedad frente a su escritorio, dándose importancia ante los extraños que le miraban en silencio, pude observarle dos minutos. ¿Leía aquel personaje? No lo recuerdo. Sólo sé que, cansado de la espera, murmuré en voz alta:

—Señor Ministro...

Dio un rápido movimiento a la silla giratoria, y sin levantarse mirándome con sus ojos inexpresivos, preguntó:

—¿Qué desea el señor?

Regocijado del tupé de aquel tipo no pude menos que reírme.

—¿Qué deseo? Que me entregue el Ministerio. Lo ha desempeñado usted mientras duraba mi ausencia. He vuelto. Sobra todo lo demás que pudiera decirle.

—Ahora me toca a mi reír oyendo su pretensión. ¿Ha visto al Presidente? Hable con él y regrese. Aquí lo espero.

—Mi turno de reír es el definitivo— exclamé con burlona expresión—. Pero, hombre, si es él quien me envió a buscar y me ha excitado, hace quince minutos, para que venga, en el acto, a recibir de usted esta oficina. Le devuelvo sus palabras: hable con él. Aquí lo espero.

Su palidez habitual tornóse lívida.

Se fue, entre los murmullos de satisfacción de sus empleados. Se fue...y no volvió.

¡**DÍAS FINALES** de mayo de 1904! En ellos sufrí la más tremenda crisis que hasta entonces conmoviera mi organismo físico y moral. Hostilizado en mi pasión por Annabel estuve durante muchas semanas a dos dedos de la muerte. Todavía me asombro de que me salvara de la neurastenia o del suicidio.

En tal estado de ánimo llegué un día a la casa Fortín, en busca de no recuerdo que, y mientras esperaba vi sobre un mostrador gran cantidad de tipo de imprenta acabado de desempacar y que brillaba como la plata. Puse las manos sobre los preciosos plomos, inconscientemente, como cualquier otro ante los útiles de su oficio. Daniel, que llegaba en ese instante, me explicó que, para publicar un boletín de su establecimiento, pidió a Nueva Orleans una pequeña máquina con sus accesorios; pero que había renunciado a ello al conocer los excesivos gastos que tal cosa ocasionaba.

—Se la vendo por el precio que me costó. Con doce bultos de papel puede llevarla por dos mil pesos plata.

—Pero si en la actualidad no tengo un céntimo.

—Pero tiene crédito. Y el crédito es dinero contante y sonante. Tómela y me irá abonando ciento cincuenta pesos mensualmente. En poco más de un año habrá cancelado su deuda.

Sin vacilar acepté. Y esa misma tarde don Julio Villars armó la pequeña imprenta de papel en uno de los cuartos que yo ocupaba cerca del parque La Merced. Era un catorce de julio y el diez y seis apareció *El Tiempo,* que aunque de cortas dimensiones, tiene la gloria de haber sido el primer diario que se publicó en Honduras por un esfuerzo individual, pues si antes existió algún otro, fuera de los del gobierno, fue editado en una tipografía perteneciente a centenares de personas. No en poco más de un año sino a los siete meses había pagado su valor. Sin recibir jamás un centavo de subvención, ni una hoja de papel, ni la más insignificante ayuda oficial, vivió *El Tiempo* cerca de tres años, hasta el infausto día del desastre de Namasigüe y mi salida del país. En ese lapso me produjo trece mil pesos de ganancia.

Fue un impulso feliz el que me condujo a la tienda Fortín para que, buscando algún fútil objeto, saliera con una imprenta. De ella no obtuve solamente un beneficio práctico sino además un bien moral, ya que, en gran parte, debí al intenso trabajo continuo que requería aquel periódico, que la corriente de las ideas lúgubres y de los negros proyectos tomara un rumbo salvador.

En este año publiqué también mi tercer libro, *Hojas de Otoño,* que contiene ya una labor depurada y eficiente. Ignoraba entonces que Víctor Hugo empleara ese título para uno de sus inmortales volúmenes. De saberlo no lo habría bautizado con él. No fue un nombre oportuno para aquellos cuentos y poemas escritos en plena juventud.

Llegó un día al Ministerio un jovencito moreno en solicitud de un empleo. Era muy pobre y deseaba continuar sus estudios. Le dije que en aquellos momentos no había en las oficinas de mi dependencia ningún cargo disponible; pero que iba a tenerlo presente para el primer puesto vacante. Volvió dos o tres veces sin que pudiera complacerlo. Y, a la cuarta vez, en una hora en que estaba atendiendo a diversos asuntos y mortificado por una contrariedad personal.

Intenté excusarme por no haber hallado todavía lo que él necesitaba; pero me interrumpió, manifestándome en tono de disgusto su decepción por hacerle volver inútilmente. Sorprendido le repliqué con alguna violencia y se puso a llorar y a sollozar como un niño.

Corrí hacia él arrepentido y abrazándole le rogué que me disculpara, ofreciéndole que pronto tendría un buen empleo. Pero se retiró sin decirme una palabra y no le volví a ver en mucho tiempo. Espíritu generoso, no me guardó rencor. Encontrándome con él en la calle (transcurridos ya muchos años) pocos minutos después de salir yo de una celda de la Penitenciaría, en agosto de 1924, me abrazó, expresándome su profundo sentimiento por la injusticia con que fui tratado.

Me he referido en esta remembranza al licenciado F.R.Z.

RESULTADO DE una violenta discusión, por asuntos de tierras, entre Jorge Gallo y Trino Matute, en Juticalpa, fue la muerte del segundo. La tragedia tuvo gran resonancia por la calidad de los actores, y alrededor de ella la maledicencia tejió telaraña de chismes y obscuras leyendas, que las gentes honorables rechazaron y otros acogían como verdades absolutas.

José Antonio Domínguez fue el defensor del homicida; pero de nada valieron sus elocuentes alegatos, pues éste salió condenado a muchos años de cárcel. Se dijo que en este fallo influyeron poderosos personajes políticos, amigos del muerto, entre ellos el presidente de la República, general Sierra.

Trasladado el reo a la Penitenciaría, pronto fueron su mujer —doña Lola Aguirre— y sus pequeños hijos, a radicarse a la capital. Vivieron, por su escasez pecuniaria, en una mísera casuca del barrio de la Hoya, próxima al sitio en que Jorge expiaba su delito. Iban a verle en los días reglamentarios; y así, entre sobresaltos y perpetuas angustias económicas, fueron pasando los meses, hasta que llegó una nueva desgracia a duplicar la amargura de la pobre señora. Uno de sus hijos, jugando con un revólver, mató a su hermano; y desde entonces la vida de aquella infeliz fue un camino de lágrimas.

Lola Aguirre era en Juticalpa respetada y querida por su afable carácter, por su inteligencia y por sus virtudes domésticas; y ninguna persona honrada dio el menor crédito a las notorias falsedades con que algún perverso intentó manchar su honra en el drama en que actuó su marido.

Poco tiempo transcurrió desde la muerte de su hijo cuando fue a nuestra casa a desahogar sus desdichas. Con los cabellos casi blancos de tanto sufrir, demacrada y envejecida, con los ojos mustios y una expresión lamentable en la sonrisa, y con el traje más humilde, su presencia inspiraba profunda piedad,

—Vengo a contarle, Rafaela —exclamó al ver a mi hermana— una cosa terrible que me pasó ayer. Una cosa espantosa cuyo recuerdo no se aparta un segundo de mi espíritu. Desesperada porque ya no tengo un centavo para darles de comer a mi marido y a mis hijos, sobre quienes parece haber caído una maldición, muriéndome yo también de miseria, hice un supremo esfuerzo y fui a ver al general Bonilla para rogarle el traslado de Jorge a la cárcel de Juticalpa, pues allá cuento con algunas facilidades para trabajar y atender a nuestra subsistencia. Después de dos larguísimas horas de espera, no en su salón de recibo, sino en el pasillo entre sus ayudantes, me, hicieron llegar hasta él. Con torvo gesto y mirada iracunda, y sin ofrecerme asiento, me gritó:

—¿Qué quiere usted, señora?

Temblando le expuse mi solicitud.

—No sé cómo se atreve a venir donde mí con tan estúpida petición —rugió—. Usted es la única culpable de todo lo que les sucede. Por su adulterio con Trino fue que éste perdió la vida. Usted es una desvergonzada mujer que merece el mayor de los castigos. Retírese inmediatamente de mi presencia y no vuelva jamás a importunarme. No recuerdo que más dijo, pues caí sobre la alfombra y no me di cuenta de lo que me había pasado sino cuando me condujeron de los brazos dos oficiales hasta la puerta de salida. Estalló, al decir estas palabras, en grandes sollozos, mientras Lalita, horrorizada por el odioso relato, procuraba calmarla con suaves palabras, como a un niño desvalido. Así que la vio serenarse le dijo:

—Óigame, Lola. Le prometo que la primera vez que vea al general Bonilla le reprocharé su increíble acción. Yo le diré que las frases con que la ofendió tan groseramente encierran la más vil de las calumnias y que fue incalificable su proceder, siendo él un caballero, con una señora tan desventurada como usted.

Y así lo hizo. El Presidente, antiguo amigo de mis padres, nos visitaba cada dos o tres semanas. Llegó una tarde, cantando al portón, y con sus bromas de costumbre. Apenas se hubo sentado, mi hermana exclamó:

—General, aunque sé bien que me expongo a perder para siempre su amistad, que tanto estimo, hice una promesa y voy a cumplirla.

Y le especificó, frase por frase, lo que Lola le dijo y lo que ella le prometiera en su defensa. Carácter noble, valeroso y apasionado, desbordóse en sus expresiones hasta más allá de lo que se proponía.

El general escuchábala, sin proferir ni un monosílabo, y cuando ella calló, levantóse en silencio, y con una inclinación de cabeza salió de la casa, a la que no volvió nunca. Como epílogo debo añadir que, a pesar de este incidente, el general Bonilla se expresó siempre de Lalita en los más elogiosos términos. Se informaba de su salud, enviándole recuerdos con sus familiares y amigos.

—Es —decía— por sus altísimas virtudes y por su talento, la dama que más aprecio y respeto en Honduras.

DÁBASE UN BAILE en el salón de Retratos, en ese año de 1905, y un joven, cuyo nombre omito por duplicadas razones, bajo el ardor de su sangre encendida por una docena de copas de champaña condujo a uno de los balcones de la sala contigua (local entonces de un Ministerio), a una incauta doncellita —también dominada por el licor de oro de la viuda Clicquot— y, al amparo de una gruesa cortina, intentó poner con ella en práctica la vieja escena del sátiro y la ninfa. De todo tenía el osado Tenorio, menos de la romántica virtud caballeresca de Don Quijote, y largo rato se hubiera allí divertido si a su demonio no se le antojara jugarle la más inoportuna de sus irónicas bromas.

Y fue que de improviso vio con espanto levantarse el grueso cortinaje, y aparecer frente a él, con la indignación y la cólera pintada en el rostro, al propio presidente Bonilla, quien, pronunciando enérgicamente la palabra ¡Canalla!, lo cogió por el cuello, y casi estrangulándolo, arrastróle hasta la escalera próxima, donde le ejecutó un furioso puntapié que le hizo rodar por los duros escalones.

AÑO DE 1906. En mayo partimos de Tegucigalpa para Río de Janeiro, Juan Ramón Molina y yo, nombrados secretarios de la Delegación de Honduras a la Tercera Conferencia Panamericana. Los Delegados fueron los doctores Sotero Barahona —que se regresó de Nueva York— y Fausto Dávila.

Atravesamos Costa Rica de Puntarenas a Limón. En el Graff Waldersee, y en ruta para el norte, arribamos a Jamaica. Kingston nos interesó bajo diversos aspectos. En Nueva York permanecimos una semana. Nos fue imposible obtener pasajes para Europa (en esa época no existía ninguna línea directa para el sur de América). Todos estaban vendidos con anticipación, y como el tiempo apremiaba, pues la Conferencia se abriría a principios de julio, tuvimos que embarcarnos en un pequeño vapor de carga (de ochocientas toneladas) con bandera noruega —el Gunther— en compañía de los doctores Antonio Batres Jáuregui y Luis Toledo Herrarte, delegado y secretario de Guatemala a la referida Conferencia.

Fue aquel un viaje extraordinario. El Gunther, que cuando le vimos atracado al muelle junto a un gigantesco transatlántico, nos pareció un mísero perrillo husmeando a un elefante, iba lleno de cajas de petróleo y mal estivado. Se estrenaba entonces y el capitán desconocía la ruta. Detalles casi fúnebres que llegaron a nuestros oídos cuando, a la salida del vasto puerto, danzaba sobre las olas como un epiléptico. Nunca pude olvidar la cara patibularia con que se me acercó Toledo Herrarte para decirme:

—Vamos a una muerte segura. Locos de atar hemos estado cuando tomamos pasaje en este deleznable cascarón. Antes de cuatro días nos habremos hundido sino volamos chamuscados a los cuernos de la luna.

El cascarón sólo contaba con cuatro estrechísimos camarotes: el del capitán, el de una norteamericana millonaria, a quien no arredraban los peligros, el de Batres Jáuregui y Toledo y el de la delegación hondureña. Como eran de dos camas, Molina y yo íbamos a turnarnos para dormir en él; de modo que uno de los dos no tendría más perspectiva cada noche que andar errante por el barco o acostarse en el suelo expuesto a romperse el cráneo con la violencia de las marejadas. Dávila escogió la mejor cama y no volvió a salir de ella, ni de día ni de noche, mareado hasta lo imposible. Sus lamentos hubieran conmovido a una hiena. Sólo dejaba de gemir cuando le acometían los vértigos y los vómitos. Como Toledo Herrarte, pensaba con horror en nuestro próximo fin.

—Fue una insensatez embarcarnos en tan ruin barquichuelo. ¿Qué no llegaríamos a tiempo a la Conferencia? Pues que no llegáramos, o que desistiéramos del viaje. ¿Qué importaba? Lo primero es la vida.

¡La vital! ¡La vita! Pensaba oyéndolo, evocando a Mario Cavaradossi. Y sintiendo, sin saber por qué, un gran deseo de reír a carcajadas.

A la segunda noche tocaba el turno a Molina de dormir en el camarote. Preparábame a pasar una pésima velada. Aullaba el viento, resonando las olas como cañonazos. Mientras veíamos el vértigo de las aguas por una ventanilla del comedor, me dijo Juan Ramón:

—Yo estoy acostumbrado a la miseria, a dormir sobre la tierra, a pasar las noches en vela. Tú no. Con cinco días de continuo maltrato vas a enfermarte seriamente. He resuelto cederte mi turno en el camarote durante todo el viaje.

Protesté, manifestándole que de ninguna manera aceptaría su generosa oferta. Pero él insistió con tal firmeza que me vi obligado a ceder.

—Si tú no ocupas la litera se quedará vacía. Te juro que no dormiré en ella. Con esto no hago sino corresponder en mínima parte a lo que hiciste por mí. Sé que por tus gestiones voy al Brasil. El mismo general Bonilla me lo dijo.

Así nació en nosotros, en una tétrica noche sobre el Atlántico, nuestra profunda afección fraternal. Desde aquella hora no hubo nunca la más ligera sombra entre los dos.

Fueron innumerables los peligros de nuestra aventura de cinco semanas por el mar. Todas las tardes contemplábamos con disgusto una cinta de negras nubes en el horizonte, anunciadora de furiosos chubascos y recios vendavales. El Gunther crujía estrepitosamente en las interminables noches, dando la continua impresión de que iba a partirse en mil pedazos, ladeándose con los golpes del viento como si fuera a volcarse en los negros abismos. Llovía a torrentes y los relámpagos sucedíanse con rapidez fantástica, iluminando las lóbregas tinieblas, las pavorosas montañas de agua que se deshacían con formidables estruendos. En ocasiones no avanzábamos sino que retrocedíamos, perdiendo el derrotero por la fuerza de los huracanes. Amanecimos un día frente a Santa Elena y como una fugaz pesadilla recuerdo la insólita visión de aquellas rocas en que se rompían las olas coléricas, de los grupos de gaviotas graznando en los aires, de algún monte o valle envuelto en amarillentas penumbras... Largo rato, con los gemelos del capitán, estuve contemplando conmovido el sitio famoso en la Historia, en que se extinguió para siempre el nombre más grande en la rotación de los siglos.

Ya nadie llegaba al comedor porque fue tan violenta la danza del barco, que era preciso ser un acróbata para no romperse la crisma contra las puertas. Los platos con las viandas rodaban por el piso y el ruido de la cristalería rota era constante música en los oídos de los desventurados pasajeros. Recibíamos las comidas en cajas de cartón y el agua en botellas; y todo comenzó a escasear después de la primera quincena. Carnes, legumbres y frutas descomponíanse con los fuertes calores. Yo me asombraba viendo comer al doctor Batres Jáuregui omelets en que casi aleteaban los pollos.

—Hay que alimentarse, Turcios —me decía—. No podemos dejarnos morir de hambre.

Fausto multiplicaba sus angustiosas lamentaciones. Habíase puesto escuálido y amarillo como un limón, asegurándonos con voz lacrimosa que no saldríamos vivos de aquel maldito Gunther. Lo que más le aterraba era su certidumbre de que iban a arrojar al mar su cadáver. Ya se veía, horrendo y monstruoso, flotando como un pelele sobre el iracundo oleaje, destrozado por los tiburones hambrientos. Toledo Herrarte, con los ojos saltones agrandados por el miedo, y encogiendo y alargando la boca, nos juraba por la trigésima vez que antes de llegar a Pernambuco el cascarón se iría a pique.

—La catástrofe es inevitable —repetía—, suspirando profundamente y agitando en el aire sus largos brazos. El vaporcito va de lado y todo el cargamento de petróleo se ha escurrido hacia la izquierda. ¡Petróleo! ¡Petróleo! Sé lo que es esto. Si no naufragamos pereceremos entre las llamas. El fuego o el agua: triste suerte. Yo desembarcaría aunque fuera en un peñón desierto; y si algún buque pasara cerca de nosotros sería capaz de saltar sobre él aunque me expusiera a tragar diez litros de esa horrible sal de Glauber.

Y acentuaba esta resolución estirando el flaco pescuezo, en cuya nuez veíase una herida causada por un conato... no de suicidio sino de limpieza. Intentó rasurarse, aprovechando una hora de relativa calma, y se hirió muchas veces...

—Estuve en un tris de cortarme la carótica —explicaba—. Mi manzana también sufrió un corte...

Juan Ramón y yo reíamos hasta saltársenos las lágrimas, oyéndole y mirándole con una mejilla limpia y la otra cubierta de pelos.

En una medianoche —poco después de admirar por vez primera un arco de luna de blancura fulgurante— arribamos a Pernambuco entre los rugidos de un furioso huracán. Los más audaces, tras de continuos esfuerzos, descendimos a un bote con dirección al puerto. La marejada nos echaba para atrás, elevándonos y hundiéndonos vertiginosamente. Aunque apenas habría doscientos metros del barco al malecón a donde íbamos tardamos una hora en llegar. En una de las ascensiones del bote teníamos que coger con agilidad las grandes argollas de hierro incrustadas en lo más alto de la pared. No asirlas era, en aquellas circunstancias, correr el riesgo de ahogarse.

—¡Una, dos, tres! —gritaron los remeros.

Y mientras daba el salto convenido, me pasó como un relámpago por el cerebro la visión del falso abate Faria, arrojado al Mediterráneo dentro de un saco en la novela de Dumas:

—Una dos, tres —gritaron los enterradores.

Colgados de las argollas, con los pies en el agua que nos subía a cada instante hasta los hombros, estuvimos Molina y yo mientras los marineros nos ayudaban a subir. Así llegaron los dos primeros hondureños a la remota y soñada tierra del Brasil.

Fuimos al azar por las desiertas calles buscando un hotel. Encontramos el Europa, cuya tabla anunciadora balanceábase sobre un inmenso portón. Dimos tres golpes en su clásica bola de bronce que se alzaba sobre la cerradura, y luego otros, y otros... Presentóse, al fin, refunfuñando, una corpulenta mujer con un farol en la diestra.

—Una buena cena y dos cuartos —ordenó alegremente mi amigo.

La maritornes rascábase con rapidez el mentón, poblado de pelos hombrunos, sin entenderle. Molina le hizo cosquillas tomándola por la cintura y ella se rio de buena gana. Creyó saber con esto de lo que se trataba y aunque nuestras fachas por el reciente baño no eran de ningún modo recomendables, se mostró solícita y dispuesta a atendernos en todo. Viendo su error, acudimos a los ademanes gráficos de comer y dormir y todo se arregló sin demora. Sonaban las dos del nuevo día y un gallo cantaba en un corral cuando nos sentamos a la mesa. Devoramos lo que se nos puso delante, y una hora después yo dormía profundamente. Me desperté a las nueve y, al abrir la ventana, vi la verdosa superficie del mar dilatarse en lo infinito, y a corta distancia, en la pequeña bahía, nuestro Gunther en actitud de reposo. Era un siete de julio, fecha de mi cumpleaños; y me estuve allí más de una hora abstraído en mis recuerdos, mezclados con mis nuevas impresiones. Tras el baño y el desayuno escribí a Lalita, y en un ligero carruaje, tirado por dos hermosas vaquillas trotonas, anduve por las vías céntricas y por los suburbios. Me divertí mirando danzar parejas de negros al son de las guitarras. Fui a Olinda, cuya melancólica antigüedad me inspiró un corto poema; almorcé allí en un rústico restaurante, y en la tarde recobré a mí, compañero Molina, quien, dominado por sus ímpetus genésicos, se dejó conducir a un sitio sospechoso por unos ebrios vagabundos y regresó de su correría aligerado del reloj de su sortija matrimonial y de las cuatro o cinco monedas de diez dólares que constituían todo su haber. Estaba desolado.

—Lo peor del caso —exclamaba— es que la hembra que me robó todo, fuerzas y objetos, es más gorda y horrenda que la que nos sirvió la cena... y más peluda que un macho cabrío.

—Buena pareja harían —le dije— pues tú también eres muy peludo.

Soltó la carcajada. Y continuó enumerando sus desdichas. La pérdida que más le molestaba era su grueso anillo nupcial, que tenía por dentro grabado, con el nombre de su difunta mujer, su símbolo de eterna fidelidad.

—Era de oro puro del Guayape.

—Como la corona del marqués de Aycinena...

—Y pesaba...

—Cuatro toneladas —terminé— viendo que le dolía más el perdido que el profundo recuerdo que representaba.

Cuarenta y ocho horas permanecimos en Pernambuco o Recife. Tres días después desembarcamos en Bahía. Alegres y optimistas, olvidábamos ya la fatídica temporada del vapor. Toledo Herrarte, con su aguda ironía, libre de su miedo y de la obsesión de sus fúnebres augurios, contábamos divertidos episodios, burlándose de cosas, gentes y costumbres.

—Esta es la hermosa ciudad fundada hace tres siglos y medio por el primer gobernador del Brasil, Thomé de Souza —nos explicaba con énfasis—, caminando a nuestro lado por una amplia avenida. Distínguese por...

Batres Jáuregui interrumpió su erudicción para llamar un coche que nos condujo al célebre bazar, tan conocido en libros y diarios por sus magníficos diamantes negros de sangrientos matices.

Uno de los deseos que me proponía realizar en el Brasil era obtener una de estas piedras para hacerla montar en París en un aro de platino. Al conocer el propietario del establecimiento nuestra representación oficial, nos ofreció una considerable rebaja. Don Antonio y yo aprovechamos la oferta. Después de examinar gran número de ellas, escogí una que juzgué preciosa de verdad, grande, redonda, tallada con esmero, que despedía contra el sol, sobre una hoja de papel, reflejos purpúreos. Vi en la caja de terciopelo un número que me hizo vacilar: mil dólares. Animándome pregunté:

—¿En qué precio podría dejarla?

El hombre ratificó la cantidad marcada; pesó el diamante en la palma de la mano lo examinó con su lente.

—Es de primer orden, espléndido, perfecto. Se lo daré por ochocientos dólares. Desaté bajo el chaleco mi faja de lona y pagué.

Explicaré lo que significaba para mí esta faja. Con el sueldo del Ministerio sostenía mi casa e iba ahorrando los cuatrocientos pesos mensuales que me dejaba El Tiempo de ganancia. En los días en que partí para el Brasil el total de mi depósito en el Banco era de tres mil doscientos pesos oro en monedas norteamericanas. Pensé dejárselos a Lalita, previendo el caso de una suspensión de mi diario, motivada por cualquier imprevisto incidente, o de que en mí ausencia disminuyeran sus productos. Pero ella se negó, manifestándome que aquella suma podría hacerme falta en tan largo viaje. Obtuve, al retirar el dinero un billete de mil dólares que, con los otros de cien, llevé a mi hermana. Añadí quinientos más que espontáneamente me prestó un amigo y doscientos de los mil pesos plata que se me entregaron para mis gastos de Tegucigalpa a Nueva York. Lalita cosió la faja de lona en que colocó aquellos billetes, faja humilde para disimular su contenido; y la víspera de mi viaje me la entregó, recomendándome que no me la quitara de encima sino para bañarme.

—Van aquí cerca de cuatro mil dólares. Cuidado con perderlos.

Cuando nos despedimos, el general Bonilla nos dijo a Dávila, a Molina y mí, que no fuéramos a exhibir miserablemente a Honduras con ruines economías: que gastáramos lo que fuese necesario, más bien pasándonos de pródigos que de sórdidos.

—Fausto entregará a cada uno de ustedes en Nueva York la cantidad que les corresponde para que tengan libertad de acción y económicamente dependan de su propio bolsillo.

No pasó así por desgracia para nosotros. El único dinero que recibimos Molina y yo, en los seis meses que duró nuestro viaje, fueron los dos mil pesos que se nos entregó en Tegucigalpa. Dávila no nos suministró nunca un centavo. Naturalmente, él pagaba los gastos de vapores, hoteles, etcétera. Yo no sufrí gran cosa por tal proceder, gracias a la cariñosa intuición de mi hermana; pero para Molina, que en Nueva York sólo quedó con las monedas que le robaron en Pemambuco, el caso fue grave e irremediable. Fuera de las pequeñas cantidades con que yo le obsequiaba, anduvo en ese viaje más pobre que nunca. En vano se rebelaba y enfurecía contra Dávila; todas sus peticiones de dinero fueron perfectamente inútiles.

ANCLÓ EL GUNTHER en Río de Janeiro en una tarde maravillosa, de las más bellas que haya contemplado en mi vida. Suprimo aquí la descripción de la inolvidable metrópoli, que hice en un artículo que apareció en periódicos y revistas. Río y su bahía de fábula constituyen uno de los espectáculos más deslumbrantes que puede ofrecer el mundo al viajero ávido de extraordinarias sensaciones.

Fueron tres representantes del Gobierno a recibirnos a bordo, conduciéndonos al Hotel de los Extranjeros. Veo aún el rostro espantado de Toledo Herrarte horas después de nuestro ingreso.

—Está infestada la ciudad por dos terribles epidemias: la peste bubónica y la fiebre amarillas. Si nos salvamos de la una moriremos de la otra. Y no nos queda ni el derecho de elección.

—Después de sus negros pronósticos en el Gunther me burlo de sus palabras.

Viéndome tan sereno se rio con aquella cara de muchacho feo y gracioso que le hacía tan simpático.

—Pues quizá, como de aquéllos, nos libremos también de estos peligros. Todo es posible. Eso sí, hay que extremar la higiene. Tenemos obligación de cuidarnos por nuestras familias.

¡Cuántos ilustres personajes conocí en las siete semanas de mi permanencia en Río de Janeiro! Manuel Montoro, Walker Martínez, el Presidente Rodríguez Alves, el barón de Río Branco, Guillermo Valencia, Decoud, Graca Aranha, Fancisco de la Barra, Manuel Gondra, Fabio Luz, Samuel Blixen, el conde Prozor, Melián Lafinur, Gonzalo de Quesada y treinta más. Pero, entre todos, Rubén Darío. Éste, y Rafael Uribe Uribe, concentraron mi máximo interés. En ellos encontré los dos selectos tipos de humanidad más antagónicos. Uribe, todo médula y acción, poseedor de los más excelsos dones morales: austero, franco, abnegado, valeroso, audaz, persuasivo, simpático, dominante, sin un vicio: rarísimo ejemplar del ideal de caballero perfecto. Orador de trascendental ideología, prosista diáfano y sintético, *causeur* fluido y admirable, afectaba una despectiva incomprensión por las exquisiteces verbales de algunos célebres poetas, por las rimas que no contuvieran un potente hálito emotivo, un fecundo ritmo creador. Varón sencillo, de apostura elegante y marcial, tendiendo siempre a la claridad y a la línea recta, de airoso paso, de amplios y justos ademanes, blanco, fino, aristocrático. Rubén, pasivo, nulo ante cualquier actividad que no se relacionara con la pluma, calificando de salvajes a los valientes y desentendiéndose de las proezas cívicas o heroicas, medroso, egoísta, dipsómano, difícil de palabra, feo, de movimientos indecisos y tardos, maestro imponderable en el dominio de las celestes músicas, la más brillante cumbre de la poesía castellana de todos los tiempos.

El gran colombiano mostrábase indiferente ante la obra prodigiosa de Darío, a quien no perdonaba su pose ególatra, ni su sempiterna sed de los brebajes malditos.

—Este magno poeta desearía que el mar fuera de coñac para ahogarse en sus ondas.

El mejor discurso, el único de oceanía profundidad que se pronunció en aquella asamblea de las Américas fue el de Uribe Uribe, fértil en esenciales ideas, como para ser grabado en la eternidad de los bronces. Rubén apenas lo escuchó, sumergido en sus continuas abstracciones. Y si acaso habló de él o de su autor en alguna de sus bellas crónicas para La Nación de Buenos Aires fue por incidencia o por no contrariar la corriente de elogios con que se recibió en el Brasil aquella extraordinaria pieza oratoria.

En el suntuoso salón de sesiones de la Conferencia, en el Palacio Monroe, los secretarios ocupábamos la segunda fila de butacas. Una mañana, mientras reinaba el silencio, interrumpido apenas por el acento monótono de un viejo tribuno atrayendo el sueño de los concurrentes, noté que Rubén me hacía una señal con la diestra, llamándome. Acudí al punto y con amargado rostro me dijo en voz baja:

—Estoy en una situación peligrosísima de la que usted puede librarme. Mi vecino de la izquierda es un señor Becú, que me odia a muerte por un tonto asunto de carácter literario en que yo intervine por petición suya. No me dirige la palabra y en cambio me lanza cada dos minutos con los ojos provocaciones iracundas, alternándolas con sonrisas equívocas. ¿No podría usted pedirle un cambio de sitio? Pues de continuar yo así estaría expuesto a un atropello o quizá a cosa más grave.

Abordé en seguida a Becú que, con el pensamiento a mil leguas del ilustre vate, sumergíase plácidamente en la lectura de un grueso volumen. Le expuse mi deseo de estar cerca del maestro, accediendo en el acto y con la mayor cultura a mi demanda. Un momento después, recogidas las llaves de los respectivos escritorios, quedé instalado junto a él. Cuando al finalizar la sesión bajábamos la marmórea escalinata exterior, Darío, rebosando gratitud, y con el acento que empleaba en los instantes solemnes, murmuró abrazándome:

—Me ha salvado usted la vida.

Con gran esfuerzo pude retener la risa. De este modo, viéndole y conversando con él dos veces por día, en la mañana en el Palacio Monroe y en la tarde en su estancia del Hotel Vista Alegre, estudié, analicé, al artífice supremo de nuestro idioma, que apasionó mi adolescencia. Pareció encariñarse conmigo, pues cuando yo no acudía a la hora de costumbre me llamaba por teléfono y hasta fue en una ocasión en automóvil a buscarme. Sus simpatías o afectos no traspasaban cierto límite estrecho y convencional. Él no daba de su persona sino partículas insignificantes De aquí que no contara con un verdadero y fraterno amigo en el sentido absoluto del término. Se le admiraba, pero seguramente no llegó a inspirar, en los que le conocieron, profundas afecciones. Cuantos ponderan su excepcional cariño por el maestro o compañero falsean la verdad a sabiendas de su error. Rubén se adoraba con exceso a sí mismo para conceder a nadie, por elevado que estuviera en su concepto, un átomo de su ser. Y sabido es que quien no da o siembra, ni recibe ni recoge. Le conocí hasta donde era posible bucear en su piélago recóndito, casi siempre amurallado por su orgullo. Teniendo plena conciencia de su valer, lo exageraba hasta la hipérbole cuando se enfadaba o sufría perturbaciones alcohólicas. Asombrábase de la impetuosidad de mi juventud, de mi audaz manera de expresarme y de actuar, de mis atrevidas opiniones que, en su fuero interno, consideraba probablemente irrespetuosas. Hablábale una vez de mi propósito de editar dos elegantes volúmenes con sus mejores prosas y poesías. Una íntegra selección presentada por mi mayor aptitud estética.

—La tarea sería muy difícil —exclamó— por la uniforme calidad de mi obra.

—Yo no la juzgo así —le repliqué— y hasta considero que no hay dos páginas suyas de igual mérito. En esos dos tomos exprimiría hasta lo imposible todos sus libros; los exprimiría hasta extraerles la esencia sobrenatural, el oro auténtico y magnífico, el radium fulgurante. Y obtenida esa finalidad, nadie habrá hecho tanto por su gloria como yo.

—¿Cuántas páginas contendrían esos dos volúmenes?

—En octavo trescientas el de prosas y ciento cincuenta el de versos.

—¿Con el resto haría un auto de fe?

—No. Con él pudieran formarse veinte renombres. Pero el supremo en las letras españolas se condensaría en metal eterno en esos dos libros únicos y definitivos.

Le mostré la nómina de los textos escogidos. Entusiasmado, manifestó su resolución de facultarme ampliamente y por escrito para realizar en cualquier tiempo mi proyecto, reconociendo de antemano, por la demostración de mi aptitud, que en esas cuatrocientas cincuenta páginas quedaría el resumen de lo mejor y más elevado de su cerebro y de su espíritu. Al día siguiente me entregó aquella nota, que algunas semanas después publiqué en El Liberal de Madrid. Luego me pidió mi álbum de viajes para dedicarme un recuerdo. Como no lo tenía, compré uno. En una primera página tituló sus bellos versos (Recibí esa copia mucho tiempo después. Y sus referencias, algunas de ellas interesantísimas y en absoluto desconocidas por nuestros historiadores, aparecerán en mi libro).

Aun guardo ese libro lleno de firmas ilustres.

Por ese tiempo sintió Darío un reverdecer de ilusiones por la seductora Greta Prozor, hija del conde Prozor, el insuperable traductor de Ibsen. Ponderaba a cada instante el ingenio del padre, sus frases de gran señor, su prestancia caballeresca, para después exaltar, hasta el último límite de la admiración, a la esbelta doncella, dedicando a sus floridos quince años los más puros y amorosos madrigales.

Invitados por él a una comida en sus estancias Guillermo Valencia, Samuel Blixen, Molina y yo, al sentarnos a la mesa vimos que ocupaba un sillón a su izquierda un individuo de impecable indumento, alto, sonrosado y hermoso, de ojos azules y larga barba de oro. Ninguno le conocía, y Juan Ramón Molina, intrigado por tan gallarda figura, le examinaba con respeto, sonriéndole cordial.

Hubo un minuto en que el anfitrión se sintió indispuesto y pidió permiso a sus amigos para retirarse a su dormitorio por algunos instantes. Al levantarse hizo lo mismo el desconocido, en cuyo brazo se apoyó Rubén al salir.

Reapareció el poeta sin su acompañante. Continuó el ágape, gratamente amenizado por la exquisita erudición de Valencia y las paradójicas anécdotas de Blixen, sabio en máximas letras y en sexuales experiencias.

En un silencio sólo alterado por el cambio de los platos, Molina, solícito, interrogó al maestro:

—¿El conde no volverá?

—¿Qué conde? —preguntó a su vez Darío, con gesto de sorpresa.

—El conde Prozor, que salió con usted.

Rubén rompió a reír. Y con un tono de regocijada ironía y el movimiento característico de su mano derecha, exclamó sentencioso:

—Cuidado con incurrir en el delito de las imposibles confusiones. El hombre a quien usted se refiere es mi criado Sedano.

Julio Sedano, de México, quien, por seguir a Darío al Brasil en 1906, abandonó en París a su bella mujer y a su hijo. Semejábase tanto a los retratos del emperador Maximiliano que burlones amigos le convencieron de que fue su padre el desventurado archiduque. A hacer más posible el caso contribuía la fecha de su nacimiento. Como —según Armand Praviel— aseguróse que el príncipe austriaco era hijo adulterino del duque de Reischstad, y, por tanto, nieto de Napoleón, Sedano debió suponerse tataranieto del Capitán del Siglo. No sólo en su aspecto físico, sino también en su trágico fin, existió aquella semejanza. Envuelto en un proceso de espionaje, Sedano fue fusilado en París en 1917.

LAS HABITACIONES del primero y segundo pisos del Hotel de los Extranjeros eran muy caras, pero las más completas, confortables y lujosas. Sus ocupantes gozaban, además, de dos raros privilegios: el de poder usar, todos los días, durante veinticinco minutos, el espléndido baño de mármol para natación, y el de disponer de las cómodas butacas de cuero y terciopelo, cuyo número correspondía al de los cuartos que se hallaban detrás de las mesas de ruleta, de póker y dados en el salón de juego. Yo tomé una de esas habitaciones y Toledo Herrarte me invitó una noche a que bajáramos de nuestros sitiales, arriesgando alguna cantidad; pero me negué. Él lo hizo, y perdió en poco tiempo trescientos dólares en el paro y pinta, lo que le produjo tal desazón que juró no volver... Volvió una y otra vez, ganando y perdiendo. Y tan interesado estuvo en que yo jugara, que puso de su parte a mi genio maléfico. Descendí de mi sillón de espectador para manipular sobre el verde paño los diabólicos instrumentos de Birján, con tan propicia suerte que, al concluir la partida, me retiré con mil ochocientos dólares de ganancia. Me di a mí mismo palabra de honor de no volver a aquella sala peligrosa y nunca más puse los pies en ella.

Uribe Uribe me había citado para la mañana siguiente. Iríamos a almorzar a Petrópolis, invitados por un magnate del país.

—A las nueve en punto, hora cronométrica, inglesa, estaré esperándole en un automóvil, frente a la verja del Hotel Alejandra.

Desvelado por la sesión del juego, me desperté a las ocho y veinte. Mientras tomaba una taza de excelente café, el criado, ágil por la buena propina, me anunció que el baño grande estaba listo. Fui en el acto, nadé durante algunos minutos y regresé a vestirme. Todo lo hice con tal rapidez que antes de la hora señalada llegué al punto convenido. Pero el general tuvo que esperarme largo rato, pues instantáneamente volví al hotel en su automóvil a toda velocidad. Había dejado la faja en el baño, en uno de los ganchos para colgar las toallas. Iba seguro que ya no la encontraría. Los sirvientes, a la salida de cada bañista, se ocupaban de la limpieza, vaciando la enorme pila. Contenía la faja, con los últimos billetes ganados en el juego, más de cinco mil dólares. Sólo abrigaba una esperanza: que, por su humilde apariencia, no hubiera atraído la atención de los mucamos. Al llegar vi cerrada la puerta del baño y más de diez minutos esperé en mi cuarto la salida del ocupante. ¡Cómo agradecí la admirable previsión de mi hermana encontrando intacto el pedazo de lona colgado junto a la pared!

En las grandes fiestas del Palacio Catete —residencia del presidente de la República—; en la regia morada del Ministro de Relaciones Exteriores, barón de Río Branco; en los múltiples banquetes y paseos con que obsequió a los representantes de las Américas la alta sociedad de Río, y en las recepciones de las embajadas, los escritores y poetas formábamos un grupo de élite mental, del que tácitamente quedaba excluido todo otro elemento por valioso que fuera.

167

—El Ateneo hermético —oí decir varias veces—, aludiendo a nuestra agrupación.

En ella discurríase sobre los problemas del arte y de la vida, y de la ciencia, en todas sus fases. Escuchando y discutiendo con varones tan eminentes, amplié mi aptitud para la conversación fácil e ingeniosa, matizada de originalidad; ya serena o vivaz, pero nutrida siempre de ideas, de inquietudes y de vibrante emoción. Allí comprendí la fuerza espiritual que palpita en este género, tan difícil y precioso que, en mis andanzas por medio mundo, apenas he encontrado tres o cuatro auténticos conversadores, de insigne superioridad en la suprema expresión verbal. Ninguno, a la verdad, en Centro América. Es don tan raro que carecen de él hasta los más altos poetas literatos. Daba lástima ver a un excelso artífice como Rubén Darío trabarse de lengua, repetirse lamentablemente, incurrir en increíbles caídas de elocución. Fríos sudores y amargos sobresaltos sintió, en culminantes momentos de su vida gloriosa, por su perfecta ineptitud para decir lo que deseaba. En cambio, Guillermo Valencia, cómo subraya sus gráficas frases con el ademán de sus manos elocuentes! ¡Cómo da colorido a las palabras! ¡Cómo asombra, enardece, indigna, entusiasma y encanta a sus interlocutores, con el giro sutil de sus oraciones, con sus admirables golpes de efecto, con sus finas paradojas y mágicas ironías! ¡Y cómo razonaba Uribe Uribe sus discursos, y qué sal ática la suya, y qué profundidad en la réplica!

Madama de Stael consideró la conversación, entre personas de gran potencia mental como uno de los más exquisitos placeres. Así es. Pero, qué difícil, por no decir imposible, es hallar juntas, en nuestros pequeños países centroamericanos, ¡tres personas que piensen y hablen en el mismo plano de ilustración y de talento!

Hice un rápido viaje a San Pablo, Asunción, Montevideo y Buenos Aires. Vi estas ciudades, no las conocí. No incurriré en el caso ridículo de los viajeros vanidosos que alardean de conocer un país porque permanecieron dos horas frente a uno de sus puertos. Estuve un día en cada una de ellas. Me prometo volver al Uruguay, al Paraguay y a la Argentina. Entre tanto conservo mis remembranzas de aquellas capitales en un libro, inédito aún, sobre Rosas y el doctor Francia, un volumen de doscientas páginas que contiene anécdotas sobre ambos dictadores que no cita ninguno de sus biógrafos.

Fuera de esa labor, de mi cuento Elysabeth, y de un breve Diario que apareció en El Tiempo, no escribí nada en el Brasil, Molina únicamente una correspondencia para La Nación de Buenos Aires. Su Salutación a los poetas brasileros y otras poesías de temas exóticos las escribió después en Tegucigalpa,

Vagando por las calles de Río vi un domingo ondear en un elevado piso la bandera hondureñas. En tres minutos me hallaba —tras difícil ascensión por una incómoda escalera— llamando a una puerta exornada con nuestro escudo nacional. Soné el timbre varias veces sin que nadie contestara. Oíase adentro ruido de pelea, airadas voces, vibraciones de acero, todo mezclado con amenazas y juramentos. Intrigado por tan extraños rumores —y hasta suponiendo que quizás podría evitar un crimen— di vuelta a la aldaba. La puerta se abrió y vi en un salón a un hombre en camisa que, armado de un florete, traspasaba a otro, rígido contra la pared, acompañando sus veloces golpes con iracundos insultos. Tan empeñado parecía en su sanguinaria tarea que no reparó en mi presencia. Su inerte adversario era un grueso muñeco de zacate, vestido de levita y con una espada en la mano. Fatigado de sus asaltos, enjugóse el sudor, dejándose caer en un sofá. Me miró entonces, y por la dura expresión de su rostro, viéndole erguirse con el arma en alto, creí que intentaba tirarme un mandoble; pero cambiando instantáneamente su agrio gesto por el de un gran regocijo, grito tendiéndome la diestra:

—Siéntese, querido señor. Le llamo así porque le conozco y aprecio. Le vi, me dijeron quién era, en la sesión inaugural de la Conferencia. Está usted en su casa. Soy el Decano del Cuerpo Consular Hondureño, Roberto J. Kingsman Benjamin. Pronunciaba Kingsman como si estornudara. Acto seguido sacó de un armario un hermoso frasco y dos copas.

—Tomaremos por nuestra patria Honduras, el mejor porto que se conoce, el que beben los reyes, grato como las caricias, rojo como la sangre. Le enviaré a Tegucigalpa algunas botellas de este magnífico vino.

Me remitió, en efecto, a principios de 1907, una caja con doce botellas, Pero......varios altos empleados de la Casa Rossner, de Amapala, por cuyo conducto se hizo el envío, tuvieron a bien, como la cosa más natural, bebérselas a mi salud. Me lo comunicaron;

169

preguntándome su valor para pagarlas. No les con testé. Y hasta allí llegó la elasticidad de su cortesía.

Clausuró la Conferencia —en la que, según la frase de Rubén-, algunos de los Secretarios valían más que los Ministros.

Fui de nuevo a Petrópolis, subí por la quinta vez al Corcovado, caminé por las avenidas de Beiramar, y en una clarísima tarde, de las últimas de agosto, me embarqué en el Aragón, rumbo a Portugal. Cuando la fastuosa urbe, en el fondo de su bahía de ensueño, se borró en la distancia, sobre cubierta continué la lectura de con Redención, del argentino Ángel de Estrada, quien me la remitió a Honduras. Entre los que se paseaban había uno, gordo, pequeño, una profusión de pelo que le cubría casi toda la frente. Acortaba su marcha al aproximarse al sitio en que yo leía, como tratando de conocer el título del libro. Pasó por mi cerebro la antítesis de la figura iliteraria de aquel hombre y su curiosidad intelectual. Que le dominó hasta el extremo de abordarme:

—Caballero ¿podría decirme qué volumen es ése que retiene tanto su atención?

—Es una novela de mi amigo Ángel de Estrada. Acabo de terminarla.

—¿Usted conoce al autor?

—Personalmente, no. Pero sí por cartas. Hace pocos meses me envió este libro con afectuosa autógrafa. Si usted desea leerlo... Y se lo ofrecí. Me lo devolvió tras de enterarse de la dedicatoria.

—Le agradecería me dijera qué juicio le merece...

—Es una de las mejores novelas que se han escrito en América. Por su fondo y por su forma. Su final es magnífico. Sin embargo, la obra adolece de un grave defecto. Están incrustadas en ella, pudiera decirse a martillazos, impresiones o crónicas de la Exposición Universal de París, largas, minuciosas, artísticas, interesantes para encontrarlas en las columnas de un diario, pero monótonas, fuera de lugar, en este volumen; ocupando excesivo número de páginas y disminuyendo en el espíritu del lector la intensidad del admirable argumento. En una nueva edición debería suprimirse esa inútil hojarasca y tres o cuatro fatigosas descripciones. Recortando, resumiendo, la novela perdería en cantidad; pero, ganando un cincuenta por ciento en emocionante interés, duplicaría su mérito.

—Le he escuchado con la mayor atención y estoy en un todo de acuerdo con su criterio. Más todavía: le prometo seguir al pie de la letra su consejo cuando edite de nuevo este libro. Sí, querido Turcios, yo soy su amigo Ángel de Estrada, y me alegro muchísimo de que su conocimiento personal revista una forma tan singular y simpática. Con usted y con Valencia por compañeros, los catorce días de viaje por el Atlántico me parecerán muy breves.

Le hablé entonces de Molina, ponderando su altura mental. En un extremo de proa reunimos los cuatro nuestras sillas de extensión, pasando allí gran parte del día y de la noche en inolvidables y amenísimas pláticas. Como todo lo bueno en la vida, las dos semanas de aquella travesía tan grata transcurrieron veloces.

El vapor se detuvo en la Isla del Cabo Verde y en las Islas Madera. Pasamos un día en Funchal. Por sus calles irregulares anduve, como en Pernambuco, en un carro tirado por dos ágiles vacas blancas, con los cuernos adornados con ramos de rosas y cintas de colores.

Ya de nuevo a bordo vi a un sujeto de aspecto equívoco que, desde un pasillo del pasaje de segunda, me llamaba de manera misteriosa, mostrándome un paquete que levantaba en su diestra. Al acercarme lo puso en mis manos, murmurando:

—Postales horrendas, pero rarísimas, únicas, peligrosas, prohibidas. Por venderlas me expongo a dos años de cárcel. Son veinticinco y cada una vale lo que le pido por todas: siete dólares.

Me arrebató un irrefrenable y morboso impulso, entregándole aquella cantidad. En mi camarote, y como si constituyeran el cuerpo de un crimen, las escondí con cuidado bajo el colchón.

Después de la comida, sintiendo asco por mi compra, abrí el sobre lacrado. Me imaginaba algo terrible y obsceno. Pero lo que veía eran cinco veces más obsceno y terrible. Moví en mis manos aquellas tarjetas como en un juego de naipes diabólicos. Escenas de una salacidad tan siniestra había en ellas que producían dolor. Actos bestiales en que el placer carnal, destilando sangre, convertíase en aguda y angustiosa y cruel ferocidad. Ayuntamientos humanos con animales lascivos, connubios absurdos e inverosímiles, atroces violaciones... De nuevo guardé el paquete, pensando arrojarlo al mar... Conté el caso a uno de mis tres amigos.

—Tráigalas, yo se las compro.

Se las obsequié con el mayor gusto. Aquella noche me dijo que las postales eran de una originalidad sin precedente: estupendas, interesantísimas, inestimables para un coleccionista, y que sentía no haberse entendido con el vendedor.

Terribles, horrendas, únicas... Todas se las hubiera comprado.

Valencia y Ángel de Estrada —como en Río de Janeiro, Uribe Uribe, Walker Martínez, Montoro, Gondra, Blixen, Decoud, etcétera— escribieron en mi álbum finas páginas cordiales. Con pesar, por la próxima ausencia de mis dos admirables compañeros, vi una mañana frente al Aragón, alzarse la blanca ciudad de Lisboa, Ellos continuaron su viaje a Saint-Nazaire.

Ya alojados en un confortable hotel, Molina y yo salimos a recorrer las calles próximas. En un gran parque millares de gorriones cubrían los frondosos árboles, revolando en grupos innumerables. Nos asaltaron, picoteándonos alegremente, e introduciéndose en busca de granos, en nuestros bolsillos. En ningún sitio del mundo he visto tan enorme número de pájaros, y esto me impresionó, porque país en que se les protege está en el apogeo de su cultura. Cuando veo a estas pequeñas aves huir de la presencia humana o a los muchachos ocultando hondas asesinas, o destruyendo las plantas en los paseos públicos, siento repugnancia por los que aún viven en la barbarie. Dirigí al presidente Bonilla un saludo al pisar por primera vez tierra europea.

Estuve de paso en Coimbra. Hice detener el automóvil frente a la casa de Eugenio de Castro; pero no gocé de la satisfacción de saludar al egregio autor de Belkiss porque se hallaba ausente.

Conocí algunos pintorescos pueblos lusitanos. De Lisboa aún recuerdo los nombres de timbre metálico que el chofer pronunciaba en el curso de mis excursiones: Almafar, Junqueira, Alcántara, Rua Aurea, Rua da Prata...

Partimos luego para Madrid. Desfilan claros ante mis ojos los plateados olivares, las áridas llanuras por donde el tren corría, las interminables filas de alcornoques, los raquíticos pinos en los estériles montes. Aldeas misérrimas y polvorientas en tierras castellanas, tristes y lamentables en su desolada sordidez, con sus norias, con sus chiquillos cubiertos de harapos y sus gallinas enclenques escarbando el suelo calcinado.

En la noche llegamos a Madrid. José Santos Chocano fue el primero que nos abrazó en la estación.

A la mañana siguiente me sentí optimista, como saturado de una desconocida ventura cuando, después de un baño delicioso y de un exquisito desayuno, miré el ir y venir de las multitudes desde el balcón de mis dos grandes cuartos del Hotel Roma. Bajé para mezclarme con el bullicio vital, para convertirme en una activa cifra en el número de transeúntes que llenaban las avenidas.

¿A dónde no fui en aquellas semanas fecundas en sorpresas y placeres de todo género? ¿Qué llamativo espectáculo, qué fiesta característica escapó a las fechas de mi calendario? Apenas dormía dos o tres horas en cada noche. Visitas a museos y exposiciones, corridas de toros, bailes gráficos en los merenderos de los suburbios, teatros, cenas y madrugadas amorosas... ¡Qué evocaciones tan sonrientes guardo de mi primera permanencia en Madrid!

Chochano comía casi siempre con nosotros —yo le invité— y animaba nuestra mesa con su verbo fulgurante. De sobremesa en una de aquellas alegres comidas, escribieron en mi Álbum, Chocano y Molina, los dos sonetos de las últimas páginas. Era entonces el más gallardo poeta que he conocido. Su figura magnífica hacía pensar en el Don Juan legendario enloquecedor de doncellas. Irreprochablemente vestido, como el Brummel que él cantara en rimas luminosas, con su imperativa testa poblada de brillantes cabellos negros y de altaneros mostachos, con su porte de príncipe, con su paso de púgil, con su palabra conquistadora de laureles y de voluntades, devoraba la vida con sed insaciable de amores y de gloria. ¡Y qué excepcional compañero por su contagiosa audacia en los vuelos del pensamiento, por su fe en el futuro y su pródigo dinamismo!

Anotaré dos actos míos que atrajeron la indignada pero muda sorpresa de mi amigo Fausto Dávila.

Al visitar la capilla del Palacio Real, con la tarjeta que nos envió el ministro de la Gobernación, entre los objetos preciosos que mostró el empleado subalterno que nos acompañaba, vimos, en un altar, bajo oblonga y angosta bomba de cristal, colocado en la mitad de una vara de oro, el fragmento de un grueso clavo negro.

—Este es uno de los clavos con que crucificaron a Nuestro Señor Jesucristo.

Olvídeme de todas mis profanas lecturas. La fe arrojó de mi espíritu las dudas tenaces y burlonas. Puse discretamente en la mano del cicerone una moneda de diez dólares, diciéndole al oído:

—Quiero besar ese clavo.

El hombre, absorto, vaciló:

—Quédese atrás. Créame: jamás lo he visto descubierto. Dejó que los otros se alejaran, y, volviéndose, retiró la cristalina envoltura.

Y, creyendo ciegamente en su autenticidad, besé la sagrada reliquia.

En el Escorial —después de nuestra visita a la Casa del Príncipe— llena de las maravillas de grandes pintores y tras un recorrido de cinco horas por el vasto edificio, admirando sus imponderables riquezas, el guía —un clérigo pálido de aceitunada sotana— nos condujo a las miseras y tristes habitaciones en que pasó sus días postreras Felipe II.

—En esta humilde silla recostóse durante mucho tiempo cuando ya la muerte rondaba su paso...

La fatigosa caminata sin descanso, y la grave evocación histórica, movieran en mí un insólito deseo. También el maligno instinto de ver el espanto en la cara de mi correcto compatriota.

Sin vacilar, con esa firme resolución que siempre me dio el resultado apetecido, avancé, sentándome en la silla del sombrío y poderoso monarca. Crugió lamentablemente, quizá por vez primera en su inmovilidad secular. Extendí las piernas donde puso las suyas el que fue dueño de un vasto mundo...

De pide nuevamente, desarrugué el rostro severo del fraile, deteniendo en su boca toda palabra inoportuna con... otra moneda de diez dólares, suavísimamente deslizada en su diestra y cuyo frío contacto le arrancó la más inefable de sus sonrisas. En tanto Dávila, con las manos en la cabeza, no volvía de su asombro, y mi hermano Molina celebrada la ocurrencia.

Cuando Fausto relató estas cosas al general Bonilla, calificándolas según su criterio, el Presidente exclamó, entre serio y socarrón:

—Froylán hizo bien. Esos veinte dólares... son los mejor gastados por un hondureño.

París me atraía con su vorágine de fuego, y en una parte de septiembre, de esplendor sin igual, penetré en su recinto. Medí el tiempo, dándoles a los minutos el valor de las horas y a éstas el de los días. En el Hotel Términus, junto a la estación de San Lázaro, en donde ocupé dos amplios cuartos del segundo piso, apenas permanecía lo necesario para comer y dormir. Temprano tomaba un taxi, recorriendo los sitios históricos entrevistos en mis lecturas, los museos, los vertiginosos bulevares. Iba y venía sin fatigarme nunca, con la avidez insaciable de las cosas magníficas, con la perenne inquietud de olvidar algo que antes ansiara conocer.

Pasaba una hora con Rubén Darío todas las tardes, en el modesto departamento que habitaba con Francisca Sánchez. Esta tenía una hermana más joven y agraciada.

—Mi compañera —decía el poeta—, hablando de la Sánchez.

Y con esas palabras me la presentó.

Una mañana en que la señora había salido y la muchacha limpiaba el dormitorio de Rubén le felicité, subrayando mis palabras con una sonrisa, por tan gentil ayuda de cámara.

—¡Oh, no, no! —exclamó, levantando los brazos con ademán de protesta—. No, no, por Dios. Le juro que ésta no es más que una hermana, Créalo, créalo...

Di gravedad a mi rostro para calmar su sobresalto.

Con el pretexto de que deseaba vivir entre gente que hablara español, Molina se trasladó, poco después de nuestra llegada, del suntuoso Terminus al Hotel América, tienda de mala muerte ubicada en la Rue Lafayette. Llevóse en su baúl el manuscrito de mi novela Annabel Lee, para la que deseaba escribir un prefacio. La leyó en nuestro azaroso viaje de Nueva York a Río de Janeiro, pero quiso repetir la lectura en circunstancias propicias de ambiente y serenidad. Siempre que iba a verle encontrábale pluma en mano, con el cigarrillo en la boca y una taza de café sobre la mesa. Sentíase satisfecho de su trabajo, negábase a que yo lo conociera en fragmentos, resuelto a no salir de su cuarto mientras no le pusiera punto final. Tres semanas duró su tarea, corrigiendo, copiando una y cinco veces, limando su recia y melódica prosa con tenaz perseverancia. Pudiera decir muy bien que Juan Ramón apenas conoció París. Ni en museos, ni en teatros, ni en bibliotecas puso nunca los pies. Ni siquiera en uno de esos alegres cabarets de Montmartre, centro tácito de los viajeros hispanoamericanos. Una llamada telefónica me hizo saber que el prólogo estaba concluido.

—¡Ven! —me gritó—, quiero leer te lo mejor que he escrito, la prosa más bella salida de mi numen.

Fui sin tardanza. Un automóvil nos condujo a los jardines del Luxemburgo. La tarde era espléndida. Bajo un arbolado circuido de rosaledas me leyó, con su voz de tonos irregulares, pero cálida y sonora, esas páginas llenas de pensamiento, de emoción y de música.

—Ciertamente —le dije—, abrazándole cuando terminó. Esta es tu prosa más brillante y definitiva.

—Ya ves cuánto te quiero, cuánto te estimo en todo lo que vales, ¡que he venido a Paris, a Paris!, sólo a escribir mi impresión sobre tu magnífica novela. Mi mejor obra de sinceridad, de fraternidad y de justicia. Porque no hay en ella una alabanza que no sea merecida. Y bien sabes que, como tú, soy excesivamente parco en el elogio.

Comimos poco después con gran apetito en uno de los mejores restaurantes próximos

Aún existe ese viejo restaurante del Barrio Latino. Siempre que he pasado por él en los últimos cuatro años vividos en París y por el sitio en que Juan Ramón me leyera su Prefacio, su recuerdo se iluminó dentro de mi espíritu con profundo cariño.

Y temiendo que recayera en alguna insidiosa trampa de su siniestro demonio, le rogué regresara al Hotel Términus, en donde ocupó una hermosa estancia.

"¡Qué enfermedad tan terrible la del alcohol!".Poe.

EN BUSCA DE Leopoldo Lugones —quien venía de Suecia en misión docente de su país— llegué al Hotel Gibraltar. Pensé hacerle una corta visita; pero transcurrieron dos horas y no me levantaba del sofá escuchando al magno creador de *Las montañas del oro*. Moreno y vigoroso, emanaba de su persona un optimismo potente que encendía sus palabras. Quise retirarme, pero él se opuso, continuando su sabia disertación sobre las escuelas suecas y sus planes para renovar los métodos argentinos de enseñanza. Intenté llevar la plática por otros rumbos menos didácticos, pero él se excusó diciendo:

—Con los escritores y poetas no hablo nunca de literatura.

Sin embargo, por breves instantes olvidó aquella paradoja, haciéndome algunas preguntas y recabando mi opinión sobre determinados autores.

Irrumpió en el salón un joven blanco, fino y vivaz, inquiriendo de Lugones no sé qué pueril detalle de equipajes.

—Mi hermano Ingenieros —dijo el poeta presentándomelo.

Sentóse junto a nosotros. Deseaba conocer las características de la producción mental de Centro América, avivándose su interés con mis juicios y explicaciones. Pero a pesar de saber que era un eminente hombre de ciencia, de fama continental no me fue simpático Y supuse que sería recíproca esta primera impresión. En lo que no estuve en la verdad, pues en el transcurso de los años recibí pruebas inequívocas de su cordialísimo compañerismo literario. Tarjetas, cartas y todos sus admirables libros con cariñosas dedicatorias. En cambio, de Lugones —que me pareció encerrado en un hiperbólico hermetismo, en una férrea torre de orgullo—, que escribió en mi álbum una frase elogiosa, de quien reproduje en mis revistas antológicas innumerables poemas, y que me impresionó tan gratamente, no volví a tener jamás ninguna noticia directa, y hasta creo que, revelando con ello su incultura, que tan continuos ataques le ha atraído, dejó de contestar alguna carta de saludo que yo le dirigiera. O quizá su rara ideología en materia de alto civismo, tan opuesta a mi acción de libertad y autonomía que difundió la prensa de América, fuera la causa fundamental de que no llegáramos nunca a ser amigos. Pero, exceptuada esta discrepancia, admiro en sus tres cuartas partes su obra, que en mi concepto, se coloca entre los máximos poetas, ensayistas y cuentistas de habla castellana.

Conté a Darío mi visita a Lugones.

—Me preguntó que quién me parecía el mayor poeta vivo de nuestro idioma —le dije.

Pasó un minuto de silencio.

—¿Y usted qué contestó?

—Naturalmente, que él, Lugones.

Otro minuto de silencio.

—¿Lugones qué dijo?

—Que estaba yo en un error porque el primero sobre todos era el maestro Darío.

—¿Y ahora ¿qué opina usted? —exclamó complacido—. Siempre he tenido de usted ese mismo concepto. Pero deseaba saber si mi juicio producía en Lugones alguna protesta. –

—¡Cuidado, Froylán! No juegue jamás con las palabras peligrosas.

Y tras este semi-consejo me invitó a comer con él en familia.

—Ya sé, hombre, que a usted le disgusta, al revés de los Goncourt, que lo inviten a comer, no dándole importancia a un acto que tan grande la tuvo en las épocas florecientes de Grecia y de Roma, y aun hoy día, entre un escaso número de eminencias epicúreas. A usted le place yantar de prisa... para no perder el tiempo. Pero hoy se sacrificará, sometiendo su corta paciencia a la prueba de mi lentitud de canónigo en las delicias de la mesa.

Por desgracia, en aquel día su sed alcohólica se hallaba en una de sus crisis. Previamente tomó varios fuertes aperitivos, maravillándose de que yo sólo bebiera agua de Perrier.

—¡Agua, únicamente agua, Dios mío! ¡Pero cómo es posible que exista un ser civilizado que sólo beba agua......Esto es inaudito.

Dio fin, entre plato y plato, a una botella de chablís. Terminando con varias copas de coñac. Fue volviéndose taciturno hasta que cerró los ojos, cayendo en el nirvana...

Una de sus invitaciones dio motivo para su resentimiento.

—En este ágape íntimo encontrará usted a un hondureño: el joven Nazario Soriano, algo pariente mío, estudiante número uno de la Facultad de Medicina de París, la primera en el mundo; que hizo en África, o no sé dónde, notables y metódicos estudios sobre enfermedades tropicales. Aun no tiene título y ya es mi médico. Me inspira más fe que algunos Esculapios europeos como...

—¿Max Nordau?

—No tanto, no tanto. Nordau, gloria de la raza judía, es mi amparo en los casos graves.

Para aquel banquete invitó a muchas personalidades literarias. Yo me proponía asistir para no desagradarlo. Y cuando recibí su urgente mensaje: *Poeta, no me falte a la comida* —conservo este mensaje de su puño y letra en uno de mis álbumes—, media hora antes de las ocho, la hora señalada, estaba ya de smoking.

Pero Dios propone... y las faldas disponen. He aquí que suena el timbre. Abro la puerta y entra, como una ráfaga de aromas, la deliciosa muchacha a quien paseé dos o tres veces en automóvil por el Bosque de Bolonia, en las primeras noches de mi llegada y a quien no había vuelto a ver.

¡Qué cosa más tremenda es una joven ardiente y bonita! ¡Cómo, desabotonándose el corpiño y desprendiéndose de las ropas, echa por tierra los más solemnes compromisos y los más graves proyectos! La comida de Rubén se esfumó para mí entre las nieblas cálidas y azules del cielo del amor, y, cual si oyera llover escuché, como en las divinas vaquedades de un balsámico ensueño, la vibrante campanilla del teléfono sonando interminablemente...

—Darío está furioso con usted —me dijo en la mañana siguiente uno de los comensales.

Pero cuando le expliqué la causa que me retuvo en el hotel, desarrugó el olímpico ceño, sonriendo como un fauno.

—¡Vaya! Es la única excusa tolerable. Está usted perdonado. ¿Quién podría desligarse nunca del suavísimo abrazo que nos aprisiona estrechamente sobre un seno juvenil? Entre los blancos muslos de una linda muchacha quisiera hundir mi testa cósmica en el instante de mi muerte.

En los últimos días de mi permanencia en París iba a verle en la mañana y en la noche por petición suya. Pude ahondar en su compleja psicología, ratifiqué mis primeros juicios. Simulaba una fe religiosa que nunca serenó su espíritu, que tendía al sonriente paganismo helénico. Era católico por miedo a los eternos castigos.

—Por si acaso —decía, tratando infantilmente de engañar a Dios—. Imperfectos como somos ¿qué podemos saber? Creo, creo, creo...

Tan inmenso, tan poderoso artista ajustaba su criterio sobre el definitivo problema al del más ignaro labriego.

A un rústico de mi tierra, herido en el estómago en una riña, y a quien su madre pedía que se confesara, le oí decir:

—Bueno, que venga el cura. Yo no creo en la otra vida, pero me confesaré por si acaso estoy equivocado.

Le temía Rubén a la muerte con pavor perenne, que tomaba proporciones de agudo espanto cuando, tras un lapso de abusos alcohólicos, le atacaban los diablos azules. Su sensibilidad era tan mórbida que una crítica cualquiera de sus libros, y, a veces, una simple frase irrespetuosa, conmovía dolorosamente su organismo, produciéndole un malestar insoportable, una angustia que le impedía dormir. Lanzaba, en tales casos, invectivas y sarcasmos contra el ofensor, o concluía, en apariencia, por despreciarle:

—¡Qué imbécil! ¡Qué cerdo vil!

Esto por fuera. Por dentro sangraba la herida, gemía su amargura con debilidad de mujer, anhelando para su adversario las más cruentas desgracias. Su terror culminaba en relación con los tres célebres escritores que constituyeron su constante obsesión, su permanente pesadilla: R. Blanco-Fombona, Enrique Gómez Carrillo y Luis Bonafoux. El primero (y no me ofuscan la admiración y el cariño que le profeso), que vale mucho más que los otros dos juntos, grande en la literatura contemporánea, inspirábale una perpetua inquietud mezclada de aprecio y de pleno conocimiento de su alto valer. Sabía que cuanto dijera de él iba a perdurar en el futuro, sería completo y eterno. De aquí que, al final de su existencia, atisbara con interés inocultable cualquier juicio, escrito o verbal, que acerca de su personalidad emitiera el ilustre venezolano. Le imponían, además, su audacia viril, su vital potencia en el ímpetu agresivo, su pretérito dramático y legendario, digno del mármol y del bronce.

Bonafoux, con sus sátiras fulminantes, con sus agrios humorismos, con sus plebeyas ironías con sus gracejadas clownescas, hacíale temblar, con el terror que inspiraba a los antiguos cortesanos el bufón real facultado para gritar en público sus recónditas vergüenzas. Aunque consideraba su mordacidad histriónica como cosa del género chico, que si hacía sangrar no creaba un dolor perdurable por su notoria mediocridad inconsistente.

Gómez Carrillo le asediaba más con sus burlas, estableciendo el clásico juego del gato con el ratón, nivelándose a él, ya que era imposible por el mérito cerebral, por la desconfianza y el desasosiego que le producía. Rubén no ignoraba que la mitad del valor físico y las historias de duelos de Enrique eran pura farsa. Que el guatemalteco, hombre en verdad extraordinario bajo diversos aspectos, múltiple y encantador, dotado de la más asombrosa flexibilidad para la simulación y la adaptación, procuraba a todo trance ponerse en evidencia, atrayendo sobre sí el interés y los dictámenes del mayor número de gentes. Pensaba de él que era un cronista sin escrúpulos éticos, ingenioso y embustero, capaz de poner en la picota a los hombres y cosas más dignos de respeto por sumar un nuevo triunfo a sus escándalos literarios o mundanos, sobre todo si podía contar previamente con la impunidad. Y por este profundo conocimiento de la inverecunda despreocupación y de la ingénita maledicencia —que según él— caracterizaban gráficamente a Gómez Carrillo, Rubén llegó a temerle hasta la pusilanimidad. Habría, en efecto, permitido que le cortaran dos dedos de la mano (la izquierda, se entiende, como dijo a un mi amigo diplomático) por tener la inefable ventura de asistir al entierro de su querido compañero. ¡Cuántas veces soñó que le había aplastado un automóvil! ¡Y qué despertar tan lúgubre al ver que todo fue un delirio y que el maldito farsante estaba quizá en aquel momento urdiendo contra él, en la redacción de Le Journal o de Le Temps, alguna anécdota corrosiva! Gómez Carrillo, sabedor por su propia observación y por dos o tres pseudo-camaradas del pánico que producía, abusaba de él cínicamente, reverenciando por delante al sumo-maestro y por detrás aumentando con malévolas críticas sus inquietudes y desvelos. Y así vivieron —el gato y el ratón— hasta el día en que el hado dispuso que mientras el brillante cronista continuaba en sus ágiles juegos malabares en un diario madrileño o en el frente francés (febrero de 1916), el máximo poeta del idioma, tras un período de lamentable decadencia, producida por su inveterada dipsomanía, fuera a reposar, libre para siempre de tus torturas materiales y psíquicas, en la catedral de la metrópoli de su pequeña patria, bajo un soberbio León de mármol, símbolo epigramático, última ironía de su insólito destino

Quizás algunos de mis amigos o compañeros de letras que conocieron a Darío no estén de acuerdo con estas impresiones. Pero cada cual es libre de opinar sobre los hombres y las cosas. Solo añadiré que las grabo aquí con la mayor verdad y sinceridad.

PASÉ UNA MAÑANA muy grata con María Cruz en el salón del hotel en que se hospedó. Nos conocimos en aquellas horas para toda la vida. Así me lo dijo cuando me despedí, citándome para una comida al día siguiente en un famoso restaurante de los grandes bulevares. No acudí por un olvido incalificable. Me esperó allí toda la tarde, sin guardarme rencor.

¡Cerebro y corazón de María Cruz! ¡Cómo, siendo tan grandes, pudieron vivir, sin perder el equilibrio, en su cuerpo tan menudo y sutil! ¡Qué contraste tan cruel entre su radiante espíritu, magnificente de armonía y de gracia y su mísera envoltura terrena! Ella, en quien era innata la perfecta comprensión del mundo exterior y los recónditos universos del alma; ¡que meditaba, sedienta de ideal, con los ojos en las alturas, ¡En qué pavorosa angustia se hundiría frente a su espejo, viéndose tan negativa en su forma de mujer!

Centro América no tuvo nunca cerebro femenino más poderoso. Aunábase en ella la sapiencia a la mentalidad singular, la aptitud estética creadora al hondo razonamiento filosófico. Poseyendo cinco idiomas, le eran familiares las literaturas antiguas, modernas y contemporáneas. Guardo un paquete de cartas que me dirigió de varios países de Asia, tal vez más interesantes que sus bellas *Cartas de la India,* aparecidas hace algunos años en francés. Nuestra fraternidad terminó con su muerte en 1915. Viajó por tres continentes. En una remota comarca del Indostán contrajo el terrible mal que la condujo a la tumba a los treinta y nueva años.

Tengo impresa luminosamente en mi memoria la imagen de María. ¡Tan silenciosa, tan fina y discreta! Pero aun con mayor intensidad de mi espíritu el metal de su voz, su expresión, sus frases tan ingeniosas y pintorescas describiendo tierras exóticas, incógnitos mares, matices de emociones y nostalgias.

Paréceme imposible que escritora tan completa, que poetisa tan refinada y melodiosa, continúe siendo desconocida hasta de los grupos literarios más selectos. Algo he de hacer por su renombre en los años futuros.

En el último día que pasé en Par sí conocí a Remy de Gourmont. Rubén me dio una tarjeta para él, diciéndome:

—Encontrará usted en la portería a una vieja armada con una escoba que, por todos los medios imaginables, tratará de impedirle la entrada. Es una antiquísima sirvienta que se dio a sí misma la misión de combatir con los que intentan hablar con el ilustre sabio. Usted verá como hace para vencer —no con dádivas que serían inútiles— a esa terrible furia. En último caso, estando acostumbrado a sujetar dragones, pase sobre ella.

Al hacer sonar el timbre estaba resuelto a seguir aquella insinuación, sin preámbulos de ningún género. De modo que, cuando se me vino encima el cancerbero con el arma con que hacía su guardia, parándose en el primer escalón para evitar que yo pasara, la tomé de un brazo, apartándola tan rápidamente que cuando quiso atacarme o barrerme ya estaba yo arriba. A sus agudos gritos acudió el mismo Gourmont, envuelto en su clásica bata gris y con su gorra de terciopelo. Rióse mucho del caso y me hizo pasar a su biblioteca en donde, entre hacinamientos de volúmenes, conversamos más de una hora.

La figura del insigne erudito de la Física del Amor era de las que no se olvidan jamás. La veo aún frente a mí, con la diestra en alto mientras hablaba, con la expresión atenta escuchando algunas de mis anécdotas hispanoamericanas. Veo las anchas mangas plomizas y los gruesos cordones de seda de su ropón eclesiástico.

En una desapacible mañana de otoño dije adiós a la gran cosmópolis del arte, del dolor y del amor. Entre los recuerdos de mis postreros días parisienses de aquella época no debo olvidar la comida con que me obsequió en mi onomástico el abogado y orador costarricense José Astúa Aguilar, a la que concurrieron varios escritores. En Tegucigalpa volví a ver en 1922 a este cordial amigo.

El tren vibraba por entre campiñas amarillentas y de los árboles caían revolando las hojas. Fuimos así durante mucho tiempo y al caer de la tarde me embarqué en Boulogne rumbo a Nueva York. Densa niebla cubría el Atlántico y los alaridos de la sirena resonaban monótonamente. Nueve días de mar uniforme, envueltos los cielos y las aguas en una humareda opalina agitada por un viento glacial.

El veintiuno de octubre descendí del gran vapor en uno de los gigantescos muelles de la urbe portentosa que impone su potencia económica al mundo.

Dos semanas de continuas agitaciones, de cruzar Nueva York en automóvil, en tranvía, en metro. Setenta horas en Washington, fugaces aventuras en las frías noches, cenas después del teatro, incesantes subidas y bajadas en los ascensores.

No me gustó Nueva York. Su vertiginosa vida, su estupenda magnificencia material me produjeron admiración, restringiendo el sentido de esta intensa palabra a la parte física, a lo que atañe al triunfo del músculo. Pero mi espíritu permaneció impasible, por no decir indiferente, ante esa monstruosa exaltación de una raza para quien la fuerza material, la audacia y el oro constituyen los más altos ideales humanos. Sin embargo, conservo agradables reminiscencias de mi paso por la vasta metrópoli, de mis excursiones a Conney Island, de sus excelentes hoteles y de algunas amigas generosas.

Molina y yo tomamos pasajes para Colón en un hermoso vapor inglés que hizo escala en Kingston. Dormimos otra vez en el hotel que tiene enfrente las más espléndidas palmas reales que haya visto y recorrimos de nuevo la interesante ciudad y sus panorámicos alrededores. Ya de regreso a bordo nos impresionamos contemplando las proezas de un grupo de pequeños negros que recogían de la profundidad de las aguas las monedas que se les arrojaban, pasando luego como ágiles peces por debajo del vapor, y viendo el embarque de enormes tortugas destinadas a las cocinas yanquis. En Colón y Panamá asistimos a las fiestas del aniversario de su separación de Colombia. Mascaradas y procesiones, bailes públicos, juegos artificiales, revuelos de campanas, griterías. En todo imperaban el alcohol y el patriotismo criollo. El canal apenas se iniciaba. En los extremos de los grandes océanos oíanse los golpes de barra de los ciclopes partiendo en dos el Continente. Contentos por librarnos de los famélicos asaltos de millares de zancudos, y con el anhelo del regreso a la patria, partimos para Amapala en uno de los incómodos barcos de la Pacific Mail, llevándonos del muelle panameño a un galeno colombiano, Rafael Alcalá, que solicitó mi ayuda monetaria para llegar a nuestras costas y que resultó un ameno compañero de viaje.

¡Emoción inde finible la de contemplar de nuevo las patrias montañas! En Amapala me sentí feliz. En pocos días de mi vida llenó mi corazón una ventura tan profunda. Navegamos por los esteros en el plenilunio de noviembre. Un marino hacía llorar entre sus manos a un viejo acordeón. Fresca brisa acariciaba nuestras frentes y todo a nuestro derredor nos parecía encantado. En los ramajes de los manglares reposaban las garzas blancas y el cielo estriado de luceros encendía con extraños sueños nuestros espíritus con su hermosura imponderable. Íbamos en silencio, pensando, pensando... Evocaba otras inolvidables noches hondureñas, tan diáfanas y misteriosas.

Como si fuera mi propia voz oí la de Juan Ramón, optimista y fraternal:

Estoy recordando la página de tu novela en que describes tu primera cita con Annabel, bajo los naranjos olorosos del patio, en tu región maternal, en el plenilunio de abril... I momentos después:

—¡Alégrate! ¡Alégrate! Ya gemirá de amor otra vez en tus brazos.

El viejo acordeón volvió a sollozar. Veíanse a lo lejos surgir del agua temblorosas luces. Y, transcurridos treinta minutos, resonaban en el amanecer bajo nuestros pasos los tablones del muellecito de San Lorenzo.

Llegué a Tegucigalpa cuando finalizaba noviembre. Semanas después ocurrió el incidente inicial de la desastrosa guerra con Nicaragua.

El 22 de enero (1907) recibí de Managua una carta del poeta venezolano Emiliano Hernández, en que me pedía interponer mi autoridad oficial en pro de un escritor de Sur América caído en la lobreguez de una ergástula hondureña. Suprimo el nombre completo, dejando sólo las iniciales de sus apellidos, Copio su párrafo más importante.

Ignoro el delito de E.U. y quiero ignorarlo. Sé que es un artista y un bueno y ello me basta. Mi escepticismo no cree en el bien ni en el mal, sino en las cosas oportunas e inoportunas. Y por grande que haya sido la inoportunidad, ya E.U. tiene seis meses preso. Yo me permito ir hacia el Ministro artista para impetrar su influencia en favor de este pobre amigo. Es una obra de fraternidad y también una obra de piedad. Y usted debe y puede creer que yo agradeceré a usted cuanto haga por el infortunado.

He aquí el caso: E.U. —joven literato suramericano de honorable familia— viajaba rumbo a California, por la vía del Pacífico. Sintiéndose con excepcionales aptitudes, se lanzó en la aventura de buscar nuevos horizontes en pos de un brillante destino, apenas con el dinero suficiente para sus gastos más apremiantes, en una quincena en un país extraño.

Anclado el vapor frente a Amapala, paseábase a mediodía sobre cubierta cuando, al pasar junto al camarote de una millonaria neoyorquina, vio por la ventanilla una caja de joyas abierta sobre el lavabo.

¿Qué ruin demonio turbó un segundo su razón? Como en un mal sueño, y como si se tratara de otro, vióse luego huyendo por la escalera del comedor con la caja fatal entre las manos. Introdújose en un baño y, echando la llave, abrió el cuerpo del delito. Quedó deslumbrado. En perlas, diamantes, rubíes, zafiros y esmeraldas había allí seguramente más de cien mil dólares.

¿Cuánto tiempo permaneció inmóvil, sobrecogido de alegría y de terror? Una obscura inconsciencia, abatiendo su voluntad, le retuvo fuera de toda acción... Un súbito instinto del peligro aclaró un instante su alma. Como impulsado por un íntimo resorte movióse con rapidez. Ya más sereno, determinó tomar un bote que lo condujera al puerto. ¡Pero qué inusitado movimiento advirtió por todas partes! Los oficiales y marinos corrían dando órdenes a gritos y los pasajeros que iban a tierra viéronse detenidos. Levantábase la escala, comenzando un registro humillante...

Aterrado el joven, ve el tenebroso abismo que se abre a sus pies. Cien absurdos proyectos salvadores acuden a su mente. Uno de ellos, más lógico quizá, hubiera atenuado su delito: ir en el acto donde el capitán y entregarle la caja, jurándole que la encontró en el baño. Pero vacila, se aturde, intenta esconderse en la bodega, y la propia dueña de las joyas, que lo ha estado observando, le detiene:

—¡Aquí está el ladrón! ¡Regístrenlo!

Todos los grupos le rodean vociferando. Extraen la caja del interior de sus ropas y es llevado a empellones y puñetazos a lo largo del barco.

Oyose de arriba, en inglés, una áspera voz de mando... y, veinte minutos más tarde, conducido por un oficial y dos subalternos, es entregado, con hierros en las manos, al comandante del puerto, en cuyo presidio hacía medio año que purgaba su delito. En la inmunda cárcel, entre humedades y fetideces, y en astrosa promiscuidad con viles criminales vio correr aquel desventurado los primeros ciento ochenta días de su dura expiación... Flaco y amarillento por la fiebre, cubierto de harapos y atormentado por los zancudos, piojos y demás parásitos, perdido el ánimo en aquella horrible miseria, y casi muertos la voluntad y la esperanza en los escondrijos sombríos de la subconsciencia, arrastrábase en su pocilga como un gusano en un sepulcro o echábase de espaldas en su tarima y permanecía horas sin moverse, con los ojos fijos en el techo, en tremenda y muda desesperación. Casi nunca se le oía hablar, insomne y sumido en un tormento sin término. Sus rudos compañeros mirábanle con lástima, augurándole una muerte próxima.

—No tiene fuerza ni conformidad contra la mala suerte —decían—. Ya verán cómo se suicida uno de estos días.

Profundamente impresionado con las informaciones anteriores, que obtuve de las autoridades de Amapala (pues hallándome fuera de Honduras cuando acaeció el suceso, lo ignoraba en absoluto) acudí en su auxilio sin pérdida de tiempo.

Fue corto mi diálogo con el general Bonilla. Llegué en la hora oportuna, cuando cantaba con su ronca voz desentonada algo parecido a Mambrú se fue a la guerra —que tanto complaciera a Napoleón—, saboreando los trozos frescos y sonrosados de una panzuda sandía de Comayagua.

Le hablé con elocuencia, exponiendo el caso con patéticas palabras, sin olvidar ningún mínimo detalle. Leí después la carta de Hernández y las contestaciones de los informes solicitados. Me escuchó sin interrumpirme y esto era en él un signo favorable.

—¡Pobre hombre! —dijo, cuando terminé mi apasionado relato—. Hace usted bien en interesarse por su suerte. Desgraciadamente nada podré hacer en su favor estando ya probablemente condenado por tribunales. Ayúdeme a concluir con esta sandía deliciosa y hábleme de otro asunto.

Cuando dimos fin a la agradable tarea y en la fuente no quedó ningún resto de las pulpas dulcísimas, me lancé de nuevo a la carga.

—¿No le da piedad ese infeliz, general? Ya pagó su mala acción con atroces sufrimientos. Todos los que le han visto en esta última semana creen que si permanece dos meses más en la situación en que se halla morirá tuberculoso.

—Ya daré orden de que lo traten bien, de que lo pongan en un cuarto aparte, atendiéndole con una sana alimentación.

—¡Cómo quisiera yo ser Presidente para libertar en el acto a ese desdichado! Estos son los casos excepcionales en que Justo Rufino Barrios ponía su conciencia sobre la ley. Y Barrios —fuera de su gloriosa acción unionista— vale tanto y se hace perdonar sus errores por esta clase de magnanimidades,

—¿Y qué más?

—Que usted posee un corazón generoso capaz de singulares acciones... Y bien sabe que no soy adulador.

—Pues, a pesar de todo, dígole nones...

—Adiós general. Y crea que siento haberme equivocado en esta última apreciación acerca de usted.

Ya iba por el pasillo cuando oí que me llamaba.

—Vuelva, vuelva, caballero, no se vaya tan descontento: que de cien hijas que tengo la mejor se llevará...

Y con su lento paso, se dirigió al teléfono.

—Comuníqueme con el comandante de Amapala.

—¿...?

—Sí, con el mismo. Oiga, Leiva. Esta noche, después de las once, mande usted dejar a La Unión, con las consideraciones del caso, al señor E.U. Tome, por mi cuenta de la Casa Rossner trescientos pesos, que le entregará en mi nombre a dicho joven, deseándole buena suerte y total olvido de sus penalidades en tierra hondureña.

LA DESASTROSA GUERRA con Nicaragua... El general Bonilla y el ministro de México, José Manuel Gutiérrez Zamora, vieron con perfecta claridad el final de aquella tragedia, la derrota de Honduras. Ofuscados por engañosas apariencias, todos los que rodeábamos al presidente, y la gran mayoría del pueblo, le incitábamos a la lucha. Sobre todo Molina, Augusto Coello y yo, con terribles artículos, con incendiarios discursos, contribuimos, impelidos por un exagerado patriotismo, a que estallara el conflicto, Fue uno de mis grandes errores, que expié en el ostracismo con un dolor tardío. Hubiera dado muchos años de mi vida por no sufrir tan ingrato recuerdo...

(En el tomo II de mi Historia de Honduras trato ampliamente de esta guerra, estableciendo la verdad, documentada, en todo lo que a ella se refiere. Publicaré en un folleto importantes de talles de aquellos trágicos meses de 1907, impropios para figurar en la Historia de Honduras, y, por su extensión, en estas Memorias. Allí concretaré todo lo que pasó en Tegucigalpa desde la salida del presiden te Bonilla para el sur hasta el 25 de marzo en que entraron en ella las tropas invasoras.

El 25 de marzo de 1907, a las nueve de la mañana, poco antes de que las tropas nicaragüenses entraran vencedoras a Tegucigalpa, los ministros de Gobernación y Hacienda con doce altos empleados y amigos, salimos con dirección a El Salvador. Al llegar a la plaza de Comayagüela un grupo de individuos intentó detenernos; pero el general Leopoldo Córdova increpó duramente a aquellos follones, ordenando avanzar con el fusil al brazo. Viendo nuestra resolución, manifiesta con enérgicas voces de amenaza, la turba armada se apartó de nuestro camino.

No nos detuvimos sino dos horas en Lepaterique, y, a la madrugada, al ascender por una cuesta, escuchamos a corta distancia el sordo ruido de los cascos de muchas bestias sobre los guijarros. Apartándonos de la ruta, con el mayor sigilo, nos colocamos tras de un cerco de piedra, empuñando el rifle. Como la noche era obscura pasaron sin vernos cinco jinetes, a tres metros de nosotros; y, seguros de que era una escolta que nos perseguía, íbamos ya a disparar sobre ella, cuando, oyendo lo que hablaban, nos dimos cuenta de nuestro error. Eran Emiliano Chamorro y cuatro nicaragüenses que le servían de guardia, entre ellos un joven muy inteligente, gordo, de baja estatura, de apellido Paiz, políglota, educado en Alemania, y que, en los últimos años trabajara, con aplauso de sus jefes, en las oficinas de la Compañía minera de San Juancito.

Ya juntos continuamos nuestra marcha, deteniéndonos a las diez de la mañana en una casa aislada sobre una colina en medio de un extenso valle. Después de un corto reposo almorzamos allí con el mejor apetito.

Cinco de nosotros conversábamos bajo un árbol del patio. Sacando de su bolsillo un pañuelo, alguien dijo:

—Vamos a ver quién, entre, los que aquí nos hallamos, morirá primero.

Y nos extendió cinco puntas. Las tomamos, tocándole a Paiz el nudo fatídico. No se inmutó al parecer. Pero su absoluto silencio desde ese instante nos hizo sentir la impresión que tal augurio le produjera.

Después de mediodía montamos de nuevo, llegando a pernoctar, con la noche ya encima, en la cumbre de un altísimo cerro, conducidos por un guía de aquellos contornos.

Colgué mi hamaca y me extendí en ella. Otros iban y venían en mi derredor, afanados en diversos trabajos, y, a diez metros, ardía una pequeña fogata en la que, con las plumas a medio arrancar, asábanse algunas gallinas.

Habría dormido una hora cuando me despertó un extraño estruendo como de piedras que rodasen por la falda del cerro... Agucé el oído; pero nada volvió a interrumpir la calma nocturna, fuera del monótono roncar de mis fatigados compañeros. Parecióme que la muerte rondaba por aquellos sitios... Por entre los ramajes veía el firmamento como un paño de negro terciopelo lleno de jazmines fulgurantes y una ligera brisa arrancaba murmullos a los pinos. Volví a hundirme en la inconsciencia para despertarme de nuevo como ante la intuición de un seguro peligro. Un hombre hablaba en voz baja con uno de nuestros generales.

—Antes del amanecer —le decía— estarán ustedes rodeados por más de doscientos curarenes que vienen ya marchando. A dos leguas de aquí está la frontera con El Salvador. Váyanse sin pérdida de tiempo.

—No, no, son exageraciones tuyas —contestaba el militar medio dormido. Cuando amanezca nos iremos.

—Vea, general, le debo a usted varios servicios y por eso corrí a avisarle, exponiendo el pellejo y destrozándome los pies en la obscuridad para subir hasta aquí por veredas de cabras. Yo he visto y oído a los que vienen en persecución de ustedes.

—Acuéstate por ahí y no te preocupes.

Yo me deslicé de la hamaca y fui a despertar a Córdova y a Chamorro, a quienes comuniqué lo que pasaba. Este último saltó en el acto, sonando su pito de alarma. Acudieron sus acompañantes, a quienes ordenó preparar las bestias. Ensillé mi caballo. Todos los demás hicieron lo mismo. Cuando amanecía, tras de atravesar el Olubre, llegamos a Concepción de Oriente. Mientras nos bañábamos en dicho río, dos horas después, de las alturas próximas, en tierra hondureña, cayó sobre nosotros una granizada de balas que rebotaron en las piedras, hiriendo a dos de nuestros amigos. Contestamos al momento con nuestros rifles, logrando derribar a uno de los agresores.

Como lo anunciara el hombre excelente que llevó tan oportuna noticia, los curarenes ocuparon al clarear el día el cerro en que nos hallábamos.

En la tarde llegamos a Pasaquina, cuartel general del ejército salvadoreño, y a donde acudía parte del nuestro, después del desastre de Namasigüe. Como cuatro o cinco mil hombres se hacinaban ahí en gran desorden; y el bullicio, el horrible calor y la asfixiante polvareda hacían la atmósfera intolerable. Mi hermano Gustavo me abordó en el acto.

—Voy a esconder tu hermoso caballo en mi cuarto —me dijo—. De lo contrario, con todo y montura te lo robarán esta noche y mañana no encontrarás en qué proseguir tu viaje.

Así lo hizo. Y en seguida regresó para conducirme a un pequeño cuarto que obtuvo para mí, en el que encontré en una mesa un trozo de pan, un pollo asado y un jarro de agua fresca. Salí luego a pasearme por entre los grupos de soldados que se divertían bailando al son de los acordeones, o jugando al chivo, o supinos en el suelo de la plaza, relatando sus proezas en los recientes combates.

Iba a retirarme a dormir, fastidiado de aquella algazara infernal cuando oí cerca una detonación que atrajo la curiosidad de gran número de aquellos hombres. Caminé tras ellos, y sobre las piedras del corredor de una casuca vi a Paiz cubierto de sangre, con la inmovilidad de la muerte...

Meciéndose en su hamaca se le cayó el revólver, cuya única bala le entró por un costado atravesándole el corazón.

Debo anotar que mi primer contratiempo en el exilio restó una importante cantidad a mi haber. Ya en territorio salvadoreño, al atravesar un pedregoso riachuelo, en una tarde tórrida, en el grupo de los generales Córdova, Medal y otros militares amigos, sin desmontarme, como lo hicieron ellos, zafé el freno a mi caballo para que bebiera. Cuando quise ponérselo, el indómito animal saltó varias veces, dando fuertes cabezadas. Golpeóme así violentamente la mano en que llevaba el diamante negro que compré en Bahía, haciendo saltar la piedra, que cayó al agua. Fue inútil lo que hicimos todos por encontrarla. Alejo Lara me había ofrecido tres meses antes mil dólares por ella.

MOLINA FUE A reunirse conmigo a San Salvador. Llegó a mi cuarto del Hotel Central en lastimosa situación, pues la adversidad, hembra sin entrañas, le arrojó en brazos de su terrible vicio, que le puso en peligro de muerte en San Miguel. Le suministré la ropa necesaria, hospedándole en una habitación contigua a la mía y ejerciendo sobre él una activa vigilancia para librarle del alcohol. Durante mes y medio vivimos sumergidos en la lectura y en trabajos literarios. Fundé una revista —Letras Nacionales— en la que aparecieron nuestras poesías y prosas de aquel tiempo.

Tuvo Juan Ramón, en ese breve lapso, dos encuentros personales: el primero con Alfredo Ordóñez, por un justo reclamo que éste le hacía en relación con el honor de su padre, revólver en mano, y al que tuvo que ceder; y otro con Encarnación Gambeta Cruz, en el comedor del hotel, y en el que, tras violento boxeo, Gambeta huyó reventado a puñetazos.

Entre los hombres de letras con quienes me relacioné en San Salvador he de mencionar a Francisco A. Gavidia, el más grande de todos, y de quien Arturo Ambrogi me dijo que pasaba por entonces como inadvertido en su propio país. Darío considerábale como uno de los más sólidos humanistas y uno de los primeros poetas de la América española, amplio juicio en el que estoy de acuerdo. Invitóme, frente a un café, a tomar unos helados, sobre los que vertió algunas copas de jerez. Pasé con él una tarde que se me hizo muy corta. Escribió en mi álbum, en grandes caracteres, dos páginas en hebreo, cuya traducción al castellano anotó al margen, frases de una antigua poesía, de música melancólica, evocadora de cosas muertas...

Fui presentado, por Julián López Pineda, al doctor Manuel Enrique Araujo, vicepresidente de la República. Una hora duró nuestra cordialísima plática, en la que hice cuanto pude por dejar en aquel hombre superior un agradable recuerdo. Pasados algunos días me dijo López Pineda:

—Esta mañana volví a conversar con el doctor Araujo y se expresó muy bien de usted.

—Sólo una cosa no me gusta de Turcios —añadió, tras un corto silencio.

—¿Puede saberse cuál es? —le pregunté.

—Que está dominado por los alcoholes. Sus ojos, con ligeras líneas rojizas en la esclerótica, lo demuestran de manera infalible. Yo soy médico y nunca me engaño en esta clase de observaciones.

—Pues en este caso se equivocó, doctor— le dije riendo—. Turcios no bebe más que agua. Y el detalle casual que usted notó en sus ojos es debido al exceso de lectura.

Diez años antes, mi ilustre amigo, el orador Rafael Severo López, me preguntó si deseaba conocer el presidente de la República, general Rafael A. Gutiérrez.

—No veo nada de extraordinario en ese militar fuera de su audaz acción contra los Ezetas —me dijo—. Pero quizá su conocimiento le dé motivo para una crónica.

Ni para eso me sirvió. Pues, desde que llegamos, y apenas cruzadas las cajoneras frases de presentación, el buen hombre habló más de una hora sin parar, relatando en un lenguaje, propio de las gentes del campo, una serie de cosas absurdas, ponderándose como un héroe homérico en los zafarranchos en que tomó parte.

—Ya ve usted —me dijo Severo López al salir—. Qué mentecato tenemos en la Presidencia. No abre la boca sino para vomitar sandeces.

En mayo (1907) tomé en Acajutla el vapor para Guatemala. Hice cuanto pude por llevarme a Juan Ramón; pero habiendo escrito, años atrás, varios panfletos contra Estrada Cabrera, temió las iras de aquel tirano. En la capital todos hallábanse todavía conmovidos con el trágico acontecimiento de la bomba y luego con la muerte atroz de los hermanos Echeverría y Valdés Blanco.

Conocí en 1897 a Julio Valdés Blanco. Fue un notable médico, un gallardo y simpático mozo, un excelente amigo; y, como lo probó con su audaz aventura, un valerosísimo patriota.

Con Jerónimo Reina alquilé una parte de la casa No. 1 de la quinta calle oriente —que describí en mi prosa Casas familiares— a tres cuadras de la catedral. Almorzábamos un día en el Gran Hotel cuando un señor bien parecido, situado en una mesa próxima, púsose a mirar agresivamente a Jerónimo. Este le correspondió en la misma forma. Entablóse un duelo de miradas. Inquieto, al fin, mi compañero, tomó de prisa el café y nos marchamos. El hambre nos alcanzó cuando salíamos a la calle, y golpeando rudamente la espalda de Reina, le preguntó con acento altanero:

—¿Por qué ha estado usted provocándome? ¿Qué tengo en la cara? ¿Soy acaso algún mono?

—Esas mismas preguntas podría yo hacerle a usted —contestó Jerónimo.

—Ya ladrará usted solo —gritó iracundo.

Y echando mano al bolsillo extrajo un silbato que llevó a sus labios. Como surgidos de la tierra aparecieron tres polizontes. Hizo el otro una señal murmurando unas cuantas palabras y aquellos arrojáronse sobre Reina, empujándole brutalmente. Intervine en el acto; pero el agresor, apartándome con una mano, se introdujo en un automóvil que se detuvo junto a la acera en aquel instante. Quise ir tras de mi amigo; más ya no vi el grupo que formaban él y los esbirros. Otro carro los conducía a toda velocidad.

Habíase reunido regular número de transeúntes que me miraban con azorado aspecto.

—¿Quién es el hombre que ordenó esta captura? —interrogué al que tenía más cerca.

Tardó en contestar, cohibido y mirando a todos lados.

—Es uno de los jefes militares de la intimidad del presidente.

Hice en vano todas las gestiones posibles para obtener la inmediata libertad de mi compañero. Impresionado por aquel suceso no me acosté, seguro de que no podría conciliar el sueño. Como a las cuatro de la mañana sonaron varios aldabonazos en el portón. Acudí y tuve la grata sorpresa de ver llegar a Jerónimo, quien se dirigió violentamente a su cuarto sin pronunciar una palabra. Volvía sin sombrero y con el traje cubierto de polvo. Le seguí, interrogándole. Y entonces me dijo que fue metido en una especie de nicho, de un metro cuadrado, en donde permaneció catorce horas en absoluta obscuridad. Y que treinta minutos antes un gañán le sacó de aquel tétrico encierro, arrojándole a empellones a la calle. Ahogábale la cólera, vociferando injurias contra el oprobioso despotismo imperante en aquel país.

Tres horas más tarde tomó el tren, embarcándose en San José aquella misma noche para el Salvador.

Pasados algunos meses hice un viaje a aquella República y en enero de 1908 me radiqué en Guatemala en compañía de mi hermana.

Alquilé una casa en la 10acalle poniente, cerca del Hospital San Juan de Dios, cuyas campanas sonaban, con cortos intervalos de silencio, desde el amanecer hasta la noche.

Un violentísimo amor atacó de improviso mi voluntad, mi espíritu y mis sentidos. Posesionóse de mi ser con tal frenesí que anuló todo instinto de defensa, todo razonamiento, toda previsión. Fue como un huracán que barrió todo lo que había en mí de serenidad y de análisis. La dama era digna de ser amada por un dios, por su singular inteligencia, por su peregrina imagen, por su gracia única, por sus diecisiete años fragantes. No encontré jamás otra mujer que atrajera como aquella tan ardientemente mi deseo y mi ilusión. Fue para mí un imán apremiante, un vértigo sensual en que ansiaba morir, un florido y azulado abismo en que perdí el alma.

Era digna de tan suprema ternura por las calidades enumeradas; pero indigna de ella por la mixtificación de sus sentimientos, por su sed insaciable de frívolos placeres, y, sobre todo, por su coquetería superlativa. Cuando al verla en una calle y saber quién era...: casada a los catorce años, y no con un Byron o un Brummel, sino con un señor anónimo ¡qué envidiable suerte! Ya herido por su sonrisa enigmática y por sus ojos de limpidez sobrenatural, hui, intenté huir de su sombra, hasta de su recuerdo, como de una muerte segura. Nunca antes sintiera aquella fiebre tan terrible. El insomnio me atenazó con su sedosa garra; una desgana irremediable de todo alimento físico, como de toda otra sensación material o moral, me sumió en pavorosa angustia. Huir, intenté huir, en vano, de su dominio: surgía en mis noches, encendida, apasionada, olorosa a remotos y sexuales paraísos, y un vehementísimo deseo, un agudo y pertinaz deseo de poseerla me rompía los riñones ensombreciendo mis ideas. Yo, que antes no me imaginaba el amor perfecto sino inspirado por una virgen, quería a esta joven ya impura con un ardor frenético, que jamás me inspiraron las candorosas doncellas que fueron mis novias. Hui de ella, pero ella me buscó, abriéndome sus brazos. No sus lindas piernas, como lo ansiaban mis rojos anhelos y con lo que hubiera devuelto la normalidad a mis facultades. Sólo sus brazos; y con ellos me hundí, devorándola con mis besos, aspirando en su cálida boca gratísima toda la esencia de su ser, toda la substancia de su carne, todo su fuego vital, toda su impetuosa y perfumada juventud. Entonces comprendí que hay abrazos tan hondos y absolutos, que hay besas tan intensos y recónditos que llegan a absorbernos la médula hasta rozarnos con la muerte; besos tan plenos de sobrehumano placer que iluminan nuestro cerebro con errantes luces de espanto, porque son como los relámpagos de la locura; más deliciosos, más profundos, inolvidables y supremos que la normal y completa posesión...

Cuantas veces, en las citas de las medianoches, mis manos estremecidas intentaron, sellarla en mi sangre, defendíase con el hermetismo de sus mórbidos muslos, acariciándome y aprisionando mi boca con la suya. Ni en la otra vida podré olvidar aquellos besos. He querido, ¡esfuerzo imposible! reproducirlos en los labios y en los senos de otras dulcísimas amadas. Ellos, en las distancias del tiempo, son más torturantes y pecaminosos, más sexuales y espirituales, más saturados de pasión y de muerte. Subsiste en mí, a pesar de los lustros extintos en el ayer, magia amorosa de aquella divina criatura. Veo, en este instante en que escribo bajo las rosaledas de un jardín romano, su sonrisa, su mirar, su figura ligera, su gracia primaveral...

Comprendiendo que soy el que más la ha amado y deseado —y el que más vale entre los que ella amó y deseó— de los diversos países de su éxodo aventurero ella me enviaba sus nostálgicas remembranzas. Mis álbumes guardan estos incoloros recuerdos, estas salutaciones indecisas, como esas muertas, amarillentas hojas, del árbol a cuya sombra vibramos de felicidad en nocturnas citas de inefable amor. Ella, tan pródiga de sí misma, se arrepintió de no haber sido mía... y ha de evocar, con una pena amarga y melancólica, las dulces noches en que suspiró en mis brazos y que ya nunca volverán.

Todavía, aun sabiéndola de otro, y en el otoño de sus años, no puedo imaginarla sufriendo las decadencias y miserias físicas de las demás mujeres, ni hablando, ni viviendo, ni actuando en ninguna forma vulgarmente. No puedo imaginarla con los naturales desgastes del tiempo, con arrugas bajo los párpados, con el cuello flácido, con los labios marchitos, con el negro pelo surcado de canas. Menos, mucho menos, con alguna otra inequívoca señal de descomposición... Siempre la rememoro ágil y brillante, mórbida y olorosa a salud y a juventud, con sus manos bellas y sensuales, su voz de suave sonoridad, sus mágicos hoyuelos en las morenas mejillas, sus senos pequeños y duros, sus brazos tiernos y redondos; como una maravillosa flor de pecado, como una imponderable fruta del trópico, única y espléndida...

Acoja sobre su corazón esta página de su más comprensivo adorador, que después de recorrer el mundo, y de sentir el hálito de todos los climas, y de gozar del amor de tantas mujeres, vuelve hacia ella el alma encendida en una tarde rosada de la vieja Roma. Acoja este remoto homenaje con la emoción con que en otro tiempo acogía mis caricias: cerrando los lánguidos ojos y ofreciéndome el rojo clavel de su boca.

Hoy —dos de enero de 1908— después de mediodía, caminaba por la calle con Rafael Alvarado, joven hondureño en pleno vigor vital, muy inteligente, muy optimista. Contábame que era feliz; que en Sololá una virtuosa mujer y cuatro hijos le endulzaban el alma y que su haber en metálico era cada día mayor.

—¿No vamos esta noche al teatro? Tengo deseo de ver de nuevo *Juan José*. Es de los dramas que me gustan.

Le di mis excusas por no poder acompañarlo y nos separamos, citándonos para el Hotel Hamilton mañana, domingo, antes del almuerzo. Tres horas después mi amigo Alvarado recibía, en ese hotel, dos tremendas puñaladas. Fui en el acto a la Casa de Salud; pero sólo llegué a tiempo de verle morir y de cerrar sus ojos vidriosos.

Oigo ruido lejano de campanas. La noche es blanca y triste y glacial. Dan las ocho. La hora de ir al teatro. Mi pobre compatriota ya no verá *Juan José*. Ya no verá nunca a su mujer y a sus hijos. Está horriblemente solo, en la obscuridad de un salón de hospital, frío y ensangrentado.

Y resuenan, en lo íntimo de mi ser, sus palabras de ventura, dichas hace apenas algunas horas...

—Soy feliz, todo me sonríe. Tengo un hogar luminoso y alegre, y amo la vida.

Es la hora de ir al teatro... Llega hasta mi la música del concierto de la Plaza de Armas. ¡Qué noche tan blanca y fría!

DEBO EVOCAR aquí en mis recuerdos a las tres hijas de mi inolvidable amigo Juan Ramón Molina. Paseándonos una noche de

1897 por la Plaza de Armas de Guatemala, me contó su última aventura:

—Imagínate —exclamó, con su tono enfático, soplando la brasa de su eterno cigarrillo— a una pobre muchacha del suburbio que, por el único delito de ser bella, se ve continuamente perseguida con las más infames intenciones por innumerables tenorios de todas las edades, aspectos y calibres; desde el ministro adúltero, maquiavélico y, por lo mismo, florentino, discípulo de Benvenuto, que bien conoces, hasta nuestro circunspecto compatriota J.V; hallándose tu colega Molina modestamente en el centro de ese inofensivo grupo de famélicos gavilanes... ¿Qué te parece el prólogo de la historieta que voy a contarte? Bien: guardas silencio, señal de que deseas seguir escuchando. Lo que resta es más corto que la introducción. Como la muchacha es romántica, es decir, desinteresada y soñadora, llevo sobre mis prácticos rivales la doble ventaja de mis hermosos versos y de mis veinticuatro años. A golpe de sonetos los he puesto en fuga. Ella sabe que sólo poseo esta levita verde con que me conoció, que no le daré un centavo, y que se verá obligada a trabajar para los dos... Ve lo que me escribe. Y me entregó una carta recibida aquella mañana:

—Busque hoy un cuarto pequeño con una cama y dos sillas y espéreme al anochecer en la esquina próxima al Caballo Blanco.

—Ya tengo el cuartucho con los tres muebles indicados y con una mesa medio coja por añadidura. Sólo que no me entregan la llave mientras no abone el valor de la primera quincena: diez pesos, cantidad respetable con que hace mucho tiempo no se honra mi bolsillo. Por lo que voy a hacer un registro en el tuyo.

En el que encontró lo que deseaba. Semanas después me llevó a su residencia: un zaquizamí detrás del Teatro Colón, con una puerta angosta y tan baja que el visitante al entrar veíase expuesto a romperse la crisma.

Cosía Rosita en la máquina con que se fugó de su casa. No era guapa, pero sí graciosa, con la frescura de sus cuatro lustros: costurera y cigarrera de oficio y más alegre y cantadora que una calandria.

Once años pasaron. Estábamos en 1908 y yo vivía de nuevo en Guatemala. Molina me escribió de San Salvador una extensa carta, encareciéndome recoger en mi casa a su hija Ofelia.

—La tuve con aquella Rosa que tú conociste y que se dio a la vida airada cuando regresé a Honduras. Deseo que viva con tu hermana. Así tomará ejemplo de sus virtudes y será una excelente joven. Tiene ahora diez años y es preciso que tú la salves de todo peligro como si fuera tuya.

Mostré a don Víctor Miguel Díaz (Historiógrafo y diarista de auténtico mérito. Con excepción de un compañero, de mi absoluta intimidad, a quien me abstengo de nombrar por obligada modestia el hombre más trabajador que he conocido. Actualmente (1940) es director del Diario de Centro América, de Guatemala, decano de la prensa del Istmo) la carta de Juan Ramón y él me aconsejó insertar en su periódico un llamamiento a aquella mujer (cuyo apellido él conocía y que no recuerdo) para tratar de un asunto importante.

Poco después me comunicó por teléfono don Víctor que la Rosa se había presentado en su oficina y que vivía en el cuarto número 9 del mesón de Oriente.

Tomé un coche y me dirigí a aquel sitio. En el portón, lleno de campesinos y de acémilas, jugaba a los naipes con varios vagabundos una muchachita haraposa y desgreñada, cuyo tipo me hizo comprender en el acto que era la que yo buscaba.

La toqué en el hombro y se levantó de un salto.

—¿Cómo te llamas?

—Ofelia.

—¿Sabes leer?

—Y también escribir.

Le entregué la carta de su padre, que leyó con el mayor cuidado.

—En tantos años hasta ahora se acuerda de mí. Pero más vale tarde que nunca.

—¿Quieres irte conmigo?

—Por supuesto, inmediatamente.

—¿No se opondrá a ello tu madre?

—No sé. Vamos a verlo.

Me tomó una mano, conduciéndome al interior del caserón. Hallé a la meretriz disputando groseramente con un carnicero, y me costó reconocer en aquella arpía, flaca y amarillenta, a la simpática mocita que viera una mañana tan alegre frente a su máquina de costura. En el piso del húmedo cuartucho correteaban dos críos desnudos y fétidos, chillando y pidiendo qué comer con interminables lloriqueos.

—¿Qué quiere, señor?

Le recordé mi nombre. Ofelia repitió, en alta voz, la lectura de la carta; la puso en sus manos para que reconociera la letra.

Desatóse en injurias contra Juan Ramón y yo esperé a que terminara.

—¡Ofelia! —vociferó—. ¿Te quieres ir con el señor? Tu padre dice que es su hermano y que desea que vivas en su casa.

—Sí, me quiero ir con él.

—Pues vete, carroña. Y que jamás vuelva a saber de ti.

Cuando ya el coche había caminado unos cuarenta metros, aquella mujer corrió tras él con los brazos en alto. Creí en un acceso de amor materno, de súbito pesar por la separación de su hija.

—¡Espéreme un momento! —me gritó—. No se lleva a Ofelia si antes no me entrega quinientos pesos.

Asqueado por tales palabras, y comprendiendo que aquella furia intentaba provocar un escándalo, obligué a bajar a la niña, casi a viva fuerza, pues llorando se aferraba a mis brazos.

Escribí a Molina detallándole lo sucedido. Él insistió en que yo debía recurrir a la autoridad para reclamar a su hija y que con ese objeto iba a remitirme una documentación en toda regla; pero me negué a ello, aconsejándole venir él mismo a solucionar el caso. Quizá esto habría hecho si la muerte no se lo impidiera.

Me ocupo extensamente, en el curso de estas Memorias, de Juan Ramón Molina, por tratarse, no sólo de uno de los fraternales amigos que más he querido, sino del poeta más grande de Honduras.

En 1930 recibí en París una carta de Ofelia, fechada en la Habana, en que me expresaba su ilusión de vivir en mi hogar y de servirme y ayudarme en todo lo que le fuera posible (palabras textuales). Yo no ignoraba su errabunda existencia en compañía de cómicos y funámbulos, en teatruchos de México y de Cuba, y hasta vi su retrato en una revista mediocre entre párrafos de elogios equívocos y palabrejas mal sonantes. Nada era posible hacer ya por ella. Sus quince años bohemios anulaban rotundamente toda buena intención de mi parte. Y guardé silencio.

200

Ya en Costa Rica (1937), un distinguido compatriota, que residió muchos años en México, me contó que Ofelia Molina había matado a un hombre en aquel país, añadiendo que ignoraba los de talles del suceso.

En 1907 —poco después de nuestro regreso de Río de Janeiro— Juan Ramón llegó con Berta a mi casa de Tegucigalpa.

—Aquí te traigo a mi hija. He resuelto entregarla a tu hermana para que la adopte y la tenga siempre a su lado.

Pero Lalita le hizo ver la grave dificultad en que la colocaba por sus afectuosas relaciones con la abuela materna de la niña, que la había recogido al quedar sin madre; y le rogó desistir por entonces de aquel propósito, ofreciéndole encargarse con el mayor gusto de Berta si aquella buena señora alguna vez voluntariamente se lo pedía.

Por especial petición suya fui el padrino de Aída. Y así, con sus tres hijas —y con la designación que hizo en mí de testamentario de sus producciones— él intentó ligarme aún más a su destino por su perfecta confianza en mi fraternidad. Lo grabo aquí con esa profunda emoción de la gratitud que nunca muere.

MIS AMIGOS DE Guatemala fueron literatos y poetas que figuraban en las dos épocas de mi residencia en aquella ciudad. En 1896-1897, al transportar yo la adolescencia, entre los mayores en edad y fama, Valero Pujol, Ramón A. Salazar, Joaquín Méndez, Máximo Soto Hall, Joaquín Palma, Ricardo Contreras, Juan H. Arton, Hermann Prowe, Lola Montenegro, Natalia Gorriz de Morales, Francisco Castañeda, Manuel Valle, gran centroamericano de alto pensamiento y generoso espíritu; y en 1907-1909 José Rodríguez Cerna, Adrián Recinos, y tantos otros jóvenes, vibrantes de entusiasmo en el albor de su vida literaria. De todos ellos podría narrar originales anécdotas.

Pujol me contó cosas interesantes de Pi y Margall, de Castelar, de Salmerón, de los insignes republicanos españoles de quienes fue amigo en su mocedad, y de sus campañas políticas y periodísticas en Madrid y Zaragoza varón enciclopédico, sus pláticas fueron fecundas lecciones para quienes las escucharon con ansia de conocimientos.

—Palma gustaba de evocar conmigo los años que pasó en Honduras, los más brillantes de su vida. Desfilaban en sus recuerdos las interesantes figuras del Renacimiento de mi patria: Soto, Rosa, Enrique Gutiérrez, Adolfo Zúñiga, Estrada Palma... otros, militares llegados de Cuba, como Flor Crombet y el polaco Roloff. Todos confundidos con las imágenes de las bellas mujeres que brillaban en la corte presidencial. Contreras, viejo maestro en Nicaragua y en México, patriarca de numerosa prole, director del Diario de Centro América, testigo de importantes sucesos que ponían notas pintorescas en sus conversaciones con sus amigos predilectos,

Hermann Prowe, Juan H. Arton. Fui amigo de ambos, más del último, tipo clásico del caballero británico, pulcro en su conducta y en su traje, sabio de sólido talento. Sabio también fue Prowe, que hizo extensos estudios sobre los mayas y adquirió celebridad en su profesión. Tengo en cartera apuntes valiosos de los dos, que he de aprovechar para escribir muchas vívidas páginas. Consignaré aquí una anécdota de Prowe, que le pinta admirablemente. Era —como Arton— acérrimo enemigo de Estrada Cabrera, a quien zahería a cada paso con críticas y agudos epigramas en las casas de sus colegas íntimos o de manera indirecta en sus lucubraciones impresas. En uno de los conciertos que se dieron, recién inaugurado el ferrocarril del Norte, en el edificio de la estación, yo, melómano y poeta, admiraba las lindas mujeres allí reunidas, mientras oía un exquisito fragmento de una ópera célebre ejecutado por una magnífica orquesta, cuando mi vecino de asiento, doctor Prowe, me puso la mano en el hombro. Y señalándome con el índice de su diestra al Presidente, que se hallaba a regular distancia en la altura de un dosel, entre rígidos dignatarios y diplomáticos, dijo estas inauditas y terribles palabras:

—¡Qué buen blanco presenta el déspota para un tiro de revólver!

Todos los que estaban cerca, como si hubiera caído una bomba a sus pies, huyeron espantados. En veinte segundos sólo yo quedé cerca de él, retenido por una fuerza espiritual mayor que el instinto del peligro.

—¡Cobardes! —murmuró—. Por eso tienen el yugo clavado en la frente.

Todavía me asombro de que tales expresiones no culminaran en inmediatas y terribles consecuencias. A cualquiera otro le habría costado la vida. Nadie se explicaba la tolerancia de Estrada Cabrera ante aquellos continuos ataques. ¿O no tendría conocimiento de ellos?

Esto me parece imposible. No fue sino muchos meses después que Prowe fue capturado a medianoche en su casa, conduciéndosele medio desnudo a San José. Embarcáronle en un vapor que iba para el sur. Radicóse en Amapala, puerto hondureño que le oí ponderar, y en donde quería ser sepultado, lo que no tardó en suceder. A punto de quedar ciego, puso punto final al número de sus días con un pistoletazo. Y allí reposa, en la isla del Tigre, junto al mar,

En Guatemala comprobé el fenómeno del terror colectivo de que nos habla Dostoievski en uno de sus más emocionantes volúmenes. El pánico en su último límite, grabado en millares de rostros.

Estaba yo en la Plaza de Armas cuando los cadetes atacaron a Estrada Cabrera. Recuerdo, con perfecta claridad, hasta menudos detalles de lo que allí y en las calles contiguas ocurrió después del tiroteo. Apenas quedaron unas pocas personas en la plaza con traje civil. Acudían de todas partes centenares de oficiales y soldados corriendo, con los aceros desnudos y los fusiles en la diestra. Cuando yo iba para mi casa, evitando las avenidas céntricas, en que se prohibió en el acto la circulación, caminé cuadras y cuadras sin encontrar un alma. Parecía la metrópoli, en pleno sol, una ciudad muerta, asolada por la peste. Caras patibularias asomábanse por las ventanas, desapareciendo en seguida. En el momento en que llegué al final de la décima calle poniente oí las descargas de las primeras ejecuciones en el cuartel de Artillería.

El miedo reinó durante algún tiempo. Circulaban por todas direcciones patrullas a paso de carga. Siniestros rumores ponían espanto en los hogares. Esperábanse a cada hora nuevas y sangrientas represalias. Llenáronse las ergástulas y un aldabonazo en el portón hacía temblar en la noche a familias enteras.

—El terror que reina en Rusia es pálido ante el que infunde Estrada Cabrera— me dijo Arton—. Actualmente en el mundo este es el verdadero país de la tiranía.

Yo vi como tres mil personas aplaudiendo frenéticamente cuando el tirano se mostró por primera vez en público, después del atentado., en el balcón del segundo piso del palacio. Al levantar la mano herida los estruendosos vivas y demás demostraciones de entusiasmo aumentaron hasta convertirse en una ovación formidable. Hombres, niños y hasta mujeres hubo que pusiéronse afónicos de tanto gritar.

Algunos intentaban hacerse oír o leer discursos aduladores, contrariándose ante la imposibilidad para lograrlo entre aquel inmenso ruido que a cada instante iba en aumento. El dictador se fatigó al fin de aquella turbamulta vocinglera a la que diez años de férrea autocracia le tenían acostumbrado, y desapareció del balcón. fatigó al fin

El general Manuel Bonilla, que se hallaba en Belice, me envió una carta con Chico Martínez —hoy divisionario Francisco Martínez Funes— y en ella me pedía que hablara con Estrada Cabrera en solicitud de un permiso para llegar a Guatemala en un asunto personal.

—Procure conocer la verdad de lo que le diga —me decía—. Sé que se ha expresado muy mal de mí y de ninguna manera me conviene ir a dar a una celda penitenciaria.

Con el telegrama en que se me concedía audiencia para las ocho de la noche me presenté en la casa presidencial. Poco después fui recibido. Expúsele despacio, en estudiados términos, el objeto de mi visita. Se exaltó contra el general, recordándome que se puso contra él en la guerra de 1906 con El Salvador, pagándole así la eficaz ayuda que le prestara en 1903. Habló largamente en el mismo tono agudo y chillón. Yo guardé silencio. Sabía que esto le calmaba.

—Pero si es cierto cuanto acabo de decir, también lo es que, a pesar de todo, le tengo todavía cariño a ese negro. Dígale que puede venir cuando quiera a Guatemala y que me será grato verle.

Y como yo le mirase fijamente.

—Empeño mi palabra de que nada le pasará —concluyó.

Transcribí al general la entrevista, añadiendo:

—Mi impresión es que no hay ningún peligro para usted.

Cuando llegó a la capital, un coche del Presidente le esperaba en la estación y le condujo al Gran Hotel. Estrada Cabrera le trató con verdadera cordialidad, regresando a Belice satisfecho de su viaje.

DESEANDO VIVIR con mayor confort para mi hermana, en los últimos meses de nuestra permanencia en Guatemala, busqué una casa más amplia, más céntrica y de mejor aspecto. No fue cosa fácil hallarla, pero al fin di con una de mi gusto, con jardín hacia la calle, de dos pisos, rodeada de alta verja. Mientras escribía en mi cartera el nombre y la dirección del alquilador, fijados en una tabla sobre la puerta, advertí que algunos vecinos me miraban con extrañeza.

Fue con el señor Francisco Castañeda (no el escritor salvadoreño), director general de Cuentas, con quien tuve que entenderme para el caso. Al explicarle en su oficina lo que deseaba, no pudo ocultar su sorpresa. Sin una palabra me entregó las llaves del inmueble. La casa me gustó aún más por dentro que por fuera. Muy bien amueblada, cómoda y grata. Resolví tomarla. Al salir, en todas las puertas y ventanas del vecindario miré caras de asombro y hasta de expresiva indignación. Pregunté a Castañeda el precio del alquiler y me indicó una cantidad excesivamente módica, inferior a la que yo pagaba por la modesta casa en que vivía.

—La tomaré desde hoy —le dije.

—Muy bien. Aquí tiene las otras llaves de los cuartos.

Y salí, algo mortificado por el tono de la voz y por las miradas equívocas de mi interlocutor. Llegué a mi casa alegre por aquella inesperada adquisición. Julia Bertrand (Talentosa profesora guatemalteca amiga nuestra,) conversaba con Lalita y al enterarse del palacete a que me refería, se puso las manos en la cabeza exclamando:

—¡Qué espanto! Es la residencia del doctor Francisco Ruiz, quien, según se asegura, está emparedado en una de sus habitaciones. Después de asesinar horriblemente a su dueño, se la robó don Manuel. Nadie se atreve a alquilarla. Y nos contó una de aquellas lúgubres crónicas de la tiranía que me hizo evocar otra idéntica que oí en Asunción, de la época siniestra del doctor Francia.

Quince minutos después entraba yo de nuevo en la oficina del señor Castañeda.

—Le devuelvo las llaves —le dije—. No alquilaré la casa.

—¿Le parece cara? Puedo hacerle una rebaja.

—No viviría en ella aunque me pagaran mil dólares mensuales.

Entonces aquel hombre me abrazó conmovido.

—Son las doce y media —exclamó—. No he cerrado mi despacho por esperarlo. Tenía la certeza de que iba a volver y no me equivoqué. Sin que usted se dé cuenta hay muchos guatemaltecos que le seguimos los pasos y que tenemos de su talento y de su espíritu el más elevado concepto. Y nada más puedo decirle sobre este asunto.

Juan Ramón me escribía por todos los correos y en sus últimas cartas me suplicaba que fuera a verle. Con tal motivo hice en agosto de 1908 un viaje a San Salvador. Iba, además, con el propósito de obtener la libertad de los prisioneros hondureños que intentaron una revuelta contra Dávila, para lo cual obtuve una carta de Estrada Cabrera para el Presidente Figueroa (barbas agrias) y que puse en sus manos el mismo día de mi llegada.

Ya he dicho en dos artículos de aquella época mis impresiones de esos postreros días pasados con mi mejor amigo. Aunque él y yo presentíamos su próximo fin, la noticia de su muerte —más dolorosa y lamentable por sus miseros detalles— que recibí dos meses después, me produjo un profundo y tenaz sufrimiento. Nunca he podido conformarme con la prematura desaparición de aquel privilegiado cerebro que, como lo expresé entonces, se llevó algo de mi propio ser. Durante más de cinco lustros transcurridos desde que se hundió en la sombra, le he recordado siempre con perenne y fraternal cariño que sólo se extinguirá cuando traspase el umbral de la última puerta...

En Guatemala no gané jamás un céntimo en aquellos dos años (Ocupé entonces mi tiempo en buscar y recoger en copias, en el Archivo y Biblioteca Nacionales, todos los documentos que me fue posible para mi Historia de Honduras, y en publicar dos semanarios de literatura —El Heraldo y El Domingo— en los que jamás apareció, ni en la más ligera alusión de ninguna especie, el nombre de Estrada Cabrera). Fácilmente me habría sido obtener de Estrada Cabrera un cargo lucrativo, pues en varias ocasiones me lo ofreció. Pero juzgue indecoroso servir a un déspota tan cruel. Viví allí con el dinero que llevé de Honduras, producto de la venta de mi imprenta y de algunos objetos de valor que poseía. Cuando mis fondos terminaron regresé a Tegucigalpa, con la promesa previa del presidente Dávila —obtenida por espontánea mediación del Ministro de México, el noble Y caballeroso amigo Gutiérrez Zamora—, de que se me permitiría, acatando nuestra Carta Fundamental, la publicación de mi diario independiente El Heraldo.

Poco antes de partir para Honduras pasé en la Antigua un mes inolvidable. Ciudad propicia al ensueño y la meditación, sedujo mi alma con su embrujador encanto, con sus extrañas leyendas, con su paisaje maravilloso y único... Aun paréceme oír el sonido de sus campanas en los amarillos anocheceres, y el rumor de los tristes, fríos vientos, en las penumbrosas madrugadas.

En El Vampiro y El Fantasma Blanco —mis dos ensayos de mayor extensión— recogí las emociones y remembranzas y quimeras de aquel lejano mes de noviembre. En el cuarto del Hotel Manchén —en donde antes durmió tantas veces la joven diabólica y divina que yo amara, y cuyo perfume de ámbar surgía como una caricia de algunos pañuelos y objetos íntimos que ella olvidó dentro de las cómodas en su temporada reciente— escribí, medité, soñé tantas cosas intensas y recónditas... Días de paz y de ilusión, tan diáfanos en mi memoria, que aun siento la luz de su sol dorando estas palabras evocadoras...

Ya en Tegucigalpa, mi primer acto fue presentar al Congreso Nacional una exposición en la que, tras un vibrante resumen de los altísimos méritos literarios de Molina, solicitaba la impresión gratuita en la Tipografía del Gobierno de dos volúmenes que contendrían toda su obra, editados bajo mi inmediata vigilancia. Dictóse un decreto ordenando que se imprimieran mil ejemplares de un libro de trescientas páginas bajo mi dirección.

Yo recogí sus mejores prosas y poesías; pero, en mi deseo de que ninguna se omitiera, inserté, durante ocho meses consecutivos, notas en los periódicos hondureños y en diarios de El Salvador y Guatemala, excitando a los que tuvieran recortes de trabajos de mi amigo me los enviaran sin pérdida de tiempo. Hasta publiqué una nómina de los títulos de las producciones reunidas para que se viera las que faltaban, Comenzóse la edición de Tierras, Mares y Cielos, con sus más importantes poemas y los anuncios continuaron apareciendo. Recibí únicamente cinco poesías de relativo mérito, que fueron incluidas en el libro. Este se imprimió con excesiva lentitud y no conforme a mis indicaciones. Las pruebas se me remitían con irregularidad y pasaban semanas y aun meses sin que el trabajo avanzara. Cambióse caprichosamente el tipo de letra en que se empezó el volumen y de nada sirvió mi oportuno reclamo. Y así, tras de innumerables excitativas y visitas a la imprenta, se terminó el volumen. Entregué casi toda la edición a la inteligente viuda del poeta, una parte a su hija Berta y yo tomé cincuenta ejemplares que remití a los más renombrados diarios de América y de España.

Nadie dijo una palabra de mi esfuerzo en pro del nombre de Molina, mayor aun porque se realizó con la animadversión de un gobernante hostil, al que le importaba un comino la gloria del poeta. Nadie me felicitó por mi perseverancia fraternal y por la firme voluntad que demostré para que no se perdiera una obra de tan insigne valor. En cambio, vi impresa más de alguna villana alusión, atribuyéndome la deficiencia tipográfica de la obra; alguna absurda crítica por el orden en que aparecieron los trabajos; y hasta hubo mentecatos que dijeran (y esto encontró eco en una mala revista del exterior) que por envidia había suprimido dos o tres composiciones —precisamente de las de segundo orden— que yo no conocía y que leí después en un periódico salvadoreño. Esta ruindad con que, recién aparecido el libro, se pagó mi afectuosa constancia en pro de Juan Ramón y de Honduras, me ha impedido realizar mi propósito de recoger en un volumen lo versos de José Antonio Domínguez. Sí me satisface la absoluta convicción de que Molina habría calificado de viles y miserables a los cobardes autores de aquellas alusiones y críticas anónimas.

En febrero de 1909 obtuve una imprenta cuyo valor de cuatro mil quinientos pesos hondureños debería yo cubrir en mensualidades de ciento cincuenta; estableciéndose la sanción de que si dejaba de abonar una de aquéllas, en fecha convenida, perdía los abonos anteriores. Conseguí al crédito el papel necesario, alquilé una casa céntrica y El Heraldo, de gran tamaño, empezó a circular el 2 de marzo. Pagadas las cuotas de los primeros ocho meses, el diario, en que trabajaba solo, día y noche, comenzó a prosperar. Un artículo sobre el imperialismo yanqui —quizá el primero que sobre ese tópico se publicó en Honduras— puso furioso al general Dávila. Mientras yo me hallaba ausente, el director de Policía, Luis Salamanca, con un grupo de su cuartel asaltó la imprenta, arrojando el tipo de las cajas por el suelo, esparciendo la tinta en el patio y llevándose todos los bultos de papel. Sobre mi mesa dejó una orden en que se prohibía la salida de El Heraldo. Así terminó aquella empresa. Entregué la máquina y accesorios a sus dueños, perdiendo yo los mil doscientos pesos abonados y el incesante trabajo de tantos meses.

Una mañana de junio llegó a visitarme a la oficina de El Heraldo un anciano de baja estatura, gordo y colorado. Le reconocí al punto por su reciente fotografía publicada en una revista nicaragüense. De manera que, sin previas palabras, entramos Carlos Selva y yo en amena plática. Recuerdo que luego me dijo, con ingenua franqueza, que deseaba ávidamente tomar una taza de legítimo chocolate, pues en el hotel le sirvieron un líquido equívoco, que de tan deliciosa bebida sólo tenía el color —aun éste muy sospechoso— añadió con desaliento.

Me confesó que, sin tomar de vez en cuando chocolate, era hombre al agua, pues sin él decrecían sus fuerzas. Le llevé a mi casa, en donde le hice servir, en una nueva y blanca jícara de Olancho, con asiento de madera al uso antiguo, y con olorosas rosquillas de aquella región, chocolate auténtico, espeso y humeante.

—No lo tomaron nunca mejor los virreyes de México —exclamó chasqueando la lengua después del último trago.

Volvió varias veces a saborear en mi compañía su bebida predilecta. Expansionábase conmigo en confidencias de remotísimas épocas, y su vanidad de escritor donjuanesco, triunfando en cien aventuras amorosas, surgía a cada minuto en sus frases enfáticas. Fue tema de capítulo aparte el balazo que le pegó a Enrique Guzmán y que le diera ocasión para un relato cómico-patético que me hizo reír mucho tiempo.

—Le dejé para toda la vida con una pata más larga que la otra — terminaba sentenciosamente con la mayor seriedad.

Acaecióle un percance en extremo divertido. Me confió que estaba resuelto a casarse con una guapa doncellona que vivía en la vecindad de mi oficina.

—¿Y cómo han logrado entenderse? —le pregunté.

—No hemos ido más allá del saludo de mi parte y de una sonrisa de la suya. Pero usted me presentará mañana domingo en su casa. Este es el favor que vengo hoy a pedirle.

Hablé con la madre de la dama, señora de aspecto imponente y de severísimas costumbres, solicitando su venia para introducir en sus relaciones al periodista de mayor fama en Centro América.

Señalada la hora —las ocho de la noche— con la exactitud cronométrica de un banquero inglés dimos sobre el portón los tres golpes clásicos, que fueron contestados por un sordo gruñido. Mirámonos perplejos sin hallar a qué atribuir tan rara respuesta. La presunta novia, muchacha guasona y despreocupada, conocía por mí las sensuales pretensiones del viejo galán y la hora de la visita, ¿Era ella quien gruñía tras de la puerta? Repetimos los golpes, que fueron coreados por resoplidos extraños. Impaciente puse mano en la aldaba y con poco esfuerzo abrí el zaguán, introduciéndonos en un obscuro pasillo; y ya vislumbrábamos el corredor cuando un perro saltó enfurecido sobre nosotros. Con increíble agilidad, y bromeando socarronamente, el periodista colocóse detrás de mí, empujándome hacia el can; pero el pícaro animal lo atrapó de una falda de la levita y así lo fue arrastrando hasta la calle. A los gritos y ladridos acudió la familia con luces; mas fue imposible encontrar al visitante, a quien el perro persiguió hasta la próxima esquina. Demás está decir que todos, inclusos el pretendiente y la respetable matrona, escapamos de reventar de la risa.

Año duro y difícil fue para mí el de 1910. Señalado como enemigo acérrimo del Gobierno, en todo negocio en que intervine me hizo fracasar la hostilidad presidencial. Serían incontables las demostraciones de animadversión de que fui objeto.

Por una cuenta de papel de periódico debía trescientos pesos a don Nicolás Cornelsen. Abrumado por sus incesantes cobranzas, le expliqué mi situación, solicitándole me concediera dos meses para cancelar dicha suma. Accedió a ello. Considerábame, por el momento, libre de esa inquietud cuando, tres días después, me entregaron en la calle una nota de aquel señor, apremiándome para el pago inmediato de mi deuda. Amargado por un proceder tan ruin y deseando a todo trance concluir con las exigencias de mi agresivo acreedor, entré en la tienda de Uhler en busca de don César Clamer. Estaba trabajando en su escritorio. Le abordé, explicándole el caso.

—Nunca antes he pedido dinero prestado —le dije.

No me dejó terminar. Con gesto afectuoso, tirando de una gaveta, mostróme un rollo de billetes de cien pesos.

—Tome los que guste. Y créame que tengo un vivo placer en servirle.

—Son esos trescientos pesos los que necesito.

Me los entregó, añadiendo:

—Recurra a mí si se ve en otro apuro. Al poner, minutos después, en manos de Cornelsen aquellos billetes, le referí cómo los obtuve, comparando su sordidez con la caballerosa generosidad de su compatriota. Cancelé materialmente el oportuno préstamo. Pero le estoy siempre agradecido a don César por la forma delicada con que procedió al hacérmelo. Quede aquí su nombre unido a este recuerdo.

Terminé El Vampiro en enero de 1910 en la casa de doña Trina Vijil de Dávila —hoy residencia del doctor Castillo Barahona— en el último cuarto que da a un estrecho callejón, logrando su edición en octubre. Con su producto partí para Managua a fines de ese mes, atendiendo las instrucciones que recibí del general Bonilla. A bordo, en el trayecto entre Amapala y Corinto, conocí al general Antonio M. Monterroso, quien, como yo, concurría al centro en que iba a organizarse, bajo su dirección, el Ejército de Oriente.

Permanecí en Managua en constante actividad revolucionaria, durante los meses de noviembre y diciembre y parte de enero de 1911. Como el general Monterroso —jefe designado para invadir a Honduras por El Paraíso y Choluteca— estaba reñido, por no sé qué grave causa, con el presidente Juan J. Estrada, era yo quien, en nombre del movimiento bélico, devolvía el dinero y las armas que nuestro caudillo oportunamente facilitó para derribar la autocracia de Zelaya. Después de muchas entrevistas, Estrada manifestó que hasta que nuestra revolución demostrara su eficiencia, apoderándose de un puerto hondureño, nos daría su apoyo. Quedamos, pues, esperando aquel acontecimiento, que creímos cercano.

Entre tanto continuaban llegando a Managua considerables grupos de compatriotas, listos para la próxima lucha. Alojábanse donde podían; los que contaban con dinero en el Hotel Génova, del francés coronel Alfredo Labró, que dirigió la artillería de Sierra en los combates del sur, en 1903; y los que nada poseían en barracas de los suburbios, alquiladas al efecto por Monterroso. Circulaban todos libremente por calles y parques, los más en no muy limpio indumento, moviendo en las noches de concierto peligrosos escándalos. Como su número ascendió cerca del millar, el problema económico agravábase más cada vez; y, necesitándose, por lo menos, de quinientos pesos diaros, llegó una hora en que no hubo un céntimo disponible; recurriéndose a dos cartas que el general Bonilla enviara a Monterroso en previsión de caso tan extremo. Estaban dirigidas al general Emiliano Chamorro y a doña Carmen viuda de Sierra. En cada una solicitaba diez mil pesos plata que se comprometía a devolver con sus intereses en corto tiempo.

Fui escogido para ir a Granada, en donde residían dichas personas, que considerábamos amigas de nuestra causa, para explicarles la necesidad urgentísima en que nos hallábamos. Chamorro recorría los pueblos vecinos en gira política y no fue sino a las doce de la noche que pude verle. Recordaba que este hombre acudía a nuestros conciliábulos en el Hotel Lupone sólo a burlarse de los proyectos de los jefes y a criticar cuanto hacíamos, procurando disuadirnos, de una manera equívoca, de nuestra acción contra Dávila. Recibióme, sin embargo, con cierta cordialidad; pero cuando le expuse el objeto práctico que a él me conducía, poniendo en sus manos la carta, procedió con tales muestras de desagrado que me irritaron al instante.

Arrojando despectivamente sobre una mesa el papel que estrujaba entre sus dedos, exclamó con alterada voz:

—Pero, hombre, esto es una locura. Yo no tengo un peso disponible y si lo tuviera no sería tan tonto para exponerlo en una revuelta que va al más completo fracaso. Déjense de sueños y si esos haraganes no tienen qué comer, que regresen a su casa o que dediquen a recoger café.

Me levanté violentamente.

—Ni una palabra más, señor. Lo emplazo para cuando, ya siendo de nuevo presidente el general Bonilla, vaya usted a Tegucigalpa, como ya lo hizo otras veces, a solicitar su ayuda. Le repetiré, frase por frase, delante de usted si es posible, lo que me ha dicho esta noche.

Cuando me retiraba por el corredor en dirección al zaguán, procuró alcanzarme, excusándome con vanas palabras e invitándome a cenar con él. Pero nada le dije y salí sin volver la cabeza.

Parecido resultado obtuve de mi visita a doña Carmen. Amargada por los recuerdos de la caída de Sierra, no pudiendo olvidar la ruidosa derrota que le infligió el general Bonilla al hombre que ella consideraba como un dios invencible, negóse rotundamente a hacer a éste ningún préstamo, con la excusa de su pobreza.

—Manuel no volverá jamás a la Presidencia, créalo, Froylán —murmuró con tono sarcástico, masticando el grueso puro chontaleño que tenía entre los dientes amarillos. Ya pasó su época. Que se vaya a sus tierras de Olancho a descansar de tantas idas y venidas inútiles.

—Quiera usted o no, volverá Manuel Bonilla a la Presidencia, se lo juro —le repliqué con irónico acento—. Recuérdelo: a más tardar el 20 de abril próximo recibirá usted de Tegucigalpa un telegrama mío en que le ratificaré estas palabras.

Sonrió con disgusto, añadiendo:

—Espero ese telegrama.

(Se lo dirigí de Yuscarán una semana antes de la fecha que yo le fijara).

En seguida cambió su acento agresivo, ofreciéndome un préstamo de trescientos dólares.

—A usted personalmente le prestaré esa cantidad. A Froylán Turcios, no al representante de Manuel Bonilla.

No los acepté. Viendo que me retiraba contrariado, exclamó:

—No quiero que se vaya así de mi casa. Terencio, que lo apreciaba y quería, me recomendó entregarle el manuscrito de sus Memorias para que usted corrija los errores de gramática y las publique. Pensé retener esos papeles y de ellos no decir a usted nunca nada. Pero parece que el destino me empuja a cumplir lo que mi marido dispuso. No están completas: se reducen a una parte de su vida pública.

Volvime, interesado en el asunto:

—Le ruego traerme esos manuscritos. Le prometo cumplir, de la mejor manera, la voluntad del que fue mi jefe y amigo y al que rememoro siempre con afecto.

—Los tiene Brígida en su armario y ella está ahora lejos de Granada. En cuanto regrese voy a enviárselos con persona de mi confianza.

Al referirle esta plática al general Bonilla, en su ingreso triunfal a Tegucigalpa, deseó conocer aquellos apuntes de Sierra. Se envió un propio a Granada, con una expresiva carta mía, en solicitud de las Memorias prometidas: pero doña Carmen negóse a enviarlas con absurdas evasivas.

Tuvimos otros contratiempos en nuestra larga ruta. En Cinco Pinos, una joven aldeana, en cuyo rancho dormíamos, evitó con un oportuno aviso, que fuéramos aprehendidos por una escolta. Y en una obscurísima noche caímos súbitamente en una asfixiante mar de polvo, del que por milagro salimos tras desesperados esfuerzos. En El Paraisito, a tres leguas del Ocotal, hicimos alto.

Docenas de páginas interesantes pudiera llenar evocando los sucesos de mayor relieve ocurridos en aquellas semanas de organización de nuestro ejército en la frontera hondureña. Mil patriotas desarmados íbamos a precipitarnos sobre plazas defendidas por militares de renombre, que contaban con numerosas tropas y con toda clase de elementos bélicos. Pero teníamos ciega fe en la justicia de nuestra causa y en nuestro definitivo triunfo. Evitar que Dávila sujetara a nuestra patria con los tentáculos del leonino empréstito yanqui que acababa de intentar imponer violentamente al Congreso, y que era como la espada de Damocles sobre la soberanía de Honduras, fue el móvil esencial de mi dinamismo en aquella revolución. Cuando salí de Tegucigalpa se iniciaban las negociaciones de tan grave asunto, que habría culminado en próxima realidad si los rápidos esfuerzos del patriotismo no hubieran obtenido la victoria más brillante.

Los cien rifles con sus diez mil cartuchos, logrados con tan perseverante trabajo, se perdieron en el lamentable ataque a San Marcos de Colón, encabezado por el general David Williams, cuyo valor no tenía límites, pero que, por lo mismo, no contaba el número del enemigo. Con cien hombres atacó a Salamanca, cruel pero experto militar, que comandaba ochocientos soldados. Cayeron allí para siempre muchos intrépidos compañeros, entre ellos el doctor Carlos Williams, cuya pérdida lamentó mucho nuestro ejército. El mismo David resultó con un balazo en una pierna.

Dos semanas después de este fracaso, el general Marín se apoderó de Danlí, dando así principio a la campaña de Oriente.

En nuestra marcha por el departamento de El Paraíso se incorporó a nosotros, con sus dos hijos, un militarejo, cacique de un pueblo sureño, cuyo nombre no me es posible recordar en este minuto. Casi negro, bajo, de anchos hombros y cara lampiña, en la que los ojos feroces miraban suspicaces, daba la impresión de un cafre antropófago. Hosco, oliendo a cerdo montés, con el gesto agrio y la voz insolente, centralizó la antipatía de cuantos se rozaron con él.

Al ascender una áspera cuesta en un mediodía tórrido, iba aquel malvado a diez metros delante de mí, azotando sin piedad a su infeliz

214

caballo, abrumado por una doble carga de maletas y alforjas superior a sus fuerzas. Bañado en sudor, y goteando sangre de los ijares destrozados por las espuelas, caminaba penosamente, soportando, con débiles quejidos, los furiosos latigazos que en la cabeza y en las ancas le ejecutaba su verdugo. Hubo un momento en que le fue imposible dar un paso más. De nada sirvieron entonces los terribles golpes aplicados entre juramentos y blasfemias. Con el pescuezo doblado, y en la actitud del vencido, soportó el suplicio hasta el instante en que, loco de rabia, aquel bandolero saltó al suelo y hundió hasta el pomo su machete en las entrañas del indefenso animal, que rodó moribundo sobre los pedruscos, arrojando torrentes de sangre. Yo presencié el detalle último de este cobarde asesinato. Vibrando de indignación adelantéme rápidamente para alcanzar al general Monterroso, de quien obtuve una orden contra el victimario. Amarrósele con una soga de los brazos y así se le condujo a pie durante algunos días, hasta que por reiteradas peticiones de sus hijos recobró la libertad.

Un coterráneo suyo me contó poco después varias horripilantes anécdotas de aquel miserable, que se complacía intensamente en atormentar a los débiles, a los humildes, llegando su perversidad y su siniestro instinto a extremos inconcebibles.

—Es el terror de la atrasada región en que vive. Tiene encima innumerables delitos, y, si en nuestro país hubiera justicia, no saldría nunca de la cárcel. Se le llama *el tigre que sólo bebe sangre.* En la escuela, cuando estábamos en clase, teniendo él como diez años, nos hacía ver de pronto con disimulo, y aprisionado en su puño izquierdo, algún trémulo pajarillo cogido en sus redes, y cuando reconcentrábamos en sus manos nuestra atención, con la punta de un cortaplumas, y con diabólica sonrisa, le extraía los ojos lentamente con la derecha. Era tan atroz y tan sin entrañas que le temían hasta los muchachos más fuertes, y creo que el mismo maestro evitaba sus iras.

Un año después, y siendo yo Ministro de Gobernación llegó aquel mal hombre a mi despacho, presentándome, con gesto de súplica, una tarjeta del general Bonilla, en que me lo recomendaba para director de Policía de Juticalpa.

Fui en el acto donde el mandatario a quien expuse los antecedentes de tan horrenda fiera. Lo hice en forma gráfica y su verdad le impresionó. Pero, con gran extrañeza de mi parte, y ante mi negativa para hacer el nombramiento, me replicó, pesando sus palabras:

—Ignoraba lo que usted me cuenta, que viene a sumarse a otros muchos delitos cometidos por este carajo. Quien me juró ayer que está sinceramente arrepentido de sus maldades y desea que se le ponga a prueba para rectificar su pésima fama. Ya le ofrecí ese cargo. Nómbrelo, y si incurre en el menor abuso, usted lo destituye y lo hace procesar.

A los dos meses de actuar en aquel puesto cometió una villanía y lo destituí.

Llegó a quejarse donde el Presidente; pero éste le cogió con violencia por un brazo y poniéndole en la puerta.

—Váyase, gran zamarro —le dijo— si no quiere que le mande poner una cadena en la Penitenciaría.

DESPUÉS DEL combate de Yuscarán, tomada la plaza, fijóse en ella el cuartel general. Yo actuaba, como en 1903, como secretario del mando en Jefe, con el grado de coronel.

En mayo de 1903 el presidente Manuel Bonilla me ofreció —como lo hizo con Molina, Jerónimo Reina y Augusto Coello— el grado de teniente-coronel. Pero no lo acepté.

—Hace mal —me dijo—. En nuestros países centroamericanos hay épocas en que los grados militares son utilísimos y sólo le faltarán dos para ser general. Es mejor mandar algunas veces que siempre obedecer.

Fuera del activo trabajo de la correspondencia, redactaba y hacía imprimir el Boletín de la Revolución, atendiendo a todos los asuntos imprevistos.

En una de aquellas clarísimas y tibias mañanas de marzo en Yuscarán fui a bañarme al río, cerca del sitio en que aún se ven algunas casas en ruinas, antiguas residencias de los ricos mineros. Dentro del agua, fresca y gratísima, gozaba de uno de los placeres que más me deleitan. Sentíame pleno de salud, alegre, optimista, en aptitud de realizar cualquier acto extraordinario. Miraba la metálica limpidez del firmamento, por el que vagaban grandes nubes de encendida plata, con esa emoción de eterno soñador de imposibles quimeras.

A pocos pasos, unas campesinas atravesaban la corriente con las ropas arremangadas hasta las caderas. La última era una mocita muy guapa, a quien saludé levantando los brazos como si deseara abrazarla. Volvióse hacia mí, y en su inconsciente movimiento me mostró durante unos segundos... Deslumbrado, sentí correr por mis venas un fuego devorador. Mi cabeza ardía y mi corazón saltaba enardecido. Al salir del agua, en la margen opuesta, la muchacha, con la mano en alto, me hizo un llamamiento. Perdí entonces la serenidad que aún me quedaba. En dos saltos estuve junto a mi ropa. Vestime rápidamente, me lancé sobre el caballo, y corrí tras la mozuela.

¿Cómo intentaría satisfacer mi deseo? Propiamente lo ignoraba. Ella no iba sola. Lo que sí sabía era que estaba resuelto a hacer algo inaudito para estrecharla en mis brazos. Pero a lo largo del camino, tras de atravesar el río, no se veía a nadie. Interrogué a un hombre que se hallaba en la puerta de una choza.

—Esas mujeres van para Santa Cruz (no tengo certeza de este nombre) y subieron por esas rocas para ahorrar un kilómetro. Miré el sitio señalado: una enorme piedra con estrecha gradería que daba acrobático acceso a la montaña.

—Por ahí es imposible subir montado y aun a pie es muy difícil no teniendo costumbre de hacerlo. Si va a Santa Cruz dé la vuelta al cerro. A buen paso tardará media hora.

Un ímpetu de súbita audacia violentó mis sentidos con tan ciega potencia que, clavando con furia las espuelas al caballo, y golpeándole las ancas con el chicote, lo precipité por aquella empinada escalera. Pero inútilmente.

—Se mata, señor, se mata —gritaban de una casa vecina. No atendí razones, y atormentando al brioso animal, le hostigué de tal modo que, veloz como una flecha, subió hasta lo más alto de la roca.

Y oyendo las exclamaciones de asombro que se elevaban del camino corrí hasta alcanzar a las mujeres. Al verme llegar en forma tan arrebatada, la doncella, temerosa, comprendiendo mi deseo, se refugió tras de las otras. Y este simple acto bastó para que la fría razón se impusiera sobre el vértigo de mi instinto. Arrendé hacia atrás el caballo, regresando al lugar por donde subí. Ya en el extremo contrario del ardiente anhelo que me impelió hacia arriba, con perfecta conciencia del peligro, pero amargado, por la decepción, lancé al sudoroso bruto a lo largo de la piedra rodando por el sendero. En pocos segundos levantóse resoplando, y yo, aferrado a sus crines, lo obligué a emprender una carrera frenética hacia la ciudad, entre la sorpresa de los aldeanos testigos de mi quijotesca aventura.

¡Cuántos vividos episodios podrían relatar de aquellos dos meses y medio de guerra! Monterroso, nacido para el mando, disciplinó las energías de los tres jóvenes generales de nuestro ejército, Ferrari, Marín y Williams. Combates y escaramuzas, entre aquéllos, el de Yuscarán, entre éstas las de San Lucas y El Hatillo, en donde, violando el armisticio, fuimos atacados una madrugada mientras dormíamos. David ratificó, una vez más, su audaz bravura, deteniendo en un desfiladero, con sólo veinticinco hombres, a más de quinientos, dirigidos por el varias veces nombrado general Salamanca. Allí cayó gravemente herido un joven artillero ecuatoriano que hizo en Alemania sus estudios y que pertenecía a una distinguida familia de Guayaquil. Se unió a nosotros en Managua, dejándonos un recuerdo heroico. Fue arrojado sobre un ocote encendido cuando aún agonizaba, entre las soeces injurias de la soldadesca, que nuestras provocaciones desde el Picacho, en la tarde anterior, exacerbaron hasta el más feroz salvajismo. De aquella altura nos retirábamos a Yuscarán, en cumplimiento de una orden telegráfica del general Bonilla, cuando las tropas de Dávila intentaron aniquilarnos con un ataque traicionero. Por cierto, que en aquellos minutos trágicos, en que los tiros resonaban como cañonazos por la singular topografía, y en que vibraba el suelo con las múltiples descargas, vi palidecer y temblar a hombres que eran citados como valientes entre los valientes. Pocas semanas después entraba nuestro ejército en Tegucigalpa entre las aclamaciones del pueblo.

El presidente Bertrand me nombró director de la tipografía del Gobierno y director del diario semi-oficial *El Nuevo Tiempo*, en cuya redacción reuní las mejores plumas de Honduras en aquella época. Yo pude retener íntegros todos los productos de aquel periódico, que con mi máxima actividad administraba, pues así fue convenido con el mandatario; pero resolví distribuirlos entre compañeros de letras, más o menos escasos de recursos y que darían mayor brillo e interés a sus columnas. Del 11 de abril de 1911 al 15 de julio de 1915 pagué, con sus entradas, a los redactores y cronistas, el alquiler de la casa y demás servicios; quedándome una ganancia de setecientos pesos plata mensuales. De marzo de 1916 a agosto de 1919 administró el diario, por disposición mía, primero don Manuel C. Estrada y después don Manuel Izaguirre, de quienes recibí un sueldo de cuatrocientos pesos plata, que yo mismo me fijé. Esos cuatrocientos pesos fue todo lo que gané en la segunda Administración del doctor Bertrand.

Pagados los otros honorarios y pequeños gastos, el sobrante era remitido a la Caja Nacional.

Trabajaron en *El Nuevo Tiempo,* constantemente, o en diversos períodos, de abril de 1911 a septiembre de 1919, y con sueldos más o menos grandes —de doscientos a sesenta pesos mensuales—: Miguel A. Navarro, Julián López Pineda, Inés Navarro, Augusto C. Coello, Luis Andrés Zúñiga, Rafael Arévalo Martínez, Rafael Heliodoro Valle, Salatiel Rosales, Jorge Volio, Gustavo Alemán Bolaños, Matías Oviedo, Enrique Pinel, Francisco Lagos Cházaro (ex-Presidente de México, quien sucedió en dicho cargo al general González Garza. Excelente persona, digna de la mayor estimación. Llegó a Tegucigalpa con su hermana enferma y sin un céntimo. Tuve el placer de asignarle, sin exigirle ningún trabajo, doscientos pesos plata mensuales, que se le pagaron adelantados hasta su regreso a su patria), Alejandro Castro, Alonso A. Brito, José Cruz Sologaistoa, Adán Canales y otros que en este instante no recuerdo.

El Nuevo Tiempo inició una era de paz y conciliación entre los hondureños. En sus páginas no se injurió jamás al vencido, respetándose las creencias y opiniones y el honor, la dignidad y el hogar de sus adversarios. En él encontraron cordial acogida los ensayos de los jóvenes poetas y escritores, y, al difundir el buen gusto literario, hizo conocer en nuestro país y en Centro América los nombres más ilustres de todos los tiempos y naciones. Realizó una obra civilizadora de cultura mental y cívica. Defendió a los gobiernos del doctor Bertrand y del general Bonilla, en el plano de las ideas, sin caer jamás en la adulación y el servilismo. Hizo constantes campañas, patrióticas y altruistas, de beneficencia y de fraternidad, que sería prolijo enumerar. Existen colecciones completas de sus ocho años de labor, y en ellas podrán comprobarse plenamente mis palabras. Excepcionalmente, obligado por injustos ataques, alguna vez me defendí con violencia; pero esto es imposible en absoluto de evitar en nuestro ambiente saturado de malsanas pasiones y de sordas envidias, y en el que, si no derribamos a nuestro agresor a puñetazos, a tiros o a golpes de pluma, nos asesina por detrás y sin piedad en la vía pública o en las sombras de la noche. Pero tales descensos de las alturas de la serenidad fueron rarísimos y de corta duración.

Por esta época me ocurrió un insólito suceso que relataré brevemente. Iba con mi íntimo amigo Emilio Williams por una calle en Tegucigalpa cuando nos llamó, de una ventana de la comandancia de Armas, cerca del cuartel de San Francisco, el General Monterroso.

—Deseo que probemos dos dedalitos de un aguardiente que estuvo enterrado veinticinco años en Cantarranas, obsequio de un sabio catador de aquella región, compañero nuestro en la reciente campaña.

Se refería al coronel Francisco Salgado.

Como siempre, en estos casos, me excusé:

—Haga por mí un sacrificio, querido poeta. Vea que estoy celebrando un acontecimiento trascendental en mi destino. Le ruego no desairarme.

Y nos sirvió, frente a un aparador, y dándonos la espalda, dos vasitos, dos verdaderos dedales. Bebí el mío con repugnancia. Insistió en que repitiéramos la dosis, pero ambos nos negamos. Ya en la puerta, sonriendo socarrón, dijo al despedirnos.

—Es un trago de cardenal. Luego sentirán sus mágicos efectos.

Cerca del Parque Morazán, Emilio me invitó a almorzar.

Siento no complacerte porque en el hotel en que vives se halla Máximo Zamora, con quien estoy enemistado. Si nos encontramos sucederá algo grave.

—Poeta, me siento mal. Monterroso es muy bromista y yo soy farmacéutico: quién sabe qué polvito puso en la copa que nos dio. En Yuscarán, debes recordarlo, durmió a un clérigo en una visita que le hizo, riéndose largamente de sus ronquidos. Te suplico acompañarme. Zamora se fue esta mañana para Danlí, yo mismo le vi partir. Llegamos al Hotel Progreso. Y, a la mitad del almuerzo, y sin haber bebido más que agua, nos sentíamos casi beodos.

—¡Qué general más guasón! —decía riéndose Emilio. Ya sé lo que puso en los vasitos.

Iba a preguntarle lo que era cuando entró Zamora en el comedor, sentándose en una mesa próxima, frente a nosotros.

—Me engañaste —dije a Williams—. Hiciste mal.

—Le vi salir montado y juzgué que había partido. Vámonos a mi cuarto.

—No, no salgo de aquí.

Y miré a Zamora fijamente. Yo sentía que iba a desarrollarse allí una escena violenta.

—Vámonos, poeta, vámonos —murmuraba Emilio en voz baja.

Pasó un minuto. De pronto oí la voz de Máximo:

—¿Por qué me mira usted de ese modo? ¿Quiere algo conmigo?

Cogí el vaso lleno de agua y se lo tiré a la cabeza. Levantóse, con una silla entre las manos; pero no tuvo tiempo de arrojármela, contenido por el general Manuel Durón, que le puso su revólver en el pecho.

Cuando pude soltarme de los brazos de Emilio, varias personas se habían llevado a Zamora.

Llegué a las dos a la imprenta y poco después el mareo y el sueño habían desaparecido. Mi embriaguez no duró una hora. Al día siguiente fui a ver al general Bonilla para hablarle de un asunto de interés administrativo que me recomendaban de Olancho.

Le encontré entretenido haciendo sonar un alegre vals en una pianola.

—Anoche me dijeron que usted, al calor de unas copas, promovió un escándalo en el Hotel Progreso, agrediendo a Máximo Zamora. Yo aseguré que eso no era cierto: que usted no tomaba nunca licores y que algún envidioso le había levantado esa calumnia.

—Desgraciadamente para mí lo que le contaron es cierto. Y le relaté la extraña broma de Monterroso.

—No hay escribano que no eche su borrón —exclamó—. Pero tengo la certidumbre de que ese traspiés no se repetirá.

CONFESARÉ UN ACTO que severamente me reprochó mi conciencia apenas efectuado. Llegaba todas las tardes Salatiel Rosales a la dirección de la Tipografía Nacional a conversar conmigo, interrumpiendo los innumerables trabajos a que yo estaba obligado a atender y retrasando con frecuencia la corrección de pruebas y la salida de *El Nuevo Tiempo*. Por no molestarlo, con la cultura con que he tratado siempre a mis compañeros de letras, y a él, por su gran talento, de manera especial, y aún más especialmente sabiéndolo desgraciado, nunca le dije una palabra de la hora inoportuna de sus visitas. Tenía Salatiel la mala costumbre de hablar y hablar sin detenerse, de modo que sus conversaciones eran interminables monólogos, a veces difusos y cansados. Irritábase en el acto si se le interrumpía, replicando agriamente, dogmático y despectivo. Yo le dejaba externar las más absurdas opiniones, las más extravagantes paradojas, las teorías más inverosímiles sobre trascendentales asuntos, sin contradecirle, para evitar su desagrado. Pero, a medida que yo le guardaba las mayores consideraciones, él volvíase más enfático y agresivo. Una mañana en que le encontré en la calle le pedí fuera por las noches a mi casa, en donde podríamos discurrir con toda libertad. Parecióme que le gustó mi propuesta; pero no fue así porque continuó visitándome en la oficina. Cierto día, en que tuve que castigar personalmente la grosera malacrianza de un tipógrafo borracho, esperaba la hora de salida —las cinco de la tarde— como una momentánea liberación de las incesantes molestias de aquel cargo, cuando llegó Rosales, iniciando en seguida una de aquellas quizá profundas pero monótonas disertaciones con su propio yo, capaces de quitarle la paciencia a un santo.

—Vamos a La Leona a tomar el aire y allá continuaremos nuestra plática —le dije.

—¡No voy! —me replicó—. Si usted lo quiere puede irse. Si le fastidio, dígalo.

El acento no podía ser más incisivo y áspero. Continuó vociferando en el mismo tono, y como yo no contestara a varias preguntas que me hizo, subió de punto la acritud de su voz. Paseábase con rapidez, manoteando como un loco. Sería fatigoso exponer aquí todo lo que dijo de hiriente y amargo. Lleno de hiel, desahogaba su rencor contra la humanidad con gritos y palabras procaces.

Estaban presentes Adán Canales, José de la Cruz Sologaistoa, Melchor Reyes y algunos otros empleados. Y muchos cajistas, desde su sitio de trabajo, diéronse cuenta de aquella escena. Preferí guardar silencio, esperando que así se calmaría su crisis de inmotivada furia. Pero de improviso detúvose frente a mí en el colmo de su irritación.

¿Por qué se calla usted? ¿Por qué me desprecia? ¿Sabe? Yo soy muy hombre y le rompo el alma a cualquiera.

—Vea, Salatiel, es mejor que se vaya —le dije, levantándome exasperado. No sé qué le pasa hoy a usted. Quizá se halle enfermo o ebrio. Váyase, que mi paciencia está en su último límite y podemos llegar a extremos violentos.

—¿Usted me amenaza? ¿Me arroja de su oficina? ¡Écheme, si puede! ¡Atrévase a tocarme! ¿Sabe? Me río de sus palabras.

Sentía que la ira iba apoderándose de mí. Le miré un instante, Estaba verdaderamente horrible, con los labios cárdenos y los ojos siniestros. Le tuve lastima. Intenté tomarle de un brazo, rogándole que se tranquilizara; pero me rechazó con frases causticas, empujándome contra mi escritorio. De un salto caí sobre él, golpeándole frenéticamente con los puños y los pies. Le vi rodar por el suelo, levantarse y volver a caer. Mirándole tendido e inmóvil, extinguióse mi cólera. Levantéle, y tambaleando recogió su sombrero y salió. Todo no había durado medio minuto.

Declaro que no dormí aquella noche. Aunque todos los que presenciaron el incidente me dieron la razón, asegurándome que me dominé cuanto pude para evitarlo, el disgusto de mí mismo me hizo pasar horas amargas,

Recibí luego una carta en la que me manifestaba Salatiel que no olvidaría jamás la humillación que le infiriera y que me retaba a un duelo a muerte. Coloqué, cargados, en su caja, dos pequeños revólveres que poseía y, fui a buscarle a su cuarto en el edificio del entonces Jockey Club.

—Hágame el favor de no interrumpirme —le dije. Reconozca que usted abusó ayer de mi paciencia.

En silencio asintió con la cabeza.

—Bien. Usted lo reconoce. Siendo así, le diré que me arrepiento de haberle golpeado. Confieso que obré mal. Discúlpeme.

Como callara, añadí:

—Si estas excusas no le bastan, aquí mismo definiremos nuestra situación.

Y abrí la caja.

—Tome usted uno y yo tomaré el otro. Retírese cuatro pasos y dispare.

Entonces habló:

—¿No hubo de su parte propósito deliberado de afrentarme?

—No, hombre, no. Más todavía. Que me duele haberle ofendido. Porque nadie aprecia tanto su brillante inteligencia como yo.

Me abrazó llorando.

—Ya lo sabía. Usted posee un corazón hidalgo. Olvidemos esto ¿sabe? Seamos, de hoy en adelante, verdaderos amigos.

Fue, desde aquella fecha, uno de mis más afectuosos camaradas. Están todas sus cartas comprobándolo. Sobre todo la última, escrita en un hospital de México, pocos días antes de su muerte.

(Publicada en Tegucigalpa, en mi revista Ariel, 2a, época).

A fines de 1911 el Gobierno de Honduras recibió del de Guatemala una invitación para que se hiciera representar en el Congreso de la Prensa que iba a reunirse en la metrópoli de Centro América. José Santos Chocano y varios periodistas guatemaltecos me telegrafiaron, excitándome para que asistiera a él como representante de Honduras y el presidente me llamó, comunicándome mi nombramiento.

Una jovencita morena, que me atraía con su gracia amorosa desde que la conocí en Yuscarán, en los días de la última guerra, me suplicó, subrayando sus palabras con una mirada llena de íntimas promesas, que no me fuera de Tegucigalpa. Expliqué, con toda confianza, al general Bonilla el caso en que me hallaba, negándome a aceptar la honrosa designación. Él insistió, burlándose del motivo de mi excusa; pero al comprender, por mi réplica, la firmeza de mi actitud, preguntóme disgustado quién iba a sustituirme. Había yo previsto mi respuesta:

—Ninguno más a propósito que el licenciado Francisco J. Mejía, talentoso periodista residente en La Ceiba, de donde puede hacer en tres días su viaje a Guatemala.

—Diríjale un telegrama, excitándole en mi nombre a partir mañana mismo.

Seis horas después mostré al presidente la contestación de Mejía, agradeciendo el nombramiento y participando su salida inmediata.

El delegado hondureño visitó con frecuencia a Estrada Cabrera y regresó con una carta del gobernante guatemalteco dirigida al general

Bonilla, muy elogiosa para aquél. Dos días después se le nombró secretario privado y luego ministro de Guerra.

Una noche de alegre expansión en el Club Tegucigalpa, ya en los últimos meses de su vida, me dijo Mejía que mi telegrama de 1911, que motivó su concurrencia al Congreso de Periodistas Centroamericanos, fue el punto inicial de su pensamiento y de sus trabajos para alcanzar la presidencia de la República.

—Sentiré siempre —añadió— que con ese antecedente no seas mi partidario y te hayas negado repetidas veces a ayudarme.

Llegó a Tegucigalpa, por aquel tiempo, como Enviado Extraordinario y Ministro Plenipotenciaro de Nicaragua, el general C... Fue oficialmente recibido en el todavía entonces magnífico Salón de Retratos, y por primera vez entre nosotros concurrió a un acto público de esta clase gran número de damas de nuestra mejor sociedad. El referido diplomático debería entrar y salir por la puerta que comunicaba con el Ministerio de Relaciones Exteriores, a cuyos lados alzábanse dos espléndidos espejos de cristal de roca, exactamente del mismo tamaño que dicha puerta. El amplio recinto estaba lleno cuando apareció C., seguido de su secretario; y, tras las reverencias de cajón, dio lectura de su discurso de su ídem (que pronunció temblándole la voz y las manos como niño de escuela) y de la insulsa plática protocolar con el presidente, retiróse de espaldas, saludando; y, al dirigirse a la puerta, como alucinado, en lugar de una vio tres. Con la cabeza baja, como toro que va a embestir, avanzó rápidamente hacia la que creyó verdadera, dándose tan estruendoso porrazo en la cara, al chocar contra el espejo de la izquierda, que estuvo a punto de rodar por el pavimento. Con dos hilos de sangre de la nariz y de la frente, y entre los rumores y comentarios de la concurrencia, fue sacado, medio tonto, de aquel sitio, por algunas gentes piadosas.

EN ACTIVIDADES de su perseverante campaña contra el imperialismo yanqui llegó en 1912 a Honduras el gran argentino Manuel Ugarte. Fui a verle, ofreciéndole mi apoyo personal en su propaganda cívica.

—Con excepción de El Nuevo Tiempo —añadí— porque, siendo órgano del Gobierno, no podría publicarse en él ningún ataque contra el poder anglosajón.

¡Cuánto hubiera deseado tener un periódico propio para ponerlo ampliamente a sus órdenes! Pasaron varios días y una tarde me llevó un valiente artículo sobre el tema enunciado, pidiéndome su inserción en aquel diario.

—Sería en extremo incorrecto —le dije— que yo comprometiera al Gobierno a quien sirvo. Con ello sólo se obtendría la suspensión de *El Nuevo Tiempo,* dejando mal parado mi nombre y produciéndome un considerable daño económico.

Aceptó mis razones sin la menor contrariedad, invitándome a comer en el hotel en que se hospedaba, en la casa que hoy ocupan Uhler y Cía. Por cierto que el almuerzo fue pésimo; pero, charlando cordialísimamente, suplimos las viandas inútiles con una lata de peras heladas y una botella de champaña. Al despedirme le rogué que fuera a comer conmigo al día siguiente a mi casa, conviniendo en que iría a buscarle poco antes de las siete de la noche. Pero no tuve tal placer porque recibí, como a las once de la mañana, una cariñosa tarjeta suya, comunicándome que un motivo imprevisto le obligaba a tomar el automóvil para San Lorenzo y a embarcarse esa misma noche rumbo al sur; suplicándome lo disculpara por no atender mi invitación y despidiéndose con fraternales abrazos. Fui en el acto al hotel, pero ya había partido.

Con verdadera sorpresa supe algunos meses después que, en sus impresiones de viaje por Centro América, decía que yo me negué a prestarle mi ayuda en su campaña hispanoamericanista. O algo así.

En una calle de Madrid me encontré con Ugarte en 1920. Me presentó sus excusas por aquella alusión, considerándola injusta, y manifestándome que en un libro que acababa de publicar hacía la rectificación del caso. Posteriormente, hasta la fecha en que escribo, Manuel Ugarte ha sido para mí un afectuoso compañero. Cosa lógica, tratándose de escritores que persiguen los mismos ideales.

Ya de nuevo en la Presidencia, el general Bonilla, y nombrado el Vicepresidente Bertrand Ministro de Gobernación, fui llamado por éste para ocupar, por cuarta y última vez, la subsecretaría de aquel despacho. Repugnábame un cargo que desempeñé a los diez y nueve años; pero me explicó que necesitaba cerca de él mis servicios, que desgraciadamente el general Bonilla sucumbiría muy pronto, víctima del terrible mal que le atormentaba, y que, al asumir él la Presidencia, quedaría yo como jefe de aquel Ministerio.

Los amigos áulicos del general Bonilla extremaban con él atenciones que degeneraban en el más abyecto servilismo. En los años en que ejerció el poder, y con especialidad en 1912 y principios de 1913, personajes tenidos como cumbres de nuestra política, y que me abstengo de nombrar porque yacen en la tumba, con frecuencia le vestían y calzaban, secándole al salir del baño; y, cuando ya muy vencido por la cruel enfermedad que le produjo la muerte, iba sin cesar al urinario, uno de ellos, precisamente el de mayor talento, acudía, solícito a abotonarle los pantalones, casi a la fuerza, pues al general le repugnaban, sin poder a veces disimularlos, tales actos absurdos, impropios de varones dignos, pensando, sin duda, que no procederían con él en esa forma si no se hallara en posesión del mando supremo.

Cosa semejante vi, con los mismos cortesanos, y con otros nuevos, en el hogar del presidente Bertrand. Convertíanse en criados sumisos de los niños, entreteniéndolos horas enteras con juegos monótonos, llevándolos constantemente en brazos y celebrando sus caprichos y malacrianzas aun cuando de ellos les hicieran objeto. Ávidos de servir y de humillarse ante los poderosos, no perdían oportunidad para atraerse, con hechos y palabras de la más perfecta adulación, su voluntad y sus favores.

Lo previsto acaeció en poco tiempo. Murió el Presidente el 21 de marzo. La antevíspera en la tarde, estando abiertas las ventanas de su dormitorio (en el segundo piso del Palacio Viejo) que daba al parque de La Merced, oía, ya entre las sombras del más allá, el concierto (era un martes santo), en el Parque Morazán. Sonaba a lo lejos el fragmento melancólico de una melodía religiosa, y, al terminar, el moribundo abrió los ojos murmurando:

—¡Qué deliciosa música! ¡Lástima que fuera tan corta! Envié inmediatamente un ayudante para pedir al director de la Banda la repetición de aquel número.

Cuando volvió a oírse, dijo en voz baja:

—Gracias.

No quiso confesarse, a pesar de las súplicas de las mujeres de su cariño.

—Sería un acto de pusilanimidad indigno de mí. No creo. Y no debo rectificar hipócritamente, por condescendencia con las personas que amo, las ideas de toda mi vida.

Sin embargo, fue enterrado en la catedral, cerca del altar mayor. Fui yo que propuse que así se hiciera, para evitar que sus encarnizados enemigos profanaran sus huesos extrayéndolos de un sitio tan inseguro como nuestro cementerio. Recogidos en el sagrado recinto nadie osaría tocarlos.

Contaré un extraño caso de que fui testigo poco después de las exequias del Presidente Bonilla. Rezábase su novenario, en las tardes, en la casa en que vivía el nuevo gobernante, en la Calle del Comercio, hoy de Bolívar (Casa de altos de don César Clámer). Ayudábale yo en su escritorio, en un trabajo urgente, cuando le anunciaron la visita del general Francisco Cardona. Le recibió en el pequeño cuarto de la entrada.

—Aquí le traigo, señor Presidente Bertrand, a un hombre que le ratificará todas las explicaciones que le di a usted ayer y le contará otros detalles importantes. Crea en su imparcialidad, pues ni siquiera es mi amigo sino un simple conocido.

Avanzó entonces un joven aldeano que iba tras él, deteniéndose a dos pasos del doctor. Tartamudeó algunas frases, acalorándose y temblando de tal modo que rodó súbitamente por el suelo, como herido por un rayo. Corrimos a levantarlo; pero fueron vanos los esfuerzos que el gobernante —que era médico— hizo por aquel infeliz. Estaba muerto. Súpose después que era hijo de Cardona.

En los últimos años de la presidencia del doctor Bertrand, el general Cardona fue su encarnizado enemigo, culminando su odio con el asalto que intentó, en la carretera del sur, cerca de Pespire, el 9 de septiembre de 1919, contra el mandatario caído. La creciente de un río, y las ametralladoras conducidas por el general Lino Zúñiga, frustraron su plan.

Por reiteradas invitaciones de la esposa del presidente Bertrand fue con ella Lalita a Amapala, en noviembre de 1913. Regresó con un violento paludismo que, poco a poco iba agravándose, a pesar de los cuidados de su familia y de los mejores médicos. Llegó una tarde en que el doctor Gustavo Walther me dijo que apenas le quedaban unas cuantas horas de vida, y mi desesperación fue terrible. En ese inolvidable instante llegó a mi casa monseñor Santiago Zelaya, y abrazándome con cariñosa piedad, murmuró a mi oído con acento sereno:

—No se aflija, tenga fe en Dios. Su hermana, que es modelo virtudes, no morirá todavía. Vivirá aún muchos años, Créalo.

Instantáneamente cesó mi angustia. Sentí que escuchaba la palabra divina. Vivió, desde aquella fecha, cerca de catorce años. Guardé por el padre Zelaya una profunda afección mezclada de gratitud y respeto. El recuerdo del venerable sacerdote, verdadero pastor de Cristo, por su impecable vida llena de nobles acciones, brilla siempre en mi espíritu.

Para apresurar la convalecencia de mi hermana nos trasladamos a la casa más grande y confortable de las que poseía Walther en La Leona, en donde permanecimos aquel año. Yendo y viniendo por sitios tan incultos tomó fuerza en mí la idea de la construcción de un parque en la altura, llena entonces de ripios y suciedades. Hice que el comandante de Armas me facilitara una custodia y, con ella, ordené al director de la Penitenciaría que me remitiera todas las mañanas, a la seis, cincuenta reos, a quienes se pagaría, como extras, en total, setenticinco pesos semanales. Estos reos, siguiendo mis instrucciones, limpiaron el terreno, emparejando el piso. A golpes de barra extrajeron los millares de agudas piedras. Cuando, a la vuelta de un mes, quedó aquel esfuerzo concluido, rogué al presidente acompañarme a La Leona, y, entre los montones de tierra y de cascotes, le expuse mi proyecto. Entusiasmado me autorizó para llevarlo pronto a la realidad. Como ministro de Gobernación me puse de acuerdo con los de Hacienda y Fomento, y con el director general de Obras Públicas; hiciéronse las contratas, pidióse la verja, etcétera. En tiempo relativamente corto se inauguró el bello parque con el nombre del general Bonilla, cuya estatua, costeada por suscripción popular, a iniciativa del coronel Sebastián Raudales, se alza en su centro.

Así también, por mis perseverantes esfuerzos, se construyeron el Teatro Manuel Bonilla y el Parque Herrera.

Como hasta las más generosas y patrióticas empresas se ven manchadas con las más viles calumnias, había algún miserable que dijera que la casa que compré a Cristóbal Prats había sido construida con materiales del teatro. ¡Qué villano cargo inconsistente! Las contratas que se firmaron con Prats, poniendo él la obra de mano y los materiales, eran revisados en detalle, autorizadas por el ministro de Fomento y hechas por el director de Obras Públicas, quien iba inspeccionando y recibiendo cada parte del trabajo de conformidad con todo lo que en ellas se estipulaba. Prats poseía fábricas propias de ladrillos comunes, de ladrillos de cemento, etcétera. Y tenía perfecto derecho de usar, en la construcción de cuantos edificios oficiales o particulares tuviera a su cargo, la misma clase de materiales que empleaba en el teatro. Y repito que hasta los más minuciosos detalles de sus contratas eran rigurosamente fiscalizados por los funcionarios respectivos. Ni al Gobierno ni a nadie les importaba que con materiales de la misma clase de sus fábricas construyera Prats las casas particulares que quisiera. Su única obligación, en lo relativo al teatro, era que sus trabajos fueran ejecutados y entregados al pie de la letra de sus contratas.

Pero como, a Dios gracias, la verdad se impone siempre, aquel germen de infame calumnia se pudrió sin hacer daño, pisoteado por cuantos lo conocieron. No pasó nunca de chismecillo vergonzante y sucio, no hallando, ni entre los más ruines quien lo sacara de la sombra del anónimo.

He leído, en dos ocasiones, críticas más o menos justas, más o menos absurdas, sobre el aspecto, tamaño, situación, acústica, etcétera, de dicho teatro. De ello no pude tener yo culpa alguna. Se le encomendó su construcción al técnico extranjero más capacitado que, según la opinión general, había entonces en Honduras, y si la obra quedó defectuosa, la responsabilidad es sólo suya. No podía traerse de Europa o de Norte América un ingeniero de renombre para encomendarle la obra porque hubiera exigido un sueldo imposible, que habría sumado por lo menos la mitad del valor que se empleó en el edificio. Por lo demás, por malo que fuera, aun siendo diez veces peor de lo que aseguran sus pseudo-críticos, vino a llenar una urgentísima necesidad. ¿O se creerá que, por no ser perfecto, fuese preferible que no se hubiera construido y continuáramos concurriendo a las representaciones de las compañías que nos visitan, y a las veladas y demás actos públicos, a algún indecente local, semejante al antiguo mercado de Los Dolores, que fue, antes de 1915, nuestro coliseo?

Un aplauso para los que dotaron a Tegucigalpa de ese edificio de absoluta necesidad colectiva no se oyó jamás. Pero las sátiras de los abúlicos que nada hacen, que nada construyen; las críticas ridículas de la sapiencia local, las observaciones malévolas de quienes nunca han visto, sino en los cines, un verdadero teatro, abundaron ayer, abundan hoy y abundarán mañana.

Cuando le indiqué el doctor Bertrand la conveniencia de colocar en el centro del parque en construcción, frente al teatro, el busto en mármol de un eminente hondureño, cuyo nombre llevaría aquel jardín, dejó a mi arbitrio escoger el personaje. Al día siguiente le entregué la nota ministerial que dirigí a don Carlos Alberti para que pidiera a Italia el busto marmóreo de Dionisio de Herrara.

Una menuda reminiscencia. En octubre de 1914, el doctor Walther, en vísperas de partir para Europa, me pidió que le adelantara un año de alquileres de su casa —a la que, en beneficio suyo había yo añadido una pequeña construcción en el segundo piso— fijándolos en mil quinientos pesos plata. Se los entregué en el acto. Partí, casi en seguida para Guatemala, y al regresar en diciembre por las molestias de mis continuos viajes, bajando y subiendo a la Leona cuatro veces al día, Lalita me aconsejó tomar otra casa en la ciudad, esperando que alguien me alquilara la de Walther así habría sido si éste, desistiendo en Nueva Orleans de su viaje, no hubiera vuelto a Tegucigalpa. Sabiendo yo que todas sus casas estaban ocupadas, le ofrecí la que me arrendó. Al aceptarla creí, como era lógico, que me devolvería los mil ciento veinticinco pesos de los nueve meses en que él volvió a ocuparla. Pero no me devolvió nada.

QUIERO HACER algunos gratos recuerdos de los diez meses que en 1914 pasé en aquella casona en compañía de Lalita, quien gozaba entonces de relativa buena salud cultivando sus rosaledas y leyendo exquisitos libros, sin inquietudes morales ni económicas, vivió allí días serenos que después evocaba siempre con nostalgia. Hice construir, por mi propia cuenta, un pequeño segundo piso de madera en un extremo del amplísimo corredor, que amueblé muy bien y que le sirvió de dormitorio con más luz y mejor aire.

En una de las habitaciones instalé un cómodo bar con todos los vinos, licores fuertes y refrescos imaginables, desde el ginger ale de Escocia y la cerveza alemana, hasta el coñac más fino y el champaña cinta azul, con el deseo de obsequiar a las innumerables visitas que recibíamos. Capricho raro en un abstemio.

Llegaban en las tardes mis amigos y compañeros de letras, entre los que era uno de los más alegres y entusiastas, en pleno optimismo juvenil, el brillante prosista y armonioso poeta Rafael Heliodoro Valle, y sentados en aquel mirador espléndido, charlábamos fraternalmente, comunicándonos nuestros sueños y esperanzas, saboreando una copa de fino moscatel o de porte rojo o de champaña, mientras el sol doraba las remotas alturas y la ciudad se envolvía en los crespones de la noche. Horas inolvidables que rememoro con melancólico dolor, esfumadas en el pretérito como las nébulas de las ilusiones lejanísimas, tan hondas y dulces...

Un día de aquellos tiempos, al volver del ministerio, me dijo mi hermana que el doctor Alberto A. Rodríguez, perseguido por la policía, llegó a asilarse a mi casa. Y que, para su mayor seguridad, dispuso cederle su propio cuarto del segundo piso, pasándose ella a otro de abajo. Me fue muy grata aquella noticia, pues anhelaba cancelar una deuda moral que tenía con Rodríguez.

En 1910, cuando la hostilidad del general Dávila me impidió ganar un centavo en ninguno de los trabajos que inicié, el doctor Alberto R. Rodríguez, de manera afectuosa y espontánea, obtuvo con su firma dos mil pesos plata que me prestó don León Lazo. En tiempo oportuno había yo pagado aquella cantidad con sus intereses; pero la deuda moral subsistía.

Fue éste atendido con la mayor solicitud y cariño de mi parte. Transporté a su habitación lo mejor de mi biblioteca, entregándole una llave del baño que yo usaba y otra del bar a dos pasos de su puerta. Comía con él, esmerándome en que estuviera satisfecho de la buena mesa y de los vinos. Ante su temor de ser sacado a la fuerza cuando yo no me hallara presente, viendo por la ventana a algunos polizontes escalonados en los alrededores, le juré que tendrían que pasar sobre mí para que le tocaran.

—Mi mortal enemigo Rafael Alvarado Guerrero —me dijo— ha jurado también, y me lo ha hecho ratificar por escrito, que iré, de agrado o por fuerza, a la Penitenciaría. Y usted sabe mejor que yo que ese secretario privado goza hoy de un poder casi absoluto, gracias a la afección inexplicable que le profesa Bertrand.

—Veremos cuál de los dos, él o yo, será el perjuro —exclamé.

Y para darle una prueba categórica de mi seguridad en lo que le decía, hice llamar al sargento que mandaba a aquellos polizontes. Salí a su encuentro, hablando en alta voz para que mi huésped oyera el diálogo tras de su balcón.

—¿Por qué rodean ustedes mi casa? ¿No saben que soy el ministro de Gobernación?

—Nosotros cumplimos instrucciones de nuestro jefe, el director de Policía, quien tiene una orden judicial para capturar al licenciado Rodríguez.

—Yo, que soy el jefe del director de Policía, y, por lo mismo, de usted, y le ordeno que se retire inmediatamente de aquí con sus subalternos. Bajaré a la ciudad dentro de diez minutos y crea que le costará muy caro no obedecerme en el acto.

Saludó, retirándose. Momentos después vi que el grupo de agentes descendía por la carretera. Y no volvieron más.

Ese día, mientras daba cuenta al gobernante con los asuntos de la oficina, entró en el salón el doctor Alvarado Guerrero. Y con aquella sonrisa enigmática, entre cordial y burlona, que animaba casi siempre su fisonomía, poniendo su diestra en mi hombro, dijo, dirigiéndose al presidente:

—Doctor, la policía descubrió al fin el sitio en que se esconde el señor Rodríguez. ¿Lo ignoraba usted?

—Sí, lo sabía —contestó.

—Entonces sólo habrá que solicitar una orden escrita del señor ministro de Gobernación para que el director general de Policía lo saque del lugar en que se ha metido y lo ponga en el sitio que le corresponde.

Yo, que desde sus primeras palabras había retirado bruscamente la mano que en mí se apoyaba en forma equívoca, exclamé, procurando contenerme:

—El doctor Rodríguez, a quien injustamente se persigue abusando del poder, para saciar personales venganzas, y al que me ligan lazos de amistad y gratitud, se halla asilado en mi casa. No sólo no daré la orden a que se refiere el señor Alvarado sino que para sacar de allí a Rodríguez tendrán primero que matarme.

Este diálogo fue interrumpido con la llegada del ministro de Hacienda, general Leopoldo Córdova, íntimo amigo mío, que oyó mis expresiones y dijo sonriente y socarrón:

—Señor secretario privado: le ruego dejarnos un minuto a solas con el presidente, a quien teo que comunicar algo grave y confidencial. Y riéndose con todas sus ganas cuando aquel desapareció:

—Esto lo hice, doctor, para evitarle siquiera una molestia de tantas que con sus abusivas intromisiones le causa el caballero Alvaradito.

El presidente guiñó el ojo izquierdo y bajo su negro y tupido bigote estuvo a punto de aparecer una sonrisa. Y allí terminó aquel incidente. El doctor Rodríguez permaneció aún algunos días en mi casa. Por su propio deseo y con mi ayuda partió en una obscura medianoche, por extraviados caminos, en una espléndida mula y con un buen guía, para El Salvador.

En noviembre (1914) realicé un viaje a Guatemala, con licencia por un mes, en compañía de Lalita y Delia. Córdova quedó encargado del ministerio de Gobernación e Inés Navarro de la dirección de El Nuevo Tiempo.

Pasamos una temporada tan grata en la magnífica Pensión Gueroult, entonces próxima al Callejón de Luna; acaeciéndome, al día siguiente de mi llegada, un extraordinario suceso. Lo resumiré. En diciembre de 1908 iba yo rápidamente una mañana por la acera del edificio de Telégrafos, en Guatemala, en busca de una medicina de urgencia para Lalita, cuando pasó junto a mí una joven morena, esbelta y graciosa, vestida de blanco, que me miró con una suave expresión de ternura. Sorprendido y emocionado, olvidándome del motivo que me obligaba a caminar tan de prisa, le seguí a unos diez metros de distancia. Recorrimos varias cuadras, atravesando la Plaza de Armas. Ella volvió dos o tres veces la linda cabeza para ver si la seguía, acortando el paso como exponiendo su tácito deseo de que le hablara. Siendo yo tan impulsivo y audaz ¿qué fuerza interna me retuvo? Jamás logré explicarme tal indecisión, timidez o recóndito respeto. Detúvose ante un ancho portón enfrente del edificio del Cuño, y por última vez sus ojos seductores me acariciaron con un cariñoso llamamiento. Medio minuto estuvo allí inmóvil y ese medio minuto reconcentró en mi corazón la intensidad de un largo tiempo de cosas ignotas y profundas. La miro aún de pie junto al zaguán como la aparición de un ángel, como algo mío, y, sin embargo, para mí inaccesible, entrevisto un instante y en el mismo instante perdido para siempre...

Cuando conté a mi hermana aquel extraño encuentro me dijo que tenía la vaguedad y el misterio de los grandes sueños.

—Una alucinación en pleno día— pensé—. Un deslumbramiento en la luz matinal, una imagen estelar de mi arcano mundo de visiones, el paso misterioso de una blanca quimera por mi espíritu...

...E ignoro por qué ilación de ideas sutilísimas y abstractas soñé con una estrella errante cayendo en los nocturnos abismos...

Cerróse tras ella la gran puerta y yo sentí entonces una desolación tan terrible que estuve a punto de estallar en sollozos.

Leí cien veces con amargura estas palabras trazadas aquel día en una vieja cartera.

Pasé, en tantas mañanas como aquella, en tantas noches de amorosa inquietud, junto a aquel zaguán siempre cerrado, sin atreverme jamás a tocarlo, ni a hacer la menor indagación. Mi sensibilidad, de matices tan complejos y dolorosos, quedó hondamente afectada por aquel recuerdo tan hondo y atormentador, que nunca se borró de mi vida.

Y uno de los arcanos impulsos, el único quizá que me llevó en aquella época a Guatemala con la fuerza de un imán, *fue el ansia de verla siquiera un breve instante.*

...Sí, al día siguiente de mi llegada, me ocurrió aquel suceso que todavía me hace temblar. Iba por una calle, abstraído en ideas y sensaciones de mi interno universo, cuando, al doblar una esquina, vi un considerable grupo de personas vestidas de negro: hombres inmóviles alrededor de un coche exornado de blanco, cubierto de rosas blancas. Como un sonámbulo penetré en aquella casa llena de gentes que se movían en un gran silencio; y, de pronto, me vi junto al túmulo en que la dulce criatura, coronada de jazmines, bajo las blancas sedas y las más blancas azucenas, dormía su sueño postrimero...

Y he aquí el epílogo... En 1917, en Tegucigalpa, en uno de esos minutos de perfecta fraternidad en que se desborda nuestro ser en íntimas confidencias, hice a Rafael Arévalo Martínez un apasionado relato de esta triste y espiritual y romántica aventura. Me escuchó, desde el principio, con ávida atención, que fue intensificándose hasta culminar en la angustia. Al final rompió en prolongados gemidos:

—Era mi hermana, mi pequeña hermana... la que yo más amaba. ¡Qué dura es la vida y que cosas de sobrenatural misterio de la pobrecita muerta, que le conmoverían hasta la desesperación, podría yo contarle... Imagíneselas, querido hermano...

CONVERSABA CON mi siempre recordado amigo Juan Bustillo Rivera en el salón del Gran Hotel, en Guatemala (diciembre de 1914). Venía él de Liverpool, en donde era cónsul de Honduras, y con su chispeante ingenio me contaba cosas curiosas de las costumbres británicas. Acercóse a nosotros un hombre flaco, feo y efusivo.

—¡Qué espléndido coctel London preparan aquí! —exclamó—. Voy a tomarme el tercero y deseo que ustedes me acompañen.

Decliné la invitación y Juan hizo lo mismo. Y fue después de beber que procedió a su presentación.

—C.N.D., compatriota de ustedes.

Y dio principio a un relato interminable y difuso sobre sus progresos médicos en París y las innovaciones científicas que pondría en práctica en Honduras. Juan, moviendo rápidamente un ojo, y con un habano en la boca, le oía entre serio y burlón, desconcertándole con preguntas irónicas.

—Este dipsómano va a terminar su vida en una casa de orates —me dijo al oído en un momento propicio.

Fue aquel sujeto a verme a la Pensión Gueroult, protestándome su simpatía, amistad y admiración. Repitiendo las tres palabras con énfasis y sonriendo satisfecho.

Embarcose en San José en el mismo vapor en que yo regresaba. Me hizo conocer sus proyectos y secretos en el corto viaje hasta

Acajutla, en donde iba a quedarse en ruta hacia San Salvador. Su última confidencia, hecha con expresión de susto, fue el broche de bronce que cerró definitivamente el círculo de nuestras casuales relaciones.

—Pronto llegaré a Tegucigalpa a casarme con (y dijo un nombre entre un gran estornudo). Le voy a mostrar su más reciente fotografía.

—No se moleste. La conozco muy bien.

—¡Ah! ¿Usted la conoce? ¿Qué opinión tiene de esa señorita?

Si me hubiera hecho esa pregunta nueve años antes, el fuego de mi respuesta le habría quemado la cara como encendida pólvora. Pero en 1914, libre ya por completo de toda emoción annabelesca, contesté fríamente:

—Hace dos lustros era muy linda. Es una joven sin historia que jamás ha oído una palabra de amor.

Iluminóse el aviejado rostro de aquel excelente galeno, y, al despedirse, me costó mucho evadirme de sus excesivas expansiones de cordialidad. Que la tierra le sea leve.

Alejo S. Lara (dediqué un artículo a su memoria, que fue publicado en *El Nuevo Tiempo* y en el *Ateneo de Honduras*,), espíritu digno de brillar en la época gloriosa del Renacimiento italiano, personaje de extraordinaria magnitud entre de la gran mayoría de sus contemporáneos hondureños, me preguntó qué podría él hacer por liberarme definitivamente de toda miserable inquietud económica.

—Te criaste en la abundancia y la prodigalidad y necesitas de los elementos necesarios para vivir una existencia de arte y de belleza. Los poetas como tú deben actuar y producir en un ambiente propicio, al margen de las groseras necesidades materiales.

(Ya una vez, en la Administración Sierra, intentó ayudarme, pidiendo para mí una buena imprenta, que iba yo a pagarle en pequeñas cuotas mensuales. Pero la pueril suspicacia de aquel gobernante y su odio a la letra impresa frustraron su generoso proyecto. Al llegar la imprenta a Amapala fue incautada, yendo a sumarse a la maquinaria de la tipografía fiscal. Me costó mucho conseguir que el gobierno le devolviera a Lara la cantidad en ella invertida).

—El asunto es éste —me explicó—. Más de cuatro veces has instado a Pancho (así llamaba al presidente Bertrand) para que el gobierno compre la casa en que él vive y se construya allí una residencia digna del Jefe del Estado. En el contrato de alquiler se estipula que toda mejora o construcción que en ella se hagan quedarán a beneficio del propietario. Crecidas sumas se han gastado ya en reparaciones, edificándose en su interior buen número de cuartos. Por el alquiler mensual paga el fisco la mísera suma de doscientos pesos. Bien: como Pancho se niega a la adquisición del inmueble y el contrato está para terminar, la compraremos tú y yo. Don Jerónimo Zelaya pide por ella cuarenta y cinco mil pesos; pero quizá podamos obtenerla por cuarenta mil de presente. En realidad, la casa vale tres veces más por su posición única en la capital, por la amplitud de su recinto y por las nuevas construcciones. Tú pondrás veinte mil y yo otro tanto y el negocio quedará concluido. En la escritura se especificará que pueden comprarme, en cualquier tiempo, la parte que me corresponde por la cantidad que yo aboné.

—¿Y de dónde tomaré yo esos veinte mil pesos?

—Daniel Fortín me dijo ayer que te compraba *Berlín*.

(Quinta que yo poseía en una altura de Tegucigalpa. La compré a un caballero alemán, don Carlos Hartling, autor de la música del Himno Nacional, quien la había bautizado con aquel nombre).

—Te sobrará dinero para el negocio.

—¡Magnífico! —exclamé—. Manos a la obra. Pero antes de proceder, por lealtad y consecuencia, instaré por la sexta vez al doctor Bertrand en el sentido ya explicado.

Cuando lo hice, añadiendo que el señor Zelaya, al aceptar una nueva contrata pediría, no doscientos sino quinientos pesos por el alquiler mensual y que tendría el Gobierno que pagárselos, me dijo que no se contaba con el dinero para aquella compra y que era inútil insistir en ello.

Entonces le manifesté que Alejo y yo la compraríamos, dándole todos los detalles del caso.

—Ya hice cuanto pude —concluí— en mi deseo de que se construya una residencia apropiada para los presidentes de Honduras. Y antes de que otro haga un brillante negocio con esta casa, lo haremos nosotros en perfecto derecho. La compraremos mañana, y si usted resuelve continuar en ella pagará el Gobierno cuatrocientos pesos mensuales de alquiler.

—Déjeme tres días para pensarlo —concluyó.

Pero aquella misma noche me dijo que había dado ya instrucciones al ministro de Hacienda para que procediera en el acto a hacer efectiva dicha compra.

Y fue así como el segundo fracaso de mis probabilidades de fortuna, en relación con la fraternal amistad del doctor Lara, dio por resultado el palacete de estilo morisco en que nuestros mandatarios, de 1920 a la fecha, piensan, sueñan, meditan, se desvelan en pro de nuestro país.

La casa presidencial quedó terminada poco después de la caída del presidente Bertrand. La inauguró el general López Gutiérrez.

DE 1912 A 1915 aumentó mi actuación literaria. Un grupo de escritores reunióse para fundar el *Ateneo de Honduras* del cual se me nombró presidente y director de la revista que le sirvió de órgano. Fundé a mi vez el quincenario antológico *Esfinge* —el mayor esfuerzo hecho en Hispano América para presentar las más brillantes páginas de los grandes poetas y escritores de todos los tiempos, según José Enrique Rodó—; la mejor antología castellana —según Rubén Darío; la antología más completa y brillante de las letras universales —según Ramón del Valle-Inclán.

Era cosa en verdad, muy difícil reunir los excepcionales textos de aquella revista y evitar que su interés decayera, en un medio mental tan pobre, tan ingrato, por no decir tan hostil. Para ello veíame obligado a un extraordinario exceso de lectura de los más exquisitos libros de todos los países, traducidos al español por literatos auténticos, y que yo encargaba a Europa por cada correo. Fuera de unos pocos espíritus de singular comprensión, los que en Honduras (y así sería en otras partes) tomaban en sus manos aquel oblongo cuaderno finamente impreso en tintas de colores, no entendían o no apreciaban su valor. Hubo quienes me aconsejaran que desistiera de tan inútil tarea, y entre ellos dos escritores y tres jurisconsultos de renombre en nuestros predios municipales. Imperturbable ante aquellos soplos adversos de la inconciencia, continuaba extrayendo el oro más puro de los más bellos volúmenes y captando, de las mejores revistas que recibía en canje, algunos parágrafos preciosos y refinados sonetos. Así hice conocer en Centro América los máximos valores

239

cerebrales del mundo en todas las épocas abriendo una brecha luminosa en la fría penumbra. Ya en sus últimos meses aumentaron considerablemente en mi patria los asiduos lectores de Esfinge y las voces de aliento multiplicábanse por todas partes. Los pródigos granos de la siembra empezaban a germinar. Sí diré que si tanto me costó que llegara a apreciarse, con todo su valor, aquella antología —en Honduras y en las otras patrias centroamericanas—, en las naciones de civilización floreciente fue acogida con oportunos aplausos desde que apareció. En París, la *Revista Blanca*, *el Mercurio de Francia* y algunos célebres hebdomadarios, dirigidos por escritores ilustres, reproducían sus sumarios e igual cosa hicieron después revistas de primer orden de la Argentina, México, Uruguay, Colombia, Venezuela, Chile, etcétera.

Recibí centenares de cartas de firmas famosas elogiando mi labor; y sus colecciones, hasta en los días de abril de 1929 en que salí de Tegucigalpa, pagáronse a muy alto precio. Sesenta números aparecieron, y ellos constituyen —lo digo con la fuerza de la verdad— uno de los volúmenes de mayor valía que pudiera soñar el esteta de más quintaesenciado espíritu. Pongo fin a estas evocaciones de la revista que elevó mi ser al plano definitivo de la serenidad y la belleza, rememorando el esfuerzo meritísimo de Lalita en aquellas esmeradas ediciones. Fuera de que su perfecta comprensión hasta de los más sutiles vuelos del pensamiento, y su infalible juicio, de calidad única en Honduras, me estimularon, como siempre, para no desmayar en tarea tan desinteresada y espiritual. Ella cooperaba eficazmente en sostenerla, copiando, con su fina letra, las páginas escogidas para su reproducción y aun buscándolas ella misma con aptitud admirable. Como era tan humilde consideraba que debía únicamente a mi cariño los elogios que por tan raro don le prodigara.

Evocando su espíritu y su deseo —expresado cuando ya la muerte rondaba junto a ella— Esfinge reaparecerá más intensa y magnífica ¿Cuándo? ¿En dónde? No lo sé. Pero volverá a la vida, en Honduras, en París, en Roma o en Madrid.

En la noche en que se sublevaron los artilleros —no todos— hallábame en el teatro improvisado en el Jockey Club, en un palco, acompañado de algunas bellas amigas. Al conocer el suceso corrí a la casa presidencial, al lado del doctor Bertrand, seguro de que su guarda sería asaltada si en el interior del cuartel triunfaban los insurrectos. Sus amigos estábamos en la obligación de defenderle. Frenético desorden reinaba allí, mientras el estruendo de las descargas y cañonazos oíase a menos de cien metros de distancia. Ayudé en cuanto pude a sofocar la sublevación, siendo yo el primero que habló por teléfono con el jefe, coronel Labró, lo que a nadie se le había ocurrido. Pues véase como interpretan algunos pobres de espíritu los mejores actos. Yo, que creí siempre que demostré, una vez más, mi valor personal en aquella noche —como me lo expresaron importantes personas, entre ellas el mismo Presidente— fui sorprendido en 1928 en una barbería de Tegucigalpa, a la que entré en busca de un amigo, con estas palabras del patrón de los fígaros:

—Continuamente oigo alabar su valor, don Froylán. Pero dispénseme que le diga que yo le he visto salir de un teatro y correr en la noche del combate de los cadetes.

—Ciertamente— le contesté— corrí, pero en dirección al peligro, como el militar pundoroso corre hacia su cuartel cuando en su ausencia ha sido atacado. Si yo hubiera corrido para esconderme en mi casa, usted podría creer que fue por miedo. La casa presidencial podría ser bombardeada y yo iba a sumarme a sus defensores, tal vez a perder la vida en aquel trance. Reconozca su error y crea que jamás cometí ni cometeré una cobardía. Si aun lo duda, puedo comprobárselo aquí mismo.

Publiqué en aquellos años mis libros Prosas Nuevas, Floresta Sonora y Tierra Maternal. Que, con mi trabajo diario en *El Nuevo Tiempo* y en *Esfinge* constituyeron una de las etapas más fecundas de mi perseverante labor.

La antevíspera de entregar el doctor Bertrand el poder al licenciado Alberto Membreño, éste me propuso que continuara en la subsecretaría de Gobernación y dirigiendo *El Nuevo Tiempo*. Fue en el despacho presidencial, mientras el mandatario saliente ordenaba unos papeles sobre un sofá.

Yo no estaba de acuerdo con la ideología de Membreño. A esto añadióse, a última hora, una para mí grave inconsecuencia suya, de que me hizo objeto con palmar injusticia. Por todo lo cual había resuelto distanciarme de él para siempre.

Omito el relato de tal inconsecuencia porque ocuparía muchas páginas. Antes de ella, aunque opuesto a sus ideas políticas, le tuve sincero afecto y él llegó a decirme que me quería como a un hermano menor. Conservo sus cartas, retratos y honrosos juicios literarios que parecían confirmar sus palabras.

—Óigame, doctor —le dije—. Siendo yo un adolescente desempeñé, según parece con eficacia, el ministerio de Gobernación. Antes de encargarse de la Presidencia el doctor Bertrand, acepté la subsecretaría de ese despacho porque él me lo suplicó, asegurándome que actuaría en completa libertad, sin ningún jefe inmediato, como así fue. Usted quizá me juzga poca cosa para desempeñar con el mejor éxito un ministerio y yo me considero con excesiva altura moral y mental para actuar en una subsecretaría. Es cuestión de criterios. En jurado de hombres imparciales y de verdadero talento —no de Pachecos portugueses— sé muy bien que mi criterio vencería al suyo. Pero aun cuando usted me nombrara Ministro General —como hizo Soto con Rosa— yo no le serviría a usted jamás. Fuera de que ya no existe entre nosotros ningún afecto viviríamos en perenne discusión, ya que sus ideas y las mías, sobre todo en materia política, se hallan en los polos opuestos.

Con aquella su voz aniñada por supresiones de sílabas que intentaba volverse guasona, y con aquel semi-bosquejo de sonrisa que plegaba los extremos de sus párpados, habló largamente del gran aprecio y profundo cariño que me profesaba, reconociendo mi honorabilidad de hombre y la primacía de mi lugar en Honduras como poeta y literato.

—Conozco tus raras aptitudes para los más elevados cargos. Y perdono la alusión al Pacheco de un tal...

—Eca de Queiroz.

—Con quien, con ese Pacheco, me comparó en un articulejo un escritorzuelo mal intencionado. Déjate de objeciones y continúa en tus empleos.

Conté hasta treinta en mi interior antes de hablar, según el consejo clásico en los momentos de las graves palabras e iba ya por el número 25 cuando sonó la voz del doctor Bertrand:

—Vea, amigo Membreño. Froylán está fatigado de su extraordinario trabajo de los últimos años y necesita descanso. Que lo tenga en los siete meses próximos y al hacerme yo de nuevo cargo del poder le nombraré ministro en propiedad; teniendo la certeza de que, como ya lo ha demostrado en tantas ocasiones, hará obra civilizadora y beneficiosa para Honduras. Y si desea no perder el tiempo en dichos meses le nombraré hoy para un cargo consular o diplomático en Europa.

Membreño me pidió entonces que designara un sustituto hábil y competente para dirigir *El Nuevo Tiempo*.

—Ninguno como el doctor Miguel A. Navarro, tenido aquí como el primer diarista clásico de nuestro país.

—Pero Navarro es mi enemigo —exclamó—. Ruégote hablarle. Me sería muy grato que aceptara.

—¿Y qué sueldo devengaría? —me preguntó con tono equívoco—.

—Setecientos pesos mensuales.

Encontré poco después a Navarro en la calle y le propuse la dirección de aquel diario con el sueldo indicado.

—Por doscientos le he servido con todo gusto al doctor Bertrand bajo las órdenes de usted —me contestó—. Ni por setecientos, ni por siete mil, ni por un millón de pesos mensuales le serviría a Membreño.

Recomendé entonces para dicho puesto al doctor Julián López Pineda, quien, de modo brillante, lo desempeñó en los siete meses en que Membreño fue Presidente y en los primeros de la segunda administración del doctor Bertrand.

Yo me dediqué a mis estudios y lecturas predilectos, a mis versos y a mis prosas, a las soñaciones de mis cuentos y de mis poemas. Pensé primero en aprovechar aquellas obligadas vacaciones en un viaje a París, utilizando el nombramiento de Cónsul General de Honduras en aquella metrópoli que se me hizo, en acuerdo del ministerio de Relaciones Exteriores del 31 de julio de 1915, y hasta recogí de la Caja Nacional los novecientos pesos plata autorizados para mis gastos de traslación. Iba a partir en compañía de Lalita, ilusionada con la risueña perspectiva de ver y admirar de cerca el país maravilloso que con su historia y sus leyendas cautivó los años de su juventud; y todo estaba listo para la partida cuando, una mañana, conversando con Alberto Zúñiga, me dijo:

—Voy a darte un oportuno consejo. Es mejor que realices solo tu viaje. Para las enfermedades del corazón, como la que sufre tu hermana, París tiene un clima pésimo. Si la llevas puedes verla morir pronto.

Aterrado por aquellas palabras de un médico recién venido de Francia, y no resolviéndome a descuidar con mi ausencia la salud de Lalita, renuncié al viaje.

Fui en seguida a la Caja Nacional a devolver los novecientos pesos. Al entregarme el recibo correspondiente, exclamó el cajero, licenciado Daniel Boquín:

—Sabía bien que entre los nombrados para ejercer cargos en el exterior, que no saldrán del país, y que recibieron ya sus gastos de viaje, solo usted los devolvería.

Todas las noches, por llamamientos telefónicos de Toya Bertrand, íbamos a la casa presidencial Lalita y yo, y, a veces, mi cuñado Tomás Becerra y Delia. Ellos y nosotros, y Juanita Alvarado y el doctor Mariano Vásquez, éramos los concurrentes a las mesas de póker. Accidentalmente llegaban algunos otros íntimos amigos, como Juan Bustillo Rivera, Timoteo Miralda, Félix Cerna, etcétera.

Gratísimas veladas, de ingeniosas conversaciones, de regocijadas y oportunas anécdotas, de finas bromas. La frase ligera y sutil, a propósito de cualquier equívoco del juego, obtenía rápida réplica; y las joviales risas, en el mejor ambiente de cariñosa confianza, alegraban los espíritus. En su hogar, y entre las personas de su afección, el doctor Bertrand era un hombre simpático. Su aspecto severo, su rara pulcritud en el vestir, su perfecto dominio de sí mismo, su natural austeridad, eran parte para que sus leves ironías, sus epigramáticas observaciones produjeran extraordinarios efectos. Sobrio, hasta lo inconcebible, en gestos, ademanes y palabras, medía cuanto hablaba, con método preconcebido. Podía oír largos diálogos sin despegar un segundo los labios. Apenas sí un característico movimiento casi imperceptible de sus párpados, al que correspondía a veces una vaga sonrisa —inadvertidos para quienes no le conocieran con familiaridad— mostraba al interlocutor sagaz una partícula de burla o de inconsciente desprecio por lo insubstancial y pueril varón superior, por el talento, por la altura de los propósitos y de la voluntad, por la íntegra limpieza de su yo físico y psíquico, por su idiosincrasia, por su ecuánime prestancia de hombre culto y civilizado. Exento de vicios, pues ni siquiera fumaba, de naturaleza pródiga en calidades exquisitas, en delicadezas aristocráticas; ajeno a todo obscuro instinto, a todo bajo sentimiento, a toda costumbre plebeya, limaba, pulía, mejoraba en cada lapso su personalidad, ávido siempre de perfección en los secretos ímpetus de su alma inconforme. Árido para todo afecto profundo fuera de su familia, seco en emociones que no se relacionaran con su hogar, hermético y egoísta en esta fase de su múltiple psicología, indiferente ante las aventuras o tragedias extrañas. Verle llorar hubiera sido tan difícil, por no decir imposible, como encontrarle con una camisa de blancura sospechosa.

En tantos lustros de nuestra amistad sólo dos veces le vi llorar: en la madrugada del 21 de marzo de 1913, ante el cadáver del general Bonilla, y, años después, cuando su mujer estuvo a punto de morir.

Ciudadano de auténtico civismo, venerando los altísimos conceptos de patria y soberanía, amaba a Honduras con ese indestructible sentimiento que sólo se alberga en el corazón de los próceres. Patricio por algún lejano ancestro español, lo fue siempre en sus actos personales o públicos. Sólo en las postrimerías de su Gobierno, cuando las pasiones populares desatadas por su único y funesto error político —la imposición del doctor Nazario Soriano— ladraban tras él, hubo momentos en que perdió su frío equilibrio espiritual, dejándose arrebatar por súbitas cóleras que luego reprochábase con amargura.

En aquellas noches de animadas tertulias mostróse conmigo el presidente Bertrand fraternal y confidencial, relatándome episodios de su vida y haciéndome partícipe de sus proyectos patrióticos. Decíame que contaba con mi colaboración, añadiendo que en el ramo en que me tocaría ayudarle, y que yo tan bien conocía, iba a dejarme actuar con absoluta independencia para que se destacara mejor mi personalidad en la República.

Declaro en estas sinceras páginas que me halagaban de tal modo aquellos espontáneos ofrecimientos, en hombre tan discreto y cerrado de espíritu, que llegaron a constituir en mí algo como un dogma inquebrantable, como una fuerte ilusión de todo lo extraordinario y la cultura de mi patria.

Como si nunca antes hubiera yo desempeñado un alto cargo público, soñaba con ocupar aquel Ministerio, con mando efectivo —cosa excepcional en Honduras— y en donde, sin perder un minuto, seguro de mis amplias facultades, desarrollaría un vasto programa civilizador, comenzando por mi región nativa. Escribí, en noches de intensa vigilia, aquel plan, que logró entusiasmar al futuro Presidente hasta el grado de escribir sobre él un comentario elogioso y optimista. Y juro y protesto que, en aquel noble anhelo que encendía mi ambición, todo era desinteresado, pleno de cívico altruismo, libre, por completo, de toda vulgar finalidad utilitaria.

Me contó un amigo poderoso de aquella época, que al felicitar al doctor Bertrand por su elección presidencial de 1915, le contestó que, en su mayor parte, a mí se me debía, pues creyendo él que era inconstitucional, no pensó nunca en presentar su candidatura. Y que fui yo el primero en convencerlo de que ésta no violaría ninguna ley. (Esto lo repitió varias veces en conversaciones con sus amigos).

—Nadie me habló de ese asunto —concluyó—. Y solamente fue cuando Froylán lo lanzó a la consideración pública que aparecieron, muchas de ellas solicitadas por él, las opiniones de eminentes jurisconsultos hondureños y del exterior aclarando la perfecta legalidad del caso.

Sumado y meditado lo anteriormente escrito podrá el lector darse cuenta de la amarga sorpresa que recibí —no en mi vanidad sino en mi patriotismo, en mi afán de poner toda mi acción al servicio de Honduras— leyendo, en la mañana del 2 de febrero de 1916, la hoja suelta que contenía la designación del nuevo Gabinete y en la que no figuraba mi nombre.

Al día siguiente acudí en mi casa a una llamada telefónica y al reconocer la voz del gobernante corté la comunicación. Se repitió dos veces con igual resultado. Llegó luego un ayudante a decirme que el señor Presidente me suplicaba ir a verlo.

No fui y me afirmé en la intención de no volver nunca. Exceptuadas las noticias que leía en los diarios no supe más de la familia presidencial. Pero caí enfermo y fue en el acto el doctor Bertrand a visitarme, asistiéndome como lo hacía con mis hermanos en Juticalpa, Reanudáronse así, con su continua presencia, aunque fríamente de mi parte, nuestras relaciones. Ya bien de salud recibí una tarjeta suya rogándome, en los términos más afectuosos, llegar donde él lo más pronto posible.

Me abrazó cuando entré en su despacho.

—Reconozco que he procedido muy mal con usted —me explicó—. Mi falta no es sino un abuso de confianza, sí, el abuso de confianza de un hermano. Falté al ofrecimiento que espontáneamente le hice, no porque no lo juzgue merecedor, como ningún otro quizá por su honradez y competencia, para desempeñar los mayores empleos, sino por un compromiso que me dejé imponer en un momento de inexplicable debilidad.

—¿El presidente Membreño le exigió que no me nombrara ministro?

—Sí, me lo exigió. Para evitar serios disgustos lo sacrifiqué a usted. Esto es todo. Hice mal, además, en no decírselo en su oportunidad. Pero usted sabe que yo eludo, por temperamento, cuanto pueda causar contrariedades a las personas que quiero, y así fueron pasando los días... Olvide esto, se lo ruego, y dígame qué cargo desea para complacerlo inmediatamente.

—Mil gracias, pero no deseo nada.

Y me levanté para despedirme.

—Voy a agradecerle mucho que se haga otra vez cargo *de El Nuevo Tiempo*. Y después me dirá en que puesto importante quiere ayudarme.

Accedí a dirigir de nuevo aquel periódico; pero con la expresa condición de que, como antes, no recibiría órdenes de nadie, y de que se nombrara un administrador para evitar que algunos mentecatos dijeran que me estaba enriqueciendo con los productos fantásticos de dicho diario; y que yo tendría en él un sueldo como cualquier otro de sus empleados.

—Está bien. Así se hará. Póngase el sueldo que quiera.

Yo habría podido decir: ochocientos, mil pesos mensuales, absolutamente seguro de que él nada hubiera objetado.

—Me conformaré con cuatrocientos pesos al mes. Como ya lo dije, éste fue el único sueldo que tuve durante la segunda presidencia del doctor Francisco Bertrand.

Cuando el ex-Presidente Bertrand se hallaba en el exilio, me escribió de Nueva Orleans una cordialísima carta, en la que, al agradecer, con las frases más cariñosas, mis constantes recuerdos, lamentábase de no haberme conocido —después de tantos años de estrecha amistad— sino tardíamente, cuando quizá ya nunca nos volveríamos a ver. Añadiendo que si la estrella de su destino volviera a brillar, él tendría un vivo placer en reparar su error. Efectivamente, nunca volvimos a vernos, y su estrella no volvió a lucir, apagada en la muerte. Pero aquella confesión de haberme conocido demasiado tarde me explicó claramente muchas cosas que antes yo no comprendiera, borrando todo cuanto obscurecía mi afección por tan ilustre compatriota.

VIENE A MI memoria mi intervención en una escena infame, en una madrugada de 1916 en que, viviendo en mi casa cerca de la iglesia de El Calvario, me despertaron unos terribles gritos pidiendo socorro. Vestime en dos minutos y cogiendo el revólver corrí en dirección de tan apremiantes llamamientos. La noche era oscurísima, pero a la débil claridad que llegaba del foco eléctrico de la esquina pude ver que, en el atrio del templo, un hombre golpeaba brutalmente a una mujer, tratando de violarla. Acudí cuando aquel bandido, cogiendo a su víctima por el cuello, le introducía un trapo en la boca. Le descargué un puñetazo en la cabeza. Levantóse tambaleando y huyó como una liebre por el lado del río. Ya un poco tranquila, me contó la infeliz cómo aquella fiera, que la perseguía continuamente, la asaltó al regresar del velatorio de una amiga, arrastrándola hasta allí. La conduje a su casa en el barrio de La Concordia. Por el camino hacíala temblar el temor de que el malvado estuviera en la sombra tras de nosotros y me atacara por la espalda.

—Tenga mucho cuidado —me decía— es cobarde y traicionero.

Huyó frente a usted; pero por detrás lo puede matar cuando regrese, con el puñal con que me amenazó. Debe de estar atalayándole en la obscuridad. Pero en todo el trayecto el único ruido que oí fue el de un reloj público que daba las dos de la mañana.

Si no tuviera tan aferrada a mi organismo mi atracción por las calidades humanas sería hoy un escéptico en todo lo que se relaciona con las excelencias espirituales, la virtud, la gratitud, la caridad, etcétera. En los años 1917-1918 —con la cooperación de la Sociedad de Artesanos El Progreso que presidía don Santos Fortín— fundé y organicé la Fiesta de los niños pobres, que debería celebrarse en la noche de cada 24 de diciembre. Abrí en El Nuevo Tiempo una suscripción para recoger fondos que se invertirían en la compra de vestidos, sombreros, frazadas, juguetes, dulces, etcétera, con que obsequiar, en la Nochebuena, en el Teatro Manuel Bonilla, a los niños míseros de los barrios de Tegucigalpa y Comayagüela. Dicha sociedad, por medio de un tesorero, reunía aquellos fondos, que se depositaban en el Banco de Honduras. Juntáronse millares de pesos; y la hermosa fiesta, que ocupó gran parte de mi tiempo, produciéndome incesantes molestias, realizóse con el mejor éxito en el primer año citado; pero en el segundo, cuando prometía ser más eficiente por la respetable cantidad reunida en la forma anterior, y con una concurridísima velada —la más brillante hasta hoy en Honduras— los centenares de mujeres que con sus críos en brazos llenaban el teatro, en la noche de la entrega de objetos, promovieron tan vergonzoso escándalo queriendo brutalmente recoger todas al mismo tiempo lo que les correspondía y lo que no les correspondía, que resolví ponerle término al simpático festival. En aquella Nochebuena de 1918, más de trescientas madres, iracundas por el delito nuestro de poner orden en la distribución de las dádivas, proferían soeces injurias contra el grupo de los artesanos y contra mí, amenazándonos enloquecidas con los puños levantados. No parecían mujeres a cuyos hijos se obsequiaba, sino procaces energúmenos que en defensa de sus mocosuelos, perseguidos por los puñales de Herodes, ansiaban beber nuestra sangre. Hubo un minuto en que intentaron despedazarnos, asaltando el escenario; pero yo ordené a los doce policías que guardaban la entrada que las rechazaran sin golpearlas, tratándolas como se tratan a las locas frenéticas en los manicomios.

En unión de Fortín y sus consocios distribuí poco después, personalmente, como definitivo epílogo de nuestros benéficos propósitos, entre las ancianas más pobres de los suburbios, yendo de casa en casa, los mil pesos en metálico que también destinábamos a los párvulos indigentes.

Instituí después la Fiesta de la Virtud para otorgar un premio anual a las tres jóvenes solteras y pobres más virtuosas de Tegucigalpa. Obtenido el dinero para los premios, y reunidas en el kiosco del

Parque Morazán las doncellas electas por honorables familias de los respectivos barrios, los poetas rendimos entusiasta homenaje a las excepcionales muchachas. Hubo músicas, flores y aplausos pero se aseguró después que una de aquellas inocentísimas vestales estaba... en cinta. Con lo que allí tuvo principio y fin la Fiesta de la Virtud.

Con arduos esfuerzos, y también por diarias excitativas hechas en *El Nuevo Tiempo*, recogí muchos centenares de volúmenes para fundar la Biblioteca de la Penitenciaría. Entregué los libros al jefe de aquel centro, recomendando cuidar las obras, con un reglamento, y ayudando en la obtención de la estantería. Y transcurrido apenas un año y medio no quedaba de aquella importante biblioteca un solo volumen. Cosa idéntica pasó con la que reuní para el Cuerpo de Policía de la capital.

Nadie recuerda estas cosas... y quienes las recuerdan las callan por indiferencia o algo peor.

Tampoco recuerda nadie que yo hice cambiar el piso del Parque Morazán, construido con antiquísimas piedras labradas, ya en completo deterioro, por el de ladrillos de cemento; sustituyéndose, además, el alumbrado de mal gusto que antes había allí por otro, moderno y eficiente; trasladándose a la Escuela de Arte la especie de verja que circundaba la estatua del Héroe y que tan feo aspecto ofrecía.

Por respeto a la verdad no incluyo en estas reformas locales que realicé la iluminación del reloj de la catedral, porque a ello no me guió el deseo de hacer un servicio colectivo. Mi amor de aquel tiempo vivía en el segundo piso de la casa en que hoy se halla el Hotel Honduras y me esperaba todas las noches, a las ocho en punto, asomada al balcón. Pero para que aquella blanca imagen apareciera en el minuto exacto ¡extraño romanticismo! —evitando la corta diferencia del tiempo que pudiera haber entre su reloj y el mío—, hice iluminar el reloj público, que ella miraba desde su dormitorio y que nos sirvió de cronómetro. Cosas del amor, baladíes y eternas.

(Léase *El milagro imposible,* página 277 de mis Cuentos del Amor y de la Muerte).

Dejo en el tintero muchos otros asuntos de esta índole. Y nada digo de las críticas necias que coseché porque no se lleva a efecto, como debiera hacerse, la Fiesta de los Árboles, creada en 1912 por mi iniciativa. ¿Qué culpa tengo yo de que no se haya interpretado bien mi pensamiento en la práctica de tan bello, culto y utilísimo festival? Con esa lástima que me producen las cosas míseras he visto el afán que se pone, desde hace varios lustros, para que en los programas respectivos se omita el himno que escribí por expresa excitativa del Ministerio de Instrucción Pública. En acuerdo fue declarado himno oficial; es decir, que obligatoriamente debe cantarse siempre en esas fiestas; pero con la mayor inconsciencia o mala intención lo substituyen con cualquier otro número.

OCUPÉ UNA HORA en las mañanas de aquellos años (1916-1917) en leer y contestar las cartas amorosas que me enviaba una joven inteligentísima, de una blancura de jazmín, que de haber nacido en un país europeo habría hecho célebre su nombre. Iba a verla por las noches, y en las horas que pasábamos juntos, rodeábame con suaves cadenas de íntimas caricias de una ternura espiritual y profunda. Era silenciosa y misteriosa, apasionada hasta sentirse morir entre mis brazos, fundiéndose en mi con total entrega y clara conciencia de su destino. En nuestras veladas apenas se oía una palabra; el silencio fue nuestro cómplice. Cuando a lo lejos sonaba en la catedral la medianoche nos despedíamos, e iba hasta el portón tras de mí, besándome y oprimiéndome con tácito anhelo de retenerme siempre. Decíame que mi ausencia causábale un intenso dolor, un dolor agudo en el corazón, y que al dejarla sola sentíase rodar en un abismo de frías tinieblas. Decíame: "De mis amadas fue la única que me hizo pensar y sentir a un mismo tiempo". Nuestro epistolario —el suyo y el mío contiene—, seguramente, las más perfectas y encendidas cartas de amor que se han escrito en Honduras. Fuimos, en el rápido correr de los años volubles, los que mejor sentimos y comprendimos el amor en nuestra patria. Extinguida en mí la sed que me producía, mi avidez de emociones me arrojó en otros brazos. Y ella fue a morir en un país extranjero... Sufro, recordándola... Poco antes del vuelo de su espíritu me devolvió mis cartas. Extraje de algunas la esencia sempiterna y reduje a cenizas —por temor de profanarlas publicándolas— aquel ardiente poema de múltiples cantos. Las suyas, sus cartas calcinadas por recónditos fuegos, están en uno de mis cajones secretos, como los muertos en sus tumbas.

En 1917 llegó a Tegucigalpa Rafael Arévalo Martínez, a quien sólo conocía por sus obras. Fui a verle al cuarto que ocupaba en el Jockey Club. Le ofrecí un puesto en *El Nuevo Tiempo,* que aceptó. Estuvimos, durante muchos meses, unidos por el más estrecho compañerismo. Yo habría deseado tenerlo en mi casa como huésped fraternal; pero nunca me atreví a proponérselo, pues en tres o cuatro ocasiones en que procuré servirle, negóse en forma delicada. Y afectuosa, pero firme, a aceptar ninguna ayuda. La dignidad, el orgullo caballeresco, el respeto a sí mismo, son en Rafael primordiales virtudes, arraigadas tan hondamente en su organismo, que ni las más duras adversidades pudieron nunca doblegar. Pocos hombres he conocido tan interesantes y multiformes, tan complejos y llenos de arcana sabiduría como el autor de *El mundo de los mariachis* y tantos otros libros de prosas y poesías de extraordinario mérito.

La levedad de su estructura terrena se aúna arcanamente con la tenue transparencia de su espíritu del que se creyera ver surgir las alas de Ariel. Su compañía me fue gratísima y útil como la de ningún otro hombre, pues actuando en un plano de absoluta comprensión de la vida y del más allá, sus experiencias de augur activaron mi ansia de conocimientos psíquicos, y su austeridad de costumbres, en las que ningún vicio marcó su lacre, enderezó hacia la cumbre del perfeccionamiento individual más de alguna de mis calidades que empezaban a desviarse. Así, por súplica suya, di mi palabra de no volver al Club Tegucigalpa, en donde el póker, la ruleta, el billar y hasta el juego del aperitivo con amigos despreocupados y guasones me costaban ya varios miles de pesos. Con lápiz rojo hacía Rafael todas las tardes una raya en la pared, en la redacción de *El Nuevo Tiempo.* No le interrogué sobre su significado, pues lo comprendí al momento: cada raya era un día de ausencia del centro de perdición. Cuando fueron muchas las contó, multiplicándolas por quince, diciéndome:

—Ha ahorrado ya ochocientos pesos, más de trescientos dólares, por lo menos. Esto en el lado práctico; que por el otro, el espiritual, que es aún más importante, la ganancia es doce veces mayor. Sobra decir que no se me volvió a ver nunca en el club.

El regreso de Arévalo Martínez a Guatemala me afectó como él no pudo imaginarse. Perdí la presencia de la más amplia y consciente fraternidad, la compañía de un ser excepcional, único en su vuelo visionario a través del país de las eternas sombras y en su visión exacta de lo que somos con todas sus faces lúgubres o deslumbrantes.

Me dirigía a la oficina de El Nuevo Tiempo una mañana, cuando al pasar por el portón del Banco Atlántida salió violentamente de su interior un extranjero en una bicicleta, atropellando en mitad de la calle a una pobre mujer que volvía del mercado con una canasta sobre la cabeza. Cayó al suelo, hiriéndose en una aguda piedra en medio de la frente, rodando destrozadas sus compras por el polvo. El ciclista no se detuvo, alejándose a toda velocidad sin preocuparse de su víctima.

Indignado, escribí una nota en mi diario, relatándolo con una acre censura para el desconocido.

Horas después de la circulación del periódico, mientras hojeaba canjes en mi escritorio, entró con brusco paso un joven, con ejemplar de *El Nuevo Tiempo* en la mano.

—¿Quién escribió esta infame gacetilla? —gritó, golpeando la mesa con el papel doblado—. Necesito saberlo para darle una lección. Juro que le haré rectificar.

Púseme de pie, apuntándole con mi revólver y gritando a mi vez:

—Yo la escribí, y en vez de rectificarla la repetiré durante cuatro semanas. El infame es usted, que atropella a una infeliz y se larga sin pedirle excusas. ¡Deme la lección! ¡Cumpla su juramento!

Miróme un instante cara a cara sin temblar. Y girando militarmente sobre sus talones desapareció como había llegado. Supuse que iría a armarse a su casa. Pero no volvió. En la noche recibí una carta suya lamentando lo acaecido. Fue a disculparse con la mujer golpeada, a quien indemnizó con una cantidad de dinero. En forma culta y cordial me rogaba encarecidamente aceptar aquella satisfacción y sumarlo al número de mis amigos.

De tan insólita manera penetró en el círculo de mis verdaderos afectos el inglés de Jamaica Basilio Corty. Personalidad extraña, mezcla de bárbaro y de civilizado, de hidalgo y de bandido, de patán y de caballero. Muy inteligente, muy comprensivo en asuntos estéticos y con un valor personal rayano en la temeridad. Iba a buscarme en las tardes, a su salida del Banco en que trabajaba realizando juntos largas caminatas por los aledaños de la capital. O ya en mi casa o en la suya pasábamos horas amenas de sueños y remembranzas. Llegamos a tratarnos con perfecta intimidad asegurándome que era yo su mejor amigo y el único confidente de sus más secretas emociones y proyectos para un próximo futuro.

Cuando su duelo con Pablo Lozano, a la primera noticia telefónica acudí en el acto al sitio del encuentro, creyendo que aún podría evitarlo. Le hallé en tierra, mortalmente herido en el estómago y con una mano reventada, ahogándose en su sangre, y en tal posición, que de permanecer en ella diez minutos más allí habría muerto. Nadie le auxiliaba por la prohibición de una estúpida ley para no mover a los heridos en esta clase de percances antes del reconocimiento judicial. Sordo ante las exaltadas protestas de medio centenar de personas y atropellando a los policías que intentaron impedírmelo, le levanté del suelo, colocándolo en la camilla que pidiera al hospital, a donde le hice conducir en hombros de dichos agentes.

Sólo don Luis Valentine y yo íbamos por la calle detrás de aquel extranjero moribundo. Cerca de la casa Streber nos detuvo un sargento con varios subalternos, ordenando que Corty fuera llevado a la Dirección de Policía. Exasperado me opuse a aquel imbécil tras de un violento diálogo, y por segunda vez —como él mismo lo explicó en una carta para una amiga suya de Panamá— le salvé la vida, pues con la pérdida de una hora, sin auxilio eficaz, habría perecido. Así me lo dijo el cirujano que lo operó.

En el hospital, abusando, pues yo no tenía empleo público en aquel tiempo, de mis fraternales relaciones con el director, Héctor Valenzuela, que se hallaba en Comayagua, hice desocupar su cuarto de despacho, el mejor que allí había, colocando en él al herido, a quien horrorizaba la idea de ser numerado en la sala común. Le cuidé, velándole muchas veces hasta los amaneceres. Con dinero de mi bolsillo compré el champaña y algunas otras cosas que diariamente necesitaba y de las que carecía aquel centro. En fin, extremé los mejores esfuerzos por servirle. Ya restablecido, no le vi nunca en mi casa ni en mi oficina.

Estuve gravemente enfermo en febrero de 1919. Semanas y semanas pasé debatiéndome en interminables sufrimientos y aquel hombre no preguntó jamás por mí. No hay entre las perversidades humanas ninguna que me produzca mayor asco que la ingratitud. El ingrato es el ser más abyecto y ruin, el más vil y miserable entre los miserables.

Cierto día, en que acababa de salir de la cama tras una noche de martirio físico y de cruel insomnio, me anunciaron la visita de Corty. Dominando mi repugnancia estreché la mano que me tendía. En breves palabras se excusó, con no recuerdo que absurdos pretextos, por no haber ido antes a verme. Luego, cambiando de asunto, dijo:

—Vengo a suplicarle dos cosas: que sea usted mi padrino en mi próxima boda, y que me preste mil pesos que para realizarla necesito con urgencia.

Mirándole fríamente le contesté, midiendo las frases:

—No seré su padrino ni le prestaré un centavo. Usted es un ingrato, es decir, un hombre sucio de espíritu, un canalla. Hágame el favor de salir de aquí y de no volver a acordarse de mi nombre.

POR EL PANORAMA de mi pretérito veo desfilar muchos hombres y mujeres que pudieran servir de modelos de ingratitud; pero todos inferiores a Corty, por su mediocridad mental o su cobardía. No mancharé estas páginas con sus nombres. Fantasmas anónimos, la sombra es su símbolo y de ella no los sacará mi pluma.

En Exposición —isla que dista cuatro kilómetros de Amapala— vi las luces del nuevo año (1918). Llevé allí a mi hermana atormentada por el reumatismo, por consejo del doctor Agustín Santiago Brizio, quien me aseguró que se repondría con baños calientes de agua marina

Fueron a pasar aquella temporada con nosotros, además de dicho galeno, un joven amigo que debía morir poco después en San Salvador (Nicolás Cruz Lara), mi sobrino Edgardo, un pequeño criado, Andrés Flores, y una sirvienta. El general Andrés Leiva, comandante del referido puerto, me cedió la casa que poseía en Exposición (única en aquel sitio) para explotar sus salinas. Y en ella nos instalamos con los objetos y muebles llevados para el caso.

¡Enero inolvidable de radiante azul pasado en aquella pintoresca isla del trópico! ¡Baños en la contemplación del magnífico piélago unido al firmamento en el vasto horizonte! ¡Noches de fulgurante plata, tibias y serenas, propicias para los vuelos del espíritu y las ignotas soñaciones! ¡Pláticas y lecturas junto al mar, en las tardes maravillosas, en los lentos amaneceres en que veíamos fulgurar, solemne en las hiperbólicas lejanías, la espléndida luna dorando las montañas y las aguas!

¡Cuántas escenas de entonces surgen límpidamente en mi memoria! Lalita, en su silla de extensión, con un libro en la mano y nosotros, Brizio y yo en nuestras hamacas, evocando recuerdos, plena la fantasía con ilusiones del futuro. En las noches los salineros nos obsequiaban con serenatas de guitarras. Algunos cantaban romanzas rústicas con quejumbroso acento. Tristes canciones de amor en las calientes playas: imprecisos deseos toscamente rimados, pero que, en aquellas horas de espiritual reposo y de optimismo, nos adormecían en vagos sueños poblados de melancólicas imágenes...

Mi última novia me había dejado en el alma un hálito de felicidad y de amargura, algo morboso y delicioso, saturado de sexuales aromas y de intelectualismo, con un indefinible descontento recóndito por no haber satisfecho mi instinto mayor número de veces en el extremo límite de las sensaciones. Delicadeza hidalga y romántica que tantos arrepentimientos tardíos ha dejado en mí... Ahora asaltábame una inquietud sin nombre, una especie de obscura nostalgia de aquellas ardorosas noches perdidas para siempre y en que ella gemía de dolor y placer en mis brazos... Anhelaba, en los descansos de tan penosa obsesión, con insaciable sed de nuevas caricias, un amor más simple, menos sabio, menos complicado, sin mortales gemidos, sin angustiosos espasmos y sin lágrimas. Llegué casi a obtenerlo con una simpática jovencita del puerto, que me entreabrió su corazón, cerrándolo y volviéndolo a entreabrir... Juego peligroso y equívoco que apenas se concretó en declaraciones con vagas respuestas, a momentáneos arrebatos de naciente pasión de mi parte y de la suya, a lánguidas sonrisas, a dulces cosas dichas con los aterciopelados ojos y a algunas infantiles cartas que aún conservo. Funcionó innumerables veces el teléfono, llevando a mi isla de arenas doradas —como yo la bauticé— la vocecita arrulladora. Nada más. Una poesía para oírse en el silencio de las noches de la costa, una prosa de un lirismo incomprensible para una linda cabecita de elementales pensamientos, buena sólo para llevar con gracia un ramo de jazmines, salieron de Exposición para la Isla del Tigre, del rimador de nostalgias

256

y recuerdos, pensativo en la puerta del otoño, para la virgen fragante de nombre sonoro. Nada más.

...Y un día —un día no sé si venturoso o infausto en mi destino— el bote en que regresaba a mi isla se cruzó rápidamente con otro que iba rumbo a San Lorenzo. Entreví una veste blanca, escuché una ilusoria voz...; sin presentir que me había encontrado con mi nuevo amor, más exquisito y balsámico que mi pasión intelectual recién muerta —que aun suspiraba en su sepulcro— y que la ternura indecisa de la doncella amapalina de los extraños ojos.

Habitaban en Exposición, fuera de los mozos de las salinas, un hombre seco y alto, de apellido Brizo, con su mujer y sus hijos; y, en otra cabaña, una mujer con una niña de nueve años, negrita ésta y casi desnuda, a quien llamábamos la reina de la isla. A la mujer de Brizo, por sus enormes pechos, se la designó con la palabra biberón. Conste, que tal brote de ingenio correspondía totalmente a nuestro médico, quizá por impulso cordial hacia el consorte, en relación con su apellido casi homónimo del suyo. El matrimonio entró en funciones con nosotros: el hombre fue nuestro Fígaro y Biberón se hizo cargo de nuestra ropa.

Había yo tomado en alquiler una gasolinera. Con el doctor iba en ella diariamente a Amapala y servía también para acarrear los víveres que necesitábamos La excelente señora de Leiva excedíase con mi hermana en continuas manifestaciones de amistad, y, en gran parte, gracias a su bondadosa solicitud nada nos faltó, obteniéndolo todo para nosotros a módico precio.

Yo me propuse escribir una novela con el nombre que di a mi bella ínsula. Un relato lleno de color local, de visiones marinas, de cielos de lapislázuli, de suaves anocheceres, de tibios crepúsculos matinales. Algo impregnado de un placer amargo y exótico, de un melancólico dolor lleno de adioses húmedos de llanto: algo a la manera de Loti en sus nostálgicas evocaciones de la Oceanía.

Expuse mi plan a Lalita y quedó encantada de su original combinación de matices, de la hábil trama urdida con elementos reales y fantasías emocionantes. Brizio sentíase halagado de su incidental participación en mi nuevo libro. Dióme su retrato con el epígrafe que en él debería llevar al pie: Agustín Santiago Brizio, hombre de ciencia, oriundo de Turín. Se tomó una curiosa fotografía de la reina de la isla, nieta auténtica de Rarahú, con su étnico traje tahitiano, que sólo ocultaba el secreto broche del sexo infantil. Tomé apuntes, hice notas, hasta dibujé paisajes, aspectos atmosféricos, contornos topográficos: los calcinados arenales, los sonoros cocoteros, los áridos arbustos, asilo de las pardas iguanas; los estrechos valles amarillentos, los blanquecinos escarpes desde cuyas cumbres veíamos pasar a lo lejos los grandes vapores que por su excesivo tonelaje no anclaban en la bahía poco profunda.

Intentaba interesar en la edición de aquel volumen a un célebre dibujante francés que ilustró mi cuento El Fantasma Blanco en *Mundial Magazine* de Rubén Darío. Evocaba el lápiz sugestivo que dibujó gráciles imágenes y sonrientes escenas en las obras de Alfonso Daudet traducidas al español: dibujos sobrios, ligeros, precisos, completos, en que no falta una línea para que la idea, la finalidad, sinteticen el minuto, el símbolo de la emoción culminante: todo expresado con íntegro sentido de la psicología del ilustre ironista. Si esto fuera imposible conformaríame con breves ilustraciones marginales, explicativas de lo que resaltara vivamente en el texto.

Escribí unos cortos poemas, como *El caracol azul,* que deberían incrustarse en el volumen como nácares pálidos, como piedras de colores, para desviar un instante el interés del leyente, idénticos a gráficos adornos de ígneos metales que señalaran los capítulos o a caídas melódicas invitando a la suspensión de la lectura para meditar en los cuadros ya vistos y en el interesante movimiento de los personajes.

Asómbrome hoy de que no pasara de un proyecto esa novela que tanto emocionaba a Lalita cuando no perdí jamás ocasión de atender al menor de sus deseos. Ya herida de muerte volvió a pedirme que realizara aquella intención estética de subjetiva remembranza que, tras de aportarme un nuevo laurel, me produciría la íntima satisfacción de un pretérito tan grato. A pesar de ello, no ha visto la luz el material recogido; y éste, de verdad valioso, se ha ido extraviando, página por página, con incalificable negligencia de mi parte; quizá —permítaseme la inmodestia— con esa distracción del joyero pródigo de la fábula que deja olvidados por donde pasa los ónices y los zafiros que extraía de su cerebro.

Brizio, que en una noche de fraternales confidencias en la isla, me hizo conocer la cruel tragedia que le privó eternamente de hogar y de patria, arrojándole de su materna y gloriosa tierra italiana a las playas hondureñas, escribió una síntesis de su historia para mi novela; y también ese cuaderno, en que gime un terrible dolor, fugóse de mis manos sin poder encontrarlo. La isla de arenas doradas, que me obsesiona con la tenaz inquietud de los remordimientos, de las cosas que deben hacerse y no se han hecho ¿se publicará algún día? ¿Reconstituiré, con un dinámico esfuerzo, sus vívidas escenas en un ignoto rincón de olvido y de reposo?

Las pocas veces que después pasé frente a Exposición mi alma tembló estremecida por los recuerdos, con una angustiosa tristeza, con un extraño amargor. Los muertos amados se llevan pedazos de nuestra existencia. Quedamos disminuidos, incompletos, cuando nos faltan aquellas profundísimas afecciones en que cifrábamos nuestra verdadera razón de vivir, de producir cosas bellas, de soñar y ambicionar.

Además de la eterna ausencia material del ser que mejor me ha comprendido —y al que más veneré— la vista de esa isla me produce otros arcanos dolores... Cuando miro blanquear a lo lejos la playa de Exposición, y entreveo, casi oculta en la mísera arboleda, la vieja casa que nos albergó en aquel tiempo en que me sonreía la vida, indecisos o claros fantasmas de jóvenes amadas, tras de las que fue mi deseo, como trémulas llamas se alzan en las soledades de mi espíritu. Sombras de mujeres que aun vagan sobre la tierra, pero que siento en mí más muertas que las que duermen hace siglos en ignoradas necrópolis.

Como la salud de Lalita no mejoró en la temporada de mar, resolví llevarla al sanatorio de Ancón, cuya fama pregonaba la prensa de América. Poco antes de partir fui a Tegucigalpa, llamado por asuntos urgentes, y conocí entonces a Solange Amaral, cuya juvenil imagen entreviera hacía un mes en pleno golfo de Fonseca. Verla y amarla fue lo mismo. Estaba aquella noche con un ligero traje blanco, seductora, sonrosada, y se me entró en el alma con tal fuerza que me produjo un raro sufrimiento. Le di la magnífica rosa de alabastro que corte para ella en el jardín de Lalita y se admiró de su preciosa esplendidez.

—Esta rosa y usted parecen hermanas —le dije.

La colocó sonriendo sobre su pecho, tendiéndome después sus manos tan bellas con las que habría yo deseado oprimir mi corazón. Realmente era más blanca que aquella nevada rosa, y yo la sentía junto a mí, fresca y fragante, con sus lindos rizos negros y su boca encendida por su sangre virginal. Exenta de toda odiosa pintura, no volví a verla sino dos meses después, a mi regreso de Panamá.

Nos embarcamos para aquel puerto, a mediados de febrero (1918). Lalita, Delia y yo. Cuarenta días de riguroso tratamiento en el sanatorio referido atenuaron el pertinaz reumatismo de mi hermana. El doctor Connor me manifestó que si aquel régimen se prolongaba seis meses quedaría completamente curada. Yo procuré convencerla de que atendiera la insinuación del médico especialista, ofreciéndole acompañarla con mi cariñosa voluntad; pero negóse obstinadamente a quedarse, por lo que dispusimos el regreso.

Fue muy agradable nuestra permanencia en Panamá. Cultivamos estrechas relaciones con la familia Calderón Ramírez y algunas otras entre las más distinguidas de aquella capital. Cordialmente departí con amigos y compañeros de letras como Guillermo Andreve, Salvador Calderón Ramírez, Ricardo Miró, Enrique Geenzier, etcétera. Yo tenía una habitación en el Hotel Central y para acompañar algunas noches a mis hermanas tomé otra contigua a la suya en el sanatorio. Para obtenerla me sometí a un examen de los ojos, que entonces, como ahora, me dolían por exceso de lectura.

Me ocurrió allí un caso singular. Despertáronme en una medianoche los agudos lamentos de una mujer que pedía socorro con quejumbrosas palabras en inglés. Resonaban tan cerca de mí que, durante un minuto, tuve la convicción de que provenían del cuarto de baño anexo a mi estancia. Acudí a aquel sito, convenciéndome de mi error. Los alaridos continuaban con mayor fuerza. Toqué el timbre de alarma inútilmente. Lo hice a sabiendas de que aquellos timbres estaban en los cuartos de los enfermos para producir, en los ángulos de los corredores, bonitas luces violetas, rojas verdes; pero que, fuera de esta súbita pirotecnia, no servían para nada. Salí al pasillo, cerciorándome entonces de que los lamentables llamamientos, ahora convertidos en lastimeras quejas y prolongados sollozos, salían del dormitorio vecino. Dominado por un impulso de piedad, mayor que toda prudencia; olvidando las terminantes prohibiciones, fijadas en las paredes, de penetrar, por ningún motivo, en los aposentos ajenos, abrí la puerta y entré.

En una cama debatíase en violentas convulsiones una hermosísima joven morena, con la cabellera deshecha y los ojos extraviados. Al verme se calló, tendiéndome los brazos implorantes. Le tomé una mano, diciéndole algunas dulces frases, suplicándole que se calmara. Me senté a su lado en un amplio sillón, y ella, sin soltarme, mirábame sonriendo. Con mi pañuelo enjugué suavemente sus lágrimas. Acercó más su cabeza, que apoyó en mi hombro, rogándome que no la abandonara. En aquella posición oí sonar las dos, las dos y media, las tres... Pensando que pudiera llegar el médico de turno o cualquier otro empleado, y creyéndola dormida, varias veces intenté con la mayor sutileza levantarme y salir. Pero en el acto volvía ella a llorar, abrazándome con expresión del irresistible terror. Poco antes de las cuatro me adormecí durante algunos minutos, despertándome la sensación de una prolongada caricia. Vi su cara sobre la mía y su boca sobre mi boca. Pasando ligeramente mi mano sobre su cabeza me levanté como embriagado. Le dije que luego volvería y segundos después estaba en mi cuarto. No reanudó sus gritos y al levantarme a las ocho parecíame haber soñado.

Desde el primer instante de verla comprendí que se trataba de una loca y no me equivoqué. Mientras me paseaba por los jardines en el mediodía miré a la bella joven en un sillón de ruedas que empujaba un hombre alto y rubio. Ella me miró, indiferente, sin reconocerme. Me encontré con aquel sujeto en una calle de Panamá. Le detuve, preguntándole por la infortunada criatura.

—Es mi esposa —me dijo—. Hace cinco meses que fue sometida a una operación de la que resultó con las piernas paralíticas y con la razón perdida. No tengo ninguna esperanza de que se cure. No me da mucho trabajo la pobrecita. Es tranquila y resignada y pasa los días enteros en profundo silencio. Sólo se desespera algunas noches cuando se ve sola y sin amparo. Apenas cuenta diez y ocho años. Únicamente dos meses vivimos juntos.

Le conté cómo me vi obligado a acompañarla durante varias horas. Conmovióse tendiéndome la mano y dándome las gracias.

—Yo no puedo pagar los ocho dólares diarios que allí se cobran por personas para atenderla siempre me explicó. Todo lo que gano se va en la cuota que abono por ella. Y no se permite a los que no viven en el sanatorio ver de noche a los enfermos.

Conversando con el doctor Connor en uno de los jardines del sanatorio, exaltó, como auténtico yanqui, la proeza magna de la apertura del Canal.

—Lástima —le dije— que obra tan útil y gigantesca haya venido a lesionar, en cierto modo, la integridad de un pueblo.

Él guardó silencio.

—Por lo demás —añadí— creo que el haber exterminado los zancudos en esta región constituye una empresa tan importante como la del canal. Cuando yo pasé por Panamá en 1906, en viaje para Río de Janeiro, densas nubes de zancudos agitábanse por las calles. En ningún sitio veíase uno libre del asalto de esos odiosos insectos ávidos de sangre. Jamás los había visto tan voraces y en tan enorme cantidad. No comprendí como se pudiese vivir en aquel continuo tormento. Hoy apenas se ve alguno en estos lugares...

—¿Cómo apenas? —me interrumpió—. No hay uno solo en todo el Istmo.

—No hay que exagerar —le repliqué—. Hay muchos todavía ayer no más, y en este mismo recinto, vi en el aire dos de largas piernas.

—¡Imposible! Debió ser otro insecto. ¡Un zancudo en el sanatorio de Ancón! ¡Qué barbaridad! ¡Jamás! ¡Jamás! Le doy mi palabra de pagarle una moneda de diez dólares por cada zancudo vivo que usted me presente.

—Aceptada. Y prepare su bolsillo.

Empezó mal mi cacería. Paseábame leyendo, por el extenso parque, con ojos y oídos atentos; iba por las verdes arboledas y por los sitios de aguas corrientes, y al anochecer sacudía las yerbas y ramas frondosas. Nada, nada. Vibrantes libélulas, moscardones azules, metálicos coleóptero, mariposas de colores huían asustados. Ya desesperaba de atrapar uno de aquellos ágiles dípteros, y de burlarme de la rotunda afirmación de mi amigo, cuando una mañana en que leía bajo un fértil magnolio, oí de pronto el inconfundible silbido. Levanté súbitamente la cabeza, y, sobre una hoja, al alcance de mi brazo, le vi un segundo. Con las más sutiles precauciones me incorporé con el libro abierto entre mis manos y con rapidez lo cerré atrapando el animalejo, cuya sangre manchó la página.

Corriendo llegué a la casa de Connor, a medio kilómetro de allí. Su señora me dijo que había partido para Colón, pero que iba a regresar aquella misma noche. Le mostré, riendo, a mi víctima, rogándole ponerla en manos del doctor.

Poco antes de acostarme, un criado me entregó, dentro de un sobre, y con una tarjeta, la moneda convenida. Pero, por más esfuerzos que hice, no volví a oír jamás, en aquellos lugares, la entonces para mí grata música del perseguido insecto. Concurrí a una corrida de toros, en que actuaba Juan Belmonte, (Fenómeno) con su célebre cuadrilla. El espectáculo comenzó a las once de la noche, cosa que juzgué insólita y de que antes no tuve noticia. La plaza, brillantemente iluminada, rebosaba de espectadores. Belmonte fue agredido con increíble ferocidad por la turba colérica por haber estoqueado mal a uno de los cornúpedos. Vi al famoso matador, lívido de rabia, encarándose, con gesto altanero y frase brutal, a tres mil hombres iracundos. Escenas semejantes, pero no tan dramáticas como aquélla, había yo contemplado, y contemplaría poco después, en Guatemala, Madrid, Sevilla y Barcelona, siendo sus actores Mazantini, Bombita, Sánchez Mejías, etcétera,

Hice la travesía del canal en once horas de Panamá a Colón. Por cierto que en ella me ocurrió un incidente que estuvo a punto de costarme la vida. Hallábame de pie sobre cubierta, en una de las estaciones del vapor, contemplando la faena de los trabajadores en el muelle, cuando pasó, como un relámpago, rozándome el sombrero, un objeto que fue a caer con gran estrépito a cinco metros de mí. En el acto sonó la imperativa voz del capitán, reprendiendo ásperamente a un individuo que en tierra encabezaba a un grupo de marineros. Acercándose al sitio en que me hallaba, exclamó:

—Acaba usted de librarse de una muerte súbita. Este pesado trozo de hierro (y me mostró al extremo de un grueso cable) le rozó la cabeza, destrozando su sombrero de paja. Por el canto de una moneda no cayó usted fulminado.

A mi regreso a la ciudad de Panamá, al día siguiente, fui a comprar el billete para el tren de la tarde. Hacinábase en la ventanilla de la estación gran número de viajeros y tuve que esperar largo rato mi turno.

Una infeliz anciana paralítica, tendida en un mísero sillón, me pidió una limosna, que le di en el acto. Sobre el bullicio que reinaba a mi alrededor sobresalían las fulminantes exclamaciones del yanqui en la taquilla. Su testa roja y sin pelo, cubierta de sudor, movíase airada entre las manos que se tenían hacia él.

—¡Bestias! ¡Bestias! — gritaba—. ¡Silencio, brutos!

Con una agilidad automática efectuaba su trabajo, dando la impresión de una fiera acosada por una jauría.

Le entregué un billete de cien dólares y al instante tuve en mis manos el trocito de cartón y la vuelta. Me hice a un lado para comprobarla y con sorpresa vi que sobraban veinte dólares. Entonces me dirigí a él:

—Vea, señor, usted se ha equivocado...

—¡Yo no me equivoco nunca! —vociferó con gesto colérico.

—No es preciso gritar —exclamé—. ¿Con que usted no se equivoca nunca?

—¡Jamás! ¡Jamás! —repitió.

—Pues bien, usted me devolvió veinte dólares de exceso. Pero como nunca se equivoca, voy a obsequiarlos en su nombre a esta desdichada señora.

Y entre las risas burlescas y exclamaciones hostiles contra el yanqui, puse el billete en la diestra de la pobre inválida.

En Panamá tuve dos sueños extraños, tan intensos, en una misma noche —con dos horas de intervalo— que fui a la oficina del cable a dirigir un mensaje urgente. En el primer sueño supe...(¿cómo? ¿por qué medio?) que Solange estaba muy enferma, y en el otro la vi que moría agitando en el aire la rosa blanca. Pronto me llegó la anhelada respuesta: "Estoy bien. ¿Cuándo regresa?".

El 7 de abril llegué a Tegucigalpa. Ella y sus padres me esperaban en mi casa, llena de luces y de flores en aquella alegre noche.

EL NUEVO TIEMPO, que desde el mismo día de la declaratoria de guerra, en julio de 1914, hizo activa campaña en favor de Francia, acentuó su acción a medida que aquella tempestad de metralla resonaba con mayor potencia por todos los ámbitos del mundo. No podía ser de otro modo estando mi nombre al frente de aquel diario, pues yo comencé a amar a Francia desde mi niñez con los relatos apasionados que mi padre me hacía de sus grandezas y de sus glorias. Él formó una extensa biblioteca con obras relativas a aquella brillante nación y se entusiasmaba evocando los máximos episodios de su historia. Pero fue mi hermana la que perfeccionó mis conocimientos en tan importante materia. Creo que no ha existido, en los últimos tiempos, una mujer francesa que conociera mejor que Lalita la historia de Francia hasta en sus menores detalles. Sobre todo le eran familiares ciertas épocas y personajes, como la de los Luises, y, más aún, la de Napoleón. Así empezó mi cariño por la patria maravillosa de la libertad y de inmortales artistas, sabios, poetas y filósofos. Mi viejo amigo Desiré Péctor díjome un día en París que le asombraba mi profunda erudición sobre su patria.

—Se la debo a mi hermana —le contesté, aún más que a mis estudios y lecturas. Ella conocía esta ciudad y Francia entera, sin haber atravesado el Atlántico, mejor que muchos de sus historiadores, a través de los mil volúmenes más interesantes publicados sobre la nación que es orgullo de la Humanidad.

Si el Gobierno del doctor Bertrand no se hubiera colocado de parte de ella en la feroz contienda provocada por Alemania, mi retiro de *El Nuevo Tiempo* habría sido instantáneo, pues jamás, por ningún motivo que no fuera una agresión a Honduras, hubiese permitido que en un diario mío, no digo se ofendiera, se insertara una frase equívoca para el país al que me ligan vínculos mentales y espirituales indestructibles. En Panamá, en 1918, publiqué mi canto en prosa *A Francia,* que sintetiza el sentimiento y la expresión de los parágrafos Anteriores. Así, el estupendo triunfo de las armas francesas me produjo una de las satisfacciones más hondas de mi vida; y mi ¡Viva Francia!, en el gran día de la suprema victoria, después de cuatro años de la más formidable guerra que han visto los siglos, resumió, en un solo vigoroso acento, mi afección y mi admiración más absolutas.

1918 terminó para mí con un terrible accidente de automóvil en que vi la cara de la muerte.

Hostil año de 1919, cuyos primeros quince días pasé inmóvil con un pie roto y otras graves lesiones de mi casa, en las alturas de la ciudad, al final de la Calle de la Fuente. Veíase la residencia de

Solange; y recibir y contestar sus cartas, leer, pensar, fueron mis ocupaciones en aquella convalecencia.

Inicióse, por elementos compenetrados con los proyectos políticos de última hora, del presidente Bertrand, la campaña eleccionaria en pro del doctor Nazario Soriano. Fui excitado para subscribir una circular en ese sentido y me negué. Deseaba —y así se lo dije al gobernante— que se dejara en perfecta libertad al pueblo para elegir a quien quisiera. Jamás concurrí a las sesiones de ningún club, ni se me vio en acto alguno relacionado con el proceso eleccionario. No fui sorianista. Tácitamente se me pudo juzgar como tal por la propaganda indirecta que se hizo en *El Nuevo Tiempo* al candidato del Gobierno y por los ataques publicados en él contra los señores López Gutiérrez y Membreño. En este punto me hallo en el caso de dar una explicación.

A consecuencia del percance del 30 de diciembre de 1918, de que acabo de hablar, recaí con mayor gravedad a mediados de febrero. Representaba yo en el Congreso al departamento de Intibucá y precisamente al intervenir, de hecho, en el pugilato entre Rafael Alduvín y Carlos Lagos, en plena sesión, sentí el primer colapso de la atroz dolencia que me retuvo casi siempre en cama hasta mi salida del país en octubre (1919). En un sofá o en el baño, en que permanecía horas y horas, corregía las pruebas del periódico, escogiendo los materiales, etcétera. Repugnábanme las groseras causticidades de algunos artículos de fondo que me eran directamente enviados por el doctor Bertrand, escritos en máquina, con una tarjeta de letra del gobernante pidiéndome su inmediata inserción. Iban aquellos editoriales siendo cada vez más injuriosos y procaces, hasta que llegó uno lleno de violentas acusaciones, por demás absurdas, y de viles calumnias contra los candidatos enemigos. Suprimí los párrafos más insultantes. Y el articulejo apareció reducido, como el alacrán al que, cortándole los extremos, se le priva de inocular su ponzoña. Pusieron por ello el grito en el cielo los anonimistas, pues una hora después de que el diario empezó a circular, la campanilla del teléfono, que tenía al alcance de la mano en la mesa de noche, me hizo saber que el presidente deseaba hablarme. Estaba yo en uno de esos instante en que el pertinaz dolor físico revuelve en nuestro organismo todo lo que hay en él de áspero y agresivo. Escuché la voz aguda del doctor Bertrand:

—El autor del editorial que le envié ayer tarde y que apareció hoy en El Nuevo Tiempo se queja, y con mucha razón, de que usted le mutiló su artículo, suprimiéndole todo lo que tenía de importante y de esencial. Me permito llamarle la atención sobre esto, esperando que no se repetirá tal irregularidad,

Desde que oí las primeras palabras estuve haciendo supremos esfuerzos para no interrumpirle. Pues me sentía vibrar de cólera. Contesté casi gritando:

—El autor de ese editorial, y de todos los que me ha enviado usted, desde hace quince días, es un miserable y un cobarde, un canalla que merece una docena de puntapiés por infame y calumniador. No sé cómo he soportado que individuo tan ruin, escondido como una liebre tras de mi nombre, expectore todas las tardes sus villanías desde las columnas de *El Nuevo Tiempo,* de cuyos textos soy responsable. Si quiere continuar vomitando sus excrementos que saque la cara, que exhiba su firma. Yo no me prestaré un minuto más a servir de pantalla a tan asqueroso anonimista. Y si esto le disgusta a usted, designe, desde este mismo instante, quien debe substituirme en ese periódico. Debo decirle que he continuado en él desde que se intenta imponer, por la fuerza bruta, al país un presidente, sólo por consecuencia con usted. Pero esta consecuencia tiene su límite, que ha sido rebasado. Concluyo manifestándole que me parece increíble que un caballero de su altura espiritual patrocine tales bajezas y pidiéndole repetir mis palabras al perverso que me las ha inspirado.

Creí que iba a escuchar las frases irritantes de nuestra definitiva ruptura, y así lo pensó mi hermana, a pocos pasos del teléfono... Mi sorpresa fue grande al oír esta breve respuesta, en que apenas se notaba un ligero temblor en la voz:

—Todo lo que usted me ha dicho es justo y propio de un hombre de honor. No volverá a recibir ningún otro texto de esa clase.

Pocos meses antes del referido incidente ocurrió este otro diálogo, también telefónico, en altas horas de la noche:

—Froylán, no el Presidente sino el amigo, va a suplicarle un gran favor, un verdadero sacrificio. Soy médico y así lo conceptúo.

267

—Crea que, como siempre, me será muy grato atenderlo.

—Este es el caso: en la sesión que celebrará mañana el Congreso, los diputados enemigos del Gobierno van a empeñar todas sus fuerzas para que se levante el Estado de Sitio. Eso me afectaría gravemente. Quitándome las armas legales para dominar la sedición que está a punto de estallar, nosotros llevaremos la peor parte en la contienda. Habrá empate en la votación, se han contado los votos. Sólo nos falta el suyo para que triunfemos. Le ruego, haciendo un sobrehumano esfuerzo, asistir a esa sesión en el momento de votar.

Hacía varias semanas que no llegaba al Congreso. No me era posible caminar por el dolor agudo del pie y del riñón izquierdo, estropeados por el automóvil. Cada cambio de posición en la cama me producía insoportables tormentos. Sin embargo, contesté:

—No se imagina en que pésimo estado me encuentro, pero le empeño mi palabra de que estaré en el Congreso en el instante de la votación de mañana.

—Gracias, gracias.

Vi entrar en mi dormitorio el sol del nuevo día con ese profundo cansancio y penosísimo desánimo que nos dejan los insomnios en las dolencias pertinaces. Sobreponiéndome al terrible malestar me vestí después de tomar un baño caliente. A las ocho, mientras me rasuraba, llegó a verme —lo que nunca antes hiciera— el doctor Francisco Bográn, Presidente de la Cámara. Sorprendióme tan inesperada Y temprana visita. Con afectuosa cordialidad se informó de mi salud

—Hace un mes que no le vemos en el Congreso y nos hace mucha falta su chispeante palabra.

—Vea, doctor, pensando precisamente en ello he resuelto asistir a la sesión de hoy.

—¡Dios lo libre de tal cosa, mi querido amigo, como galeno de larga experiencia sé que le será fatal caminar cien pasos en el estado en que se halla. No, no. Espere unos ocho días para que pueda volver a ocupar sin peligro su puesto entre nosotros. Yo le miré riendo:

—¡Tengo tantos deseos de ver a mis colegas!

—Sí, pero no ahora —murmuró, engañado por mis irónicas frases, el viejo socarrón—. Un movimiento, más o menos fuerte, podría provocar una hemorragia interna que le mataría en un minuto

—¡Qué suerte! Crea que no le tengo un dígito de amor a la vida. Y, en prueba de ello, iré a la sesión de hoy.

Dije esto con tan enérgico acento, un tanto provocativo, que se levantó en el acto, batido en toda la línea.

—Deseo que se restablezca pronto.

—Gracias. Ya sé que debo contarle entre mis amigos, como usted me lo pidió el día en que lo llevé donde el doctor Bertrand.

Subrayé, con tan expresiva sonrisa estas palabras, que partió con la agilidad de un muchacho de doce años,

Poco antes de las once fui llamado por teléfono por uno de los diputados gobiernistas.

—Dentro de doce minutos se procederá a la votación.

Bajé del automóvil frente a la gran puerta del Congreso. Mi entrada en el salón produjo largos murmullos de disgusto entre nuestros adversarios y exclamaciones de júbilo en los grupos de amigos.

Por un voto —el mío— se sostuvo el Estado de Sitio. En febrero de aquel año llegó mi querido amigo y compadre Raúl Toledo López a la redacción de *El Nuevo Tiempo* (casa de las señoritas Matute).

—Me recomienda mi tío decirte que desea vivamente ver tu nombre entre los de sus principales partidarios. Siempre te ha querido y estimado en todo tu valer. Demás está añadir que con él tendrás lo que desees.

—Yo también quiero a tu tío y lo estimo altamente. Le agradezco de veras su fina atención. Pero no estaré con él por consecuencia con el doctor Bertrand. Sentaría plaza de tránsfuga de la peor especie si hoy, que está en peligrosa situación, me sumara a sus adversarios.

—No veo los poderosos motivos que tengas para una excesiva lealtad con el doctor Bertrand. Puestos en una balanza los servicios que él te hiciera y los que te debe, pesan éstos mucho más y es él tu deudor. A ti no te ha tratado como lo mereces porque vales más que él. Por eso, sin duda, mi tío advirtió un sentimiento equívoco cuando él te menciona y como tu voz era la única que le contradecía en los Consejos de Ministros, te eliminó de su Gabinete en su segunda Presidencia, a pesar de que nadie trabajó tanto como tú en su nueva elección. En cambio, ya has visto cómo ha elevado a verdaderas basuras y cómo intenta imponer a punta de bayoneta un candidato presidencial imposible... Pero yo te juro que lo derrotaremos en las urnas o con las armas. Ya lo verás.

Precipitáronse los sucesos hasta culminar con la salida del país del Presidente Bertrand. En aquel 9 de septiembre (1919) pudo conocer con amargura la versatilidad de las masas populares —las mismas en todas las latitudes— que antes le ovacionaran cien veces, amenazándole ahora de muerte con feroces gritos desde el Parque Morazán y calles adyacentes. De pie en el balcón del segundo piso que da sobre el Banco de Honduras oyó, con despectivo gesto, las brutales vociferaciones de aquella multitud que le hubiera pisoteado sin piedad de no encontrarse tras él los doscientos hombres de su guardia, fieles y resueltos a todo, comandados por los valientes generales Lino Zúñiga y Eulogio Flores, con las ametralladoras listas para funcionar en el mismo minuto en que se intentara substituir las voces injuriosas con los hechos. Sí hay que recordar también que en la casa presidencial, despidiendo al jefe caído, circulaban más de cien personas de nuestra mejor sociedad. Tanto él como el doctor Soriano actuaron con serena impavidez en aquellas horas turbulentas.

Ya el ex-gobernante, con una parte de su familia, en un automóvil, levanté de la acera a Lucita para colocarla en el carro. Él me abrazó entonces, diciéndome conmovido:

—Como usted me lo dijo una vez, en una de nuestras discusiones, en que ahora le reconozco la razón, su mano es la última que estrecho al partir para el destierro. Gracias.

Fueron aquellas las postreras palabras que oí de sus labios. Permanecí más de un mes en Tegucigalpa desde aquella fecha y tuve conocimiento —que observé como testigo— de los sucesos iniciales del cambio de Gobierno. Todas las noches iba a casa de mi novia, pasando entre la exaltada muchedumbre que, rifle en mano, movíase por las calles y plazas. Ninguno me ofendió, cosa que agradecí, porque estaba resuelto a hacer frente a cualquier peligro antes que dejarme ultrajar. En esos días jamás habría puesto los pies en el umbral de mi puerta para salir sin llevar encima un arma para mi defensa.

Una vez... sí. Daban las ocho y Solange me esperaba en el balcón, cuando ya muy cerca, al cruzar la calle, fui asaltado por un grupo de jóvenes con la absurda pretensión de que diera un "¡Muera Bertrand!".

—¡Viva Bertrand! —grité, sacando el revólver. Mi actitud puso de mi parte a cuatro de los agresores y ahí terminó el incidente.

Otra vez... Regresaba de mi acostumbrada visita, cerca de la medianoche, cuando me dio el "¿Quién vive?" el centinela del cuartel situado en la casa presidencial en construcción todavía. Contesté como antes en varias ocasiones lo hiciera; pero, en lugar de oír el "¡Avance!" de otras noches, se me rechazó con un "¡Atrás!" iracundo que no admitía réplica.

Yo vivía en la casa contigua a la Biblioteca Nacional. Retrocedí, dando una gran vuelta, para pasar por la esquina opuesta, a cien metros de ahí, en donde había otro cuartel; pero se me trató en la misma forma. Fuertemente contrariado por aquel necio contratiempo, regresé intentando de nuevo el paso por el sitio en que tantas veces lo obtuviera. Rompió de nuevo el silencio el violento diálogo:

—¿Quién vive?

—¡Patria libre!

—¿Qué gente?

—¡Paisano!

—¡Atrás ese paisano!

—Vivo a dos pasos de aquí y más de veinte veces se me ha dejado pasar.

—¡Atrás! ¡Atrás!

¿Qué ráfaga de cólera perturbó mi espíritu como un sangriento relámpago? ¿Qué extraña potencia puso en mi boca aquel acento de insulto y desafío?

—¡No atenderé su estúpido capricho! —grité, exasperado. ¡Tire, cabrón!

Y avancé audazmente con rápido paso. No tiró. Y luego me vi en mi puerta, donde mi hermana, que oyera las voces, me esperaba temblando de inquietud.

En la segunda quincena de octubre (1919) partí de Tegucigalpa con Solange y su familia. Permanecimos varios días en Amapala, cordialísimamente atendidos por mi excelente amigo, general Pablo Lozano, entonces administrador de la Aduana, esperando el vapor del sur. Pero como se retrasaba en forma indefinida tomamos pasajes en

271

el Salvador, que iba para el norte y que de Ocós regresaría directamente a Puntarenas.

Acometido por uno de aquellos crueles cólicos nefríticos que tanto me atormentaban en ese funesto año de 1919, vime obligado a desembarcar en el puerto de San José, llegando el mismo día a la capital de Guatemala. Jamás olvidé aquella travesía en que, enfermo y destrozado de ánimo, el amor de Solange fuera como un bálsamo divino. El vapor Salvador tiene para mí recuerdos tan dulces que nunca se podrán borrar de mi corazón.

En la Pensión Gueroult —instalada ya en una espléndida casa— fui objeto de las mayores atenciones del marido de doña Francisca y de su encantadora hija Matilde. Apenas mejoré salí para Costa Rica. Lalita llegó a Amapala, deseosa de verme, sobreponiéndose a sus tormentos reumáticos. En seguida de anclar el vapor tuve noticia de que estaba esperándome en el hotel. Corrí a abrazarla, permaneciendo cuatro horas a su lado.

Cuando, conmovido profundamente por su separación, volvía a bordo, al pasar por la acerca frente a la comandancia de Armas, oí que me llamaban. Detúveme y vi venir hacia mí al general López Gutiérrez, seguido de varias personas, tendiéndome la mano.

—¿Por qué se va de Honduras? —me preguntó—. Yo lo excito para que se quede. Usted no ha cometido ningún delito ni acto alguno punible. Es un hombre honrado y útil, una gloria de nuestro país y no tiene por qué sufrir el exilio. Quédese y dígame qué cargo desea y lo tendrá sin demora.

—Le agradezco en el alma sus nobles palabras, general. No me voy de Honduras por razones políticas, sino por mi urgencia de un viaje a Europa, en donde espero recobrar mi salud. Estoy muy enfermo y necesito curarme pronto antes de que mi dolencia destruya mi voluntad.

—En ese caso tiene razón. Pero cuando se halle libre de su mal no se olvide que tiene el deber de servir a su patria y que en mí encontrará al amigo de siempre.

Anocheciendo partió el vapor, y en el momento en que pasaba frente al Parque Morazán, vi a Lalita caminar de prisa, correr, arrastrando su pobre pie enfermo, para darme su último adiós. Con el espíritu angustiado, sintiendo que el llanto corría por mi rostro, agité cien veces mi pañuelo, hasta que fueron borrándose en la distancia y en la noche las costas hondureñas.

En la capital costarricense ocupé las tres mejores habitaciones del Hotel Washington, frente al Parque Central, en la esquina del segundo piso. En ellas recibía la visita de mis amigos y colegas, entre ellos Moisés Vincenzi, con quien me unió, desde el primer momento, la más leal afección. Es mi ahijado el mayor de sus hijos, al que puse el nombre de Dante. El cura de la iglesia de La Dolorosa negábase a bautizarlo porque ese nombre no figuraba en el santoral. Tuve que hacerle conocer, en forma sintética, la vida y milagros de inmortal florentino que iluminó con su genio el siglo en que viviera y que figura en los anales de la Iglesia como el máximo poeta cristiano.

Evocaciones de aquel tiempo que de mi cerebro —pasando algunas por el corazón— acuden a mi pluma: una visita, estando yo enfermo, de la inteligente joven María Cristina Dittel; otra de Guillermo Vargas, con su preciosa hija Socorrito, muerta en la flor de la adolescencia; pláticas amenas con Justo A. Facio, Ricardo Fernández Guardia, Roberto Brenes Mesén, Jorge Volio, Joaquín García Monge, Claudio González Rucavado, etcétera; Mis conversaciones con el Presidente Aguilar Barquero en su casa, a cien varas de mi hotel; una comida en el feliz hogar de Constantino Herdocia; paseos en automóvil o a pie por las ciudades o pueblos vecinos en compañía de excelentes camaradas.

Recibí dos telegramas de Tegucigalpa, uno de los secretarios del Congreso y otro del Presidente electo López Gutiérrez en que, de manera cordial, me apremiaban a concurrir a las sesiones de aquel Cuerpo. Extrañóme este último despacho, recordando mi reciente explicación en Amapala. Contesté excusándome con los motivos ya expuestos.

Supe mucho tiempo después que algunos membreñistas proponíanse anular en el Congreso la elección de López Gutiérrez y que se me llamaba esperando que yo sumaría mi voto —lo que efectivamente así hubiera sido— a los que sostenían la legalidad de la elección de dicho general.

El licenciado Aguilar Barquero actuaba en Costa Rica como Presidente en la misma forma en que ejercía el mando supremo en Honduras el doctor Francisco Bográn. Los gobernantes electos en ambos países eran Julio Acosta y Rafael López Gutiérrez. Aguilar Barquero y Acosta enviaron, el primero a Bográn y el segundo a López Gutiérrez, un telegrama en que, ponderándome más allá de mis méritos, ofreciendo reciprocidad en caso semejante, pedían que se me nombrara Ministro Residente en Costa Rica. Llegaron en seguida las contestaciones, ratificando las honrosas frases que me dedicaban, agradeciéndolas como hondureños, y prometiendo, con el mayor gusto, hacer el nombramiento solicitado.

No me interesó primordialmente aquel asunto por dos razones substanciales. Porque me hallaba, por mucho tiempo, a Dios gracias, a salvo de toda inquietud económica; y porque, como mi salud empeoraba, imperiosamente urgíame realizar mi viaje a Francia —detenido por íntimas causas— en ya muy próxima fecha, ignorando si mi ausencia duraría meses o años, en el caso de que me salvara del mal que me atormentaba. Pero sí me interesó, secundariamente, para saber a qué atenerme respecto a la hostilidad o cordialidad del Gobierno de mi país y por el honor que tal designación revestía. No hubiera aceptado el cargo; pero sí me habría producido un vivo placer dicho nombramiento.

Esperaba obtener, en un gran sanatorio europeo, o en la clínica del mejor especialista, la curación de Lalita y la mía. Estábamos ambos sufriendo una fatal herencia reumática en diferentes formas —felizmente sin conexiones alcohólicas—, pues cuando los dos nacimos, nuestro padre, muy joven, era un perfecto abstemio. Por desgracia, que nunca dejaré de lamentar, mi pobre hermana empeoró a tal extremo de su dolencia en los pies que dispuso renunciar al viaje, instándome vivamente para que partiera sin pérdida de tiempo. Así, con profundo pesar suyo y mío, sus compañeros en la soñada aventura de un viaje a Francia, Héctor Valenzuela y señora, salieron sin ella para San José, en donde íbamos a reunirnos.

La víspera de partir de esta ciudad, en los últimos días de mayo (1920), paseábame una tarde con Solange, según nuestra costumbre, por el Parque Nacional. Yo sentía entonces el alma como envuelta en un velo fúnebre, saturada de una desconocida pesadumbre, resumen de hondas inquietudes morales y de continuos tormentos físicos que en ciertos instantes extremábanse hasta la más angustiosa desesperación. Creíame mortalmente enfermo, y la amargura de la

274

ausencia de la joven que amaba llegó a culminar en un extraño horror por el futuro. En vano ella, sobreponiéndose a su propia pena, procuraba endulzarme las horas fugaces. Yo sufría lo indecible, y los insomnios y la tenaz certidumbre de mi cercano fin en remotas tierras, mantenían vibrantes mis nervios y en perpetua inquietud mi corazón.

Fuimos a sentarnos hacia el norte del parque, cerca de un árbol corpulento, cuyo tronco mostraba una pequeña oquedad junto a una llave de agua siempre abierta. Bañándose en el chorro cristalino vimos a un pajarillo pardo —ya le viéramos otras muchas veces— que esponjábase cantando alegremente a dos pasos de nosotros. Sin miedo alguno revolaba a nuestro derredor o con saltitos graciosos revolvía la arena a nuestros pies.

Con el espíritu oprimido por extraños pensamientos distraíame ahora mirando el rápido aleteo del pequeño volátil bajo el agua, cuando de improviso vi que se refugió, piando débilmente, en el hueco del árbol; y, en el mismo segundo, otro pájaro, doce veces más grande, un gavilán, sin duda, obstruyó la oquedad, arrebatando a su presa. Fue todo tan subitáneo que, cuando intervine, sólo alcance a oír algunos agudos chillidos y a ver unas cuantas plumas en el aire. Sentí entonces un violento malestar, un insólito quebranto físico. Habría permitido que me amputaran un dedo por retorcerle el cuello a aquel odioso neblí.

El 28 de mayo nos embarcamos en Limón para tomar el vapor rumbo a Francia en el puerto panameño del Atlántico. Repugnábame hacer el viaje por la Habana. Presentía, con esos misteriosos impulsos del instinto, que algo ingrato iba a ocurrirme en la alegre y caliente ciudad que conociera en mi infancia. Obsesionábame ese presentimiento de tal modo que sólo cuando, pasada una semana en el clima de fuego de Colón, me convencí de que, en mucho tiempo, no zarparía un vapor directo para Europa —y por consecuencia con mis afectuosos compañeros de viaje, deseosos de conocer aquella capital— tomé pasaje en el Calamares.

Mortificado por mi dolencia dormí pocas horas en los tres días de navegación y cuando arribamos a la Habana literalmente caíame de sueño y de cansancio. Tomé, en ausencia de mis amigos —de paseo en la quinta de una tía suya que fue a encontrarles al muelle, y de donde regresarían en la noche— dos habitaciones en el Hotel Madrid

(Prado 19). Era en la mañana del trece de junio. Di unas vueltas en automóvil por la Calle Obispo, que me hizo recordar a la Ruado Ouvidor de Río de Janeiro; y compré, por un precio fantástico, una butaca de orquesta para oír aquella noche a Caruso, de paso para Nueva York. Al subir la escalera del hotel vi en el pasillo, cerca de mi cuarto, a una bellísima joven cosiendo ante una máquina. Conversé un momento con ella e íbame ya para mi habitación cuando me detuve mirando un perro, feo y lanudo, que descendía de un tercer piso interior caminando cómicamente sobre las patas traseras. Llegó así hasta nosotros, pero exhalaba tan gran fetidez que, en vez de elogiar su rara habilidad, intenté arrojarle de ahí con mi bastón.

—¡Déjelo! ¡Dios lo libre de tocarle un pelo! Es el amo de esta casa. Mi hermana y su marido lo adoran más que si fuera su hijo. Con él duermen y si se enteran de que usted intentó golpearlo, le odiarán a muerte.

—¿Y qué tiene de extraordinario este horrible animal para que así se le trate?

—Es más inteligente que la mayor parte de los hombres, a quienes iguala en desaseo y malas costumbres. Nunca se ha bañado. Si le diera usted un palo se iría gruñendo; pero si le arroja encima un vaso de agua es capaz de hacer le pedazos a mordiscos.

El perro, entre tanto, fijaba en nosotros sus miradas como si comprendiera nuestro diálogo. Una mujer gorda irrumpió de un cuarto.

—¿Qué decían de Boy? ¡Boy, aquí! Paróse el can frente a la señora moviendo la cola.

—Vas a mostrar a este caballero la menor de tus gracias

Y volviéndose a mí:

—Paco, mi marido, tiene junto a su cama seis gorras de diversos colores y siete bastones con pomos de forma y materiales diferentes. Diga el color de la gorra que desee que le traiga.

—Blanca.

Alejóse saltando y reapareciendo con el objeto en la boca.

—Bájanos todas las gorras —gritó la mujer.

Regresó con ellas entre sus dientes un minuto después.

—¿Qué bastón quiere? Hay tres con empuñadura de carey, plata y marfil y los otros semejantes al que usted lleva.

—Pomo de marfil —exclamé.

Al instante me lo presentó, mirándome con expresión casi humana. Alabé la inteligencia admirable de aquel perro y hasta puse mi mano sobre su cabeza.

—Sabe algunas otras cosas más interesantes...

¿Por qué me impresionaron tan extrañamente aquellas palabras? Las dijo Felisa, la bella muchacha, con un tono de voz irónico y amenazador. Luego, sonriendo, me preguntó:

—¿Comerá usted en casa o irá al restaurante próximo?

—Almorzaré hoy aquí. Cuando vengan mis compañeros veremos lo que nos conviene.

En el comedor me prodigó sus atenciones, sentándose a mi lado y sirviéndome lo que necesitaba. Vivían y comían allí dependientes de comercio de ambos sexos y algunos viajeros como nosotros. Concluido el servicio de cocina, no se oía en toda la casa ningún ruido, como expresó uno de los comensales.

Un sueño intensísimo, acrecentado por el calor infernal, apoderóse de mí. Entré en mi cuarto, quitándome el saco, lo que no hacía nunca. Lo puse en la cama e instintivamente me acosté sobre él. Ondulaban en mi cerebro, como leves cintas de seda en el aire, algunas palabras indecisas... Eran de una frase, repetida con angustia en un cuento de Amado Nervo, que leí en el vapor:

—¡No te duermas! La orden imperativa parecía venir de muy lejos, de una región remotísima, pronunciada por una voz familiar... Pensé en tantas cosas confusas y amargas, surgidas del presentimiento obsesionante que se agrandaba en mi cerebro. Evoqué al hombre que todo lo perdiera al hundirse en el sueño...

Abrí el libro de Myriam Harry que tenía cerca e intenté leer algunas páginas. La magia del estilo, matizado y vivaz, retuvo dos minutos mi atención. Pero vencido por los anteriores insomnios y por la atmósfera ardiente de la estancia, el volumen desprendióse de mis manos. Como en ondas de raso iba cayendo en la inconsciencia, cuando la voz recóndita —la misma que surge en mi yo arcano en los instantes supremos— se alzó de nuevo en mi corazón:

—¡No te duermas!

Me conmovió un segundo como al que agoniza, ya sin voz ni movimiento, una queja, un sollozo, una caricia del ser amado. Oí, muy tenue, como un rumor subterráneo, rompiendo apenas el silencio, el monótono ruido de la máquina en que cosía Felisa... Y me hundí en la nada...

Súbitamente me incorporé, sentándome en el lecho, libre de toda fatiga, con una singular claridad interior. Comprendí que acaba de ocurrirme algo extraordinario, que un espíritu hostil me hacía víctima de su perversidad. Un sutilísimo, casi imperceptible olor a trapo quemado llegó hasta mí. Entonces, por un fugaz enlace de ideas, me di cuenta de que mi saco había desaparecido. Fue como un golpe fulminante sobre la frente. La cartera que allí llevaba sujeta con un largo alfiler en el bolsillo interno, contenía, además de mi pasaporte y gran número de papeles y menudos objetos íntimos, veinte billetes de cien dólares y giros con valor de seis mil dólares. Como el relámpago de una alucinación pasó por mi espíritu la perfecta certidumbre de que el olor casi irreal que sintiera durante algunos segundos fue el de mi saco ardiendo en una estufa en las manos de Felisa.

Como me sucede siempre en los momentos culminantes del placer, del dolor, del peligro, una fría y clara serenidad, un supremo dominio de mí mismo, imperaron luego en todas mis facultades. Esta insólita antítesis entre mi temperamento vibrante e impetuoso en la normalidad de mi existencia y tan completa impavidez en los minutos definitivos, constituye quizá mi característica esencial. Dominado el espíritu por el cerebro actúo con la más exacta visión de las cosas, sin violencias ni ofuscamientos. Parece como si toda mi potencia de voluntad ampliara la lucidez de mi razón, enfriando mis nervios y como envolviéndome en un velo impenetrable.

Acerquéme al sitio en que Felisa cosía.

—¿Quién entró en mi cuarto hace un instante?

El perro, que se hallaba a sus pies, movió la cola. Tardó ella en contestar, buscando las palabras convenientes, pálida, inclinada sobre la máquina. Levantando la cabeza, en que temblaba una rosa purpúrea, contestó con voz tranquila:

—Nadie. Sólo han pasado como diez minutos desde que usted penetró en él y apenas me he movido de aquí.

—Me han robado mi saco y con él mi cartera conteniendo ocho mil dólares.

Dio un salto brusco gritando:

—¿Cómo? ¿Qué me dice? ¿Qué supone?

A sus violentas voces llegó su hermana, que luego rompió en sollozos, vociferando y retorciéndose los brazos.

—¡Qué horror! ¡Qué horror! —gemía—. En mi casa jamás se ha cometido un robo. Aquí no hay ladrones. Esto es terrible. ¿Qué se dirá de mi hotel si esto llega a saberse?

Y lloraba con las manos sobre el rostro, arrancándose el pelo y corriendo por el corredor como una loca.

Entretanto, el perro inmóvil nos miraba con sus ojos grises, en que parecía brillar una partícula de humanidad, indiferente al escándalo de las dos mujeres y acostumbrado a ver tales escenas. en la actitud de quien está

Pasó por mi imaginación la frase misteriosa y equívoca:

—Sabe algunas otras cosas más importantes...

Y tuve la certidumbre de que el animal había actuado en el robo.

Lo reconstruí rápidamente. Entró Felisa con Boy en mi cuarto, en el minuto en que yo dormía, excitándolo para que, con los dientes tirara del saco y retirándose para esperar el resultado. No intentó extraerme la cartera —que había visto cuando pagué al chauffeur— porque, estando bajo mi cuerpo, temió despertarme pensaría:

—Si se da cuenta de la maniobra del perro, la atribuiremos a broma, a uno de sus juegos. ¡Qué animalito tan juguetón! —exclamará—. Y reiremos del caso. Y si no se despierta obtendré el mejor éxito.

Cuando tuvo el saco fue corriendo a la cocina. Registró de prisa la cartera y tomó los veinte billetes de cien dólares, arrojando todo lo demás a las llamas. Volviendo en un instante a ocupar de nuevo su sitio.

Como si nada le importara el suceso, ella regresó del interior de la casa —quizá de esconder los billetes— y continuó cosiendo. La rosa roja temblaba ahora más sobre la negrura de sus cabellos.

Fueron inútiles los esfuerzos y averiguaciones de la Policía —a quien llamé por teléfono— para encontrar al ladrón.

Héctor me prestó la cantidad que necesitaba y sin la cual no habría podido continuar el viaje. Cablegrafié a Nueva York especificando la numeración de los cheques y la pérdida quedó reducida a dos mil dólares.

Teníamos que permanecer algún tiempo más en la Habana esperando el Flandre, en el que anticipadamente tomamos pasajes para Saint-Nazaire. Pero, dirá el lector, ¿por qué no se presentó ante la autoridad judicial acusando a Felisa como la autora de aquel robo canallesco?

Por dos razones: la primera, y para mí de menor importancia, porque no poseía ninguna prueba material contra ella. Yo suponía, reconstruía los detalles del delito, con perfecta certeza de que ella lo cometió; pero no la vi cometer. Y la segunda —y esto asombrará al noventa y nueve por ciento de mis leyentes— porque aun cuando hubiese tenido en mis manos todas las pruebas efectivas no hubiera jamás hecho uso de ellas contra una muchacha tan linda y seductora. No digo por la cantidad perdida, ni por una suma veinte veces más importante habría humillado, hundiéndolo en una cárcel, a un ser tan encantador.

—Pero perverso —se me objetará.

—Sí, perverso, indudablemente...

Ignoro cuántos millones se necesitarían para que yo cargara con un recuerdo semejante. Que Felisa procedió con cínica ruindad, que su acto vil merecía un severo castigo, son cosas indiscutibles. Pero mi ancestral e irremediable romanticismo, sin disculpar tan odioso proceder, lo atenuaba considerablemente admirando la peregrina hermosura de su autora. No fue mi acción tan caballeresca como estética, porque si Felisa hubiera sido una joven vulgar, fea y antipática, seguramente su delito no habría quedado impune.

Deseando no omitir nada que pudiera aclarar el robo —aunque ya teniendo sobre él una convicción moral— y conociendo el número del billete que compré para la función de Caruso y que había depositado en la cartera, fui con un detective al teatro, con la remota esperanza de encontrar al ladrón o a alguien que pudiera dar un indicio de él, ocupando mi butaca. Como todos los billetes estaban ya vendidos, tuve que obtener, de un revendedor, por el precio que quiso, los dos que me urgían.

Cuando se alzó el telón sólo vi, en el inmenso coliseo, un asiento desocupado; el que compré en la mañana. Pude librarme de la obsesión de los ingratos pensamientos oyendo la maravillosa voz de Caruso, el tenor más estupendo que ha existido. Me sorprendió su semejanza con Rubén Darío en su aspecto plástico y en ciertos ademanes tímidos y ridículos de su manera de accionar. Mi butaca próxima al escenario me permitió no perder un detalle de su presencia. Cuando un grupo de personas, encabezado por un caballero de elegante figura (Andrés de Segurola, cantante retirado, de la buena sociedad habanera) fue a pedirle, en nombre de la élite social de la Habana, que diera otra función —excitativa expresada en un bello discurso, dicho con acento simpático y sonoro— Caruso contestó accediendo con unas cuantas frases mediocres, inmóvil frente a su interlocutor en la actitud de un pelele. Pero la música arrobadora y portentosa de su garganta me emocionó de tal manera que resolví concurrir a su segunda y última audición.

Efectuóse ésta al día siguiente en la tarde. Llegué poco después de la una al teatro en compañía de un joven que fue a visitarme. Me gusta observar el movimiento de los grandes coliseos en las representaciones extraordinarias: la entrada en los palcos de las hermosas mujeres y de los personajes ilustres, el rumor de colmena de la multitud. Para acercarse a mí, cambió mi nuevo amigo su asiento. Aquel simple acto de cordialidad le costó muy caro. Mostrábame, en tanto, lo que era digno de verse en el amplísimo local, diciéndome el nombre de las bellas damas, de los políticos y escritores de mayor relieve; riendo e improvisando oportunos epigramas entre ingeniosos comentarios de sucesos recientes.

La fiesta comenzó a las dos con un acto de Elixir de amor, siguiendo la segunda parte de Aída. Cantaba Caruso magníficamente uno de los más brillantes trozos cuando un formidable estruendo conmovió el vasto edificio. Apagáronse las luces y una densa polvareda llenó el recinto, mientras que por un enorme boquete abierto en el techo del escenario penetraban confusas cíaridades.

Instintivamente levanté el asiento de mi butaca, cubriéndome con él hasta donde fue posible, pues vi avanzar como frenético tropel de toros cimarrones saliendo de un corral, hacia la dirección en que me hallaba, gran parte de la muchedumbre enloquecida. Una horrible gritería, mezclada con sollozos y exclamaciones de angustia, dilatábase pavorosamente por todos los ámbitos. Sentí que pasaban sobre mi sillón innumerables gentes, pateando, cayendo, y saltando unas tras otras. Aquello duró tres, cuatro minutos, no sé. A mí me pareció que tal horror no terminaría nunca.

El teatro quedó luego vacío. Ya en la plaza vecina escuché las primeras noticias. No se trataba, como supuse, de un terremoto, sino de bomba. ¿Arrojada contra el presidente Menocal? ¿Contra Caruso? Éste, en su traje de Radamés, fue recogido en la calle, loco de espanto. Circularon las camillas con los heridos. En una de ellas, con gran pesar, vi a mi joven amigo cubierto de sangre.

Las intensas emociones han sido siempre en mí mis compañeras del silencio. No me es grato hablar de lo que afecta profundamente mi organismo. Aquella noche, mientras comíamos en el Hotel Inglaterra, mi amigo Héctor, que con su mujer estuvo fuera de la Habana, me dijo:

—Poeta, ¡qué terrible acontecimiento! Por suerte ni a usted ni a nosotros se nos ocurrió gastar otros treinta dólares por oír de nuevo a Caruso. ¡De qué peligro nos hemos librado!

Eso pudiera yo decir: ¡de qué peligro me he librado! Estuve en el teatro y presencié la catástrofe. Y les conté lo sucedido, monstrándoles mis zapatos manchados con la sangre que corrió bajo mis pies.

Héctor y su señora creyeron que bromeaba. No hubo tal broma sino la fría realidad: oír dos veces a Caruso (en Los Payasos, Elixir de amor y Aída) me costó, en el espacio de quince horas, ochenta dólares. Oírlo y ver la faz del pánico, del verdadero pánico —miedo colectivo— careta trágica, símbolo de la miserable psicología humana.

En mi archivo —papeles de 1918 a 1925— se halla el programa de aquella función trágica del 14 de junio de 1920.

UNA NOCHE en que mis excelentes compañeros de viaje se ausentaron después de la comida, leía yo, en la pequeña sala del hotel, hundido en un sofá. Felisa entró, sentándose a mi lado. Noté en sus palabras, en su voluntad de abandonar su mano entre la mía, algo extraño y seductor. Ignorando si hubo en ello simulación o espontaneidad, conociendo tanto, por propia experiencia, los ardides femeninos, dominé todo impulso, intentando retirar mi diestra. Pero ella la retuvo, diciéndome:

—He sufrido con usted una lamentable equivocación y necesito explicársela. Pero antes, en breves palabras, le contaré quién soy. Nací en Granada, España, y tengo cuatro lustros. Conozco la vida como si tuviera tres veces más edad. Desde mi niñez siento por los hombres... asco, invencible repugnancia. Creo que el hombre es el animal más vil, más odioso y miserable. No le aborrezco, no: le desprecio por sucio y por traidor. Jamás he perdido la ocasión de hacer daño al que encontré en mi camino. Usted se asombraría conociendo la nómina negra de mi cuaderno de memorias. Por lo dicho usted debe suponer que nunca tuve novio... o que los tuve por docenas. Lo primero es verdad. Por docenas se me han presentado los pretendientes, ávidos de mi carne joven y bella, famélicos como bestias en celo anhelando mancharme con sus infames lujurias pero yo los humillé con mis burlas y sarcasmos, retirándose como cerdos destrozados a latigazos. Preferiría morir a convertirme en instrumento de placer del menos ruin de tales monstruos...

—Pero —le interrumpí— hará usted algunas excepciones.

—Iba a decírselo. Yo divido a los hombres en dos clases: el asqueroso montón anónimo, los mentecatos de quienes acabo de hablarle, y los prototipos de altísima humanidad, los grandes poetas, los verdaderos escritores, los artistas excelsos, que son como dioses comparados con aquéllos, y por los que siento una honda simpatía, una vaga ternura, una intensa admiración.

Yo sonreí.

—Comprendo su sonrisa. No me juzgue una cándida. Hablo en términos generales. Claro que hay, en estos ejemplares selectos, seres indignos. Pero en la balanza en que se pesen sus vicios y sus maldades habrá que poner también sus ilustres méritos. Mientras que los otros, los hombres que sólo son machos, fuera de alguno en cada cien mil, nada tienen en su abono. Pero no divaguemos. Concretémonos a mi manera de ser. Cuando usted entró en esta casa creí que era uno de tantos entre los millones de imbéciles y pretenciosos que pueblan el mundo. Algo le atendí, como es mi obligación con los que vienen a sumarse a la clientela del hotel de mi hermana. Pero hoy quedé sorprendida mirando su retrato en Social y leyendo los elogios que esa magnífica revista, El Heraldo y otros diarios, le prodigan; y, sobre todo, devorando las poesías y cuentos cortos suyos que le reproducen y que me parecen muy hermosos. Ya conocía su nombre, grato por su rareza, y no sé cómo pudo usted pasar inadvertido para mí... ¡Ah! ¡Si yo hubiera sabido!

Dijo estas últimas palabras vibrando con tanta sinceridad que fueron para mí la más definitiva confesión. Expresaban claramente: "Si yo hubiera sabido, cuando llegó, que era usted un poeta de los que me gustan, no le habría robado... No, no... Jamás, jamás...".

Creí que iba a devolverme los billetes.

¿Y ahora? — insinué.

Vaciló ante la peligrosa pregunta, mirándome muy pálida. Comprendí que una terrible lucha se libraba en su alma. ¿Se arrojaría en mis brazos llorando, en una crisis de sus encontrados sentimientos? ¿Le exigiría yo, con sedosa frase, la devolución del dinero? Sintiéndola tan preciosa y fragante repugnábame la idea de verla confesar su ignominia, haciéndoseme insoportable la visión de aquellos billetes en sus manos trémulas... ¡Ah soñador romántico! Ella continuaba mirándome, comprendiendo lo que pasó por mi espíritu, con el lindo rostro iluminado, palidísimo... Viéndola sufrir junto a mi corazón, cerré los ojos con lástima, embriagado de una dolorosa piedad...

Conocí entonces una de las emociones más deliciosas y terribles de que mi sangre y mi espíritu guardan eterna memoria: una de esas intimas voluptuosidades tan hondas y absolutas que confinan con la muerte: lo infinito de la felicidad en medio minuto que duró el beso más completo que ha recibido mi boca... Cuando al volver de aquel vértigo divino quise aprisionarla para fundirla en mí, huyó como una

sombra... En el correr del tiempo, del tiempo impasible que todo lo reduce a su expresión exacta; con el frío razonar que excluye al ilusorio ensueño, evoco aquel beso inmortal... y pienso que me costó dos mil dólares. No fue vendido, no fue otorgado por vil interés: surgió espontáneo de un acto vergonzante, de un robo, como de un estercolero un balsámico y purpúreo clavel. ¿Cuántos millares de hombres superiores, áridos de remembranzas amorosas, de supremos instantes como éste, no se sentirían felices con el tesoro de un que recuerdo tan profundo? Porque hay recuerdos que para los seres de selección tienen un valor tan definitivo... que no consentiríamos se borraran de nuestra vida por ningún precio, por alto que fuera; que en los amargos insomnios iluminan la lobreguez de nuestras noches y son como fundamentales causas de nuestra razón de existir.

Si la discreción no fuera uno de mis valores esenciales abriría al lector la caja hermética de las piedras preciosas de mis recuerdos. Hundiendo en ellos mi espíritu, viéndolos desfilar en mi alma, vividos y resplandecientes, y como saturados de un perfume sempiterno, aunque no sienta resonar el oro en mis bolsillos, me considero millonario.

En la intimidad de las cosas hay también sus gradaciones, y las Memorias, aun revistiendo un concepto de confesión personal no deben contener arcanos fragmentos de otras vidas... femeninas. Mis cartas de amor, por ejemplo, que podrían, reduciéndolas, aparecer en un volumen de cuatrocientas páginas y que, con mi novela hondureña Annabel Lee contienen, como gráficas y vibrantes expresiones humanas, lo más valioso quizá de mi producción, quedarán inéditas para siempre. Porque sobre la gloria que pudiesen darme pongo el daño que les causarían a las mujeres que me las inspiraron —muchas de ellas hoy honorables matronas— surgiendo en ese epistolario de cuerpo entero con toda la desnuda verdad de su pasión.

Después de once días de viaje ancló el Flandre en La Coruña. Millares de gaviotas salieron del puerto al encuentro del vapor, graznando alegremente. Los marineros les arrojaban trozos de pan y otros desperdicios de la cocina, que se disputaban a picotazos y golpes de alas sobre las ondas.

Visité en la ciudad los monumentos de Concepción Arenal y Emilia Pardo Bazán, la iglesia romántica de Santiago y la Colegiata. En un restaurante comí un plato de percebes. Al día siguiente anclamos en Gijón. Caminé una hora por sus calles, deteniéndome en un edificio del siglo XV, la iglesia de San Pedro, y en el hermoso palacio unido a la colegiata de San Juan Bautista.

En Santander visité el antiguo Portus Victoriae de los romanos, conocido ya hace mil doscientos años; estuve después en la catedral y en la Biblioteca Menéndez Pelayo. Conocí rápidamente a Mauricio Maeterlinck, que se bañaba en la playa del Sardinero.

El 9 de julio arribamos a Saint-Nazaire. Por un canal angosto y profundo penetró el Flandre por una de las calles de la ciudad. De los pisos altos de las casas grupos de personas saludaban con sus pañuelos. El día era claro y tibio.

Algunas horas después, ya en el tren, surgía en mi interior la frase estimuladora de mi entusiasmo:

—¡Alégrate, alma mía! ¡Ya estás de nuevo en tierra de Francia!

En la tarde radiante crucé en automóvil la Plaza de la Concordia. María Cruz habíame recomendado, en una de sus últimas cartas, la cómoda pensión en que ella viviera tantos años y en la que también residió mi amor de Guatemala. La encontré, pero nadie se acordaba allí de María (Dormía ya en uno de los cementerios de París. Regresó de la India atacada de un mal incurable) y en su recinto iba a instalarse pronto un colegio. Sugestionado por el recuerdo de Rubén Darío fui a vivir en las dos habitaciones que él habitó en la Pensión Santa María, calle de Miguel Ángel. La casa tiene un jardín que da a la calle y en él leía y escribía yo todas las mañanas y en algunas tardes, cerca de la glorieta en que el gran panida produjo algunos de sus mejores poemas. En los años 1929 a 1933 pasé muchas veces por allí. La casa está como entonces, las mamparas japonesas en las puertas, el jardín con sus pequeños árboles, y sus mesas y sillas de hierro, Pero nunca supe si la pensión cambió de dueño. Coqueteaba con los huéspedes una agraciada mocita, sobrina de la propietaria. Una noche la sorprendí en brazos de un ruso atraído por sus sonrisas. Intenté a mi vez la aventura con el más grato de los éxitos.

De las tres personalidades de América que más me interesaban en París dos habían muerto: Rubén y María Cruz; Gómez Carrillo estaba ausente. De ellos conservo numerosas cartas. Volví a leerlas, pues contienen preciosos detalles de la metrópoli francesa, que en ninguna guía pudieran encontrarse y que me orientaron con sus curiosidades literarias. Deseaba conocer personalmente a Enrique, quien me enviaba sus libros con cariñosas dedicatorias y demostró siempre interés y simpatía por mis empresas de arte. Gómez Carrillo, moviéndose en un orden de ideas y acciones tan opuesto a mi carácter, devorando la vida con desordenado apetito, sin importarle más que su propio placer y atrayendo el escándalo sobre su nombre, presentaba, no obstante, a mis ojos, aspectos únicos y pintorescos, y seductores hasta en su misma anormalidad. Indudablemente era un hombre extraordinario y audaz, que al borrar de su programa cotidiano la palabra moral y otras de igual trascendencia, precipitó su instinto como indómito potro por caminos obscuros y peligrosos bordeando abismos, a fuerza de talento, valor y resolución, llegaba —como otros por las líneas rectas— a las metas, sino de la gloria, de la fama. Hay hombres así, a quienes cautivan las curvas, que no transitan por las carreteras prefiriendo los atajos, pero que llegan siempre sin retraso al sitio que les señala su voluntad o su ambición. Gómez Carrillo fue uno de ellos. Espíritu florentino, varón del Renacimiento, Benvenuto le habría llevado en sus éxodos, asociándole en sus crímenes y en sus inmortales hazañas. He leído toda su obra y creo que de ella perdurarán apenas unos pocos volúmenes. Le falta esa consistencia metálica o marmórea que da a ciertos poemas y prosas de Darío certidumbre de eternidad. No puede llamársele maestro, sino fijando la crónica como género de su maestría, es decir, circunscribiendo la palabra a una determinada actitud. Muy inferior a otros prosadores centroamericanos que no tienen la mitad de su renombre, descollará por mucho tiempo, sin embargo, como uno de los cronistas de habla española que con mayor agilidad y gracia han presentado a sus lectores, en el más fino cristal, el ligero champaña de sus ingeniosas frases.

Consulté sobre mi dolencia con los célebres profesores Legué y Desnois. El primero, insigne cirujano, propúsome suprimirla con la cuchilla. Desnois me manifestó que las aguas y baños de Contrexéville serían mi mejor y eficaz medicina. Con una temporada de un mes en aquel simpático pueblo de los Vosgos recobré mi salud y volví a París fuerte y alegre.

En Contrexéville ascendí por primera vez en un avión en ese año de 1920.

En la hora señalada para la partida —las dos de la tarde— se desató un fuerte viento y mis dos compañeros franceses se negaron a realizar el paseo, perdiendo los doscientos francos que importaba cada uno de los billetes.

El piloto era un parisiense guasón que hablaba un español lamentable y que creía que todos sus pasajeros iban rezando de miedo. Metidos los brazos en dos aros metálicos y seguro en mi asiento, pronto sentí que la tierra se escapaba de nosotros y que el huracán rugía sobre nuestras cabezas.

Cerca de tres horas estuvimos en el aire. Pasamos a ocho metros encima de las casas de Strasburgo, y, de regreso, ya con tiempo sereno, el avión ascendió con extraordinaria velocidad. El hombre volvióse hacia mí preguntándome:

—¿Subimos más?

—Más —le contesté.

Rióse estrepitosamente haciendo dar un salto a la máquina.

—¿Más? —repitió.

—¡Más, siempre más! ¡No tengo miedo! —grité burlándome.

Y así lo hizo durante algunos instantes. Luego empezamos a descender...

Mi amigo Desiré Péctor me aconsejó que cuando regresara a mi departamento, en altas horas de la noche, tomara mis precauciones porque en ese barrio habían ocurrido, en los últimos tiempos, varios crímenes y robos a mano armada.

—Después de las doce nadie transita solo por esas calles. No se ve por ellas ni un policía, ni un automóvil, ni siquiera una mujer galante.

En mis ausencias por los grandes bulevares no olvidé las palabras de aquel viejo camarada. Regresaba a las once, y, cuando iba a la ópera volvía a la mañana siguiente. Pasaba el resto de la noche en el cuarto de una amiga de Montparnasse. Pero en una ocasión no encontré a la muchacha, ausente en casa de su familia en Saint-Cloud. Ya en el metro oí sonar la una. En La Motte Picquet bajaron casi todos los pasajeros y en la estación próxima sólo quedó un individuo de aspecto vulgar que leía un periódico. Luego comprendí que simulaba leer para mejor observarme. Una mirada rápida que lanzó a los dos valiosos brillantes que yo tenía en la mano izquierda me puso instintivamente sobre aviso. Me levanté y fui a sentarme al extremo del carro. Entonces el conductor me llamó la atención en voz baja. Díjome que me cuidara de aquel hombre, aconsejándome regresar al centro de la ciudad en el mismo tren. Vacilaba, indeciso; pero, acariciando el revólver en el bolsillo del gabán, sentí un imperioso deseo de lanzarme en tal aventura y de reírme de aquel bandido que contaba seguramente con la impunidad de su delito creyéndome desarmado. Resuelto a todo, volví a ocupar junto a él mi puesto y le examiné con descaro, cosa que no dejó de alterarle un poco. Era de mediana edad, bajo y fornido, de mirada oblicua y torva.

Bajé en Michel Angel Molitor —a doscientos metros de mi puerta— y él hizo lo mismo. El conductor movió la cabeza con extraño gesto cuando pasé junto a él, y me hizo, por señas, una última excitativa para que entrara de nuevo en el carro. Pero no le atendí. Al poner los pies en la calle miré por todos lados y no vi a nadie. Vínoseme la idea de que el miserable tenía cómplices y me detuve. Casi al instante miré al ladrón en la acera de enfrente encendiendo un cigarro. La luz de un foco eléctrico le daba en la cara y me pareció o me imaginé que sonreía burlándose de mi indecisión. Oprimí en mi diestra el revólver y caminé despacio por el fondo de la acerca, mientras él me seguía a unos ocho o nueve metros de distancia. Creyó sin duda que iba yo más lejos porque al oír el ruido de la llave que introduje en la cerradura apresuró el paso. Recostado sobre la puerta le hice un disparo sin intención de herirlo. Retrocedió, lanzando un juramento, y, corriendo, le vi desaparecer por la esquina próxima.

EL 11 DE SEPTIEMBRE —fecha de alegría en mi casa, cumpleaños de mi hermana— partí para Madrid. Por una rarísima casualidad me hospedé en el mismo sitio en que estuve hacía catorce años: en el Hotel Barazal, edificado en el que, en 1906, ocupaba el Hotel Roma Fueron a verme Francisco A. de Icaza y Alfonso Reyes. El autor de La leyenda del beso, poesía que recité en mi niñez en un acto público de mi escuela de Juticalpa, mostróse conmigo en extremo cordial. Llevóme a su casa varias veces, en la que departimos como antiguos conocidos con fraterna confianza. En su carácter de Ministro de México en España hízome conocer algunos personajes importantes en la política y la diplomacia y paseamos juntos por la coronada villa, mostrándome sus tesoros artísticos y sus históricos monumentos.

A Reyes sólo le vi una vez. Ausentóse de Madrid en aquellos días. Me dejó muy grato recuerdo, que sirvió de base a nuestra posterior amistad y muto aprecio personal y literario. Yo había llevado catorce colecciones, finamente empastadas en cuero, de mi revista Esfinge, para obsequiar con ellas a las personalidades de mayor valía en las letras españolas: Valle-Inclán, Antonio y Manuel Machado, Emilia

Pardo Bazán, Tomás Morales, Azorín Emilio Carrére, etcétera. Híceles entregar en sus propias manos, y, con tal motivo, recibí honrosas cartas de los referidos escritores y poetas. Sólo del gran don Ramón no me llegó una palabra. Se lo dije a Icaza, añadiendo:

—Es posible que Valle-Inclán se disgustara por mi atrevimiento al bautizar con títulos que me parecieron apropiados las páginas que escogí entre sus mejores cuentos y novelas para reproducirlas en diez o doce números de Esfinge. Me dicen que es un hombre superlativamente orgulloso y altanero, muy seguro de su valor mental y de su valor físico. No sería yo quien le reprochara ese juicio de sí mismo, pues, en mi concepto, es el representativo actual más completo de la literatura española, como de la italiana es D'Annunzio, de la belga Maeterlinck, etcétera. De su audacia personal ha dado pruebas eficientes y brillantes.

Fumando un rico habano me oía Icaza con expresión epicúrea.

—Me place que coincidamos en nuestro juicio sobre el ilustre creador de las Sonatas. Es uno de mis íntimos amigos y mañana contaré a usted lo que esta noche me diga sobre Esfinge. Comimos juntos al día siguiente en el Barazal, y por cierto que se mostró encantado de las viandas y vinos del servicio extraordinario que, para atenderlo mejor, reclamé especialmente.

Ya a los postres, mientras saboreábamos una copa de champaña *demisec* de la mejor marca, y después de extraer en mi honor algunas valiosas anécdotas de su inagotable repertorio, exclamó complacido:

—Tengo que darle una espléndida noticia. Encontré anoche a Valle-Inclán hojeando la colección de su revista. Me dijo estas o parecidas palabras:

—Es interesantísima. Indudablemente, la más exquisita y amena antología de letras universales, formada con suprema aptitud. Estoy, además, extraordinariamente sorprendido del admirable acierto con que Turcios escogió algunas de las más intensas prosas de mis libros y de los epígrafes perfectos, únicos, que utilizó para esas páginas. Dígale que no voy a verle a su habitación porque no subo nunca escaleras fuera de las mías, y detesto los ascensores; pero que mañana a las siete de la tarde me hallaré esperándole en el restaurante del piso bajo de su hotel.

Desventuradamente fui atacado aquella noche, al salir del teatro, de una bronquitis, que me retuvo seis días en cama, privándome de ver y oír al insigne maestro. Debo confesar, como pecado venial, que ni siquiera se me ocurrió visitarlo.

Curioseaba yo una mañana en la Librería Fernando Fe, en la Puerta del Sol, frente a los escaparates y mesas rebosantes de volúmenes. No podía darse un paso en el estrecho local lleno de compradores y de vagos. Mi vecino, hombre moreno de regular edad, volvióse hacia mí preguntándome si yo era colombiano.

—No, soy hondureño.

—¿Hondureño? Yo tengo en su país un amigo y compañero de letras que usted seguramente conocerá: Froylán Turcios.

—Sí le conozco, mucho más de lo que usted puede imaginarse.

Ocurrióseme hacerle una broma, hablándole mal de mí mismo para saber su juicio exacto sobre el camarada que creía tan lejano. Pero me detuvo la digna y severa expresión de su simpático rostro.

—¿Usted es de Colombia?

—Soy venezolano: Pedro-Emilio Coll.

Le abracé entonces con afecto, diciéndole sencillamente que era su amigo de Honduras con quien hablaba.

Las dos horas que pasamos juntos en aquella librería se me hicieron cortísimas. Evocamos tantas cosas, tantos recuerdos de nuestra América. Me habló de su vida en Caracas, de sus trabajos, de sus proyectos. Yo le dije los míos, rememorando los tiempos lejanos de *El Cojo Ilustrado* y mi impresión sobre su precioso volumen El castillo de Elsinor publicada en mi *Revista Nueva*. Nos separamos con pesar, pues era aquel día víspera de su regreso a la patria, prometiéndonos volvernos a ver en un cercano tiempo. Nuestras relaciones han continuado a través de las distancias y hace poco recibí su último libro, *La escondida senda*, que contiene el maravilloso Cuento del Espíritu Santo, uno de los más bellos que se hayan escrito en nuestra lengua.

Al dejar a Coll tuve otro feliz encuentro en la calle de Alcalá. De la acera contraria vi venir hacia mí con los brazos abiertos a Manuel Ugarte.

—¡Qué grata sorpresa, mi querido Turcios! Me apresuro a pedirle perdón por algunas frases injustas en que aludí a usted al hablar de mi campaña hispanoamericana en Honduras. Créame que lamento el error en que estuve y que ya he rectificado en mi nuevo libro que luego le enviaré.

Con ese singular don de gentes que posee en alto grado, y con esa gracia espiritual y viril que emana de su persona, me impresionó una vez más el eminente argentino que sacrificó fortuna y bienestar en aras del supremo ideal de libertad y de civismo; consagrando su energía y su talento, su vida entera, a la noble causa de la emancipación moral y material de Hispano América.

Atendiendo a la invitación que me hizo en afectuosa carta, llegué a las cinco de una tarde de septiembre a la residencia de doña Emilia, condesa de Pardo Bazán. Hallábanse con ella varios personajes políticos y dos académicos a quienes me presentó con frases efusivas y cordiales. Sirvióse el té clásico, y yo intenté retirarme al oír las seis; pero me retuvo una hora más, obsequiándome con una de sus obras —*Dulce dueño*— cuya primera hoja con su dedicatoria conservo en uno de mis álbumes.

No omitiré, al referirme a estos días pasados en Madrid, las atenciones que me prodigó Ismael G. Fuentes, a la sazón Ministro de El Salvador ante el Gobierno Español. Comí con él dos veces en un famoso restaurante e hicimos juntos un viaje a Toledo y otro al Escorial. También mi antiguo compañero de la sociedad Pepe Batres, de Guatemala, Carlos Meany, me visitaba con frecuencia, enfermo y envejecido, ya sin la arrogancia de su rubio bigote kaiseriano y amortiguado el brillo de sus ojos azules. Llevóme a oír una misa solemne a la antigua iglesia de las Calatravas y a la salida de la concurrencia me fue diciendo los nombres altisonantes de gran número de damas y caballeros pertenecientes a la más encumbrada nobleza española. No había entre ellas ninguna hermosa. Me parecieron amarillentas momias dignas de un museo. Tampoco vi ningún varón de prestancia infanzona; sólo rígidos hombrezuelos con aspecto de santos vetustos que parecían buscar los nichos de donde salieran, en alguna lóbrega catacumba.

—Hombre, canche —le dije—. Me gustaba mil veces más que esta grave procesión de espectros aristocráticos el sonoro desfile de lindas jóvenes por el atrio de la catedral de Guatemala después de la misa de doce.

—Sobre todo cuando iba entre ellas, como una reina, Lucita Méndez —exclamó riendo.

—Sí. Por lo demás te diré que de toda la nobleza femenina de España sólo hay una dama que atrae mi admiración porque posee la aristocracia del talento y es la autora de *Los pazos de Ulloa*.

Pasé en el Hotel Castilla, de Toledo, varios días de sedante reposo, después de mis largas visitas a la catedral, al alcázar, a la casa del Greco, a la capilla del Cristo de la Vega, a la fábrica de armas blancas.

Desde mi cuarto del último piso oí, en una noche blanca, cantar a un ruiseñor. Inmóvil, con el alma suspensa, escuché los trinos de cristal. Eran las doce y en la plazoleta cercana, en donde el pájaro maravilloso llenaba de melodías el ambiente plateado. El silencio era absoluto. Al final de cada milagro armónico no se oía sino el caer de alguna hoja muerta. Fue en otoño y la luna erraba en las serenas alturas circuida de una fúlgida aureola de ópalos de amaranto.

Volvióse a oír el canto con gradaciones tristes, con escalas lentas y melancólicas, terminando con la suavidad de un suspiro... Busqué con la mirada al músico divino. Estaba en la cumbre de un álamo, a tres metros de mi balcón, en la claridad fantástica. Pude ver entonces cómo inflaba el cuello, levantando la cabeza, con las alas trémulas, ebrio de armonía. Me imaginé que daba en mi honor aquella serenata, ya que por el ritmo recóndito los poetas somos hermanos de todos los seres alados que poseen el don apolíneo; y sólo me retiré silenciosamente de la ventana cuando el sueño acalló el acento encantador.

En el puente de Alcántara, en la Plaza de Zocodover, en San Juan de los Reyes, en Santa María la Blanca, en Santo Tomé —donde se admira una de las obras maestras del Greco, *El entierro del Conde de Orgaz*—; en sus puertas del Cambrón y de Carlos V, evoqué las historias y fábulas, la vida esplendorosa de la imperial ciudad fundada por los griegos. Viví su milenaria vida, más viva para mi espíritu que su existencia actual; caminé por sus cigarrales, vi caer las noches llenas de rumores sobre la aridez de sus amarillentas llanuras, vagando antes de los amaneceres por sus angostas y penumbrosas calles, teatro de caballerescos lances de honor y de amor en los pretéritos siglos; soñando despierto con sus legendarios fantasmas.

La víspera de mi salida de Madrid recibí una invitación para tomar parte, en un discurso, en la celebración oficial de la Fiesta de la Raza. La decliné por la premura de mi viaje.

El 11 de octubre (1920) llegué a Barcelona, en donde permanecí dos semanas en un continuo ir y venir por todos los sitios dignos de verse. Mi cuarto del Hotel de las Cuatro Naciones, en la Rambla de las Flores, estaba siempre cerrado, pues pasaba las mañanas y tardes en los museos y librerías y las noches en los teatros. Entre los escritores y periodistas con quienes me relacioné, recuerdo a Eugenio d'Ors, hombre de una seriedad imponente, que imprime a sus actos y palabras un sello autoritario. Fue a verme el día de mi partida. Seguramente a él le pasa lo que a mí, que apenas guardo una memoria imprecisa de nuestro encuentro y de lo que hablamos. Escribió unas líneas en mi álbum y creo que me obsequió con uno de sus libros.

Por especial insinuación del sabio Profesor Desnois, quien me dio para ella una tarjeta, me presenté en casa de Mme. Thérese, mujer que traspasó el límite de la normal sabiduría para adentrarse audazmente en el más allá. Era ya centenaria, de distinguida y ensoñadora presencia, alta y blanca, ágil de pensamiento y de voz grave y simpática. Debo decir que me asombró desde sus primeras palabras. Díjome cosas sorprendentes de mi ayer, de mi hoy, de mi porvenir. No se trataba de una simple adivinadora, de las que abundan en Europa, con mayor o menor celebridad; no de una sibila, de una zahorí más o menos apta en su don desconcertante. No. Actuaba en un plano superior y el interés material no volvía sospechosos sus augurios, pues siendo millonaria, por la práctica de su misteriosa ciencia no cobraba un céntimo. Nacida en Hungría, de noble familia, dedicóse desde su infancia, con vocación irresistible, a hondas especulaciones de las cosas que principian en el punto en que terminan los conocimientos humanos. Movía sus esotéricas fuerzas secretas con inquebrantable voluntad, no atendiendo en sus consultas sino a los seres marcados por algún signo selecto, jamás a personas vulgares o mediocres. Interrogaba dos o tres veces a quien tenía delante, y, según la calidad de las respuestas, y su rápida observación personal, era admitido o no durante breve tiempo. Conocía todos los idiomas vivos, daba los detalles que se le pidieran sobre cada país. Había viajado por casi toda la tierra. La claridad de sus ideas, su fácil palabra, sus miradas, sus movimientos, revelaban un vital orgullo, un imperativo dominio de su destino, una eterna juventud.

—Le ilusiona al amigo pensar en su regreso a Centro América. Siendo un poeta no podrá creer jamás que el amor es el más engañoso de los espejismos. Imagínase que el día de su llegada será una de sus fechas más venturosas. Por el contrario, en ella ha de sentir una intensa amargura...

Y como yo reflejara, sin duda, en mi semblante, la angustia que me producían sus palabras, añadió:

—No por causas graves. Nada de olvido ni traición. Por motivos baladíes, agrandados hasta la hipérbole por su extraordinaria idiosincrasia, de matices dolorosos y emociones extremas, en que vibran, al menor soplo imprevisto, los hilos suprasensibles de los más complejos sufrimientos. Posee usted, con un espíritu de óptima selección y un cerebro excepcional, unos sentidos de intensidad agudísima, tres veces más vibrantes que los de las gentes comunes o normales. De manera que el placer o el dolor, la felicidad o la desventura, se manifiestan en usted en forma tan desmesurada que sólo pudiera ser comprendido por otro ser de su misma capacidad. Esa superabundancia de los supremos dones humanos es —irónica paradoja— lo que pone a usted al margen de la dicha, pues ninguna de las mujeres que le amaron le comprendió, ni las que le amen después le comprenderán. El punto culminante de este exceso de potencia psíquica en usted —los celos— (que interpretados íntegramente por una alma femenina a quien amara, hubieran sido para ambos una base primordial de indestructible pasión) constituye el abismo en que han perecido todas sus ilusiones y esperanzas. Porque está solo en el duelo que le producen y las que fueron objeto de ellos los entendieron con criterio nacido de su pequeño espíritu y frívolo entendimiento. Si en la balanza en que pesa tan irremediables penas no pusiera también las hondas y puras alegrías que le han proporcionado las altas letras, los bellos libros, los esparcimientos estéticos, los cívicos entusiasmos, los fraternos afectos —el mundo nuestro mundo incompleto tan diferente al que nos espera en el más allá— habría sido para usted un lóbrego desierto.

Después de recrearme un día en Mallorca, -Palma es una pequeña ciudad llena de encanto-, la isla de oro, sedante albergue de grandes músicos y poetas, enfermos de genio y de hastío, me embarqué en el Antonio López rumbo a Colón, en una brumosa mañana de octubre. Los puertos españoles, en donde el vapor hizo lentas escalas, me interesaban por sus particularidades típicas e históricas.

Valencia, con sus veintidós siglos de vida, atraía mis ojos desde que surgió en la distancia. Pasé las primeras horas en el Museo Provincial y en el de la Universidad; me hice servir en un hotel una paella y un melón, y, en la tarde, visité el admirable Jardín Botánico, el mejor de España.

Pasando entre los cabos Huerta y Santa Pola, anclamos en Alicante, famoso por su bello clima. Recorrí el puerto en automóvil, deteniéndome en la colegiata de San Nicolás de Bari y en el Teatro Principal. De la antigua Lucentum —su primitivo nombre romano— no vi ningún vestigio ni en el centro ni en los barrios de Benalúa, Carolinas, Pla de Bon Repós...

En Cartagena me mostró el chauffeur algunos sitios en que hace dos mil doscientos años se alzaban las murallas de Asdrúbal, y hasta quiso que viera, fuera del recinto de la ciudad, las ruinas de los mesenios. Pero me opuse explicándole que tales milenarios escombros seguramente eran de origen muy problemático.

Al desembarcar en Málaga fui a casa de Salvador Rueda, quien me obsequió espléndidamente, acompañándome un rato en coche, en mi recorrido por el hermoso puerto. Estuvimos en la catedral, en la Alcazaba, en el Teatro Cervantes y en el castillo de Gibralfaro. El magnífico poeta, ampliamente elogiado por Rubén Darío en su soberbio Pórtico, es un hombre sencillo y bueno, cuyo recuerdo se graba cada día más en el corazón de sus amigos.

En Gibraltar, vagando por sus callejuelas, evoqué la figura de la linda Luna Benamor, Luna, Lunita..., creación feliz de Blasco Ibáñez, que obsesiona al viajero que visita el puerto inglés. Mi cuento *El Don Juan del vapor* tuvo allí su génesis de un suceso dramático ocurrido en un hotel entre dos pasajeros del Antonio López.

Mi conterráneo José María Mejía Lobo, estudiante de medicina en Cádiz, fue a bordo a buscarme en cuanto el barco ancló en dicho puerto.

Llevóme en una mañana clarísima por la ciudad blanca, cuyo sol doró la infancia de Emilio Castelar. Fuimos primero al sitio en que, encadenado a un muro de piedra, sufrió seis años de atroz martirio el inmortal Francisco de Miranda, expiando el crimen de haber intentado libertar a su patria. Visitamos después el Museo Arquelógico, el de Pinturas y el Iconográfico, la catedral, rica en jaspes y mármoles preciosos, y varios de sus paseos, terminando nuestra excursión en un confortable hotel, en donde comimos espléndidamente y con el mejor apetito.

Al anochecer dije adiós a la antiquísima Gadir de los fenicios. Mejía Lobo, atacado de súbita nostalgia, y llorando un viejo mal de amores, dispuso irse conmigo, abandonando sus estudios. Me costó mucho hacerle entrar en razón, obligándolo a desistir de tal propósito. Al despedirnos gemía como un niño.

En Santa Cruz de Tenerife pasé un día encantador, caminando por sus aledaños, floridos y gratos, acompañado de una excelente familia puertorriqueña que iba a bordo y a quien invité a almorzar en un kiosco rústico famoso en la región por su exquisita cocina. En un mediodía ancló el vapor frente a la Gran Canaria. Intenté ir a tierra sin perder un minuto para abrazar a Tomás Morales, herido de muerte por cruel dolencia. Pero el capitán prohibió el desembarque de pasajeros por la inseguridad del mar, agitado por furioso viento. Me vi privado de conocer personalmente a uno de los mayores poetas de España en los últimos tiempos, al mágico artista de la emoción y del color, cuya fuerza lírica no ha sido superada por ninguno de sus compatriotas. Me asombra que el liróforo estupendo de Las Rosas de Hércules sea casi un desconocido en su país y que cuantos críticos le citan lo hagan siempre a la ligera, confundiéndolo, no sé si por ignorancia o mala intención, con poetas medianos o inferiores. Es de lamentarse el silencio que se hace al nombre del más brillante cantor del mar, uno de los más ilustres ingenios del idioma y de la raza, muerto a los treinta y dos años. De la cubierta del vapor un pasajero gaditano me señaló la casa en que agonizaba el gran hombre, que largamente estuve contemplando con un anteojo. Partió al anochecer el Antonio López, y con dolor rememoré los gráficos versos del poeta moribundo:

Puerto de Gran Canaria sobre el sonoro Atlántico
con sus faroles rojos en la noche calina
y el disco de la luna bajo el azul romántico
rielando en la movible serenidad marina...

Transcurrieron días y días de cielo y mar, de lecturas y de meditaciones. Era de San Pedro de Macorís, en Santo Domingo, una pareja, marido y mujer, que me hacía recordar a Otelo y Desdémona. Él, negro como la obsidiana; ella más blanca que la carne del coco. En la primera hora de viaje mis ojos sentíanse atraídos con tal asombro por aquel violento contraste, que en un momento en que Otelo se levantó, cayéndose de sueño. Desdémona, hembra impetuosa del trópico antillano, acercóseme diciendo:

—Se sorprende usted, y no oculta su impresión, observando nuestras extremas diferencias físicas. Pero, fuera de que mi marido como negro, es un negro hermoso, no hay en el mundo hombre más blanco que éste en su ser moral. Es tan blanco por dentro como negro por el exterior. Difícilmente podrá encontrarse otro que le supere en nobleza de sentimientos, en generosidad e hidalguía. Talentoso, pródigo, leal, es para mí el mejor compañero que pudiera ambicionar. Esto, sin enunciarle otras condiciones de orden económico, como su renombre en las empresas industriales en que actúa y sus millares de dólares ganados mensualmente a fuerza de trabajo, inteligencia y energía.

Fui amigo de aquel negro. Y todo cuanto advertí en él confirmó las palabras de su blanquísima mujer.

En San Juan de Puerto Rico —después de la conversación sobre altos temas cívicos que tuve con mis amigos puertorriqueños y que publiqué en Ariel, en su primera época hondureña— contemplé la ciudad con mis anteojos.

—¿Ve usted —me dijo una pasajera— una chalet verde en aquella colina? Allí vive el ex-presidente Castro, de Venezuela.

Una hora después veíame, en una amplia butaca, departiendo con el tiranuelo que tuvo un gesto heroico de grandeza espartana, y de resonancia internacional, que ninguna sombra ni prejuicio han logrado atenuar.

Exiguo de estatura, flaco, endeble y enfermizo, hombre concluido, sentenciado a una muerte próxima, así le vi. A mis preguntas contestaba moviendo los brazos, y con entonación categórica y enfática.

—Ustedes los escritores y periodistas me han hecho decir cosas abominables. Hace tiempos, y con la excusa de que me siento agonizante, no recibo a ninguno. Verá usted cuánta historia venezolana va a saber en esta entrevista y que no obtendría en ningún texto. Hora y media le oí disertar sobre los acontecimientos que arrancaron de sus manos el poder. Retrocedía, para ponderar su Gobierno, y precipitábase de pronto armado de dicterios explosivos contra Juan Vicente Gómez.

—Supongamos que, como han repetido mil veces mis enemigos, fuera yo un déspota en la presidencia de Venezuela. Voy a exponer ante su criterio mi despotismo sin atenuaciones, más bien exagerándolo, y luego la tiranía de Gómez. Verá usted.

Y hacía una síntesis, a su manera, de ambas situaciones políticas. Movía la cabeza —semejante a la del Barba Azul que hace algunos años guillotinaron en París— afirmativamente, con expresión satisfecha.

Viéndole fatigado y dispuesto a comenzar otro discurso, me apiadé de él y me despedí.

—Quédese, quédese, acaba de llegar. Tomará una taza de té, una copa de oporto.

Pero no le atendí. Estrechóme la mano militarmente. Y, cuando yo había caminado varios pasos, desde la puerta me saludó con su pañuelo.

El Antonio López ancló luego en Santo Domingo y en Puerto Príncipe. Pocas horas estuve en las calles de esas ciudades que recuerdo como visiones de cine. Fondeó en seguida en la Habana, y, en los últimos días de noviembre, en Colón. La primera noche de mi regreso a San José fue una de las más atormentadas de mi vida, como me lo predijo en Barcelona la mujer extraordinaria.

En Cartago pasé tres meses deliciosos hasta donde este adjetivo pudiera aplicarse a los goces y expansiones de un temperamento tan complejo y descontentadizo como el mío. Tres meses de amor y de sueños en la fragante ciudad del edénico clima, que ornamenta el alto Irazú, y cuyas noches de ópalo son cómplices de la serenata melancólica y de la cita lánguida de besos y prolongadas caricias. En una medalla de oro conservo las palabras de una de las cartas de Solange, que repitió después junto a mí en la iglesia de Nuestra Señora de los Ángeles...

El veinticinco de abril (1921) salí de San José para Honduras. En mi poesía *Último adiós* dejé grabada mi emoción de aquella triste mañana que el olvido no podrá nunca borrar de mi memoria. En Corinto me encontré con Eduardo Zamacois, intrigado en una cacería amorosa. Desembarcó en Amapala y pasamos una noche de amenísima charla en el hotelito del puerto.

Tuve una de las sorpresas más agradables, que marqué en mi calendario con tinta azulada, al llegar a Tegucigalpa, encontrando a Lalita con la mejor salud de que gozó en los últimos diez años. Siempre con el mal reumático vivo en su organismo, pero con un color sonrosado, con excelente sueño y constante apetito. Si en aquel tiempo, aprovechando la tregua imprevista, la hubiese conducido a un balneario europeo, quizá la benéfica reacción de su dolencia hubiese culminado en un completo restablecimiento. No sólo ni ella ni yo pensamos en esto, sino que ni siquiera se nos ocurrió cambiar de casa y seguimos viviendo en una cuyo piso, más bajo que el de la calle, húmedo por los torrenciales aguaceros de aquel invierno excepcional, era pésimo para su enfermedad (Casa que fue de don Juan E. Galindo, en el callejón que empieza en la esquina occidental de la Tipografía del Gobierno). Sufro cuando medito en la inconsciencia del peligro en que entonces vivimos. Sufro después de catorce años transcurridos, por tan lamentable falta de instinto, ante el rudísimo golpe que nos preparaba el adverso destino. Feliz por la ilusoria mejoría, creyendo que iba a acentuarse más con mis cuidados, vi correr el tiempo precioso y oportuno sin percibir ninguna fatídica sombra en mi horizonte. En octubre, mes obscuro de lluvias interminables, presentóse de nuevo el mal con su cortejo de sufrimientos. Pensó la pobre víctima hallar alivio en los calores de la costa, y, contra mi parecer, trasladóse a San Lorenzo, en donde, como se lo anuncié, fue atacada de agudo paludismo. Para su regreso obtuve una casa más grande, en la Calle Real de Comayagüela, y a ella me pasé el 4 de diciembre.

La víspera de aquel día murió, en la gran miseria, doña Juana de Molina, madre de nuestro gran poeta Juan Ramón. Estuve varias horas acompañando el cadáver, en el sórdido cuartucho de un suburbio cerca del puente de Guacerique. Hice la invitación para el entierro, que se verificaría en la tarde siguiente, firmando conmigo el licenciado Fermín Laines. Yo mismo escribí los doscientos cincuenta sobres de la tarjeta, dirigiéndolos a escritores, poetas, periodistas, médicos, abogados, ingenieros y a otras personas que juzgué tenían el deber de atenderla. Quise cubrir los módicos gastos mortuorios; pero se me comunicó que el Gobierno había pagado, para ese fin, seis meses del misero subsidio concedido años antes a la difunta.

Sonó la hora del entierro y en el estrecho cuarto lúgubre sólo nos hallábamos doña Pastora Castillo, Laines y yo. Fuera veíase el carro enlutado esperando. En esta situación, y sin que nadie llegara, dieron las cinco. Entonces procedimos, personalmente, a introducir el ataúd en el lóbrego vehículo, tomando luego la dirección de la Calle Real..

¡Jamás se vio ni se verá en Honduras un cortejo fúnebre semejante! Como la ciudad hallábase llena de foráneos por la próxima fiesta de Concepción, grupos de gentes discurrían por la hermosa avenida y por todas partes sonaban músicas de acordeones y victrolas. Entre tanto, lentamente, con solemnidad digna del más irónico epigrama, como si nunca fuera a llegar a su término, avanzaba por en medio de la calle la triste procesión, en esta forma: adelante iban dos viejas mulas héticas, pequeñas y flaquísimas, con aspecto de cabras, cayéndose casi bajo el peso de dos enormes y desteñidas gualdrapas negras centenarias, de doble paño, que barrían el suelo: luego el cochero, descalzo y en camiseta, de sucia ya color de tierra; enteco y amarillo, haciendo verdaderos milagros de equilibrio para no caerse, tal era la borrachera que portaba; después la infeliz muerta en su cajón de ocote forrado de sándalo negro, que crujía a cada paso; y, por último, sombrero en mano, vestidos de luto, graves, abnegados circunspectos, con parsimonia heroica, Laines y yo, a la par, como dos guardias de honor cumpliendo un sagrado rito.

La multitud, riéndose y burlándose, abríanos paso para que el desfile fuera más neto y llamativo. De las puertas y ventanas nos llegaban voces regocijadas y escandalosas expresiones:

—¡Corran, corran, vean qué entierro tan suntuoso, qué procesión tan solemne...!

—Son seis, incluyendo las mulas y la muerta...

Y así, entre aquel coro agresivo de carcajadas y sátiras groseras siempre en aumento, imperturbables, silenciosos, impávidos, cruzamos con medido paso toda la Calle Real, desde el Obelisco hasta la Escuela de Artes, por donde torcimos llegando ya en el anochecer al cementerio.

Nosotros mismos sacamos del coche el ataúd, depositándolo en su humilde lecho de ladrillo. Así fueron los funerales de la madre del mayor poeta que ha producido Honduras.

Esta fue la impresión con que me dormí aquella noche en mi nueva residencia de Comayagüela. Tuve sueños crueles, contemplé espectáculos espeluznantes y macabros. Pero eran pálidos —así lo sentí al despertar— comparados con la pesadilla real de que fui actor en aquella tarde cuatro de diciembre de mil novecientos veintiuno.

En lamentable estado volvió Lalita de su viaje de salud a la costa sur. Presa de altísimas fiebres no pudo levantarse más. Poco a poco, en esta continua inmovilidad, fueron paralizándose sus piernas y ya nunca sus pies tocaron la tierra. Comenzó entonces su larguísimo y tremendo calvario que duró cerca de seis años. No existen palabras exactas para describir aquel perenne martirio de dos mil días y dos mil noches, en que el sufrimiento físico y moral llegó a su límite extremo y la imagen de la muerte surgió para ella como única esperanza. Es completamente imposible que los que gozan de plena salud, o que la han perdido a medias, puedan jamás, no digo darse cuenta, imaginarse siquiera vagamente la desolación de una desventura tan irremediable. Las mismas personas en cuyas almas repercute el dolor de la víctima infeliz, sus más íntimos familiares, no comprenden, en toda su negra amargura, su terrible desesperación.

—Tendría algún descanso, alguna tregua.. —se dirá.

Sí, a veces, cortísimos descansos logrados por los narcóticos. Treguas de una o dos horas tras de las cuales los dolores reaparecían más intensos, presentándose otros nuevos, sumándose, multiplicándose. En las mañanas, en las tardes, en las medianoches oíanse sus angustiosos gritos, que ella procuraba reprimir, pero que la tortura implacable arrancábale con inaudita violencia. Todos los esfuerzos de tantos excelentes médicos —Rodolfo Espinosa, Debayle, Mejía Colindres, Valenzuela, Muñoz Hernández, Walther, etcétera— fracasaron: fue inútil todo lo que se hizo para atenuar su desdicha. Médicos, medicinas, cuanto requiere una asistencia asidua, esmerada y cariñosa; todo lo que pudiese aminorar el suplicio de una situación tan horrible no le faltó nunca. Solicitudes delicadas de todo género, constantes vigilias a su lado, ansias de adivinar sus pensamientos, deseos para satisfacerlos en el acto, honda ternura rayana en la veneración más absoluta, sin cansancios, invariable, cada vez más grande, cada día más firme, no le faltaron jamás. Ninguna cosa material le faltó en aquel amargo y lento proceso de su disolución terrena, Siempre —a Dios gracias— tuve a mano todo el dinero necesario para que de nada careciera; pero si así no hubiese sido, si los fondos me hubieran faltado sin poder obtener los honradamente, declaro que, para conseguirlos, no sé a qué límite sombrío, a qué siniestra sima no bajara, antes que ver sumarse la miseria, la odiosa y ruin miseria económica, a su casi sobrehumano sufrimiento.

Siento mi conciencia clara meditando en el bien que le procuré en su agonía de seis años. Rebosando de satisfacción debe sentir la suya Delia, que la cuidó prodigándole su vida, día y noche, en aquel inmenso lapso de torturantes recuerdos. Delia —el ser más abnegado y de más amplia y generosa bondad que he conocido— que durmió una hora de las veinticuatro del día durante aquellos durísimos años, dedicada, minuto a minuto, venciendo con su inquebrantable voluntad a la fatiga y creándose una segunda naturaleza de resistencia y sacrificio, a atender, como ninguna hermana y esposa lo han hecho hasta hoy en Honduras, a Lalita y a Tomás, su marido, condenados a lentísima y dolorosa muerte.

Toda mi vida, todo mi pensamiento y acción, de octubre de 1921 a mayo de 1927, están impregnados de aquella gran desventura. En toda mi obra literaria de esos seis años se nota esa eterna vibración de dolor.

Viéndome Lalita completamente exhausto de ánimo y de cuerpo, me suplicó que fuera a pasar unas semanas a Comayagua, en donde el Congreso estaba reunido.

—Atiende el llamamiento que te hacen. Con el cambio mejorarás de salud y de espíritu. Creo que iré poco a poco recobrándome; pero si empeoro lo sabrás inmediatamente.

Insistió tanto que tuve que atenderla. Quince días permanecí en la vieja capital. El Congreso —uno de los más insignificantes que se han reunido en nuestro país—, me fastidiaba por la pequeñez de los asuntos que en él se discutían; y en la ciudad, con excepción de las familias Valenzuela y Medal, que me prodigaron múltiples atenciones cariñosas —no olvido nunca a los tres queridos y viejos amigos, ya en la tumba, doña Teresa, doña Manuela, don Lorenzo— y de las familias Ulloa, Matute, Aguiluz, Henríquez y Ochoa Velázquez, y algunas otras más, sólo veía personas indiferentes para las que mi nombre era quizá desconocido. Creo que en ninguna otra localidad de mi patria se me hubiera visto con tan poca simpatía. Nunca he podido explicarme el motivo.

En los cuatro años de mis funciones parlamentarias sólo asistí al Congreso dos semanas en 1919 y otro tiempo igual en 1922. En suma, un mes, por mi ausencia del país. Si no tuve oportunidad de hacer, en treinta días, una labor patriótica, por lo menos pesé muy poco sobre la Caja Nacional. Soy el diputado que menos cobrara del erario público. En el referido lapso no se presentó en la Cámara ningún asunto de verdadera importancia, lo que me contrarió mucho, pues me sentía con la mayor capacidad y patriotismo para distinguirme entre los más sobresalientes representantes del pueblo.

En ese Congreso de Comayagua presenté una solicitud para que se autorizara la cantidad de dos mil quinientos dólares con que se atendería a la curación del poeta Ramón Ortega en un Sanatorio de los Estados Unidos. No recuerdo quien trató de oponerse allí a este justo reclamo. Le repliqué con violencia y retiró sus palabras. Por unanimidad emitióse el decreto autorizando dicha suma para aquel fin. Pero, por más esfuerzos que hice, e hicieron otros, en diversas ocasiones, para que fuera pagada, no se obtuvo un céntimo; y el infeliz Orteguita, después de tres lustros de pacífica demencia, fue a morir, en 1932, al Hospital San Felipe, en Tegucigalpa.

Tengo en mi oído sus frases cuando le comenté le éxito de mi gestión en el Congreso:

—Gracias, mi querido poeta, a quien debo tantas demostraciones de fino compañerismo. Gracias, hombre grande y bueno.

Los que le escuchaban aseguráronme que en ciertos días hablaba largamente sin decir un disparate. No olvidó nunca que yo obtuve para él un empleo importante en el Ministerio de Relaciones Exteriores, y que, después, cuando el presidente Bertrand me recomendó buscarle un mecanógrafo idóneo, discreto y talentoso, le llevé a Ortega, rogándole que le fijara un sueldo de trescientos. Fue atendido, y en dos ocasiones me dijo que estaba muy satisfecho de mi recomendado.

Recuerdo la agradable sorpresa que nos dio Vicente Sáenz, llegando de improviso con su señora, la bella Dorita Jiménez, a la pesos, alegre fiesta con que la familia Matute celebraba la Nochebuena.

Dorita, entonces recién casada, de diecinueve años, tan blanca y tan esbelta, con un traje rojo, y Vicente, con su perfil morazánico, produjeron la mejor impresión.

GOCÉ DE UNA gratísima noche en Comayagua, que añado a las pocas impresiones perdurables que allí recibí —ésta la más dulce de todas. La llegada, en mi búsqueda, de una muchacha en cuyos brazos olvidaba en Tegucigalpa mis penas. Al evocar aquellas horas voluptuosas me amarga un detalle. Yo vivía en una casa vecina a la de mis amigas Valenzuela y Medal. Después de la cena, sintiendo mucho calor, llevé a la calle dos sillas grandes, y junto a la puerta de la sala nos sentamos. Transcurrida una media hora, ella —¿me agradecerá que no grabe aquí sus iniciales? — acercó más su asiento al mío y se acostó colocando su cabeza sobre mis rodillas, durmiéndose pronto como un niño. Yo acaricié aquella linda cabeza poblada de bucles castaños, besando suavemente sus ojos y su boca. Era una tímida jovencita que me quiso desde su infancia, que me dio cuanto poseía: la flor de su cuerpo y su alma tierna y simple.

En la obscuridad de la calle sentí pasos y voces. Sonaban las diez y media. Pensé que quizá serían mis viejas amigas; y con la mayor delicadeza levanté aquella preciosa carga.

—Me apartas de ti; porque ya no me quieres — me dijo con voz de resentimiento.

—Por el contrario, porque te quiero deseo estar más cerca de ti. Dentro de algunos minutos vas a reposar mejor sobre mi corazón.

Y la atraje a mis brazos. Pero era tan niña —acababa de cumplir diez y seis años— que me costó mucho que volviera a ofrecerme su boca rosada, que yo tenía costumbre de retener en mis labios ardientes mientras ella cerraba los ojos suspirando. Me suplicó al día siguiente que la acompañara en su regreso a la capital y, por, atenderla, me cercioré de la gravedad de mi hermana. Con aquel espíritu suyo tan abnegado, en que no cabía un ápice de egoísmo, me ocultaba en sus cartas su verdadera situación. Decíame que iba mejorando para no intranquilizarme, siendo lo cierto que su mal avanzaba rápidamente. En el acto fui en busca del doctor Espinosa, quien me aconsejó que cambiara de casa sin pérdida de tiempo. Horas después nos instalamos en la que llamé *casa del dolor,* porque, seguramente, ninguna otra de nuestra capital ha encerrado, durante tantos años, un tormento tan grande.

Allí la asistió —de 1922 a 1924— el notable médico nicaragüense, sin ningún favorable resultado. Y quede en esta página mi gratitud para tan eminente hombre de ciencia, que se negó a aceptar el pago de sus diarios e importantes servicios.

Desde mayo de 1921 continué la publicación de la revista del Ateneo de Honduras. Le dio vida una orden amplia, espontánea, del Ministro de Gobernación del Gobierno del General, López Gutiérrez (General Carlos Lagos). Orden pródiga que aumentó el número de páginas de dicho mensuario, mejorando, además, la calidad de la edición.

En 1922 fundé Hispano-América en la imprenta El Sol, abriendo en ella mi nueva campaña en pro de la más efectiva unión de los pueblos de habla española en nuestro Continente contra las amenazas cada vez más violentas del imperialismo yanqui.

Estas dos publicaciones, hechas con mi solo esfuerzo mental, y la última con mi hermana. Ella procuraba a veces evadirse de su mal, ayudándome, cuando sus dolores no eran tan fuertes, a escoger los mejores textos, en la corrección de pruebas o con oportunas indicaciones para que las revistas tuvieran mayor interés.

Entreteníase, aunque sólo por momentos, en hojear los canjes extranjeros de más valía y los libros que me enviaban de todas las latitudes mis compañeros de letras. (Abrí en seguida mi Librería Hispano-América, cuya importancia creció en pocos meses). Alrededor de su silla de madera (tiembla mi mano de intensísima emoción al recordar aquella silla), en la que el ser más exquisito de pensamiento y de alma, el ser que más he querido sobre la tierra, pasó tantos años angustiosos.

Amontonaba yo todos los paquetes que recibía de casas editoriales de España, Francia y Alemania, y uno por uno iba abriéndolos, leyéndole los títulos de los libros que contenían y el nombre de su autor. En gran parte ya eran conocidos por ella; pero cuando aparecía un volumen nuevo de algún escritor de su predilección, alegrábase como en su juventud, pidéndome que lo apartara y se lo leyese. Eran de sereno recogimiento las horas de mis lecturas en alta voz, distrayéndola así, por breve tiempo, de sus pesadumbres. Esmerábame como nunca en leer bien —más aun que cuando subía a las tribunas con clara entonación—, dando a cada palabra toda fuerza fonética y su valor espiritual. Escogíamos ambos para ello las obras más preciosas de los grandes prosadores y de los excelsos poetas. En ciertos pasajes, en que ascendía el pensamiento envuelto en ropajes deslumbrantes, acentuaba mi esfuerzo para conmoverla, llegando a lograrlo, aún con exceso, pues a veces reía con su graciosa risa de la adolescencia cuando eran páginas de fino humor, de Daudet o Eca de Queiroz, o lloraba en silencio —como lloró en su infancia leyendo Atala o Maria o Graziella— si eran patéticas expresiones de los ilustres ingenios atormentados o escenas culminantes del sempiterno dolor. Apenábame entonces, suspendiendo la lectura; pero me pedía que la continuara, pues le gustaban más, por su carácter, y por hallarse en el plano de angustia en que ella moría, los hondos gemidos de la humana desesperación, que los frívolos humorismos, por sutiles e ingeniosos que fueran. Frecuentemente impresionábale tanto un capítulo de serena belleza, como el final de La muerte de los dioses de Merejkowsky o alguno de los mejores fragmentos de La Atlántida de Pierre Benoit, que me rogaba repetirlo. Hacíalo yo con íntima complacencia, procurando sobrepasarme en la expresión.

—Lees admirablemente —exclamaba—. Pones en tus lecturas toda tu alma, toda tu fuerza estética. Y así hay en ellas pasión, idea, música y sabiduría. No creo que exista otro en Honduras que lea como tú, que como tú aumente, duplique el valor de las poesías y prosas que te entusiasman. Conversando o leyendo no hay en tu patria quien te iguale. Aunque, en verdad, hablando, en tus horas felices, eres aún superior.

Diré que tales elogios son los más gratos que han sonado en mi espíritu.

Salta a mi pluma un menudo incidente de aquellas mañanas, ya tan remotas, en que abría junto al sillón de Lalita los paquetes de volúmenes: Habíale contado que, con el propósito de establecer una venta de libros en Tegucigalpa, concurrí varias veces a las lecciones que, sobre ese tópico, daba un técnico en una casa editorial de Madrid. Entre las cien cosas utilísimas que entonces aprendí me hizo particular impresión el conocimiento, entre los insectos que arruinan los libros, y que deben perseguirse con especial actividad, uno del género ortóptero: una pequeña cucaracha roja, en forma de concha de mar, ligera, redonda, bonita, limpia, pero que puede fácilmente destruir varios tomos en un día.

—No hay animalito más perverso y dañino —explicaba el profesor, calvo y barbón—. Sus picaduras, de una exactitud matemática, llegan en sus perforaciones de los diccionarios, a una perfección que no han obtenido ni obtendrán los más hábiles ingenieros constructores de túneles. Como si comprendiera la magnitud del perjuicio que produce, ataca de preferencia las pastas preciosas y caras. Y extrayendo de una cajetilla de fósforos una ruedita escarlata,

—¡Aquí la tenéis! —exclamaba con entonación enfática—. Parece que estuviera muerta; pero, en cuanto note que no la miráis, desaparecerá en un segundo como por obra de magia. Pues bien, en una clara tarde de abril, mientras le enumeraba los epígrafes de las obras recién llegadas, al retirar los cartones en un paquete, saltó uno de aquellos insectos, quedándose inmóvil sobre una silla.

—¡Aquí la tenéis! —grité alegremente, tomándola en mis manos y mostrándosela a Lalita: purpúrea, brillante como una concha de coral—. Antes de que me destruya los costosísimos ejemplares de

Poe, Goethe y D'Annunzio, voy a decapitarla con todos los honores con que el rey Barba Azul le cortó la cabeza a Ana Bolena. Y pronto, para que no desaparezca como por obra de magia.

—¡Pobrecita! Ha cruzado el Atlántico sin morir. No la mates, aunque te coma toda la librería —suplicó ella, como una criatura llena de lástima ante la amenaza de una acción cruel-

Me eché a reír calmándola.

—Por tu intervención le perdono la vida a esta grandísima bribona.

Subiendo por una escalera, la deposité sobre una hoja del ciruelo japonés del patio.

Fundé aquella librería menos con un fin utilitario que por el deseo de continuar difundiendo en Honduras las obras máximas universales en las ciencias, las letras y las artes. Abrigaba la certeza de que económicamente iba a un fracaso, pues los libros que más se venden son los que se hallan al alcance de la mediocridad de las mayorías. Mis pedidos, por su especial selección, sólo interesaban a un escasísimo grupo de lectores. Alarmábanse algunas editoriales españolas leyendo mis listas.

—Pero ¿qué clase de clientela tiene usted? —me escribían—. ¿Está el público hondureño tan refinado en materia de letras? Nos pide usted la flor de los catálogos... para académicos o élites literarias. Sonreía yo recibiendo estas sorpresas de ultramar; pero perseveraba en mi propósito de llenar de útiles y bellos libros a mi patria.

—En último caso —pensaba— me daré un lujo estupendo. El de reunir varios millares de magníficos volúmenes para leerlos o releerlos en la paz del campo, cuando mi situación monetaria me permita construir una pequeña casa en las montañas.

Con esta vaga idea fluctuando en mis proyectos, y con ese singular cariño que siempre he sentido por los libros de mis autores predilectos, cuando algún comprador ignaro, tras revisar las listas en las últimas páginas de Hispano América, me solicitaba uno de aquellos raros tomos de los que sólo quedaba un ejemplar, rehuía la venta con cualquier pretexto, incómodo por tener que recurrir a un embuste, pero resuelto a no desprenderme de tal tesoro. Así me pasó —recuerdo— con Hombres y Dioses de Paúl de Saint-Victor, con una exótica edición de las Historias Fantásticas de Poe, en la Eva Futura de Villiers de l'Isle Adam, con La Hermética de Rachilde, con las obras de Plotino, Esquilo, y treinta más. Llegó un día en que los grandes libros empezaron a venderse. De los departamentos enviábanme cartas, con el dinero respectivo, pidiéndome gran número de volúmenes: obras de sociología, de historia, de imaginación, que yo debería escoger. Lo hacía con estricto cuidado y, con la mejor voluntad, tomando en cuenta la aptitud mental del solicitante. Conservo un extenso legajo en que se me dan las gracias por haber acertado en lo que se quería. Un señor me escribió:

—Tengo una mediana instrucción, no soy tonto. Me gustan las cosas justas y que den exacta idea de las comunes realidades. Deseo dos novelas que algo me enseñen y me distraigan.

Le envié dos interesantes narraciones de Walter Scott.

A una joven del oriente hondureño que me encargó "tres novelitas": una de perfecta sencillez e inocencia; otra con un poco menos de estas cosas, y otra más complicada, todas de amor". Le remití, marcándole las tres cifras de su escala Pablo y Virginia, de Saint-Pierre; Graziella, de Lamartine y Magali, de Delly. Quedó encantada. Por supuesto que a las muchachas, si eran bonitas, les devolvía el dinero. A un profesor, que en un telegrama me solicitaba tres obras que lo hicieran pensar, le mandé un volumen de Goethe, otro de Guyau y otro de Emerson.

El único negocio digno de un hombre de letras, que se vea obligado a ganarse el pan cotidiano en nuestros países de Centro América —fuera de las faenas de revistas y periódicos, si ellos alguna vez pueden constituir un negocio— es el de librero. Feo el nombre, por su sentido utilitario, pero de noble finalidad esencial. Si no fuera porque opino que se debe, a todo trance, procurar la difusión de la palabra impresa, habría hecho campaña en mis diversas publicaciones para que la ley prohibiera que vendiesen libros los que no son aptos para comprenderlos. Los hombres y las mujeres vulgares no los aman, e interesándoles únicamente como artículo comercial, prostituyen el gusto literario, rebajándolo aún más con la venta de ediciones groseras o pornográficas. Al hombre casi analfabeto le atrae la expresión que esté al nivel de su obscura inteligencia, en ocasiones —como ya lo dije en otra parte— menos despierta que el instinto de algunos animales irracionales provenientes de razas refinadas. Le seducen la procacidad en el lenguaje, los dibujos obscenos, los títulos lúbricos y brutales. Y el comerciante obtuso, convertido en librero, a quien nada le importan la inmoralidad y el mal gusto, y que más bien se satisface en la exhibición de tales desvergüenzas, les sirve el plato que sacia su morboso apetito. Logra con ello considerable ganancia y vive satisfecho de su trabajo.

Yo vendí en Honduras, de 1921 a 1928, más de cincuenta mil volúmenes, a precios módicos; con escasas excepciones, obras útiles y bellas. Centenares distribuí en centros culturales y entre personas que los necesitaban y que por su pobreza no podían comprarlos. Moviendo mis facultades, duplicando mi actividad obtuve una ganancia de más de diez mil dólares que, unidos a los que recogí de mis otros trabajos, me permitieron vivir durante aquellos ocho años.

Y las satisfacciones morales y mentales que me producía aquel delicado comercio eran exquisitas y por encima de todo precio. Para un hombre como yo, que desde su infancia tuvo a los libros por íntimos compañeros; para quien la lectura fue algo de su propia naturaleza; que había llegado a la completa comprensión de las altas letras universales, revisar los innumerables catálogos, hacer los pedidos de conformidad con mis deseos y mis gustos, recibir los avisos de los certificados anunciadores de la llegada de las docenas de paquetes, abrirlos, sintiendo la suavidad de las pastas, el olor peculiar del papel recién impreso, ver los títulos nuevos con los nombres de los autores selectos... constituía un placer profundo, desconocido para ningún otro en mi país.

Llegó en esos días a Tegucigalpa la famosa bailarina española Tórtola Valencia, a quien admiré en 1920 en el teatro Eldorado de Barcelona. Tratóme con efusiva cordialidad al verme en una calle, reprochándome que no hubiera ido a visitarla. No fui; pero en Hispano América le prodigué los homenajes que merecía. En uno de mis álbumes conservo el valioso dibujo que me dedicó. En su función de despedida, desde uno de los palcos próximos al escenario, pronuncié un discurso en su honor, y, al finalizar, desde el sitio en que me escuchara, me expresó su gratitud con frases cariñosas y emocionadas.

En una mañana de 1923 me encontré con dos bellas mujeres desconocidas, acompañadas de un individuo de aspecto antipático.

Abordé a la más guapa, preguntándole en inglés si en algo podría servirla.

—Acepto su ofrecimiento —me contestó— tendiéndome la mano. Veo que los hondureños son amables y cultos. Necesitamos alquilar una casa amueblada.

—No es cosa fácil hallar aquí lo que desean.

—Pero usted nos ayudará —murmuró.

—Y tanto que ya está abierta para recibirla. Iremos a verla al instante.

Y las conduje a mi casa, frente al Parque Herrera, en aquellos días desalquilada. Quedaron ambas mujeres contentísimas del hallazgo

—¿Es suya?

—Mía y de ustedes.

La hermosa entreabrió su bolsa metálica diciendo:

—Díganos su precio. Vamos a pagarle tres meses adelantados,

—Guarde su dinero —exclamé—. Les cedo el inmueble por el tiempo que lo necesiten sin pagar por ello ni un céntimo.

Protestaron sorprendidas. Pero, sin atender a sus exclamaciones, les entregué las llaves, despidiéndome. Pocas horas después fueron capturadas en el Hotel Agurcia. La encantadora joven era Clara Phillips, la célebre asesina del martillo, prófuga de una cárcel de California. La otra, de menos edad, y también hermosa, su hermana, y el hombre antipático un aventurero anónimo.

Invité a mis amigos Alfonso Guillén Zelaya y Juan de Dios Bojórquez, que fue después Ministro de Gobernación en su país, para que las visitáramos en la Dirección de Policía, a donde las condujeron.

Vestida con un traje de paño gris de corte elegante nos recibió la infortunada mujer. Alfonso había traducido a un inglés correctísimo un breve discurso mío en que protestaba, con verbo encendido y romántico, por no haber encontrado ella en mi patria un asilo seguro. Manifestábale que habiendo muerto a su rival en un rapto de celos, los espíritus generosos la absolvían de su delito, y que, si en aquella fecha fuera yo Presidente de Honduras, jamás habría ella puesto los pies en una ergástula, ni mucho menos la hubiese entregado a sus perseguidores. Emocionóse tanto que me tomó afectuosamente las manos para expresarme su gratitud. A pesar de cuanto hicimos en su favor muchos impulsivos admiradores de su seductora figura, fue conducida a Puerto Cortés por los dos esbirros yanquis. Concurrí a las dos de la mañana a despedirla en el zaguán de la Policía. Y me sentí profundamente indignado al verla subir al automóvil con las manos sujetas por una cadena, diciéndome adiós con una dolorosa sonrisa. De contar con tres hombres resueltos, habría yo corrido en un carro más rápido hacia el norte, sorprendiendo en la carretera a los dos sabuesos, rematándolos a tiros y poniendo en libertad, lejos de allí a la bella prisionera.

Bojórquez publicó en Revistas de Revistas de México una interesante crónica sobre nuestra visita.

En Hispano América hice una ardiente campaña para que el Congreso no aprobara los Pactos de Washington. Mis artículos discursos conmovieron hasta a los más ciegos en ratificarlos y creo que si el Gobierno no los retira entonces, hubieran sido rechazados. En esos años, 1922-1923, publicaba yo el Ateneo de Honduras e Hispano América, y fui Presidente del Ateneo (como lo fuera en su fundación, en 1912) y Presidente de la Asociación Ibero-Americana, que se fundó con ochenta miembros, entre los que figuraban los más altos intelectuales de Honduras y cuyas sesiones se efectuaron en el foyer del Teatro Manuel Bonilla.

También fui Presidente del Comité-Pro-Paz (el Vicepresidente era el doctor Vicente Mejía Colindres), fundado para trabajar por la paz de la República, amenazada por la exaltación de las pasiones políticas con motivo de la campaña electoral de 1923. Las actas de las sesiones de estas dos últimas entidades aparecieron en Hispano América. En la medida de mis fuerzas hice cuanto pude para evitar la guerra civil. Desatada ésta llegó a Tegucigalpa un cuerpo de doscientos marinos yanquis que fijó su cuartel en pleno corazón de la ciudad (casa de Agurcia, esquina oriental del Parque Morazán). Desde el instante en que tuve la noticia del desembarco de aquellos intrusos en Amapala violando nuestra soberanía, me presenté al Consejo de Ministros solicitando una inmediata protesta contra el ultraje hecho a Honduras. Atendióse mi petición, y cuando la soldadesca extraña hallábase todavía en dicho puerto, fue redactado aquel documento y se me comisionó para que, en persona, lo entregara al ministro norteamericano. Acompañóme el doctor Octaviano Arias, subsecretario de Relaciones Exteriores.

Contrájose la cara de Franklin Morales cuando se impuso del pliego, y dio fuertes puñetazos sobre su escritorio declarando, con esa grosería de los plebeyos ascendidos por el azar a delicados cargos, que Honduras era una tierra de salvajes, que los marinos de su país venían a proteger a sus conciudadanos y demás extranjeros de los asaltos de los bandidos; y que en la petición que a él se hizo para que aquéllos llegaran, había muchas firmas de importantes hondureños, etcétera. Le contesté en el mismo tono altanero que él uso, punto por punto; terminando por rechazar, como una vil calumnia el gravísimo cargo que arrojaba sobre algunos de mis compatriotas. Él se comprometió a remitirme sus nombres, dentro de breve tiempo, lo que nunca hizo.

Como en su larga, violenta y difusa peroración manifestara que no daría respuesta a la nota del Consejo porque éste no actuaba con funciones legales, le manifesté que, en tal caso, él se hallaba desprovisto de todo empleo e inmunidad diplomáticos, ya que no existía gobierno legal ante el que pudiera acreditar su representación. Sobresaltóse al oírme imaginándose quizá ver su cabeza paseada por las calles de Tegucigalpa en la punta de una bayoneta.

Con estas últimas palabras salí sin darle la mano. Tornándose cordial, nos acompañó, a Arias y a mí, hasta la portezuela del automóvil.

Al día siguiente ingresó a la capital la tropa invasora, y, por primera vez sentí, convertida en hecho, la afrenta con que se humillara a mi patria. Lancé una candente hoja suelta protestando de aquel incalificable abuso de la fuerza bruta (Alfonso Guillén Zelaya y dos otros hondureños de gran corazón fueron los primeros que acuerparon mi solicitud). Y publiqué, desde esa fecha, todos los días, el Boletín de la Defensa Nacional —calificado por Vargas Vila *como la más valerosa, vigorosa y oportuna demostración de alto civismo, permanente latido del duelo de Honduras por la injuria hecha a su bandera, encendido panfleto contra los victimarios del Derecho y de la Libertad en Hispano América y tenaz esfuerzo por quitarnos de encima aquella oprobiosa lepra.*

El Boletín circulaba todas las tardes gratuitamente en número de cinco mil ejemplares; y, desde el mediodía veíase la calle, junto a mi casa, llena de hombres y mujeres que esperaban su aparición.

Distribuía una parte, en mi puerta, yo mismo, ayudado por un grupo de patriotas; y, el resto, por una veintena de muchachos que sin admitir ningún pago, recorrían Tegucigalpa y Comayagüela, introduciéndolo hasta en los más lejanos suburbios. Todos los soldados y oficiales de los cuarteles hacíanse presentes solicitando la hoja en que palpitaba el alma hondureña. De aquí la calurosa simpatía de que me dieron tantas pruebas en las sangrientas semanas del sitio.

Llegó una hora en que me faltó dinero para pagar a los tipógrafos que trabajaban en el diario y promoví en él una suscripción para obtener esos fondos. La primera persona que se presentó, llevando su cuota de cinco pesos, fue la señorita Mercedes Garay (tía del licenciado Constantino Garay), quien, al abrazarme elogiando mi actitud, díjome que si fuera rica habría puesto a mis órdenes toda su fortuna para contribuir eficazmente a expulsar a los marinos intrusos del territorio patrio. Alargóse la lista de los donantes, que aparecía diariamente en las páginas del Boletín con el detalle de la inversión de los fondos. Abrí un libro de protestas contra la odiosa permanencia de los yanquis en Honduras, encabezado por algunos párrafos enérgicos que brotaron de mi pluma; y, durante un mes, cada cinco minutos llegó un hombre o una mujer a firmar en aquel libro. A veces reuníanse hasta diez personas, esperando su turno para inscribir su nombre. Más de nueve mil firmas sólo de la capital llegó a sumar la nómina patriótica. Me di entonces cuenta exacta del espíritu rebelde, del odio al yugo extranjero, de la pasión por la soberanía que vibran en el alma del pueblo hondureño. Sentíame orgulloso cuando grupos entusiastas me aclamaban al pasar por las calles o frente a mi casa.

Nunca, en ningún momento histórico en los anales de los pueblos hispanoamericanos escarnecidos por el imperialismo yanqui, fue éste atacado con mayor audacia, con mayor desprecio de la vida, con mayor impetuosa energía, que como lo fue en el Boletín de la Defensa Nacional. Lamenté únicamente que su poderosa acción no trascendiera —por el sitio de la capital— a las demás regiones de la República; pero la prueba inequívoca, irrefutable, potente, que en él se dio de que nuestro país perecerá antes que dejarse encadenar, fue el principal motivo para el retiro inmediato de los odiados marinos. Mi conciencia y la conciencia de mis conciudadanos dignos así me lo dicen. Y esto me basta. Debo añadir que las semanas mejor empleadas de mi existencia fueron aquellas en que, sin perder un minuto, sin medir los peligros y las conveniencias, con plena renuncia de mi vida trabajé intensamente, con el cerebro y con el corazón   —como nadie jamás lo hiciera— por la dignidad, por la gloria y por la soberanía de Honduras.

Fueron días de dolor, de inquietud y de heroísmo, por ambas partes contendientes, los del sitio de Tegucigalpa en 1924. Yo presencié innumerables episodios de temeraria audacia. Horroriza escribir la palabra enemigos tratándose de hondureños contra hondureños. Pero la voz *adversarios* fuera impropia en relación con aquella lucha en que se combatía con feroz ensañamiento. Lástima que aquel continuo derroche de potencia agresiva, que aquella impavidez ante la muerte, se emplearan en colectivos duelos fraternos, en los que no caben las grandes voces: patria, honor y gloria. Creo que todos aquellos valientes hubieran obtenido grados y cruces en la guerra mundial. Viendo sus hazañas me convencí de que no hay un soldado más impetuoso y temible que el hondureño. En lo que respecta a los seiscientos u ochocientos hombres que defendían con fiereza la plaza fue de sentirse que entre ellos hubiera un centenar de fascinerosos que con sus borracheras y delitos crearon la indisciplina y el desorden. Recorrían a todas horas las calles, escandalizando y sembrando el terror a su paso. No se dieron punto de reposo en su locura de disparar a cada minuto sus rifles, en sus rapiñas, en sus provocaciones entre sí con palabras procaces. Aquel grupo de bandoleros fue la deshonra de las intrépidas tropas que defendían la capital. Ellas injustamente cargaron con el anatema que sólo unos cuantos merecían. Su culpa consistió en su tácita complicidad en tan terribles abusos en no haber sometido a balazos a aquellas bestias desbocadas. Bestias bravías que lavaron sus crímenes con su propia sangre, pues su infatigable ardor combativo les llevó a casi todos al sepulcro. Eran hondureños y todos los hondureños debemos desear que la tierra les sea leve. Tuvieron entre sus vicios y delincuencias, una calidad luminosa que en la justa apreciación de los méritos más grandes, los colocó, en aquellos días trágicos en un plano de calidad cívica; su odio al invasor, que no se tradujo en hecho sangrientos por la perpetua vigilancia que con ellos se tenía y por la miedosa pasividad de la tropa intrusa. De lo contrario, de los doscientos marinos no hubiera quedado uno vivo, incluso Franklin Morales. Notábase en éstos verdadero pavor. No salían jamás de su cuartel sino a hacer sus compras de víveres, en pequeños grupos silenciosos. Iban por en medio de las calles con semblantes descompuestos, prontos a huir a la primera agresión.

Yo habíame abstenido en absoluto de tomar parte en las luchas políticas en los últimos trece años. Mi anhelo de reservar mis fuerzas para la Causa de las Causas, la autonomía nacional, neutralizaron mi actitud. Sólo me interesaba, de manera apremiante y definitiva, lo que atañía con la libertad de Honduras, en mi sentir, en grave peligro en aquel tiempo, por la voracidad anglosajona, duplicada por nuestros desórdenes intestinos. Veía con dolor la lucha entre los partidos políticos y no tenía interés alguno en que un nacionalista o un liberal fuera el Presidente. Lo único que me importaba, de modo esencial era que el mandatario odiara, como yo, las intromisiones yanquis en nuestros asuntos internos. Desde este altísimo plano de intenso amor patrio y de cultura cívica veía yo el problema de la revolución que conmovía al país.

¡Qué anecdotario tan gráfico y palpitante podría yo exponer en estas páginas de aquellas calcinantes semanas de guerra, en que la atmósfera olía a sangre y a pólvora, y en que se escuchaba, minuto a minuto, el retumbar del cañón o el ruido siniestro de las ametralladoras! Humaredas azuladas cubrían los horizontes; lejanos estruendos, resonantes clarines en los cerros, repiques de campanas anunciando hiperbólicas derrotas, confusas griterías, banderas flotando en las alturas, estrépitos de los grandes camiones repletos de soldados conduciendo parque, camilleros transportando a los heridos... Todo dentro de un marco de metal reverberante, polvoriento, árido, con aspecto de desolación y de tragedia...

Llegó en aquella época dramática a Tegucigalpa, como representante especial del Presidente de los Estados Unidos, el señor Sumner Welles, hoy célebre personaje mundial.

Venciendo la hostilidad que tal hombre me inspiraba por su nefasta actuación en Puerto Rico, en detrimento de la soberanía de aquella desventurada isla, le remití una colección de mi Boletín, solicitándole una audiencia. Pocas horas después recibí una tarjeta suya, citándome para las nueve de la siguiente mañana.

Hospedábase en casa del licenciado Rubén Barrientos y le encontré leyendo mi periódico esparcido sobre una larga mesa. Me felicitó por mi alto patriotismo y por los vibrantes artículos que más le gustaron y que había marcado con lápiz rojo,

Le expuse la situación con la mayor claridad e hice todos los esfuerzos posibles para convencerlo de la urgencia inmediata de hacer salir a la tropa de la marina de su país del territorio hondureño. Volvime elocuente, aduciendo todas las razones que un ciudadano que defiende la libertad de su patria expone en circunstancias tan críticas. Prometióme trabajar con toda su voluntad en tal sentido. Dos veces más, en los días subsiguientes, insistí en mi reclamo, que fue escuchado con la mayor cordialidad y cultura.

A las doce de un día clarísimo de calor africano —2 de abril de 1924— vi pasar, desde la esquina de la casa que fuera de los Ugarte, frente al Parque Morazán, una tropa de cincuenta hombres al mando de los coroneles Ángel María Cisneros y José María Salgado, con dirección a El Berrinche, de cuyas posiciones se apoderara, sin un tiro, la noche anterior, el general Vicente Tosta, según se dijo comprando al jefe que las defendía, un antiguo presidiario.

—¡Viva el defensor de nuestra soberanía! ¡Viva Froylán Turcios! —gritaron al verme Cisneros y Salgado. ¡Vamos a recuperar El Berrinche o a morir!

Aún no se habían extinguido los estruendosos vivas de los soldados contestando a sus jefes cuando turbó súbitamente mi espíritu una pavorosa alucinación, un fulminante fenómeno de mi fantasía, impresionada hasta el último límite del horror por tantas escenas patéticas. Miré, en la claridad meridiana, que Cisneros se volvía hacia mí y que su cabeza descubierta se transformaba en una calavera. Duró la visión pocos segundos...

Pensé correr tras él para comunicarle tan terrible anuncio de su destino, pidiéndole que desistiera de su propósito; pero me detuvo la idea de que se burlaría del insólito caso, y, sobre todo, la absoluta convicción de la imposibilidad de detenerle, enardecido como iba por la fiebre del combate. En el trayecto hacia mi casa encontré a Alfredo Pineda (quien murió trágicamente veintiséis días después) y a la señorita Chepita Pinel, a quienes conté el extraño suceso, e hice lo mismo con mi familia y con otras personas.

A las tres la bandera azul y blanco continuaba flotando en El Berrinche.

—Tengo la certeza de que Cisneros es ya otra gran energía perdida —dije a varios amigos.

A las siete de aquella noche, mientras escribía en mi oficina, oí unos tremendos gritos venidos de muy lejos. Salté a la calle indagando la causa, pero ninguno de los transeúntes sabía nada. De nuevo resonaron los agudísimos lamentos cuando el doctor Rodolfo Espinosa pasó junto a mi puerta.

—Es una cosa horrenda —me dijo—. ¿Oyes esos clamores de espanto y agonía? Son del coronel Cisneros que recibió por la espalda un terrible balazo que le partió la columna vertebral destrozándole el vientre. Algo fatalmente angustioso e irremediable.

Presencié en el hospital su siniestro fin. Enloquecido gritaba y gemía, debatiéndose en la mayor desesperación. Sus ojos giraban de un punto a otro, desorbitados e implorantes.

—¡Mátenme por favor! —suplicaba enronquecido—. ¡Evítenme estos infernales sufrimientos! Otra inyección de morfina, triple, cuádruple, doctor, se lo ruego, se lo ruego... Y los desolados y lastimeros gemidos de su martirio repetíanse una y otra vez, produciendo profundísima pena e intensa piedad. ¡Qué muerte tan atroz la de aquel talentoso y valiente joven!

MARÍA ENAMORADO era una simpática adolescente, hermana de Fernando Martínez. Poníase todos los días a barrer y a regar la acera de su casa, cerca de la esquina sur del hospital. Varias veces le aconsejé que no lo hiciera, pues continuamente disparaban sobre aquella calle los tiradores de El Berrinche, y hasta le mostré una mañana los plomos que en aquel sitio rebotaban sin cesar. Sonrió, agradeciéndome mis cuidados. Una hora después está sin vida, a cinco pasos de su puerta. Asistí a su entierro en el patio de la catedral. Era blanca y bonita y escribí para ella el siguiente epitafio ligero como fue su rápido paso por el mundo:

María Enamorado
jovencita gentil,
cayó con el cerebro atravesado
por el plomo fugaz de un proyectil.
Reposa de la iglesia en el suelo sagrado.
Y esto pasó en un día
viernes, cuatro de abril.

Hablando en una de aquellas tardes en mi oficina con el doctor Ángel Zúñiga Huete, jefe de la zona militar del Centro, de los vergonzosos escándalos y crímenes de que eran autores algunos desalmados, y de los millares de cartuchos que derrochaban cada hora, disparando al aire para atemorizar a las gentes, me dijo que ya iba a cortar por sus raíces el mal, imponiendo el orden y la disciplina, aunque para ello tuviera que emplear medidas drásticas.

—Si yo tuviera en mis manos el poder —le aseguré— fusilaría a los asesinos, encadenando a los ladrones e incendiarios.

Poco después, defendiéndose de una agresión en su propia casa, el coronel Saturnino Sauceda vióse obligado a matar de un tiro a uno de aquellos delincuentes. Ya en esta fecha leíase en las paredes de las calles el acuerdo de la autoridad militar fijando la sanción inmediata para los más graves delitos. Fueron a suplicarme las mujeres de la familia de Sauceda, despavoridas y sollozantes, mi intercesión en favor del reo, que iba a ser fusilado a las tres de la tarde.

—¡Corra, corra, señor, se lo pedimos de rodillas! Usted evitará que lo maten. ¡Sálvelo! ¡Sálvelo!

Y se retorcían los brazos, sollozando, presas de la mayor desesperación.

Tomé el sombrero, diciéndoles que allí me esperaran.

—Pero no se detenga en el camino si le sale alguno al paso. ¡Sólo faltan treinta minutos para las tres! ¡Corra, corra, mi señor! En verdad que me alejé casi corriendo. Expuse mi petición a Zúñiga Huete, que me replicó al momento:

—Pero, amigo, usted me dijo que si tuviera poder fusilaría a los asesinos.

—Ciertamente, y así lo cumpliría. Pero Sauceda no es un asesino, Él mató defendiéndose (cinco testigos del hecho lo aseguran) como en el mismo caso podríamos hacerlo usted y yo. Vaciló un instante.

—Van a decir que no cumplo mis disposiciones. Pero bien: atenderé a lo que usted me pide.

Y llamó al general Ignacio Castro.

—Ordene por teléfono en mi nombre al comandante de la Penitenciaría que no fusile a Sauceda y que lo entregue a Froylán Turcios.

Faltaban apenas cinco minutos para las tres cuando se transmitió aquella orden. Castro, al dejar la bocina, me dijo complacido:

—El jefe de la Penitenciaría le da, por mi medio, las gracias por su oportunísima intervención, que le libró de despachar al otro mundo a un hombre valeroso. Manifiesta que Sauceda, desde que fue encerrado en una celda hasta en este instante en que sólo contaba con unos pocos minutos de vida, demostró una perfecta impavidez.

Fui a la prisión y puse en libertad a Sauceda, y creo que también a un hermano suyo, herido de un balazo.

Pocos días después fue capturado el doctor Miguel Paz Baraona. Condújosele a la mansión presidencial y le vi en un cuarto del primer piso cuando llegué para intervenir en su favor. Le rodeaba gran número de militares de rostros agresivos y un estruendo formidable oíase por todas partes. Sonaban continuos disparos de rifle y de revólver en los pasillos y en los patios, seguidos de obscenas palabrotas e interjecciones iracundas. De la guardia del zaguán, del segundo piso, y de los grupos que circulaban por la escalera, salían frases injuriosas y roncos mueras contra el reo.

Conociendo el motivo de mi presencia en aquel grave caso, algunos generales y coroneles aconsejábanme:

—No se meta. Deje a ese cabrón que corra la suerte que se tiene ganada. Vea que la tropa se halla tan frenética, que si se interesa por él, usted mismo, a pesar de la simpatía que por su acción contra los yanquis goza entre nuestros soldados, puede ser acometido a balazos de un momento a otro.

Sin atender tales voces llegué hasta la estancia en que se hallaba el prisionero. Sólo le conocía de vista y él a mí pienso que ni de vista por su proceder para conmigo cuando después ejerció la Presidencia de la República. Le vi pálido, decaído, con el aspecto de un hombre torturado y enfermo.

—Escúcheme, doctor —le dije en voz baja—. Tengo la seguridad de que si cae una bomba sobre esta casa, lo harán a usted pedazos. Oiga cómo lo juran estos hombres a gritos por todas partes. Es preciso que dirija usted inmediatamente un telegrama al general Carías para que lo evite. Mostróse de acuerdo, y me rogó redactar el mensaje. Así lo hice y él lo aprobó y firmó. Con el papel en la mano, le expliqué:

—Voy a entregarlo a don Antonio Lardizábal para su inmediata transmisión, y regresaré en seguida, pues estoy resuelto a empeñar todas mis fuerzas para obtener su libertad.

Con débil voz dióme las gracias y salí. Entregado el despacho, volví pocos minutos después a la casa presidencial. Pero ya no estaba allí el doctor. Ni me fue posible verle de nuevo aquel día.

En la noche siguiente o subsiguiente, como a las once, llegó a buscarme el doctor Rodolfo Espinosa, rogándome, de modo apremiante, interceder en el acto con los jefes que mandaban en la plaza, en favor de Paz Baraona, cuya vida estaba seriamente amenazada.

—Ofréceles cinco mil pesos, que hemos reunido entre los hermanos masones, por su inmediata libertad. Él se asilará en mi casa o en la tuya, bajo su palabra de honor de no moverse de allí. Veo que te respetan todos y eres el llamado para obtener lo que deseamos. Voy a traerte el dinero.

Con toda mi voluntad me presté a tan difícil misión a sabiendas de que en ella me jugaba la vida. Oíanse, cada seis minutos, descargas en las calles, que la rotura de los cables eléctricos había dejado en tinieblas.

Volvió Espinosa y le manifesté que no llevaría el dinero porque iba expuesto a morir de un tiro y pudiera perderse. Las detonaciones continuaban con mayor violencia. Como fugaces relámpagos, veíanse los fogonazos por el lado del río. Intenté pasar por la esquina de las Sequeiros, pero tuve que retroceder por los continuos disparos.

—¡Atrás! —gritaban aquellos energúmenos—. ¡Por aquí no pasa ni Dios!

Dando muchos rodeos logré llegar al barrio de El Jazmín. Media hora tardé en recorrer el espacio hasta la casa presidencial, sintiendo zumbar las balas en mis oídos; y sólo porque cuando me propongo una cosa la realizo, aun exponiéndome a morir, fue que pude conseguir mi propósito.

Hablé con el general José María Fonseca, que era quien efectivamente ejercía entonces el mando. Le demostré la notoria injusticia de la prisión de Paz Baraona; le expuse su alejamiento de la política militante y todo lo que pudo ocurrírseme para lograr lo que deseaba. Viendo que nada obtenía, pues Fonseca se obstinó en convencerme de que era el Consejo de Ministros quien retenía el poder, y a quien era preciso dirigirme, le ofrecí los cinco mil pesos para que pudiera pagar una parte de lo que adeudaba a sus tropas. Hablé de nuevo, aduciendo otros razonamientos. No aceptó el dinero, pero me dio su palabra de que el preso quedaría libre antes de las once de la siguiente mañana. Regresé a mi casa cuando sonaban las doce en la catedral, entre el ruido de los rifles, y di parte a Espinosa del buen éxito obtenido. Mi hermana, que me había suplicado que agotara todos los medios posibles en favor de Paz Baraona, me dijo:

—Has procedido muy bien. Exponiendo dos veces tu vida por una persona a quien no conoces, tu acción es más meritoria.

Como me lo prometiera Fonseca, el doctor fue puesto en libertad antes de la hora señalada.

No abrigo la pretensión de creer —aunque sí podría tenerla— de que por mi esfuerzo únicamente se obtuvo aquella finalidad. Quizá otras influencias, que yo ignorara, se movieron con el mismo propósito. Pero sí tengo la absoluta certidumbre de que mi oportuna intervención fue la de mayor eficiencia. Lo digo con pleno conocimiento de todas las circunstancias especiales que rodearon aquel suceso. Apenas supe que Paz Baraona se hallaba en la casa de Lardizábal fui a verle. Con el mentón sobre el pecho y las señales de un grave sacudimiento íntimo y como abstraído y sin voluntad, le vi sentado en una silla junto a su cama.

Me puse a su disposición, le ofrecí mis servicios en todo lo que pudiera necesitar, y le pregunté si deseaba que le llevara algunos libros y revistas.

Expresóme con débil voz su agradecimiento añadiendo que lo único que necesitaba era de un largo tiempo de absoluto reposo.

Ya en la presidencia de la República el doctor Paz Baraona, fui violentamente atacado en tres ocasiones, en el diario oficial, por mi campaña antiimperialista, haciéndose alusión, en uno de esos ataques, en forma equívoca, a mis visitas a la casa presidencial en los meses de la guerra civil de 1924. Concreté en mi respuesta los motivos de aquellas visitas, las relaciones con mis activos trabajos para la pronta salida de Honduras, de los marinos yanquis, cuya sola presencia afrentaba a nuestra soberanía; y tres más para salvar la vida del coronel Sauceda y del doctor Miguel Paz Baraona —citando como testigos de este último incidente en que expuse dos veces mi vida— a don Antonio Lardizábal y al doctor Rodolfo Espinosa.

Recibí entonces una tarjeta de dicho mandatario, diciéndome: que había ignorado, hasta aquel momento, lo que yo hiciera por él, y, al saberlo, me daba las gracias, poniéndose a mis órdenes. Me quedé estupefacto ¿Era posible que no se diera cuenta de mi actitud en su favor en los días en que estuvo en el umbral de la tumba? Todavía me asombro del caso. Por muy grande que sea mi modestia no llegará al extremo de hacerme pensar que no conociera mi nombre. En el estrecho círculo en que nos movemos en Honduras cada cual sabe quién es cada cual. Sobre todo cuando se ha tenido una larga actuación en la política y en las letras. En la casa presidencial conversamos quince minutos y después en la de Lardizábal otro corto tiempo. ¿No preguntó nunca quién era aquel señor que tanto se interesara por su suerte? Esto, en el caso remoto de que no me conociera personalmente. Intrigado por este detalle llego a la conclusión, única posible: que el peligro de muerte en que estuvo le privó de todo recuerdo, de todo concepto de la realidad, que no fuera su miedo; de toda aptitud para apreciar los detalles de su tremenda situación y para distinguir los amigos entre los enemigos. Como hubo un instante en que me vi obligado, al hablarle, a levantar mucho la voz, entre aquel horrible estruendo de gritos, maldiciones y disparos, él creería, quizá, inconsciente por el terror, que yo era uno de los que lo injuriaban. Tal vez ni se diera cuenta del texto del telegrama que firmó dirigido al general Carías. En casa de Lardizábal le miré tan inerte, tan flácido, tan sin ánimo, que me dejó la impresión de un hombre ausente.

Aunque tuve en Francia muchas oportunidades de conversar con Paz Baraona, nunca procuré aclarar este asunto, viéndole enfermo y pensando que pudiera creer que había en mí intención de molestarlo con tales recuerdos.

EL ASALTO POSTRERO de la plaza, en la noche del 28 de abril, fue muy sangriento. El ejército sitiador —como sucede siempre cuando una hueste va de triunfo— habíase aumentado considerablemente, en la misma proporción en que disminuyera el de los sitiados. Se vieron, no obstante, entre éstos, actos de valor rayanos en la locura.

Fue admirable la serenidad de Lalita en aquella trágica noche. Cerca de diez horas de furiosa pelea con sus continuos estragos no abatieron su espíritu. La casa en que vivíamos fue blanco de verdaderas granizadas de balas y varias de ellas perforaron la débil pared que sirve de base a los balcones, penetrando en la sala en que se hallaba. Conservo los tres pedazos de plomo que cayeron a sus pies, y que ella retuvo en sus manos, lamentándose de que tales expresiones de muerte procedieran de los hijos de la misma patria,

—¿Cuándo terminará en Honduras este periódico drama sangriento? —exclamó—. ¿Cuándo gozará nuestro país de los inestimables beneficios de una paz perenne?

—¿Cuándo? —pensaba yo, escuchándola con tristeza—. Quizá nunca...

Terminada la lucha al amanecer, no hubo, que yo supiera, actos de violencia de parte de los vencedores. De los sitiados pereció una décima parte y escaparon los que pudieron hacerlo después del combate. Abrí la puerta de mi oficina a las siete y vi pasar grandes grupos victoriosos, exteriorizando su natural alegría con los vivas y mueras de costumbre, pero sin extremos sangrientos. En la noche oí el ruido de un pelotón que se acercaba y una voz que dijo golpeando los barrotes de una de mis ventanas:

—Aquí vive aquel que nos injuriaba en su periódico.

Salté de mi asiento, y tomando una colección del Boletín de las que tenía arrolladas en mi escritorio, abrí con rapidez la puerta, exclamando:

—Miente quien diga que yo he injuriado a ningún hondureño en el diario que publiqué durante el sitio. He defendido en él la soberanía de mi patria, he atacado en sus páginas al yanqui invasor que afrenta nuestra bandera, sin referirme nunca a los conciudadanos de uno y otro bando que se han combatido a sangre y fuego. Aquí tiene el que habló una colección completa de mi Boletín para que la lea y ratifique lo que digo.

Esperaba que de mis palabras, dichas en tono despectivo, surgiría un violento altercado. Pero no fue así. Uno de ellos tendió la mano, tomando el paquete. Y continuaron su camino sin proferir una frase. Noches después una escolta cuyo jefe era el coronel Benito Zelaya hijo, llegó a mi casa con el propósito de registrarla, creyendo que en ella se asilaba un conocido militar liberal —Julio Peralta— (quien murió asesinado en Nicaragua). Verificóse el registro sin lamentables consecuencias, pues dicho general no se hallaba por aquellos contornos.

No volví a sufrir molestia alguna hasta el seis de agosto a las ocho de la mañana en que un oficial de policía con cinco agentes llegó a capturarme. Al recibirlos iba yo con el revólver en la mano y al saber de lo que se trataba le dije al jefe del grupo que iría con él cuando retirara su escolta. Viéndole vacilar añadí que si no me atendía iba a llevarme muerto, pues estaba resuelto a defenderme a balazos.

—Deme su palabra de no intentar fugarse y retiro esta gente —exclamó al fin.

Y luego que partieron los polizontes le rogué que me esperara un minuto mientras me despedía de mi hermana. Púsose inquieto.

—No tema que intente fugarme. Ya le di mi palabra de no hacerlo.

Regresé luego, impresionado por el dolor de mi pobre enferma, a quien dejé muy abatida y llorando amargamente.

En el trayecto hacia la Penitenciaría hubiera podido introducirme en la Legación de México, frente a cuyo zaguán pasamos; pero ni siquiera se me ocurrió, respetando mi compromiso. El oficial hablábame de su contrariedad por tener que cumplir aquella orden contra mí, por quien sentía afecto y admiración,

En el centro penal fui recibido por el segundo jefe: Se me registró, decomisándose me cuanto llevaba encima. Pero no encontraron la gruesa navaja que había puesto en uno de mis zapatos. Atravesamos el primer patio y para entrar en el siguiente fue entreabierto un portón de hierro cuyas hojas cerraba una cadena. Procuré pasar, pero inútilmente por la estrechez de la abertura. Entonces el sargento que me conducía gritó:

—¡Si no pasa por su gusto lo hará a culatazos!

Y levantó el fusil para golpearme. Instantáneamente me incliné e irguiéndome con la navaja abierta, le grité acercándome a él y vibrando de cólera:

—¡Vamos, canalla! ¡Hágame pasar a culatazos!

Ciego de ira ordenó a un grupo de soldados que por aparecieron:

—¡Delen culata hasta que pase!

Corrieron hacia mí con los rifles en alto, pero un hombre se interpuso con voz imperiosa:

-¡Atrás, hijos de la gran puta!

Y encarándose con mi enemigo:

—¡Qué bestia, qué cobarde es usted! Se necesita ser un cerdo para abusar de la fuerza bruta como usted intenta hacerlo. ¿Cómo va a pasar este señor por esa puerta casi cerrada? ¡Ábrala bien, sino quiere que le rompa la cabezota de burro!

Con la mayor humildad aquel villano retiró los eslabones de la cadena que cerraba el portón. No tuve tiempo de manifestarle mi gratitud al inesperado y oportuno amigo, pues se alejó rápidamente y apenas pude notar que era aún joven, de color claro y de mediana estatura. Si algún día lee estas líneas, que ellas le expresen mi agradecimiento.

Pensé por un instante que mi defensor sería el general Mariano Sanabria, director de aquel presidio. No le conocía sino vagamente de nombre, no existiendo entre él y yo ningún recuerdo. Pero esta suposición duró apenas dos minutos. Al caminar hacia la celda que para mí habían abierto, un individuo me dijo que me esperara un poco mientras *la baldeaban*. En mi ignorancia del caso creí que iban a limpiar aquel cuartucho de donde salía un mal olor insoportable. Luego me di cuenta de que lo que con ello se deseaba era ultrajarme, pues varios reos pusiéronse a vaciar sobre el piso grandes baldes llenos de lodo; y cuando aquello fue un fétido pantano me vi obligado a penetrar en él entre una letanía de amenazas.

A la una de la tarde me llevaron dos almuerzos: el que me remitían de mi casa, y otro, magnífico, que me envió... Nunca logré saber a quién debí tan delicada atención. Era imposible que pudiera comer en aquella pocilga, por lo que los obsequié, íntegros, a mi carcelero. Fue en la noche el secretario del establecimiento a ver en qué podía servirme, contóme que su jefe pronunció contra mí frases iracundas; que estaba preso por suponérseme de acuerdo con los planes revolucionarios del general Gregorio Ferrera; y algunas otras cosas de menor importancia. La plática era a través de la reja de la celda.

Noche que surge en mi memoria como una de las más amargas de mi vida; horas odiosas que evoco siempre con asco. Yo no conocía al general Ferrera, nunca oyera su voz ni por teléfono e ignoraba en absoluto lo que pensara o tuviera en proyecto.

Entre tanto, había rogado a mi familia, en una carta que logré remitir, que no diera ningún paso para obtener mi libertad. El presidente Vicente Tosta, único responsable de lo que me pasaba, empezó a recibir telegramas de las capitales de Centro América, de personas importantes y de directores de diarios, protestando por mi prisión, y el Ministro de México en Honduras, licenciado Pablo Campos Ortiz, le hizo presente el descrédito en que su gobierno incurría *por el abuso de encarcelar sin motivo al hombre más conocido de Honduras en el exterior por sus obras literarias y sus campañas hispanoamericanas* (palabras textuales) y le pidió, en nombre de su Gobierno, (creo que con instrucciones de éste), mi inmediata libertad. Tuvo que atenderlo, aunque supongo que de mala gana. Santiago Sáenz Rico, secretario de la Legación Mexicana, llevó la orden, dos días después, a las cuatro de la tarde. Fue con él Arturo Martínez Galindo y otro amigo, cuyo nombre siento en el alma no recordar, con quienes llegué a mi casa.

En la noche recibí la visita de Campos Ortiz para excitarme a que me asilara, sin pérdida de tiempo, en su Legación, pues sabía de cierto que dentro de pocas horas iba a ser de nuevo capturado. Lalita me suplicó que aceptara el ofrecimiento; y, más por darle gusto y evitar sus inquietudes que por mi propia conveniencia, atendí la espontánea y generosa invitación.

Cerca de dos meses y medio permanecí en la casa de México. Guardo memorias imperecederas de la caballerosidad y del afecto de

Campos Ortiz y de su bella y distinguida señora. Me trataron siempre de manera especial y cariñosa. No olvido al joven y talentoso diplomático que, entre todos los que encontraron un refugio bajo la gloriosa bandera mexicana (Raúl Toledo López, Augusto C. Coello, Máximo B. Rosales, Manuel Ugarte) sólo yo fui buscado por él en persona. Me destinó un cuarto junto a su dormitorio, haciéndome objeto de las más finas deferencias. No acepté un cubierto en su mesa, ni otras ofertas de orden práctico; pero su ayuda moral vive latente en mí con eterna gratitud. Tengo a Campos Ortiz en la cortísima nómina de los hombres hidalgos y de los leales amigos que encontré en el mundo: lealtad e hidalguía que, unida a su brillante inteligencia, a su simpática figura y a su dinámico valor, hacen de él una de las más atrayentes personalidades de la diplomacia de América.

Una tarde en que recibí la ingrata noticia de que se había agravado la enfermedad de mi hermana, abandoné en el acto la Legación para acudir a servirla, exponiéndome a ingresar de nuevo en la celda penitenciaria, pero esto no sucedió. Los demás permanecieron en aquel fraternal asilo seis o siete semanas después de mi salida.

Anotaré dos fúnebres episodios de 1923 y 1924, que impresionaron mi ánimo. Cultivaba yo buena amistad con el Ministro de Guatemala, licenciado Alberto Mencon. Alquiló mi casa y en muchas ocasiones departimos cordialmente. Era hombre docto en letras clásicas y en todo orden de investigaciones científicas y autor de poemas vibrantes, inspirados en acontecimientos históricos.

Ausentóse y volvió a Tegucigalpa, ya sin su familia, hospedándose en el Hotel Agurcia. Fue a verme una noche, rogándome le entregara la llave de la misma casa en la que deseaba continuar viviendo. No teniéndola a mano, le prometí enviársela al día siguiente y le acompañé luego por la calle. Nos detuvimos conversando frente a la catedral. Recuerdo que aludió a ciertos detalles de política centroamericana, contándome algunas anécdotas de personajes guatemaltecos. De estas futilezas pasamos a hablar de versos y de libros y después de asuntos más graves.

—¿Cree usted que hay algo más allá de la tumba? —me interrogó de pronto, cambiando de tono.

—Seguramente —le contesté—. Hay otra vida.

329

Y, en breves palabras, le expuse mis ideas sobre el más allá. Me escuchó en silencio con aire meditabundo.

Sonaron las once y me tendió la mano despidiéndose.

Horas después se suicidó. Concurrí a la sala del Hospico en donde el doctor Espinosa y otros médicos embalsamaban su cadáver. En el suelo, violácea, yacía su lengua. Y una vez más me conmovió el triste espectáculo de nuestra miseria fisiológica, de la inestabilidad de las cosas humanas, de la amarga incertidumbre de nuestro efímero paso por la tierra.

El segundo episodio se relaciona con el ingeniero mexicano Lorenzo B. Pacheco, con quien tuve, el día en que entraron los marinos yanquis a Tegucigalpa, un fuerte altercado en casa del aviador Luis Venditti y quien después me demostró especial cariño.

Fue en una noche de julio de 1924 a suplicarme que le acompañara al hospital, en donde me haría ver algo extraordinario digno de emocionar a un poeta.

—Venga, se lo ruego —me decía—. No se arrepentirá de acceder a lo que le pido.

Como me negara intentó, bromeando, llevarme por la fuerza, pero aunque era de constitución hercúlea, le rechacé con violencia y se retiró disgustado.

El perpetuo abuso de los mortíferos alcoholes hacíanle frecuentemente perder el juicio; pero por rara excepción en aquella hora gozaba de la plenitud de su cerebro.

Llegó Pacheco al zaguán del hospital, solicitando que le dejaran entrar y fingiendo para conseguirlo, un cólico repentino. Pero, pasada la hora reglamentaria, no logró su deseo.

Al amanecer se disparó en su casa un tiro de revólver en el corazón. En la sala de autopsias vi desnudo su busto de gladiador romano, en el que apenas era visible la sangrienta señal de la bala que le abrió el camino por el que nunca se regresa.

Estaba yo una mañana de los últimos meses de 1924 escribiendo en la oficina de mi librería cuando llegó una muchachita morena, con aire turbado, en solicitud de un libro que deseaba comprar. ¿Qué extraña intuición, qué súbito enternecimiento sentí al verla? Me miró vacilante y trémula y yo le dije con voz cariñosa:

—Usted no ha venido a mi casa para comprar un libro. Esto le sirve solamente de pretexto. Vino para conocerme porque me ama.

Ponga su mano sobre mi corazón y él le dirá cómo lo ha comprendido. Estuvo a punto de sollozar, y si yo fuera un hombre con el bajo instinto siempre a caza de gratas oportunidades como los demás, habría aprovechado su turbación para estrecharla en mis brazos. Solamente recosté por algunos segundos mi cabeza sobre la suya. Su madre la esperaba en la calle, pues iban para el hospital a visitar a un herido de su familia. Ya en la puerta volvióse hacia mí, diciéndome:

—Sí, sí, lo adoro.

Yo ignoraba quién era. Fui tras ella y me informé. Pero jamás volví a verla... Poco tiempo después recibí de un pueblo de mi región maternal su primera carta, apasionada y bien escrita. La contesté con igual fuego. Y comenzaron así unos amores con alternativas de emocionantes detalles y de largos silencios hasta concluir en una fraternal amistad que terminó el 20 de agosto de 1934 con su trágica muerte.

En los primeros meses de 1925 fundé la Revista Ariel, continuando en ella mis campañas hispanoamericanistas y de difusión de las bellas letras. Amplié el movimiento, de mi librería. Leyendo, escribiendo, trabajando sin cesar, pasaban las horas y los meses.

El odioso empréstito que intentó realizar el presidente Paz Baraona y que hubiera forjado una cadena más en nuestro descenso hacia la esclavitud económica, redobló mis energías patrióticas y lo ataqué con la mayor audacia de palabra verbal e impresa. En la Revista Ariel pueden leerse mis artículos y el estado de conciencia que crearon entre los hondureños de amplia visión del futuro y que sobre los intereses personales o de partido colocan la soberanía de su patria. El Empréstito de la Muerte —como yo le llamara— fue detenido a medio camino por la voluntad popular, claramente manifestada cada día en forma precisa y terminante.

Años de 1924, 1925 y 1926, de durísima lucha por la vida, en que vendí cuanto poseía para cancelar mis deudas, que sumaban más de veinte mil dólares con los crecidos intereses retrasados. En una misma fecha de enero de este último año las pagué quedando sin un céntimo, pero libre de las continuas cobranzas y de las torturas de ver aumentar cada día el volumen del debe y de sentir que el haber iba reduciéndose a su última expresión.

El acreedor más terrible que tuve fue una mujer. Una señora millonaria a quien yo debía quinientos pesos hondureños. Viajando por países lejanos me enviaba sistemáticamente sus cobros de cada ciudad. Sólo se detenía en su ruta para esto y para dirigir a sus amigos postales que pudieran comprobar sus conocimientos geográficos. Eran epístolas apremiantes, llenas de errores de ortografía, las que me dirigió, como si no poseyera en el mundo más que aquella pequeña suma. Siéndome imposible atenderla en la semana en que regresó, cuando yo pasaba una extrema crisis monetaria, llamó a su abogado para que me demandara. Aunque éste no era entonces mi amigo sino mi adversario en política, negóse a mancillar mi nombre. Buscó ella entonces a un joven liberal jurisconsulto de reconocido talento, quien rechazó su propuesta. Y lo mismo sucedió con el tercero y habría sucedido con el cuarto. Mi gratitud para los tres durará en mí siempre. Luego obtuve aquella cantidad en forma inesperada: uno de mis deudores a quien tácitamente había eximido de todo pago conociendo su absoluta carencia de fondos, me la llevó una mañana. Fue tanta la oportunidad de aquella devolución que inmediatamente puse en sus manos su pagaré, con valor de mil trescientos pesos, obsequiándole así con los ochocientos pesos restantes.

La millonaria señora recibió su dinero, recobrando su tranquilidad. Así estuve a punto de ser afrentado por una dama hondureña que tiene fama de culta y generosa en el barrio en que vive y cuyos méritos ponderé en varias ocasiones. Que estas líneas no alteren su digestión ni su paz moral.

En contraposición con el proceder de la referida matrona, recuerdo aquí —con absoluta fe en la excelencia de algunos espíritus y en la fraternidad humana— la conducta del doctor Héctor Valenzuela, quien me abrió un crédito ilimitado en su farmacia, en forma espontánea y cariñosa, en los últimos tiempos de la enfermedad de Lalita. Aun le debo la cantidad a que ascendió mi cuenta. No llegó a esto sólo su amplitud de alma y su generosa ayuda, sino hasta asistir, sin pago alguno, a mi enferma, y a ofrecerme préstamos en efectivo, que no acepté, pero que pusieron de relieve su hermoso corazón y su profunda amistad.

También el doctor Federico A. Smith me envió un recado, en los días de mis mayores escaseces económicas, expresándome su deseo de prestarme el dinero que yo necesitara. Decliné la oferta, pero jamás la olvido, y me considero deudor, moralmente, de este exquisito amigo. Y surge de lo arcano de mi ser, del mundo radiante de mi gratitud y de mi intenso afecto, la noble figura de un hombre espléndido que, con el fino tacto de un perfecto caballero, sin lastimar en lo más leve mi dignidad, me tendió su mano magnánima, ayudándome en aquellos tenebrosos días en que estuve a dos dedos de pegarme un tiro. No grabo en esta página su nombre brillante, porque temo con ello, conociendo su selecta idiosincrasia, causarle un disgusto. Pero con mi máxima aptitud mental, con la luz de mi eterno reconocimiento, he escrito su biografía, que publicaré, en magnífica edición, cuando cuente con los fondos necesarios.

Fue cosa rara, que todavía no puedo explicarme sino por mis perennes contrariedades de aquel tiempo, que viviendo a tres cuadras de la casa en que mi cuñado Tomás Becerra se extinguía lentamente, bajo la garra de una de las más atroces dolencias, el asma, y siéndole tan gratas mis visitas, fuera a verle sólo en extraordinarios casos. Mi verdadera familia estaba compuesta de Lalita, Delia y Tomás, mis otros hermanos no afectaban mi vida, por diversas circunstancias, sino de manera vaga e intermitente. Alfonso, el menor, a quien la caída de una bestia dejó sordo, y cuyo carácter, por esta desgracia, y por la pérdida de su excelente mujer, habíase agriado volviéndole misántropo, retiróse a vivir a un pequeño pueblo de Olancho y a Los Terreritos, sitios de reminiscencias de su infancia. Con la excepción ya expresada, es el que más quiero de mis otros hermanos.

Es muy inteligente, y si el destino no le hubiera herido con tanta rudeza habría alcanzado una meta singular. Gustavo, que reunía en su persona defectos y superiores cualidades en perpetua lucha; mala cabeza, buen corazón, rico hoy a fuerza de tenaces trabajos en las carreteras, paupérrimo mañana por su prodigalidad y absurdos negocios, exagerado en sus entusiasmos, pendenciero y mujeriego, errante de un sitio a otro del país, fue a morir lamentablemente en La Ceiba en 1928. Mercedes, casada, viviendo, ya en la Costa Norte, o en Guatemala o El Salvador, de hecho estaba fuera del círculo familiar. Había otro, un infortunado, que labró su desdicha con el alcohol, y del que, por piedad, mejor es no hablar...

Tomás fue el hermano mayor y de mi más alto aprecio y confianza le quería el doble de lo que se imaginaba. Muy pocos hombres he conocido que valieran tanto como él por su honradez, por su ecuanimidad, por su aptitud y energía para los más arduos trabajos, por su desprendimiento en favor de los demás. En la obtención de los bienes mundanos poníase él, por último, libre de todo egoísmo, amplio y dadivoso. Si le hubieran pedido con apremio un traje habría dado el que llevaba puesto a sabiendas que no tenía otro. Modelo de hijos y de hermanos, no pudo ser mejor como marido, aunque no lo fuera tanto como padre por sus condescendencias propias de su naturaleza bondadosa. Odiaba el embuste, el chisme, la vanidad, la mentira en cualquiera de sus formas despreciables. Ponía su límpida conciencia en cada uno de sus actos grandes o pequeños. En varias épocas pudo fácilmente enriquecerse, acallando sus escrúpulos; pero prefirió siempre la diáfana pobreza a la fortuna obscurecida por el más leve de los remordimientos. A Lalita le profesaba profundísimo aprecio; tan grande como el afecto que por él sentía. Y Tomás me dijo una vez que su veneración y cariño por ella sobrepasaba todo límite humano, considerándola más como un ángel que como una mujer.

—En mi cariño por Lalita —agregaba— hay un hondo respeto y estimación fuera de toda medida común. A nadie he distinguido y apreciado tanto y creo que no hay otro ser que merezca mayores consideraciones.

Uno de los detalles que más le impresionaban en la vida de mi hermana era su caridad, su interés por los desvalidos. Nunca se retiró con las manos vacías el menesteroso que a ella se acercaba y sus consuelos iban en el minuto oportuno hacia las almas torturadas por el sufrimiento. Los pobres más míseros, las verdaderas carroñas, recibían del modo más delicado sus atenciones y regalos. Cuánto dinero me pedía era para ellos.

Paseábame una noche en mi dormitorio —31 de marzo de 1927— con una inquietud extraña, mayor que los continuos sobresaltos en que se debatía mi ánimo en aquel tiempo de mis desventuras. Deseaba algo intensamente, pero ignoraba qué. ¿Nunca has sentido esta ansia imprecisa, lector ignoto? Realicé un gran esfuerzo, como el que hacemos para concretar en la memoria un recuerdo de íntima trascendencia, con el fin de resumir aquel deseo, pero vanamente. Cogí de pronto mi sombrero y noté que se ampliaba mi emoción como cuando la remembranza intenta revelarse con la fugacidad de un relámpago. Salí a la calle sin saber para donde me dirigía, y al llegar a la esquina de la casa del doctor Marichal, un impulso ajeno me hizo tomar hacia la izquierda. ¿Para donde caminaba? Lo supe cuando entré en la casa de Tomás. Allí desapareció mi arcana intranquilidad.

Le encontré mejorado, fumando, y con sereno semblante. Le dije que Lalita también gozaba de un rápido paréntesis de descanso, en compañía de varias amigas, y se alegró de ello.

Al contarle la causa y el impulso de mi visita, dijo, después de un corto silencio:

—Son cosas inexplicables. Acontecen a las personas muy sensibles y de extraordinaria fantasía. Ojalá que esos movimientos de tu espíritu como éste, se repitan, para verte con mayor frecuencia.

Relaté algunas anécdotas interesantes de fino buen humor, tan gráficamente en palabras y ademanes, que Tomás estuvo riéndose largo rato.

—Hace meses que no le he visto ni sonreír —exclamó Delia, que llegaba en aquel momento.

—Sólo Froylán es capaz de este milagro —dijo otra persona de la casa.

—Ciertamente —murmuró Tomás—. Sólo tú puedes hacerme reír casa. Te suplico que vengas cinco minutos siquiera todos los días. No sabes el bien que me haces.

Dieron las diez y me levanté para despedirme. Él protestó y volví a sentarme, procurando sostener mi crédito de ameno conversador, lo que entonces logré con exceso.

Ya cerca de las once abracé a Tomás, prometiéndole volver a la noche siguiente. Me dijo él no recuerdo qué frase cariñosa. Yo soy frío y poco expansivo con los hombres, aun cuando me inspiren verdadero afecto... Con ademán de ternura inusitada le pasé la mano por la cabeza... Con esta idea relampagueando en mi cerebro:

—Jamás lo volverás a ver...

Me retiré de su lado con aquella certidumbre, que fue acentuándose a medida que me alejaba. Oía sonar sus tristes palabras, oscuramente, como en distantes latitudes de mi espíritu. Sonaban y volvían a sonar. Pensé —para suprimir la penosa emoción, y convencerme de su falsedad— regresar donde Tomás con cualquier pretexto. Pero sentía que esto era imposible, que ningún poder humano tendría la fuerza necesaria para satisfacer mi deseo.

A las siete de la noche siguiente, mientras comía en el corredor, con el ánimo sereno, escuchaba la voz de Lalita conversando con las señoritas Villar. Contábales algo regocijado porque a las tres las oía reír de la mejor gana... ¡La risa de mi pobrecita enferma! Era una cosa insólita, rarísima, que se produjo pocas veces en los últimos seis años. En aquella casa sólo sonaban llantos y lamentos, amargas quejas y gritos desesperados. Ahora reíase la infeliz mártir, cuya forma terrena habíase espiritualizado de tal modo que apenas daba idea de lo que fue; tan aérea se veía, tan ligera, casi transparente en su blancura irreal, y donde el alma, comprimida en tan frágil cárcel estaba a punto de volar...

Dejé de comer, torturado por un vago terror. Algo irremediable y funesto acababa de ocurrir, amenazándome con una desdicha aún más grande. Tendría que pagar yo aquel minuto de sedante alegría con años amargos de tenaz sufrimiento: tal era la pertinacia de mi adverso destino en hundirme en antros sin fondo de lóbregas tinieblas.

Quedéme largo tiempo inmóvil, cogido en uno de los infernales círculos del Dante. La risa ingenua de niño moribundo no volvió a oírse. Había sonado, por la vez última, en la tierra...

Emilia, una muchacha de nuestra servidumbre, se acercó a mí con rostro espantado:

—Acaba de morir don Tomás...

Púseme de centinela en la puerta del salón-dormitorio de mi hermana para que nadie entrara, recomendando a todos guardar allí el secreto de aquella desgracia, a fin de evitarle una violenta conmoción que podría producirle la muerte.

Pronto se fueron las visitas. Yo simulé que leía, sentado junto al corredor. De pronto, en el silencio, la enferma empezó a sollozar... Me acerqué a su lecho para consolarla con suaves palabras, y acariciando su cabeza, como hacía siempre.

—No —dijo, contestando a mis preguntas—. No son ahora los dolores físicos, latentes en cada minuto, los que me desesperan. Es una amargura más grande. Te ruego que vayas a acompañar a Delia, Tomás...

—¿Qué? —exclamé, sintiendo un hilo frío correr por mi espalda.

—Murió hace un momento. Ya dejó de sufrir.

—¿Cómo se te ocurre tal cosa? —le pregunté con voz entera, dominando mi emoción—. Tomás está muy mejor. Delia es la que sigue mal del resfriado...

Una expresión de incertidumbre apareció en su semblante.

—¿De veras no ha muerto? ¿No me engañas? ¿Tú palabra de honor que dices la verdad?

—Mi palabra de honor —contesté sin vacilar.

—¡Gracias a Dios! —murmuró suspirando.

Y se quedó adormecida, como libertada de un peso tremendo.

Desde muy niño, ella me inculcó un sagrado respeto a mi palabra de honor. Cumplirla era para mí una obligación suprema. Jamás falté a ella. Lalita sentía orgullo de esta mi devoción caballeresca que me agrandaba en su aprecio.

—Si faltaras a ella, seguramente ya no te podría estimar como te estimo. Se vendría abajo mi admiración por tu carácter, como si te hubieras dejado humillar por otro hombre, o huir ante un peligro que tu deber te obligara a desafiar. Así como te he dicho que preferiría verte muerto en un lance de honor que haciendo en él un papel desairado, te repito que ya no serías el mismo para mí, si confundiéndote con los demás hombres, te burlaras en alguna forma de tu palabra comprometida.

De este modo me había hablado siempre. Y a su grave sanción, la más grave en que pude incurrir, me expuse aquella noche, apiadado hasta la raíz de mis entrañas, por su cruelísima agonía.

Cuando en la mañana siguiente comenzaron a doblar las campanas, ella estuvo llorando en silencio horas y horas. Yo no tenía valor para hablarle sabiendo que todo sería inútil.

—Te ruego ver que su entierro no pase por esta calle no resistiría... Me falta el ánimo para soportar una emoción tan fuerte.

Y como yo callara con el espíritu torturado, asintiendo con la cabeza.

—Con toda mi alma te agradezco —añadió— el sacrificio tan grande que te obligué a hacer. . . ¡Pobrecito! ¡Qué prueba, qué nueva, profundísima prueba entre mil, me diste anoche; de tu inmenso cariño! Sólo en un caso como éste hubieras faltado a tu palabra de honor. Gracias, hermano mío, hijo mío...

Desde aquella lúgubre fecha su descenso hacia el sepulcro fue ya rápido. Una expresión, no digo de alegría, de quietud interior, una sonrisa, una mirada de reposo volví a ver en su diáfano rostro de mártir. Así transcurrió abril de aquel año, negro sobre todos los años adversos de mi ruta hacia la Eternidad.

El 30 de dicho mes escribía para Ariel un artículo cuyo tema me obsesionaba extremadamente. En breves líneas historiaré el caso: De enero a mayo de 1922 veía con vehemencia pasar, por la acera contraria a la de mi casa, a un joven alto, en cuyas miradas me pareció advertir una vaga hostilidad hacia mí, una pasiva antipatía que me fustigaba. Nunca le hiciera ni bien, ni mal, ignorando hasta su nombre. Estuve una noche tentado a abordarle; pero su hosquedad era tan manifiesta que juzgué superflua toda indagación. Podría contestarme con una insolencia, originando así una lucha en plena calle. Yo le llamaba mi gratuito enemigo y jamás se me ocurrió identificarlo.

Una noche, cerca del Teatro Variedades, nos encontramos por primera vez cara a cara. Y por primera vez miróme sonriendo cordial, dejándome la acera.

Como a las seis de la siguiente mañana llegué entre un grupo de personas al patio del Banco de Honduras, en donde la noche anterior se había cometido un espeluznante crimen. Y cuál sería mi asombro viendo que la víctima era mi gratuito enemigo. Bañado en sangre, partido a golpes de hacha, yacía en el suelo. Tuve en mi diestra un trozo de su cráneo cubierto de mechones de pelo. Que me hizo pensar en el dolor de su madre recogiendo aquel triste despojo.

Anécdotas fantásticas, macabros cuentos, sospechas y conjeturas circularon alrededor de tan tremendo delito, en que la procacidad del latrocinio mezclóse al asesinato más cobarde. Oro y sangre brillaron siniestramente en la tiniebla del *Drama del Banco*. La verdad quedó oculta en el misterio más profundo. Indagaciones, movimientos de jueces y policías, momentánea intervención de familiares y de extraños, fueron inútiles. De El Salvador se hizo venir un técnico en estos sombríos asuntos, un verdadero detective —Rodríguez

Canizales— quien me informó que iba a pasos acelerados en sus pesquisas.

—Dentro de quince días conocerá todo el mundo los nombres de los criminales —me dijo una noche.

Pero, de improviso, regresó a su patria, terminando así el último esfuerzo de la justicia.

Reinó después, en tan horrendo asunto, un absoluto silencio. Un terror tácito paralizaba las voluntades vigilantes en esclarecer la tragedia. Nadie se atrevió a aventurar un propósito público en tal sentido. Los periódicos callaron. Un juez íntegro —el licenciado Fermín Laines— intentó encender una luz en aquella sombra; pero tuvo que retirarse de su cargo.

Un talentoso periodista nicaragüense —Gustavo Alemán Bolaños propúsose— igual fin, desde las columnas de un diario guatemalteco, sin avanzar un paso. Se pensó que el miedo colectivo terminaría pronto; pero no fue así. El tenebroso pavor subsistió, subsiste y subsistirá. Impelido por el ardiente deseo de establecer la verdad en aquel crimen y de que se impusiera un severo castigo a sus autores; avergonzado interiormente de la indiferencia de mis conciudadanos ante este caso atroz, y en la que yo, como periodista, me sumaba, de hecho, a los demás colegas pusilánimes, quise, en varias ocasiones, mover en los diarios el tétrico episodio; pero encontré obstáculos insuperables.

Y ni con Lalita volví a hablar de ello.

..Pero en esta madrugada del 30 de abril de 1927 soñé que Carlos Castro entró en mi dormitorio, ensangrentado como le viera hacía un lustro, y faltando en su cabeza un trozo de cráneo con el mechón de pelo, suplicándome que obligara, por medio de Ariel, a los jueces y periodistas cobardes, a sus familiares, débiles e incapaces, y todos los hondureños, a cumplir con su deber, esclareciendo su villano asesinato, encadenando a sus verdugos ladrones y exponiendo sus nombres a la execración pública... Añadiendo que sólo yo sería capaz de realizar empresa tan temible, jugándome en ella la vida. Cosa rara: le veía, le oía hablar, con su aspecto pavoroso, sin sentir temor alguno. Cuando le pregunté el nombre de sus victimarios desapareció instantáneamente como si aun en el más allá le inspiraran miedo. Salté de la cama pesando en mi ánimo la responsabilidad del que tiene una apremiante misión que cumplir. Eran las cinco y sonaban las campanas de la iglesia de Los Dolores...

Resuelto a todo, hasta morir (lo que me importaba un comino en aquella época de adversidades y pesadumbres) empecé a trazar sobre las cuartillas los puntos básicos de mi próximo editorial de Ariel. ¡Tema alucinante! Lo desarrollé con tanta energía y claridad, con tan ardorosa resolución, que dos horas después, sacado en limpio con una mejor letra, me sentí orgulloso de haberlo producido. Puse en él tal justeza de expresión, tan atrevido dinamismo, que tendría que conmover intensamente a quien lo leyera. ¡Y me sentí vibrar de gratitud al Todopoderoso por la suprema potencia que concedió a mi pluma cuando se mueve en defensa de las grandes causas!

Me asaltó un violento deseo de leer aquellos párrafos en alta voz... Tuve siempre la costumbre, desde mi infancia, de mostrar a Lalita todo lo que escribía, destruyendo en el acto lo que ella juzgaba de escaso valor. Pero, viéndola entonces tan débil, pensé que la emocionaría en exceso aquel extraordinario artículo. Aunque conociendo su espíritu, tan noble, tan recto, tan sensible ante las cosas justas y valientes, no sospechara que pudiera impedir su publicación.

Hallábame así, con el ánimo vibrante por el audaz paso que iba a dar, y que sentía no haber dado antes, cuando llegó Delia a decirme que mi hermana deseaba hablarme.

—Por última vez voy a rogarte que me des tu palabra de honor. Hoy es sobre un asunto que te sería fatal...

No me imaginé de lo que se trataba.

—No hay nada que tú pudieras pedirme que no te lo concediera al instante —murmuré conmovido por su voz tan tenue y triste, que ya parecía venir de un ámbito remoto. Por adelantado te empeño mi palabra de atender lo que deseas.

—Gracias, gracias. Sí, deseo, necesito para la paz de mi espíritu, que me prometas que nunca iniciarás, por escrito o de palabra, nada que se relacione con el horrible crimen del *Banco de Honduras*. La injerencia en ese sangriento suceso te costaría más que la vida. Recuerda el espantoso asesinato del coronel Francisco Salgado, porque dijo algo de lo que vio... Es la familia de la víctima la que tiene el deber de aclararlo... ¿Me das tu palabra?

—Ya te la di y te la confirmo.

—Bien. Ahora tráeme el artículo que escribiste y que pensabas publicar en Ariel.

—Pero ¿cómo sabes eso? ¿Acaso Delia te lo ha dicho? ¿Cómo ella pudo saberlo?

—Ni Delia ni nadie me lo dijeron.

Y añadió con aquella voz, tan leve y tan lejana, que ya no era la suya:

—¡Ah Froylancito! Quien está como yo en el umbral del sepulcro, ya para penetrar en la Eternidad, ve y siente lo que no pueden ver ni sentir los demás...

Quiso que le leyera aquellas páginas y la obedecí doblemente emocionado.

—Muy hermoso, muy valiente. Es una de las prosas más brillantes que has escrito. Confirma su lectura —la última que oiré—después de tantas con que atenuaste mis sufrimientos— la alta opinión que tuve siempre de ti. Ahora, destrúyela, y, una vez más, gracias.

LÚGUBRE, IMPERECEDERO anochecer —sufro, evocándolo, un dolor agudo, aun habiendo pasado catorce años desde que entenebreció mi alma— aquel en que Delia fue a decirme temblando:

—Llegó el terrible momento...

Recordando sus recomendaciones:

—Que, en el supremo instante sólo estén conmigo tú, Delia y nuestro médico. Cierra después las puertas de la calle y que las personas amigas no sepan que ya no existo para que no se molesten viniendo, y únicamente la familia se halle aquí en la última velada.

Llamé por teléfono al doctor Vicente Mejía Colindres, quien llegó en el acto. Y media hora transcurrió de hondo silencio y de plácida agonía. Recostada en los brazos de los dos seres que más la quisieron, y que ella más amó, con sus manos en las nuestras, fue extinguiéndose, con largos suspiros, como un niño que se duerme...

El doctor, de pie junto a nosotros, murmuró:

—Todo ha terminado. Ya descansa.

(Tengo grabada en mi espíritu la expresión de verdadero pesar con que mi querido amigo Mejía Colindres dijo estas cinco palabras. Su

341

presencia, tan fraternal en la hora más amarga y solemne de mi vida, creó en mí una gratitud que ha ido creciendo con el tiempo).

Inmovilizado en mi lecho, pero con todo mi ser físico y moral en su máximo dolor, con mis sentidos agudizados por el tormento, sangrando con los recuerdos, oía sonar las horas de la noche cruel. Ya en la madrugada cantó un gallo en un corral cercano... ¡Qué tristeza tan tremenda, Dios mío! Un súbito impulso me llevó al salón mortuorio. Blanquísima entre la blancura de las rosas, a la luz de los blandones que despedían su hálito de incienso, ¡la vi, oh milagro divino! serena y sonriente, no con la demacración extrema que la convirtió en una forma descarnada y etérea, sino como fue en su juventud, cuando empezó a ser para mí la mejor de las madres y la constructora de mi destino. Sentí un alivio profundo con la gracia de aquel celeste consuelo, de aquel postrimer recuerdo iluminando mi eterno dolor. Diciéndole adiós besé su frente como si fuera la de una santa ("Su hermana es una santa". Palabras del Ilustrísimo Arzobispo Hombach, después de confesarla en su lecho de muerte).

Cuando a las siete de la mañana, destrozado de alma y cuerpo, escribía, para enviarla a la imprenta, la invitación de su entierro, sentí resbalar por mis sienes gruesas gotas de frío sudor... El sudor frío de los agonizantes.

¿De dónde cogí la fuerza y la resolución para acompañar su cadáver hasta su lóbrego lecho? Antes, pensando en ello, jamás me imaginé que podría hacerlo. Iba por la calle, como un sonámbulo, al lado del blanco ataúd...

...Vi, en un balcón, a una anciana señora que, en un pretérito ya muy remoto, me quiso, según sus palabras y sus hechos, más que a sus hijos, y que se convirtió en mi enemiga implacable. La vi y me miró con una mirada cuya expresión no pude nunca definir ¿Era de compasión por mi intensísima pena, o, por el contrario, de vengativo placer? Nunca lograré ya saberlo, pues aquella dama —la madre de Annabel Lee— duerme en la tumba.

...Llevaban las blancas cintas del ataúd seis jovencitas. Miraba a la que yo tenía más cercana —Marina Sandoval— tan simpática y grácil, extinguida años después en su fragante primavera. Sentía por las seis adolescentes vestidas de blanco, unidas a mi dolor por las cintas blancas que ornaban sus bellas manos, y también por los jóvenes amigos que se turnaban para llevar el féretro sobre sus hombros, una íntima gratitud.

Como un tesoro inapreciable guardo el recuerdo de haber sentido el ligero peso de su ataúd sobre mis hombros en las últimas cuadras del tristísimo trayecto.

De pie cerca de su fosa veía, con una conmoción de todo mi ser, la blancura del extremo de la caja fúnebre surgiendo —como un ramo de lirios en la penumbra— del obscuro espacio en que iba a dormir para siempre. Y pensaba en el instintivo horror que a ella le producían los sitios estrechos donde no circulara ampliamente el aire puro; su repugnancia por los camarotes angostos de los pequeños vapores, por los cuartos de techos bajos, por las viviendas de escasa luz solar. Y ahora estaba allí, en aquella tenebrosa y reducidísima cárcel de donde jamás podría salir...

Y mil pensamientos y evocaciones cruzaban mi cerebro como relámpagos de mi tempestad interior...

Un amigo se me acercó, rogándome que regresáramos. Me negué, pues tenía presente la súplica que una vez me hizo Lalita de que no me retirara de su sepulcro, el día de su inhumación, sino cuando estuviera completamente cerrado.

—Imagínate —me dijo— cuán doloroso será para el ser infeliz que se queda en aquel horrible agujero, si en él persiste aún vivo un átomo cerebral, como leí que algunos sabios intentaron probar, verse abandonado por las personas más queridas antes de que finalice la tarea de los albañiles.

Muchísimas veces medité sobre sus palabras y sobre la promesa que le hiciera en relación con ellas.

—No, no —me decía a mí mismo— si aún queda un matiz de pensamiento poco después de la extinción de la materia, no será ella la que ha de sufrir por mi abandono. No dejaré que se sume a los millones de seres que han escuchado, como postrera impresión de la vida, las frases cínicas y brutales de los sepultureros, en ocasiones beodos al realizar su trabajo, cuando nadie les mira. Yo mismo había oído, horrorizado, tales blasfemias, diferentes veces en que, asistiendo al entierro de algún amigo o amiga, y ya disuelta la concurrencia, quedábame inmóvil tras un cercano mausoleo.

...Pero, ¡qué inconscientes somos, qué versátiles y débiles! Complacíame, entre la tortura de mi dolor, con un vago consuelo, mirando la suprema esplendidez de aquella tarde, extinguiéndose hacia el ocaso en llamaradas de encendidas púrpuras, como ella la había anhelado en su despedida del mundo. Veía los arreboles de oro pálido diluirse en los crespones de la noche naciente y el perfil de los cerros borrándose en el horizonte, cuando la voz de otro amigo sonó junto a mí... Cogido del brazo, con presión de cariñosa ayuda, caminé con él como un autómata, en total amnesia de las meditaciones de algunos minutos antes. Parte de los concurrentes me acompañaron hasta mi casa y yo fui entre ellos como en un estado de sonambulismo. No reaccionó mi espíritu sino cuando me encontré de nuevo en el sitio de su tránsito, en el salón mortuorio. Con una espantosa desesperación, rayana en la locura frenética, surgió en mí el terrible, el odioso abandono en que la dejé, con un extremo del ataúd blanco todavía en la negra oquedad. Rebosó en mi corazón, como una angustiosa oleada de hiel, mi ingratitud incalificable, el ruin olvido de aquella solemne promesa. Hubo un instante en que creí morir de dolor, en que mi agudísima desolación rozó el umbral del más allá. Entonces conocí, en su máxima vehemencia, la cumbre siniestra del sufrimiento humano. No hay dolor físico, por terrible que sea, que pueda compararse con el dolor moral en su intensidad suprema. Lo sé como ninguno, por esta horrible realidad. Si ese desgarramiento psíquico durara cinco minutos en su culminante potencia precipitaría el alma extraviada en la locura o en la muerte.

Agitado por un soplo de espanto caminé o corrí hacia el cementerio. Pensé escalar sus muros sino lo encontraba abierto, penetrando en él aunque tuviera que romperme el cráneo contra el portón de hierro. Pero un sobrino mío —Edgardo— que fue tras de mí, obtuvo la llave y entramos. Me arrojé de hinojos besando la bóveda que la ocultaba, llorando como un niño infeliz, pidéndole perdón por mi abandono. E instantáneamente se iluminó mi espíritu como si todo el fulgor de la luna que doraba el camposanto hubiera penetrado en él. Libre de mi desesperación, sintiéndome invadido de una celeste serenidad y de una paz inefable, me adormí en un suave ensueño de inmortal esperanza...

¿Cuánto tiempo estuve inmóvil en el silencio de aquella blanca noche, recostado en el lugar en que ella reposa, escuchando el rumor de la brisa en los cipreses, viendo los montes envueltos en neblinas de amaranto? Casi tres lustros cayeron en la cima del Tiempo, y no se borran, ni se borrarán jamás, emociones tan tremendas y recónditas.

Soñé, al amanecer del nuevo día, que la voz de Lalita llenaba mi yo ensombrecido y taciturno.

—Ni una nueva lágrima, ni un nuevo estremecimiento de dolor —me decía—. Yo soy feliz y para mi perfecto reposo necesito que no sufran los dos seres que más quise en la tierra Vuelve a tus nobles trabajos por la libertad y la gloria de tu patria. Ve siempre por ese camino aunque en él perezcas. Y piensa en mí con serenidad y alegría.

Desperté saturado de un optimismo vibrante y fecundo. Habíame dormido con el alma llena de obscuras incertidumbres, predispuesto a abandonarme en brazos de mi desventura, a permanecer, indefinidamente, irresoluto e inactivo en mi amarguísimo duelo; y salté del lecho reconfortado por una insólita energía. Pedí por teléfono a la imprenta las pruebas de Ariel, concurriendo, ocho días después a una junta de la Asociación de la Prensa, de la que me nombraron Presidente, y reanudé todas mis actividades.

A muchos les parecería extraño que recién muerta Lalita tuviera aptitud para proseguir en mis diarios trabajos. Pero tal extrañeza hubiera desaparecido conociendo la causa que duplicaba extraordinariamente mi voluntad.

LA PERSEVERANCIA es una de mis acentuadas características. A ella debo gran parte de mis triunfos. Desde que tuve clara conciencia de las cosas repugnábame todo lo indeciso e inconstante, todo lo que en sí no constituye algo seguro y permanente. Por mi firme ardor cívico llegó Ariel a ser —como dijo un eximio literato— una palpitación de la conciencia hispanoamericana. Su amplio tiraje —el mayor que alcanzó en Honduras una revista hasta hoy— hizo que fuera conocida en el mundo entero, atravesando mares y continentes. Con infatigable paciencia escribía yo mismo las direcciones sobre los paquetes. Hacinábanse éstos en mi oficina en las fechas de despacho, cubriendo las mesas y los sofás, las sillas y hasta el piso de cemento. Mil pequeños rollos que iban a dar la vuelta a la tierra y a confirmar que en un pequeño país de América había un hombre que se preocupaba a toda hora por los trascendentales problemas humanos, exponiendo su libertad y su vida por crear un estado de conciencia entre sus compatriotas que los libraría mañana de las humillaciones y de las cadenas de una afrentosa esclavitud. Su voz era escuchada porque no era una voz anónima sino bien conocida en las letras. Así, de Francia como de la Argentina, de España como del Japón, de Colombia como de los mismos Estados Unidos, a cuyos gobiernos plutocráticos e imperialistas atacaba con implacable audacia, veníanle saludos admirativos y cordiales apretones de mano y generosos estímulos. Ninguna publicación de Centro América obtuvo el éxito brillante de Ariel. Ningún diario o revista hondureños tuvo jamás un canje tan numeroso y selecto. Más de setecientos periódicos y revistas de todas las latitudes del mundo correspondían a su visita. Y en muchísimos de ellos reproducíanse sus índices con los más honrosos y alentadores comentarios. En carretillas llevábanme de la oficina de Correos los centenares de paquetes que apenas podía contener el cuarto destinado para ello. Y así de múltiple era la correspondencia que diariamente recibía de compañeros de pluma, de grandes patriotas y de entusiastas admiradores.

El doctor Paz Baraona, blanco de mis continuos ataques por su absoluta sumisión y condescendencia con los yanquis, veía, naturalmente, con muy malos ojos mi revista. Vociferaban contra ella los turiferarios, los parásitos políticos y los periodistas oficiales; y constantemente llegaban a mis oídos las violentas amenazas del gobernante, manejado por subterráneos resortes, cuyo secreto conocía el insidioso ministro norteamericano —Summerlin— hábil instrumento del imperialismo nórdico y el grupo de palaciegos intervencionistas.

Dióse, de la manera más arbitraria e ilegal, orden por teléfono al director de Correos para que retuviese en su despacho toda mi correspondencia, y en el lugar respectivo las remisiones de Ariel —lo que ya había hecho el presidente Dávila con El Heraldo en 1910; los Migueles en el poder me han sido funestos—. Pero Vicente Alemán, funcionario que desempeñaba aquel cargo, y que nunca fuera maniquí de ningún jefe suyo, negóse tácitamente a cumplir tal orden, razonando después su negativa en tan enérgicos términos, que el

346

ministro de fomento —ingeniero Gregorio Reyes Zelaya— desistió de su propósito. Y éste fue el primer intento oficial contra Ariel.

Un editorial candente exasperó la ira de Paz Baraona hasta hacer llegar a su presencia a don Fernando Pérez para amenazarlo con ponerle una barra de grillos, si en su imprenta aparecía un número más de mi revista; y, al decir esto, cubriéndome de injurias (Relato que Pérez me hizo al excusarse por no editar más Ariel en su tipografía).

Con mil dificultades, por la escasez de tipo y de otros elementos, logré publicar seis números en una pequeña imprenta que regentea el joven Jorge Bonilla. ¡Y extraño caso! Era la misma que compré a Fortín. Yo la había vendido a don Hipólito Cano y éste al Arzobispo Hombach. Después de veinte años la encontraba en un estado deplorable. Al funcionar, la máquina producía un ruido quejumbroso y estridente, de enfermo que no tiene cura o de inválido desesperado. Cuando comprobé su identidad estuve largo rato meditando, filosóficamente, en los sucesos acaecidos en aquellos cuatro lustros en la política hondureña, manejada por ocho gobernantes, y en las cuatro cruentísimas revoluciones que llenaron de luto a mi patria. Y en lo que me afectaba personalmente. ¡Cuántos cambios de fortuna, qué interminable desfile de cosas, casi todas adversas en los últimos tiempos, de tan ingrato recuerdo!

Obtuve después, por una contrata de arrendamiento, la tipografía La Democracia, del doctor Policarpo Bonilla, paralizada desde 1923. Por su alquiler debería pagar doscientos pesos mensuales. La cantidad me pareció excesiva, ya que iba a editar en ella únicamente mi revista, pues los trabajos sueltos, eventuales, dejarían sólo una ganancia insignificante. Pero mi urgencia de continuar mis campañas patrióticas me puso en el caso de avenirme a esa condición. Venancio Callejas, espíritu ecuánime y fraternal amigo mío, me concretó las dificultades en que iba a verme para pagar dicha suma, añadiendo que, si yo lo deseaba, romperíamos la contrata, (en el momento de firmarla).

Venancio actuaba como representante de su suegra, doña Emma de Bonilla.

—Yo le escribí a don Policarpo, a Nueva Orleans —le dije, explicándole que su imprenta me servirá, no para fines económicos, sino para mi campaña autonomista; y, haciéndole recuerdo de sus grandes actos cívicos y de su respeto a la soberanía de Honduras, le solicito que únicamente se me cobren cien pesos mensuales por su arrendamiento. Tengo la certidumbre de que su respuesta me será favorable, pues fuera del esencial motivo explicado, él sabe bien que ese es el precio justo que debo pagar, y que es actualmente muy difícil mi situación pecuniaria.

Como yo la esperaba fue la contestación del doctor Bonilla. Considerando excelentes mis razones, decíame que sólo pagara por todo cien pesos mensuales, que era lo equitativo en aquel caso. Llevéle dicha carta a Venancio para que la mostrara a doña Emma. Así lo hizo, y me la devolvió sin solucionar el asunto.

Once meses tuve la imprenta en mi poder, cuidándola y limpiándola como cosa propia. Me fue quitada inesperadamente para venderla por un precio igual o mayor del que costó, cuando sus productos empezaban a cubrir mis gastos. Pagué durante ese lapso mil cien pesos. Es decir, los cien pesos mensuales que su dueño me indicó que pagara. Según el texto de la escritura quedé adeudando mil cien pesos. Doña Emma, por medio de Venancio, me reclamó un recibo, que le entregué en el acto. En él digo que debo a dicha señora esta última cantidad, que le pagaré cuando me sea posible. No quedó ella conforme e intentó devolvérmelo. Pero yo le repliqué, categóricamente, que era el único, que podía darle; que la última de mis deudas, en el orden de su cancelación, sería esa, porque, en conciencia, después de los conceptos clarísimos de la carta de don Policarpo, yo no le debía nada. Lo mismo creo en el instante en que escribo estas líneas.

No como un desahogo de pueril vanidad sino para establecer puntos concretos de mi vida, en relación con algunos de mis compatriotas, voy a relatar en pocas palabras cuatro antecedentes que no deben perderse en el abismo de las cosas inéditas.

En 1905 me suplicó mi amigo Carlos Zúñiga Figueroa —a la sazón empleado en la fotografía de don Rafael Ugarte— que obtuviera del presidente Manuel Bonilla la compra de ocho o diez cuadros suyos por la cantidad de cuatrocientos pesos. Me urgió vivamente en que le hiciera ese favor, pues se hallaba en dificultades de orden económico.

Hablé sin tardanza al general de aquel asunto; pero su buena memoria lo echó por tierra en el primer instante.

—Ese joven —me dijo es artista y en la campaña de 1902 escribió un artículo contra mí.

(Era partidario de Juan Ángel Arias).

Y no quiso oír ni una frase más sobre el caso. Pasados quince días aproveché un momento oportuno para volver a la carga.

—Pero, amigo, ya le dije lo que hay y nada tengo que añadir.

—Sí, pero es que...

—¿Qué?

—No me parece digno de un hombre de su altura moral fijarse en esas pequeñeces.

—Vaya, hombre. Que traiga los cuadros..

—Carlos —no recuerdo bien— los llevó o los envió. Lo que sí recuerdo perfectamente es que le fueron pagados en el acto.

Siempre que se presentaba la ocasión le insinuaba yo al presidente la idea de enviar a España a Zúñiga Figueroa para que hiciera sus estudios de pintura por cuenta del Estado. Al cabo de intermitentes insinuaciones y de no desanimarme por las negativas obtuve lo que deseaba.

—Dígale a su amigo que se aliste para tomar el primer vapor. Ya se le entregará la suma necesaria de sus gastos de viaje hasta Madrid, dictándose en seguida el acuerdo de su beca.

Inmediatamente fui a buscar a Zúñiga Figueroa. Le llamé desde la calle, golpeando con mi bastón la verja de hierro del taller fotográfico. Cuando le comuniqué la extraordinaria noticia se impresionó mucho, y creyó en un principio que bromeaba con él.

—No, no, déjate de bromas, Froylán.

—Nada de bromas. Arregla tu baúl para salir pasado mañana.

Entonces, comprendiendo la verdad, me abrazó conmovido, expresándome su gratitud con cariñosas palabras.

Algún tiempo después recibí la visita de un joven modesto y honrado.

—Vengo a pedirle un gran servicio: que me consiga con el Gobierno una beca para estudiar sastrería en Nueva York y Londres. Y me expuso su absoluta carencia de recursos y sus planes para el futuro.

—Conmigo tendrá el país un verdadero sastre y no se verá la gente de buen gusto obligada a encargar su ropa al exterior.

Habló largo rato sobre aquel tema y yo le manifesté que sería muy difícil obtener lo que deseaba; pero que me empeñaría en ello con la mejor voluntad.

Mi solicitud fue acogida por el gobernante con risas regocijadas.

—¡Esto sí que está divino! Beca y gastos para estudiar sastrería. No, no, esto no es posible. Y no hay que pensar más en ello.

Pero yo conocía al hombre y guardé silencio durante dos semanas en las que el solicitante me hizo otra visita. Notando un día el disgusto del general Bonilla, con motivo de unos trajes que le llegaron de Alemania, por medio de la casa Rossner, con sus medidas alteradas, volví a insistir en la necesidad que todos teníamos de un buen sastre.

—Sí, sí, ya conozco esa canción... —exclamó—. ¡Qué suerte tienen algunas personas de encontrar un abogado como usted! Ya estoy viendo que otra vez va a salirse con la suya...

Entró en ese minuto uno de nuestros figurones políticos, que se burlaba hasta de su madre, y que, con su influencia oficial empleada siempre para destruir, nunca para construir, habría echado a pique el asunto; y me retiré, convencido de que sólo faltaba un último esfuerzo para lograr mi intento.

Dos días después acompañé al gobernante a visitar a unos amigos de Olancho y cuando regresábamos me dijo:

—Mañana daré instrucciones al ministro para que autorice los gastos y se emita el acuerdo en favor de Rafael Osorio Jirón. Ya ve usted que atiendo con gusto sus solicitudes:

Conocí a Pablo Zelaya Sierra en San José de Costa Rica en los primeros meses de 1920. Fue a verme a mi casa y me expuso sus vehementes deseos de estudiar pintura en España.

—Háblese con sus maestros y amigos de Heredia —le dije— para que envíen una exposición al presidente López Gutiérrez, solicitando que se le conceda una beca en Europa. Siento que mi influencia en este asunto no será tan eficaz como quisiera. De todos modos voy a escribirle a dicho gobernante y firmaré también la petición. Mostróse al oírme muy contento y agradecido y por el correo inmediato remití la carta, y puse mi firma en la solicitud.

La respuesta del general López Gutiérrez fue precisa, categórica. Decíame que con el mayor placer ordenaba dictar el acuerdo pensionando en España a mi recomendado. Al partir yo poco después para Francia, Zelaya Sierra, a quien invité a comer, pasó todo el día conmigo y fue a despedirme a la estación.

En 1922 me envió a Tegucigalpa un bello cuadro suyo: un jardín andaluz, a la manera de Santiago Rusiñol, con gran riqueza de luz y de color. De ese año en adelante me escribió siempre cada dos o tres meses en los más afectuosos términos, contándome sus decepciones y sus triunfos y remitiéndome recortes de periódicos relativos a sus cuadros.

En 1929 fue conmigo en Madrid muy cordial y efusivo. Me llevó a su casa para presentarme a su señora y a su pequeño Pablito, mostrándome todos sus lienzos. Conservo en mi álbum un dibujo suyo de ese tiempo.

Como cinco o seis veces me dirigí al Gobierno reclamando el pago de la beca de mi amigo y el valor de sus gastos de regreso a Honduras. Mi última solicitud a este respecto estuvo en manos del ministro de Instrucción Pública, doctor Corleto. Nunca se olvidó Pablo de expresarme sus agradecimientos por mis intervenciones en su favor.

A Confucio Montes de Oca no le vi nunca. En 1920 fue varias veces a buscarme a mi departamento de la Rue Michel Angel, en París, cuando yo estaba fuera. Le entregaron allí mi tarjeta, en que le fijé una hora para esperarle, y en la que le pedía su dirección; pero no acudió a mi llamado, ni quiso indicarme sus señas. El cónsul hondureño las ignoraba. De manera que no tuve el placer de cambiar dos palabras con aquel extraordinario muchacho, lamentablemente muerto a los veinticinco años.

Recibí en 1923 en Tegucigalpa una carta suya, saturada de amargura y desencanto, en que me rogaba interesarme porque le girasen a la mayor brevedad una pequeña parte siguiera de la considerable suma que el Gobierno le debía por retrasos de su beca, pues se hallaba en el último límite de la miseria.

Tenía yo varios amigos en el gabinete del general López Gutiérrez, entre ellos el doctor Ángel Zúñiga Huete. A él acudí sin demora, obteniendo por su mediación que le girasen cuatro mil francos. Con una carta de exquisito afecto, en que me testimoniaba su gratitud, me envió algunos de sus interesantísimos dibujos, entre los que venía una máscara de Verlaine, trazada con cuatro audaces rasgos de su ingenioso lápiz, y que conservo como tesoro inapreciable.

Retrocedo hasta una tarde de 1926 en que hallábame en grata conversación con mis excelentes amigos Héctor Medina Planas y su distinguida señora, en Mirames, cuando se oyó de pronto una extraña gritería seguida de continuos disparos en la carretera.

Ya en el corredor nos enteramos de que el causante de aquel escándalo era el general Joaquín Canales, quien, en plena borrachera y jinete en brioso caballo, perseguía a tiros a los transeúntes.

—¡Bandidos! —vociferaba con ronca voz—. ¡A todos los voy a reventar a balazos!

Huían hombres y mujeres, ocultándonse tras los árboles y piedras del camino, y él hacía girar furiosamente su corcel, lanzando terribles apóstrofes contra imaginarios enemigos, y volviendo a cargar, por la quinta vez, su cuarenta y cuatro, atacado de un frenesí sanguinario. Sólo conocía a Canales de nombre. Oíale citar entre nuestros militares de gran valor personal, anulado en su mérito por su inverecunda dipsomanía.

Vi venir en violenta carrera gran número de polizontes por la Piedra Grande, y temiendo que lo asesinaran, y recordando que ambos pertenecíamos al mismo partido político, me lancé hacia él para desarmarle, sin escuchar las insistentes súplicas de mis amigos.

—¡Deténgase, Froylán! Ese hombre está loco y no le conoce. ¡Va a disparar sobre usted, ¡Deténgase por Dios!

Yo comprendía que les sobraba razón. Y, sin embargo, continuaba avanzando.

—¡Acérquense, canallas! Ya sabrán con quién tienen que habérselas...

—¡General! —le grité con voz autoritaria, Soy Froylán Turcios. ¡Entrégueme sus armas!

Volvió hacia mí la cabeza con iracundo movimiento, apuntándome con su revólver. En aquel instante me vi perdido. Fue sólo un segundo...

—¡Viva el defensor de nuestra soberanía! —exclamó. Y tendiéndome el brazo, me entregó la pistola.

—Aléjese pronto, general, que vienen a capturarlo —le dije, señalándole, ya cerca, el grupo de policías.

Partió al galope por lo alto del camino, seguido de sus perseguidores. Y, para evitar que lo mataran a culatazos cuando le condujeran preso, solicité por teléfono a la Dirección de Policía que enviaran el automóvil destinado para los reos heridos que no pueden caminar. Cuando pasé por el parque La Concordia iba a toda velocidad el carro solicitado.

¡Cómo vuelan, en las pequeñas ciudades, las noticias! Encontré a mi hermana presa de la mayor inquietud.

—Froylán ¿cómo te pones a pelear con ese general borracho que disparaba contra todo el mundo?

—Si yo no he peleado con él —le dije riendo—. Intervine para poner fin al escándalo que promovía y evitar que lo asesinaran.

Y le conté lo sucedido.

Al mediodía siguiente vi entrar en mi casa a mi correligionario con la cabeza vendada y amarillento por el maltrato y la gran cantidad de sangre perdida en su pelea previa a su captura.

—Si usted no me desarma y no solicita el carro para mi conducción me hubieran descuartizado aquellos perros. A usted le debo la vida. Dígame cómo quiere que le corresponda.

Dándome su juramento de militar y de caballero de no volver a emborracharse.

—¡Se lo juro! —exclamó, estrechándome la mano.

Faltó su promesa como todo dipsómano.

Y poco después murió, en un duelo a pistola, en Pespire, llevándose por delante a su enemigo. D.E.P.

CUANDO MI CAMPAÑA contra el imperialismo yanqui se hallaba en toda su fuerza llegó un día a mi oficina Ernesto Lázarus, solicitando en alquiler mi casa del Calvario, cuya venta por veintidós mil pesos, a una señora de Minas de Oro, acababa de anularse por la intervención, en contra mía, del licenciado Presentación Quesada.

—Las condiciones son tan favorables para ti —me dijo Lázarus— que ya traigo la contrata en la que sólo falta tu firma. El arrendamiento durará cinco años, prorrogables, cada uno de ellos adelantado a razón de cien dólares por mes, con formal promesa de comprarte el inmueble, si deseas venderlo al finalizar ese tiempo.

Yo pasaba entonces por una de mis agudas crisis pecuniarias y la propuesta me pareció magnífica.

—Aquí tienes los mil doscientos dólares del primer año —concluyó, depositando un fajo de billetes sobre mi escritorio. Iba a tomarlos cuando un interno sobresalto me detuvo.

—Déjame la contrata para estudiarla —le insinué— y llévate el dinero. Te aguardo mañana a la misma hora.

El documento estaba concebido en los términos ya especificados. Sólo un reparo le encontré: en él no figuraba el nombre del alquilador; aquel espacio en blanco, que se llenaría a última hora, me hizo suponer que era éste la compañía norteamericana que actuaba en las torres inalámbricas. Así tuvo que explicármelo Lázarus al día siguiente.

—Ni por el más alto precio —le dije— entraré en negocios de ninguna clase con algún aspecto del imperialismo que diariamente combato. Sería una inconsecuencia de mi parte escribir lo que sobre él escribo y ver flotar sobre mi casa el pabellón que yo juzgo enemigo de la soberanía de Honduras.

El valor de aquellos alquileres en los cinco años era mucho mayor que la cantidad que recibí poco tiempo después por la venta de dicha casa.

—Estas cosas tuyas parecen de Don Quijote —exclamó Lázarus, disgustado por mi negativa—. ¿Crees que existe alguien en tu país, no digo que aprecie, que entienda siquiera tales extremas acciones patrióticas?

Durante los años 1927-1928 trabajé, en cuerpo y alma, en la magna empresa, acometida por un grupo de valientes, de arrojar de Nicaragua a la soldadesca yanqui que la infamaba esclavizándola.

Sin medir el peligro diario a que me exponía ante el Poder Público de Honduras luché día y noche sin descanso, de palabra y de obra, en la tribuna y en la Revista Ariel, en pro del triunfo de aquel supremo ideal. La intensidad de mi acción llegó a su máximo límite: fuera de la activísima propaganda de mi revista y de mi continua correspondencia para los diarios extranjeros, escribí, de mi puño y letra, más de cuatro mil cartas a los hombres prominentes de todos los países del mundo y a las instituciones de carácter cívico de que tuve noticia, haciendo conocer el proceso del movimiento libertario. Antes de mi intervención se sabía, de una manera vaga, que un núcleo de patriotas peleaba, en las montañas nicaragüenses, contra los invasores anglosajones. Nada más. Yo hice conocer a su jefe, lo presenté en vibrantes artículos a la admiración de los hombres libres, e impuse en la conciencia de los pueblos. Sobre este tópico podría escribir un libro de quinientas páginas, el más interesante, el mejor y más sincero de los que sobre él se han publicado y pudieran después publicarse. Pero quizá no lo escribiré nunca. Solamente dejo aquí constancia de que me aparté de la lucha cuando vi, con la más amarga decepción, que la gloriosa campaña por la soberanía nicaragüense degeneraba en una contienda fratricida, convirtiéndose el Libertador en un caudillo regional.

En mi deseo de infundir en los niños hondureños las ideas y principios de caballerosidad y civismo que forjan al verdadero ciudadano, fundé la revista Acción Cívica, destinada a los hogares y escuelas de la República.

Tuve la satisfacción de ver un acuerdo, del Gobierno que me hostilizaba, reconociendo la utilidad e importancia de dicha revista. Acto espontáneo y justiciero nulificado totalmente después por la negativa del Ministerio de Instrucción Pública para que ordenara su impresión en la Tipografía Nacional a fin de ser distribuida íntegra y gratuitamente en las escuelas y colegios de Honduras, sin reclamar yo ni un céntimo por mi trabajo de formarla y corregirla. También se negó a recomendar que la editaran en la referida tipografía pagando yo su valor adelantado. Ante esas dos negativas —y no hallando en absoluto donde publicarla, después de la entrega de la imprenta en que aparecía— extinguióse Acción Cívica, a la que millares de personas, conscientes del mérito y utilidad de las cosas del cerebro y del espíritu, auguraron larga vida.

Raúl Toledo López me envió del exterior una tarjeta para su cuñado Fernando Pérez, en que le pedía, de manera especialísima, que, de preferencia, se publicara Ariel en la imprenta El Sol, de la cual era copropietario.

Con agresiva sorpresa vio Paz Baraona la reaparición de la odiada revista.

Tan odiada que el señor Luis Bográn, Ministro de Honduras en Washington, al recibir de un guasón majadero la noticia de que el director de Ariel había muerto, se puso contentísimo, ofendiéndome con algunas frases vulgares. En pago a mi reprobación por el susto que le dieron algunos regocijados liberales, en 1924, disparándole un tiro al aire y haciéndole correr por una calle de Tegucigalpa.

Circuló un número con un editorial que puso frenético al gobernante. Fui citado por medio del director de Policía para presentarme ante él a las once de la mañana. Tenía yo conocimiento de los ultrajes inferidos por Paz Baraona a personas que no le eran adictas, llamadas por algún chisme a su presencia la última. El doctor Salvador Zelaya me contó que lo hizo víctima de groseras ofensas de palabra, proferidas con acento áspero y provocativo, a pesar de su confraternidad masónica. Resuelto a matar y a perder la vida antes que sufrir la menor humillación, me puse el revólver en el bolsillo, conforme con mi suerte. No me registraron al llegar, y, tras breves preguntas, me introdujeron en el pequeño salón del segundo piso de la rotonda. Esperé allí como diez minutos, meditando en que nunca me hubiera imaginado que la próxima vez que fijara las plantas en aquel palacio, construido por mis iniciativas, desde la hora en que corrí el riesgo de morir por salvar al doctor Miguel Paz Baraona, fuera para repeler, en la forma en que se presentara, la agresión de ese mismo señor, ya en la presidencia de la República convertido en mi acérrimo enemigo por mi imperdonable delito de defender la soberanía de mi patria.

Impacientábame en la espera cuando llegó el supremo magistrado. No era ya el hombrecillo mustio y pálido, con palidez terrosa, humilde y abatido, que yo compadecí antes dos veces en las crisis violentas de su destino. Ahora erguía con orgullo su pequeña estatura y mostrábase altanero, torvo, iracundo, con el ademán drástico y los ojos encendidos. Que me obligaba, por la fuerza con que la ley lo investiera, a presentarme ante él —dios olímpico, juez absoluto— para doblegar mi ardor cívico y reprimir mis audaces protestas, pagando así la deuda moral que tenía conmigo.

—Vea, señor —gritó al entrar, agitando los brazos—. Tenga mucho cuidado. Usted ha proferido gravísimas amenazas contra mi Gobierno y contra mí, diciendo, entre otras cosas, que pronto correría la sangre por las calles de esta ciudad. Estoy dispuesto a ordenar que le pongan una barra de grillos, o a fusilarlo. Le llamo para que lo sepa, Si tiene apego a la vida suspenda esa revista en que fomenta la sedición y la anarquía.

Como yo le mirara en silencio, sin moverme de mi asiento, él, irguiéndose más, engallándose y recorriendo a largos pasos el salón, llegó a mi lado manoteando fuera de sí. Entonces me levanté, exclamando:

—A mi vez le digo que tenga cuidado. Yo no me dejaré jamás ultrajar ni de usted ni de nadie. No siento ningún apego a la vida. Respecto a las amenazas que me atribuye, miente quien haya venido a comunicárselas. Nunca las he proferido. Lo que pienso y proyecto aparece con mi firma en Ariel. No suspenderé mi revista. Cumplo en ella con mi deber de ciudadano íntegro, denunciando a los que ansían convertir a Honduras en una colonia yanqui. Puede usted hacer lo que se le antoje, engrillarme, fusilarme. Usted no me conoce: soy capaz de morir mil veces que claudicar miserablemente ante imposiciones que desprecio.

Su cara amarillenta se puso lívida. Avanzó de nuevo hacia mí con los puños cerrados. Le miré esperando el golpe para meterle en el cuerpo los cinco tiros de mi revólver. Pero, con la diestra en alto, y con la mano izquierda golpeándose el pecho, vociferó:

—¡Aquí, aquí tengo grabada su acción lo que hizo usted por salvarme la vida, exponiendo la suya, cuando yo estaba en poder de aquellos bandoleros! ¡Aquí! No le ordeno, le suplico que suspenda esa revista.

—En sus manos está que eso suceda, desligándose del tutelaje extranjero.

Viéndole caído sobre un sofá di la vuelta y salí. Me siguió hasta la escalera, tendiéndome la mano. Sin volverme continué mi camino.

Poco tiempo pasó. Escribía una mañana, de espaldas a la puerta de la esquina de mi casa. Oí ruido, y al volverme miré al general Lino Zúñiga a mi lado.

—Tengo orden del señor Presidente para conducirlo a la penitenciaría.

—Estoy a su disposición.

Y tomé mi sombrero. Cuando ya salíamos de detúvose, diciendo:

—¿Tiene a mano un ejemplar de su revista de ayer?

Se lo di y leyó el editorial.

Prométame no moverse de este sitio. Volveré dentro de veinte minutos. Salió, y, transcurrida media hora, le vi regresar sonriendo satisfecho.

—Le aseguraron al doctor Paz Baraona que en ese artículo usted le llamaba traidor, ladrón y asesino, ofendiéndole además en su vida privada. Acaba de leerlo; y, aunque está muy duro para él, no contiene insultos de esa clase.

Le pide excusas por la orden que me dio.

—Dígale al presidente, amigo Zúñiga, que cierre siempre los oídos a los chismes miserables: que como gobernante está en la obligación de leer la prensa independiente. Que yo detesto la injuria personal por estéril y vil: que nunca he atacado ni atacaré a nadie en su vida privada porque eso es propio sólo de los canallas. Que le ataco, y así lo seguiré haciendo, en sus actos oficiales que lastiman la autonomía de mi patria...

Arturo Martínez Galindo —después de su prisión en el cuartel de San Francisco— me dijo que Paz Baraona lanzó contra mí terribles amenazas ante él y otros compañeros suyos del Grupo Renovación.

Todo culminó al fin con la muerte de Ariel por un decreto emitido pocos días después. Publiqué entonces en El Cronista y El Demócrata, diarios dirigidos por Alfonso Guillén Zelaya y Céleo Dávila, una vigorosa protesta en que exhibí de la peor manera a mi poderoso enemigo en los términos más violentos.

Apenas comenzaron a circular aquellos diarios muchos amigos llegaron a mi casa para aconsejarme que saliera inmediatamente de la capital, pues de un momento a otro sería encadenado.

—Paz Baraona, en un instante de cólera, en uno de sus frenesíes, es capaz de fusilar a su mismo padre —me dijo uno que era conterráneo suyo.

—No, no me iré. ¿Por qué delito voy a huir?

Y abrí todas las puertas de mi casa, Pero, interiormente seguro de que se me hundiría en alguna asquerosa celda, sino se me lanzaba del país, o me ocurría algo peor, preparé una valija con lo más necesario. El doctor Pablo Moncada llegó a decirme que el presidente estaba rabioso contra mí y que de un minuto a otro se me iba a capturar.

—Evite un atropello —me dijo—. Su prisión es inminente.

Le repetí lo que expresé a los otros. Ahora deseaba que se viera ese abuso de la fuerza oficial que ratificaría plenamente mis juicios. Pero, dominando sus iras, no cumplió el gobernante sus amenazas, quizá aconsejado por algunos de sus ministros y por otros personajes influyentes, o por miedo a la opinión pública manifiesta en mi favor, y a las críticas mordaces de los periodistas de su propio país y de las otras secciones de Centro América y del exterior.

Más de doscientos artículos y cartas de mis compañeros de letras en Hispano América recibí, protestando por la muerte de Ariel. De mi libro inédito Anecdotario Centroamericano transcribiré aquí la siguiente anécdota que me relató en Tegucigalpa una persona de crédito: El doctor Miguel Paz Baraona —al revés del general Manuel Bonilla, que menospreciaba a los chismosos y no dio oídos a sus calumnias— consideraba como verdades matemáticas todo lo que contra sus enemigos inventaban algunas gentes de baja extracción que se movían alrededor de su persona. Individuos anónimos que gozaban con sus villanos procedimientos.

De aquí que continuamente estuviera citando a palacio, por medio de las autoridades militares, a los que consideraba desafectos a su régimen, para ultrajarlos: llegando, en cierta ocasión, en la violencia de su rabia, hasta a escupir a uno de ellos en la cara. Ni algunos de sus amados hermanos masones pudieron escapar en estos accesos de furia a sus ultrajes.

Un honrado ciudadano de uno de los departamentos occidentales recibió una apremiante orden telegráfica, para que, en el término de la distancia, se presentara en la mansión presidencial. Sacándole plumas a la mula, y haciéndola, no galopar sino casi volar por los cerros y llanuras, recorrió en relativo breve tiempo las sesenta o setenta leguas, y, sin sacudirse el polvo, hizo acto de presencia ante el gobernante.

Verle éste y ponerse frenético fue todo uno. Con el ademán de arremangarse, y otro, aún más gráfico, que le era característico, avanzó rugiendo en actitud de pelea contra el infeliz. Casi rozándole la frente con los puños le injurió a gritos con los más soeces vocablos.

El ofendido perdió entonces la noción del peligro, y, resuelto a todo, le apostrofó enérgicamente:

—¿Con qué derecho me trata usted como si yo fuera un bandido? ¿Por qué abusa del poder contra un hombre desarmado? Si usted no estuviera bajo la protección de las bayonetas sujetaría de seguro su lengua. Su cobarde proceder es indigno del alto cargo que desempeña.

Ante expresiones tan rotundas y altisonantes, don Miguel quedóse inmóvil y estupefacto, en la situación del que recibe un súbito golpe en el cráneo. Corrió al cuarto próximo, y cuando su contendor esperaba verle aparecer con un revólver en la diestra para ultimarlo, o seguido de algunos esbirros para conducirle a la penitenciaría, le miró venir pausadamente con un Crucifijo de gran tamaño entre las manos.

Acercóse a su víctima, bañado en lágrimas, y, entre sollozos, le dijo con voz humilde:

—Perdone, señor... Vea, amigo... Este es el único que puede consolarnos.

El otro, conmovido, se arrojó en sus brazos; y así, con el Cristo entre los dos, estuvieron largo rato gimiendo y sollozando...

En el primer día de 1929 recibí la visita de tres jóvenes de Cedros que deseaban conocerme. No les pregunté sus nombres y conversamos largo rato con la mayor cordialidad. Uno de ellos ponderó con entusiasmo mi campaña por la libertad de Nicaragua; y extendiéndome yo en este tópico nombré a Chamorro, Díaz y Moncada, calificándolos en los peores términos.

El más afectuoso de mis nuevos amigos —blanco, grueso, bien parecido, como de veinte años— levantóse con violencia, gritando:

—¡Ese Moncada es mi padre!

—Lo siento mucho —dije, con penoso asombro—. Y créame que, de saberlo antes, no le habría nombrado, pues además de que está usted en mi casa y de que con su mejor voluntad ha venido a verme, no soy un perverso para echarle en cara a un hijo las vergüenzas de su padre. ¿Cómo iba yo a suponer que vendría usted a saludarme, expresándome su cordial admiración, después de los terribles artículos publicados contra él en mi Revista Ariel?

—Pero usted me ha ofendido gravemente y yo lo desafío a que me repita lo que expresó, en otro sitio.

—En el lugar que usted quiera se lo repetiré con mayor energía. Vamos adonde usted lo desee.

Y cogí mi bastón y mi sombrero.

Pero los otros se interpusieron, suplicándome que no hiciera caso de aquellas palabras, inútiles después de mi franca explicación; despidiéndose en seguida en la más oportuna forma posible en tan difíciles circunstancias. Me afectó aquel inesperado incidente... Más lo sucedido no podía ya borrarse. Iba yo, en aquella misma semana, por la calle cuando vi venir en mi dirección a Elio Moncada. Pensé en un lance súbito y avancé prevenido. Pero él me cedió la acera, saludándome.

Conservo de aquel simpático muchacho el mejor recuerdo. Y ojalá sea por él correspondido al leer estos renglones.

Algunos meses después de la elección presidencial del doctor Vicente Mejía Colindres, llegó Céleo Dávila a mi casa a darme la noticia de mi próximo nombramiento de Ministro Residente de Honduras en Francia. Cuando iba a dictarse el acuerdo se vio que en el Presupuesto de Gastos vigente no figuraba ese cargo. Por lo que tuve que aceptar el de Cónsul General de Honduras en París, con la promesa de que se restablecería en mi favor dicho puesto diplomático de agosto de aquel año.

Un día, al pasar frente al Banco de Honduras, me llamó del parque J. M. Albir, miembro importante del partido nacionalista.

—Amigo Turcios —me dijo—. Aunque no cultivamos relaciones amistosas, ignoro por qué, quizá por motivos de política menuda, sé que existe entre los dos un mutuo aprecio. Bien: dentro de una hora va a presentarse al Congreso su nombramiento consular. Todos los diputados de mi partido, que forman la gran mayoría de la Cámara, pensamos que tal designación no es digna de usted. Y hemos resuelto rechazarla y pedir al Poder Ejecutivo que se le nombre Ministro en Francia. Pero para proceder así necesitamos de su consentimiento.

Le expresé mi gratitud, rogándole hacerla extensiva a sus colegas. Pero decliné su noble oferta, pues fuera de que mi asentimiento sería tomado por mis correligionarios como una inconsecuencia, todo el mundo, con pocas excepciones, iba a creer que yo había intrigado para obtener, en tal forma, aquella designación. Y terminé diciéndole que contaba con el ofrecimiento del doctor Mejía Colindres de nombrarme Ministro en agosto.

Me hizo, no obstante, algunas objeciones. Con la excitativa del Congreso, el Poder Ejecutivo crearía inmediatamente aquel cargo. Y hecho así, yo estaba a salvo de que, por cualquier motivo, se me cancelara el nombramiento.

—Sería el primer caso —concluyó— en que el Congreso Nacional hiciera una recomendación semejante. Piense en la honra singular que esto significa.

Pero no cedí ante esos fundamentales razonamientos, despidiéndome de Albir con un abrazo de eterna gratitud. Todos los que leyeron la prensa hondureña de aquella época se enteraron de las altas y elocuentes frases que, ponderándome, pronunció Albir en el instante en que el Congreso aprobaba mi nombramiento de Cónsul General de Honduras en París. Las cinco o seis papeletas adversas que obtuve iban firmadas por los diputados liberales. Votaron contra mí, según ellos mismos lo dijeron, por los elogios que Albir me prodigó.

Cuando preparaba mi viaje para Francia recibí el acuerdo en que se me nombró Delegado de Honduras al Congreso Postal Universal, que iba a reunirse en Londres en los primeros días de mayo.

Vendí mi librería al profesor Carlos Aguilar Pinel por la cantidad (y forma de pago) —que él fijó— y después de pasar nueve días venturosos en Comayagua, viviendo en ellos mi último sueño de amor, partí de Tegucigalpa para Tela con mi familia, en la madrugada del 8 de abril.

LLEGAMOS A ZAMBRANO en la fresca mañanita embalsamada por los próximos pinares. Más de una hora conversé allí con el general Carías, con quien antes sólo cambiara algún saludo y que se mostró muy cordial conmigo.

—Si todos los nombramientos del nuevo Gobierno fueran tan acertados como el suyo los aplaudiría con gusto —me dijo al despedirnos.

Al llegar a Potrerillos recibí un telegrama de Gregorio E. Rivera, excitándome en su nombre y en el de gran número de amigos de la sociedad La Juventud, para que permaneciera algunas hora en San Pedro, en donde sería agasajado por ellos. Como se me informó (lo que no fue así) que el vapor iba a zarpar de Tela a las nueve de aquella noche, no pude atender, sintiéndolo mucho, tan cordial invitación.

Cuando el tren se detuvo en dicha ciudad subieron al carro en que yo iba Carlos Alberto Pineda, José Antonio Peraza, Rivera, Manuel Escoto y otros cuyos nombres quisiera fijar en esta página. Un momento estuvimos juntos, pues la parada del tren fue muy rápida, despidiéndonos con un abrazo.

Tres días pasé en Tela esperando el vapor. Fui obsequiado con una magnífica cena por mi querido amigo Gustavo R. Pinel. A pesar de mi anhelo de ver nuevos horizontes, me dolía ausentarme de Honduras.

Más meritorio era este sentimiento patrio si se piensa que salí de Honduras como un desconocido. Nadie fue a estrechar mi mano en la hora en que partí de Tegucigalpa, ni al embarcarme en Tela. En este puerto ninguna persona me visitó. Conservo, sin embargo, un recuerdo grato de aquellos días. Paseábame, al anochecer, por el parque, frente al hotelito en que me hospedaba, cuando noté que varios muchachos descalzos me seguían. Uno de ellos dijo:

—Es un gran hombre, un gran patriota.

Aquellas palabras, en boca de un niño hondureño, me compensaron de la indiferencia de mis connacionales mayores de edad que me veían partir, quizá para siempre, sin honrarme con un adiós fraternal.

Una noche, cerca de las once, al subir a mi cuarto del hotel, me encontré con el general Gregorio Ferrera, a quien nunca había visto. Conversamos unos diez minutos.

—Celebro su nombramiento —me dijo—. Aunque un Consulado es muy poco para usted. Debieron haberle nombrado Ministro Plenipotenciario.

—Aprovecho este momento —exclamé— para darle una explicación. Usted me envió con un amigo (y le cité el nombre) una carta importante que nunca recibí. El mismo amigo me explicó que, al atravesar un río, viendo venir por el lado opuesto una escolta, temeroso de que le registraran, arrojó la carta a la corriente.

— Me alegro de saberlo. Creía que no la consideró usted digna de su respuesta. Era, en verdad, una carta importante.

Nos despedimos amistosamente.

Nueve horas después me embarqué en el Matina rumbo a Inglaterra. Fueron dos semanas y media de viaje con magnífico tiempo, en que admiré tantas veces los dos maravillosos espectáculos que por infinitos no fatigan jamás: el cielo y el mar. Al décimo séptimo día vi las costas de Irlanda y, en una cenicienta mañana, el vapor ancló en Liverpool. Gran puerto, con más de ochocientos mil habitantes; lo conocí apenas como en un sueño. El 30 de abril llegué a Londres.

Dos meses viví en Inglaterra y de ellos guardo los mejores recuerdos. En la travesía por el Atlántico estudié los textos que traje relativos al Congreso Postal Universal. Sentíame preparado para actuar en él. Todos los puntos que el Gobierno me recomendara fueron en él resueltos, a petición mía, de la manera más satisfactoria y trabajé en las comisiones con la mayor actividad.

Para corresponder a las finezas con que me distinguió el Cónsul General de Honduras en Londres, Humberto Blanco Fombona, solicité para él, por cablegrama dirigido al presidente Mejía Colindres, el nombramiento de Delegado ad-honorem al Congreso referido, que obtuve en el acto.

Me relacioné con altas personalidades de todos los países de la tierra, y tuve el placer de conversar con el príncipe de Gales, estrechando en una recepción la mano del rey Jorge V. En el palacio de Burlington Gardens, en donde se verificaron las sesiones del Congreso, y en altísima torre, hay un juego admirable de campanas. Cada hora está marcada con una previa melodía, cuyas cristalinas notas produjeron en mi cerebro el efecto de las luces de los cohetes de colores desgranándose en músicas en las tinieblas nocturnas. Sólo en Brujas la Muerta he sentido, oyendo en los anocheceres sus carrillones, esa emoción extraña.

Banquetes, brillantes noches de teatro, fiestas espléndidas en que conocí a muchas damas y personajes de la aristocracia inglesa. Visitas a los museos, a los templos, a los edificios históricos, a los gloriosos monumentos,

El Gobierno obsequió a los Delegados con interesantísimas excursiones por Inglaterra y Escocia. Pasé días muy gratos en Plymouth, Portsmouth, Southampton, York, Glasgow, en la blanca ciudad de Edimburgo y, hacia el norte, en los lagos de inolvidable hermosura como el Lemond, cuyo encanto supera a cuanto pueda imaginarse. Los paisajes de Escocia en la primavera son únicos por su ensoñadora belleza, y sus leyendas, oídas en los atardeceres de sonrosados ópalos, parecen fábulas de amores teñidas de sangre.

...Escuché, el día de la visita al palacio de María Estuardo, de un viejo vestido a la usanza antigua, un extraño relato de la muerte de aquella desventurada reina. Era una especie de canto lúgubre, de rústica elegía, al que formaba eco un singular instrumento primitivo de música grave y melancólica. Princesa seductora de romance y de quimera, su recuerdo es venerado en Escocia como el de una mártir. Fue en el pétreo castillo de su largo cautiverio, que terminó con su trágica muerte, donde sonaba, a través de los siglos, su nombre en la fúnebre canción. Y conmovía, hasta muy adentro de nuestro mundo arcano, la voz de aquel montañés plena del dolor de un drama tan remoto. Mi última visita en Londres fue a la Abadía de Westminster, para los sitios en que reposan Shakespeare, Milton, Thackeray, Macaulay, Goldsmith, Addison, Newton, Darwin, Ben Johnson, Dryden, Garrick, Spencer, Haendel, etcétera.

Abandoné la metrópoli del mundo poco antes de clausurar el Congreso Postal Universal, por un apremiante aerograma en que el Gobierno de mi país me ordenaba partir inmediatamente para Sevilla, en un asunto urgente relacionado con nuestra cuestión de límites con Guatemala. En París debería reunirse conmigo el doctor Rubén Andino Aguilar, designado también para aquella comisión.

Salimos de París el 25 de junio. En Madrid permanecimos un día, llegando a Sevilla en la mañana del 29. Su Exposición, verdaderamente espléndida, había convertido a la bella ciudad andaluza en una sonora colmena, ¡Qué antítesis entre el severo aspecto de Londres y aquel ruido ensordecedor de risas, músicas y cantos! Arreglado el asunto que a ella nos condujo nos dedicamos a sentir y gozar las múltiples atracciones de su ambiente. La catedral suntuosa, con su admirable Giralda, el Alcázar, la Torre de Oro y la Casa de Pilatos, el Palacio Arzobispal, La Lonja, las danzas típicas y fiestas populares y, en las tardes cálidas, bajo un cielo de metal azul, las emocionantes corridas de toros, Sevilla, la Hispalis fenicia, la Colonia Rómula de los romanos, en tiempo de los árabes erigida en Corte por Abd-el-Azis. ¡Mágica ciudad del amor y de la alegría!

Reposé una tarde en las ruinas de Itálica, fundada por Escipión el Africano y patria del óptimo emperador Marco Ulpio Trajano, grande entre los grandes de la Historia.

Y de nuevo al tren para Madrid. Y de ahí, en dirección a Barcelona, un día en Zaragoza, la César Augusta de los romanos, corte del ex-reino de Aragón, célebre en los tiempos contemporáneos por su defensa contra un ejército napoleónico dirigido por los mariscales Lannes y Moncey, a quienes asombró la heroicidad de sus habitantes.

Unos chiquillos callejeros me llevaron a la Seo y a Nuestra Señora del Pilar, cuya cúpula fue pintada por Velásquez y en la que se venera a la patrona de Aragón. Es un hermoso templo construido con mármoles y jaspes. Fui después, con mis pequeños cicerones, cuyas pláticas explicativas eran claras y precisas, al paseo de la Independencia, a la Plaza de la República y a varios sitios de importancia histórica, atravesando dos antiguos puentes sobre el Ebro. Llegamos a medianoche a Barcelona, espléndidamente iluminada en honor a los cien mil visitantes a su Exposición, que me pareció interesantísima y grandiosa. Repetí mis visitas de 1920 a los museos, bibliotecas, teatros, etcétera, solo o en compañía de amigos periodistas. Y una mañana tomamos la ruta de París, deteniéndonos un día en Tolosa, en donde visité la catedral, del siglo XIII, y su museo y biblioteca.

De aquellas tres semanas por tierras de España y Francia, en compañía de Andino Aguilar y su inteligente señora, guardo las remembranzas más gratas.

Me instalé con mi familia en un amplio y cómodo departamento en el Campo de Marte-26, Avenue Charles Floquet-, uno de los lugares más bellos de París. Metodicé mi tiempo, fijando de las dos a las cinco las horas de oficina y ocupando la mañana en atender mi correspondencia, en contestar solicitudes de informes sobre mi país y en escribir mis libros de Historia de Honduras. Empleaba las otras horas del día en recorrer los museos y exposiciones de arte, en oír buena música en los sitios de mayor renombre, en los teatros, en visitas, en paseos por la ciudad, en lecturas, etcétera. Este fue, en general, mi programa de vida en los tres años y diez meses de mi acción diplomática en Francia.

En agosto recibí el nombramiento de Delegado de Honduras a la Asamblea de la Sociedad de las Naciones, alto cargo, el mayor y más honroso de cuantos he tenido.

La gran Asamblea inauguró sus trabajos el primero de septiembre, clausurándolos veinticinco días después. Formé parte de diversos grupos o comisiones de estudios, que se reunían en diferentes locales, en las tardes o en las noches, en horas señaladas en los boletines. Me tocó, de este modo, hallarme en relaciones directas con los personajes representativos de la política mundial.

Los hombres más brillantes de cada país movíanse en aquel magno Congreso: Briand, Macdonald Stresemann Venizelos etcétera. Las sesiones eran en extremo interesantes: llenábanse las tribunas y las elevadas galerías con un selecto público internacional en que se mezclaban todos los idiomas. Redactores y corresponsales de los primeros periódicos del mundo, representantes de corporaciones científicas, viajeros célebres, diplomáticos con sus familias, damas de remotos países. Presidía aquel año la Asamblea el jurisconsulto salvadoreño. J. Gustavo Guerrero.

El discurso máximo fue el de Briand, con justicia considerado como el mejor orador político de Europa en los últimos tiempos. Me tocó en suerte ocupar un sillón a un metro del suyo, cambiando con él cordiales frases en varias circunstancias. Le observé el día en que iba a ocupar la tribuna. Por los continuos desvelos y graves preocupaciones sus sesenta y siete años se resentían, adormilando su semblante y encogiendo más su espalda. Un colega le entregó una revista satírica en que el premier francés aparecía montado en un avestruz, con una escoba en la diestra y vestido de mujer. La miró un instante, con expresión indiferente, como si se refiriera a un extraño, cayendo de nuevo en su somnolencia. Sonaron las diez y le despertó el estruendo de los aplausos con que se acogió su nombre pronunciado por el Presidente. Levantóse sin esfuerzo, subiendo con lento paso la tribuna. Comenzó a hablar con voz serena, pesando las palabras, midiendo las frases. Poco a poco fue elevándose su acento con tonos profundos hasta culminar en un plano de sonoridad y potencia maravillosas. Aquel estupendo milagro oratorio se desarrolló en un silencio tan grande que en él habríase podido oír el palpitar de los corazones. El Briand que ahora contemplaba era otro muy distinto del que viera hacía apenas unos pocos minutos. Erguido y juvenil, con los ojos brillantes y el amplio ademán subrayando los magníficos períodos, sobrepasábase a sí mismo en los momentos supremos de su portentosa elocuencia. Nadie se movía, nadie osaba interrumpir con una sílaba ni con un aplauso el verbo ardiente que de las frías realidades de los números y de los acontecimientos remontábase a las alturas de los sueños más luminosos y preclaros de confraternidad universal y de amor a la humanidad. Jamás oyera, antes o después, una dicción tan clara y pura, que evocaba superándola con exceso, la maestría de los supremos recitadores y las cadencias graves y como recónditas de los violoncelos. El francés, instrumento monótono por sus acentos agudos en boca de cualquier otro orador, volvíase profundamente melódico, cálido y cambiante, manejado por el romántico poeta que vibraba dentro de tan formidable político. Fui el primero que llegó al pie de la tribuna para abrazarle cuando el vasto salón temblaba con los gritos de entusiasmo y los aplausos frenéticos de sus apasionados admiradores.

Pienso publicar en mi libro Prosas Cívicas mi ensayo sobre la Sociedad de las Naciones, completándolo con datos y documentos recogidos en los tres últimos años. El complejo engranaje de esa vasta institución se presta para un extenso estudio y también para una novela de ingeniosa trama internacional, Hay en ella materia amplísima para la Historia y para la Leyenda. Sus críticos más acerbos la consideran cosa inútil, en la que predomina la farsa. Creo que, fuera de lo que tiene de espectacular y de frívolo, su funcionamiento ha sido de verdadera importancia en los destinos del mundo. El día en que su fuerza moral estuviera apoyada por un poderoso ejército su finalidad civilizadora llegaría la relativa a perfección.

LAS CUATRO SEMANAS que viví en Ginebra entre el esplendor de las fiestas, paseos y banquetes, en plena cordialidad con ilustres varones —Y, sobre todo, entre lecturas y nuevos estudios que antes no me interesaran— fueron intensas y fecundas. Mi viejo amigo, el gran poeta argentino Leopoldo Díaz — el Cónsul lírico que en los versos de Rubén trajo a Suiza una musa por cancillera— me ponderó en una de sus cartas la magnificencia topográfica de esa ciudad y ratifiqué sus palabras con la mayor amplitud. Cada mañana, al abrir los balcones de mi lujosa residencia en el Hotel de la Paz, sentía como un deslumbramiento ante el paisaje espléndido que contemplaban mis ojos. Circuida de altos montes y fértiles jardines, con un lago cuyas aguas, de una claridad de diamante, suenan armoniosamente en los silencios nocturnos, Ginebra, en la florida estación, parece una metrópoli de sueño o de cuento de hadas entrevista en un volumen de fábulas antiguas. El zafir de su firmamento, sus tardes encendidas hacia el orto de quiméricas púrpuras y llameantes oros, sus mañanas tibias y deliciosas, sus plácidas noches, llenas de los rumores de las brisas y de remotos cánticos adormecen el alma y el pensamiento en una paz profunda.

Una tarde entera pasé en la Bastilla de Suiza, el Castillo de Chillón, evocando a Byron y su magnífico poema, gozando de la delicia del aire, del agua y de la luz en uno de los parajes más bellos de la tierra. Hallábame en la isla de Juan Jacobo Rousseau, en una de aquellas dulces horas vespertinas que invitan a la meditación, sumergido en remotos recuerdos y admirando el armonioso desfile de los cisnes blancos y negros sobre las claras ondas. Un centenar de alegres niños correteaba entre las rosaledas, con los cabellos al aire, gritando y persiguiéndose. Subíanse ágilmente a los espaldares de las bancas y alejábanse con saltos graciosos para aparecer por el otro extremo del parque riendo a carcajadas. Cerca, una muchachita pálida, en una pequeña silla de ruedas, los miraba con ávidos ojos, con el ansia de correr como ellos y de cantar como los pájaros primaverales. Impresionado por aquel deseo angustioso —y porque vibrando siempre en mi corazón el recuerdo de Lalita, me atraen piadosamente los inválidos arrastrados en esas sillas como cosas muertas, como restos perdidos sin esperanza— me aproximé a ella, acariciando su pobre cabecita de rizos castaños. Sonrióme con suavidad tan triste que hizo temblar mi mano al tomar una de las suyas. La parálisis la inmovilizaba con su garra de hierro. ¡Ah! ¡Si yo hubiese podido devolver la vitalidad a sus piernecillas lamentables! Después de aquella sonrisa la tarde diáfana se obscureció ante mis ojos y del cielo me pareció que caían sobre el horizonte lúgubres crespones,

Aquella noche, en un banquete en Aguas Vivas, mi vecino, el Ministro de Chile en Bélgica y Delegado a la Asamblea, Jorge Valdés Mendeville, me preguntó si había escrito algún poema en Suiza.

—Estoy concluyendo un Ensayo sobre la Sociedad de las Naciones — le dije—. Y he de resumir en unas estrofas la grave emoción que sentí esta tarde...

Y le conté mi encuentro con la niña inválida. Vi que se demudaba su rostro, por el que corrían gruesas lágrimas...

— Es mi hija — exclamó—. El ser que más amo en la tierra. Así vino al mundo y los más célebres especialistas han sido inútiles para vencer su mal.

Visité, por segunda vez, una mañana, en compañía de varios amigos diplomáticos el manicomio de Ginebra. Su director nos atendió con su mejor voluntad. Después de recorrer los amplios jardines y la parte exterior del inmenso edificio, nos condujo por los dormitorios, explicándonos interesantes detalles de sus observaciones en tan delicado cargo. Entramos en una sala en que vi algunas enfermas en sus camas, tres de ellas retenidas por sus accesos frenéticos con aparatos adecuados para que no pudieran moverse. Luego nos detuvimos junto al lecho de una jovencita que yacía inmóvil con los brazos extendidos a lo largo del cuerpo.

—Esta sí que no nos da gran trabajo —dijo el médico—. No habla casi nunca. Apenas se mueve y su pasividad en todo momento es admirable. Ve pasar los días enteros bajo un álamo del jardín; en una completa indiferencia de cuanto la rodea. Hoy la hemos obligado a no levantarse por un pequeño golpe que se dio ayer en un pie. Rehúye la presencia de sus compañeras y jamás ha tenido ninguna crisis de furor.

—¡Qué piedad siento por ella — dije, mirándola con cariño—.

—En la semana próxima cumplirá quince años. De nueve ingresó al manicomio, procedente de una familia de aldeanos de Chamonix. Es muy bonita, digna de un venturoso destino. Pero ya ve usted la vida que la espera...

—¿Y no hay ninguna probabilidad de salvarla?

— En mi concepto, ninguna. Todos mis esfuerzos en ese sentido hasta hoy han fracasado.

Acerquéme a la infeliz, tomándole una mano. Me sonrió como un niño a quien obsequian con una fruta. Mientras el grupo iba de un lecho a otro, en que se agitaban otras víctimas de extrañas demencias, permanecí sentado cerca de la pobre criatura, que no dejó un instante de mirarme. Yo también la miraba con una lástima tan grande que me producía un verdadero dolor, acariciando sus manos como si fueran las de una hermanita moribunda. Me sonreía ahora con un dulzura que me conmovió hasta las entrañas.

Cuando todos penetraron en la sala contigua me levanté para seguirlos; pero ella sentóse rápidamente, reteniéndome y llorando de una manera lamentable.

Acudió el director asombrado del caso.

— Es la primera vez que la veo emocionarse —exclamó—. ¡Qué rara cosa! Quédese a su lado mientras visitamos los otros salones..

Media hora permanecí con sus manecitas entre las mías. Pasé mi diestra sobre sus cabellos con suavidades fraternales. Ella entrecerraba los grandes ojos castaños suspirando. Cuento esos minutos entre los de mis horas intensas. La piedad eleva el alma a su plano más puro y resplandeciente.

—Con su ayuda quizá hubiera yo curado a esta desventurada niña... — oí que decía el doctor.

Sintiéndola como adormecida fui retirándome con lentitud. De pronto abrió los ojos, aferrándose de nuevo a mí con desesperación.

¡Qué esfuerzo doloroso tuve que hacer para liberarme de tan dulce cadena! En el umbral de la puerta volvime diciéndola adiós. Sus brazos desnudos se tendían hacia mí y sus sollozos aún resuenan en mi corazón... Ya clausurada la Asamblea pasé unos días en Berna, Zurich y Lausanne; fui a Evián, donde me encontré con una distinguida familia guatemalteca; ascendí al Monte Blanco, y, después de escribir mi Informe para el Gobierno, abandoné la patria de Juan Jacobo, rumbo a la Ciudad-Luz.

Allí me esperaba una dura y nueva decepción sobre la amistad de los hombres, uno de los más engañadores mitos humanos. Podría titular *Eironeia* al siguiente relato.

YO CULTIVABA CON Alberto Masferrer, desde hacía más de treinta años, relaciones de íntimo compañerismo. Tratábale como hermano mayor en edad y experiencias. En mis diarios, en mis revistas, aludí a él con frecuencia, exaltando sus virtudes y su talento. Yo lo hice conocer en Honduras con innumerables reproducciones de sus prosas, muchas de ellas con oportunos comentarios de mi pluma. En mi álbum cinceló una interesante página y conservo cartas suyas —algunas publicadas— en que se desborda en palabras de aprecio, admiración y cariño para mí.

Cuando en 1920 estuvo en Costa Rica, y, en 1921 en Tegucigalpa, nuestra fraternidad fortalecióse aún más. Imposibilitado para caminar en este último año, yo le acompañaba en su casa procurando distraer su ánimo abatido con pláticas optimistas y cordiales, leyéndole páginas selectas y cambiando con él observaciones e ideas sobre múltiples y complejos asuntos.

Un enemigo suyo —todos los tenemos, hasta el apostólico misionero, santo no canonizado, Subirana, tuvo dos, venenosos— me llevó una serie de artículos bien escritos, atacándolo en su ideología y hasta insinuándose en algunos aspectos de su vida, rogándome los insertara con su firma en mi Revista Ariel. Se los devolví sin terminar su lectura, diciéndole:

—Por todo el oro del mundo no le publicaría yo una de estas páginas.

—¿Por qué no están de acuerdo con sus ideas?

— No, eso no tiene importancia para mí. Yo respeto los juicios, y, a veces, hasta los prejuicios ajenos. Puedo mostrarle, para que se convenza de mi absoluta imparcialidad, gran número de producciones que aparecieron en El Nuevo Tiempo, de que fui director, en que se sustentan ideas contrarias a mis principios en diferentes órdenes de acción. No, no es por eso. Es porque jamás he acogido ni acogeré en mis publicaciones ataques contra la vida privada de nadie, ni aun de mis enemigos; y, sobre todo, porque, para mí, la amistad impone deberes de los que por ningún motivo podemos evadirnos sin cometer una canallada. Alberto Masferrer es mi amigo y yo mismo me consideraría un traidor si en una hoja pública que lleva mi nombre publicara una línea en su descrédito.

No insistió. Al despedirse dijo:

— Lo que usted hace es muy noble. Tengo la certeza de que Masferrer no procedería de la misma manera tratándose de usted. Yo soy salvadoreño y lo conozco muy bien.

— Yo creo que sí. Y, en todo caso, aunque yo me equivocara, esto no haría cambiar, ni en un ápice, mi manera de proceder.

Por una tercera persona, testigo casual de este incidente, llegó a ser conocido por Masferrer.

Pues bien: en los meses últimos de 1929, un periodicucho de Santa Ana inventó la estúpida noticia de que un individuo me había abofeteado en Madrid. Ningún otro periódico, ni aun dos o tres que yo juzgaba hostiles a mi nombre, la acogió en sus páginas, juzgándola calumniosa. Sólo el Diario Patria, de Masferrer, la reprodujo en el acto, en lugar sobresaliente y dentro de un marco llamativo.

¡Qué ingrata sorpresa sentí al tener en mis manos aquel cobarde libelo, grabado en la hoja que servía de órgano a las prédicas cívicas y morales de mi respetado compañero e íntimo amigo!

Profundamente indignado le dirigí de París este aerograma:

Noticia reproducida en su periódico PATRIA, de que fui abofeteado en Madrid, es infame calumnia inventada por algún miserable. Yo no soy de los que se dejan abofetear. Al que me levante la mano le mataré como a un perro con rabia. Ruégole publicar estas líneas.

Otros despachos, en estos o parecidos términos, dirigí a El Cronista y El Sol, de Tegucigalpa, al Diario del Salvador y a otros diarios importantes, todos fueron publicados, y El Sol, al hacerlo, le añadió una nota muy honrosa para mí.

Masferrer no insertó en Patria mi defensa, no rectificó la grosera noticia, ni me dio ninguna explicación. Le escribí entonces una carta enérgica, reprochándole su conducta para conmigo, que desdecía de sus antecedentes, de sus doctrinas y de la alta opinión que de él me formara; manifestándole que faltó a su deber de hermano, como me llamaba en una postal recientísima, y haciéndole recuerdo de cómo procedí cuando un compatriota suyo intentó difamarlo en mi Revista Ariel y solicitando que publicara en su diario todo lo relativo a este odioso asunto.

No contestó una palabra.

Sin comentario alguno, escueto y preciso, fijo aquí lo ocurrido. Juzgue ahora el lector.

EN DICIEMBRE DE ESE AÑO de 1929 se me extendió el nombramiento de Encargado de Negocios de Honduras en Francia. El 21 de dicho mes fui recibido por Briand, Presidente del Consejo y Ministro de Negocios Extranjeros. Me abrazó, llamándome su querido colega, al recordar mi efusiva felicitación cuando pronunció su gran discurso en Ginebra, expresándose en términos elogiosos para Honduras.

Como viera en mi solapa la roseta morada de Oficial de la Instrucción Pública, me dijo:

—Ya tendrá usted la roseta roja de la Legión de Honor.

1929. Año que me fue propicio desde su primer día hasta el último. Bien puedo consignar que cada una de sus semanas representaron para mí una ilusión hecha verdad. Hay épocas en que la suerte se pone ciegamente de nuestra parte. Si yo hubiera sido jugador profesional en Montecarlo habría realizado entonces ganancias extraordinarias. Pasó rápido aquel año como todo lo que es bello y fecundo. Él me hizo olvidar, en parte, las mil amarguras de los anteriores y lo marco con gratitud en estas páginas.

Salí de Honduras ansiando convertir en hechos mis patrióticos proyectos. Con mis cargos diplomático y consular pensé hacer en Europa una labor magnífica —ni siquiera imaginaba antes— en beneficio efectivo de mi país. Corazón, cerebro y voluntad me sobraban para la brillante empresa. Las bases generales de mi plan eran las siguientes:

1a. Publicar una revista ilustrada quincenal, en francés y español, con el nombre de Honduras, en número de ocho mil ejemplares, que yo distribuiría, del modo más eficiente, en Europa y América, conteniendo cada edición un resumen claro, sencillo, matemático, de todos los valores materiales, espirituales y mentales de mi patria en los diversos órdenes de sus múltiples actividades.

2ª. Insertar, cada semana, en los dos mejores diarios de París, interesantes informaciones hondureñas.

3a. Publicar, mensualmente, en el periódico de mayor circulación en Europa, un artículo sobre los tópicos de actualidad en Honduras.

4a. Abrir, en un pequeño local céntrico de París, una Exposición Permanente de todos los productos que constituyen nuestras fuerzas comerciales e industriales: minerales, maderas, tabacos, pieles, café, vainilla, bananos, corozos, cocos, cacao, etcétera. Y de lo que sintetiza nuestra riqueza mental y espiritual: libros, revistas, periódicos, mapas, etcétera.

5a. Dar, cada tres meses, una conferencia gráfica sobre Honduras en la Sorbona y en las sociedades científicas y literarias.

6ª. Formar, en un local del Ministerio de Relaciones Exteriores de mi país, una biblioteca, con los continuos envíos que yo hiciera de las últimas novedades en conocimientos humanos.

7a. Remitir, para su publicación en La Gaceta, y en el primer diario de Tegucigalpa, un artículo quincenal sobre mi labor propatria, con una síntesis de los acontecimientos sobresalientes en Europa, en las ciencias, la política, la literatura y las artes.

Pero, para la realización de cada una de estas bases necesitábase dinero y yo contaba únicamente con mis escasos honorarios (Los setenta y cinco dólares autorizados por acuerdo del Ministerio de Relaciones Exteriores del 10 de agosto de 1930, para gastos extraordinarios de la Legación de Honduras en Francia, servían, por disposición de dicho Ministerio, para pagar el sueldo del mecanógrafo don Rosendo Martínez F, como les consta al Ministerio de Hacienda, Tribunal Superior de Cuentas y Dirección General de Rentas). En vano solicité, en dos o tres ocasiones, una módica ayuda para los enunciados propósitos; y, por último, siquiera una tercera parte de los gastos mensuales de la revista —ciento treinta dólares— comprometiéndome a contribuir yo con los otros doscientos ochenta, que recogería, en gran parte, con algunos anuncios de casas francesas, Nada obtuve.

Concretéme entonces a desempeñar mis cargos de la manera más honorable y con la mayor actividad que me fue posible. Abrigo la convicción de que hice cuanto pude —dentro de los cortos medios con que conté— para honrar el nombre de Honduras en Europa. Fuera de las de oficina trabajé siempre dos horas diarias en asuntos relacionados con mi país. Contáronse por centenares las solicitudes de informaciones que atendí en estas horas extraoficiales sin ayuda de nadie.

Tres años y diez meses —de julio de 1929 a abril de 1933— viví en París. Conozco la metrópoli única como si en ella hubiese nacido. Sus museos, sus bibliotecas, sus teatros, sus templos, sus centros artísticos, científicos y literarios, sus vastos almacenes, sus parques y jardines, sus palacios, sus necrópolis y monumentos históricos, etcétera, me son familiares. Mi planta se posó en casi todas sus calles, hasta de los más remotos suburbios. Pero los sitios predilectos de mis paseos fueron los marcados por trágicos o grandiosos acontecimientos de la Historia de Francia, y en mis apuntes diarios de aquel tiempo pueden verse interesantísimos detalles y personales impresiones.

He conocido a casi todos los mayores poetas y literatos franceses de los últimos lustros. Algunos de ellos me obsequiaron con sus libros avalorados por sus autógrafas. Visité a Clemenceau y a Joffre; Briand me invitó dos veces a comer en su casa; Marcela Tinayre y Myriam Harry me honraron con sus fotografías. Asistí a gran número de fiestas, banquetes y recepciones; comí en el Palacio del Elíseo varias veces, con otros diplomáticos, en la mesa de los presidentes Doumergue Doumer y Lebrún, concurriendo a muchos saraos oficiales y a la tribuna de dichos mandatarios en las carreras y concursos hípicos, fiestas de aviación, etcétera.

¡Cuántos sonrientes recuerdos de París acuden a mi memoria! Desde el balcón de mi departamento veía, de izquierda a derecha: el Arco del Triunfo, el Trocadero y la Torre Eiffel; las torres de la nueva iglesia norteamericana y de la de San Agustín; el caserío de las alturas de Montmartre, que me hacía soñar, en las claras tardes, con una antiquísima ciudad griega o romana, destacándose nítidamente el Molino Rojo; las dos bellas torres del Sagrado Corazón; la cumbre de la iglesia de la Magdalena; el cimborrio de la Opera; la rotonda de los Inválidos; las torres de Nuestra Señora, de San Francisco Javier y de San Sulpicio; el cimborrio del Panteón y la Escuela Militar.

En Contrexéville, pueblo de los Vosgos, pasé el mes de julio de 1930, tomando aguas, excelentes para las dolencias reumáticas, como yo lo comprobara diez años antes.

A mi regreso partió Delia para Honduras, produciéndome aquella separación un verdadero sufrimiento. Con sus hijos Stella, Luz y Fernando salió de París en los últimos días del citado mes. Creí que no iba nunca a abandonarme; pero pudo más en su corazón, como era lógico, el amor a sus vástagos que su cariño para mí. Además, el frío, el mal clima de París causábale continuas molestias y el cambio de costumbres y de vida eran para ella insoportables.

Volví a Contrexéville en agosto del año siguiente. Regresaba a París con tristeza de aquellos campos en que resurgía mi salud perdida en la vertiginosa cosmópolis. Mi última permanencia en la risueña villa fue en agosto de 1932. Allí toda la gente me conoce. Los muchachos en la calle me pedían monedas de diez céntimos, que nunca les negué, y algunos fueron mis compañeros en mis caminatas por las aldeas vecinas. Me parecía que me hallaba en una región de Olancho al escuchar el sonido de sus campanas, la voz de sus mujeres y el mugir de sus vacas al caer de las tardes en los valles profundos.

A unos setenta kilómetros de Contrexéville se halla Domremy, la patria de Juana de Arco. En automóvil hice la excursión en un día espléndido. Sin perder un detalle recorrí la humildísima casa en que nació hace más de quinientos años. Allí evoqué su infancia, su adolescencia, en la iglesita en que ella oía misa, y fui después a la suntuosa capilla erigida en el sitio de sus visiones; al museo; a los lugares en que Juana soñaba. Esa comarca es hermosísima; sus valles son como fantásticos, su río pasa como quejándose.

Admiro y venero a la divina Doncella. Tanto, que detesto el recuerdo de Voltaire —a pesar de su ingenio— por haber escrito un libro de traición de lesa patria, un libro ignominioso, sucio y brutal, el más vil por sus calumnias, difamando cobardemente a la heroica libertadora de Francia. Muchas veces, pensando en la otra vida, me ha intrigado suponer qué castigo recibiría aquel miserable por su infamia. No resisto a la tentación de transcribir aquí unas pocas líneas que acabo de leer acerca del célebre ironista francés:

"...Este filósofo de aspecto de simio, de cuerpecito enclenque, como abrasado y consumido por el espíritu, sentado en el sillón de la d'Etiolles (madame de Pompadour), bebiendo el tokay enviado por el rey... Marcela Tinayre. (La vida amorosa de madame de Pompadour, pág. 55).

Mi bella amiga de Montparnasse me escribió de Brujas, dándome una cita nocturna en aquella ciudad. El papel, la letra y el lápiz azul de su carta eran tan sutiles que, con esfuerzo, descifré la hora, el nombre de la calle y el número de la casa. Es una muchacha súper romántica, tan seductora como inteligente, con un cuerpo que hace pensar en la Afrodita de Pierre Louys.

Sólo estaremos juntos cincuenta minutos —me decía—. A partir de mis veinticinco años, mamá me vigila mucho más que antes y no te imaginas la ágil astucia de que tendré que valerme para gozar contigo este fugaz momento de felicidad. Creo, mi amado poeta, que, como a mí, te ilusiona esta pequeña aventura.

Tomé el tren de la mañana para Ostende, alojándome en el Splendid Hotel, frente a la playa de aquel Mar del Norte al que, sin conocerlo, me referí en mis Cuentos escandinavos, escritos al entrar en la adolescencia. Un amigo me llevó al casino, más fastuoso que el de Montecarlo; estupendo palacio del juego, centro de peligro, de emoción y de drama, lleno siempre de aventureros y hembras galantes. Una feliz casualidad me hizo conocer en ese día al rey Alberto, que veraneaba en aquella playa con su familia.

Poco después de la comida y de un corto paseo por las ruidosas calles partí para Brujas en el magnífico automóvil que me ofreció mi amigo Henri Adler. Como fuegos fatuos iban, en la gran carretera, en todas direcciones, las luces de los carros veloces campos obscuros, villas iluminadas pasaron ante mis ojos en aquellas horas inquietas. De pronto la ciudad legendaria apareció entre las sombras. Bajé, en la plaza, cerca de la torre de los carrillones. Tras de orientarme dije al chauffeur que me esperara allí, hundiéndome en una penumbrosa callejuela. No había más luz que la incierta de la luna que me guió a lo largo de los inmóviles canales. Me detuve frente a la puerta que buscaba, que me pareció la del paraíso. Media hora esperé sumergido en la sombra. Apenas se oía el rumor de la brisa entre los árboles que bordean las aguas y el lejano ladrar de un perro vagabundo.

¡Qué emocionante y solemne silencio! Mi cerebro llenábase de extrañas quimeras y sentía más rápidos los fuertes latidos de mi corazón. En la obscuridad misteriosa sonaron lentas y claras las doce campanadas... Un ligerísimo ruido en la cerradura, una blanca forma, unos brazos que me estrechaban apasionadamente, una boca que se unía a mi boca. Luego la ascensión, como dos fantasmas, por la escalera invisible. Un lindo cuarto con olor a rosas frescas... Pocas veces me sentí tan vibrante, tan cálido de ilusión y de emoción, como en aquella divina medianoche de Brujas la Muerta.

EN MÚLTIPLES ocasiones defendí a Honduras en la prensa de París, por injustificados ataques, y de las impertinencias de una sociedad de tenedores de bonos franceses, que no se conformaba con los arreglos hechos en Londres en relación con nuestra deuda exterior. Su presidente, un tal Alexandre, se excedió un día en palabras tan ofensivas contra mi patria, que salté sobre él resuelto a lanzarle de la Legación a puntapiés sino rectificaba allí mismo sus injurias, Lo hizo inmediatamente, dándome todo género de satisfacciones

Continuamente me informaba de la marcha de los demás Consulados hondureños en Francia, dependientes de la Legación de París; y más de una vez procedí contra aventureros audaces que con la mayor villanía comerciaban con el nombre de Honduras, vendiendo falsas patentes consulares y adjudicándose atribuciones arbitrarias — como en el caso del duque de Pleneuff—; logrando su condenación por autoridades judiciales de Niza y París.

En noviembre de 1930 recibí el nombramiento de Delegado de Honduras al VII Congreso de Aquicultura y Pesca, que se reunió en París en julio de 1931. En el Informe que oportunamente envié (en agosto de aquel año) al Ministro de Relaciones Exteriores —y que nunca vi publicado— detallé mis trabajos en dicho Congreso.

Con mi amigo, doctor Inés Rápalo, nuestro Cónsul en Hamburgo, hice un viaje a Burdeos, para representar al Presidente Mejía Colindres como primer padrino en el matrimonio de Margarita Counord, hija de nuestra compatriota doña Judith Arias de Counord. Improvisé un elogio de la elegante novia en el banquete nupcial, obsequiándola con un ramillete precioso, y con un álbum en cuya primera página logré entrelazar, en fáciles décimas, las banderas de Francia y Honduras.

Llegó a París, con la salud perdida, el doctor Miguel Paz Baraona, y casi al mismo tiempo recibí una nota de mi Gobierno excitándome para que lo atendiera en su calidad de ex-Presidente de la República. Para cumplir con los deberes de mi cargo —aún mayores por tratarse de un hondureño gravemente enfermo—, olvidé todos mis justos resentimientos, y le dirigí, como representante de Honduras en

Francia, un cordial saludo, poniéndome a sus órdenes para lo que pudiera servirle. Me contestó en el acto agradeciendo mi atención. Supe, en seguida, que fue operado en una clínica y que se hallaba en peligro de muerte. Fui entonces a verle y esa visita constituyó la base de nuestras amistosas relaciones. Me rogó que volviera y así lo hice todas las mañanas con el mayor gusto. Llegó a mi casa al salir de su convalecencia y mientras vivió entonces en París nos tratamos con perfecta cordialidad. Espontáneamente me ofreció, semanas después, la fianza que exige la ley para el desempeño de mi cargo consular y en reposición de la que anteriormente obtuviera, en forma también espontánea, de un compañero de letras. La acepté, expresándole mi agradecimiento, que me fue grato ratificarle cuando, al retirarme de aquel empleo, le envié el último finiquito de mis cuentas. Desde entonces, hasta su muerte, fuimos verdaderos amigos, como se verá en el curso de estas Memorias.

Francisco Cálix Barahona me hizo conocer a José María Vargas Vila cuando yo tenía quince años, remitiéndome de Guatemala sus dos primeros volúmenes. Después, en su diario La Regeneración, reprodujo gran número de sus vibrantes prosas políticas. Deslumbrado por el relámpago de sus hipérboles, le escribí a Nueva York, en donde publicaba su semanario Hispano-América. Evidentemente le impresionó la sinceridad de mi carta porque su respuesta vino en poco tiempo. Contenía diez o doce frases generosas y estimuladoras que nunca olvidó mi gratitud. Por cierto que expié aquel placer poco después. Al atravesar el Guayape, crecido por las continuas lluvias, mi caballo se hundió en la arena fangosa, obligándome, con sus rápidos saltos, a desprenderme de una pequeña valija que llevaba en la mano, que arrastró la corriente, y en la que, entre manuscritos de mis versos, estaba la bella autógrafa.

Ya en plena intensidad mental inspirábame invencible repulsión la ideología malsana de sus libros, su estilo paradójico, su insoportable vanidad. Me aburrían sus novelas por su lirismo de mal gusto, por su desprecio de los símbolos más nobles, por su odioso dogmatismo destructor de toda ilusión. Carecían de interés como novelas, constituyendo más bien relatos monótonos, poemas en prosa enfática, cínicas explosiones de un espíritu mórbido y ateo.

En septiembre de 1906, Juan Ramón Molina y yo conocimos de vista a Vargas Vila, en un hotel de la Rue Lafayette en París. El propietario, un andaluz de vertiginosa palabra, llegóse a nuestra mesa para preguntarnos si queríamos hablar con su ilustre huésped. Negámonos a ello, pues en esos días el escritor colombiano, recién nombrado secretario de la Delegación nicaragüense que en Madrid discutía con la de Honduras el asunto de fronteras, acababa de publicar un artículo virulento contra el general Manuel Bonilla. Por el contrario, Molina, que antes le admiraba, intentó agredirle con su bastón y gran esfuerzo me costó evitar allí un escándalo. Quizá él se diera cuenta del caso, aunque comía en el extremo opuesto de la sala, pues se levantó con parsimonia, pasando junto a nosotros lentamente, y mirándonos, a través de sus anteojos, con expresión de fría serenidad. Era de corta estatura, de aspecto grave y altivo. Le hallé gran semejanza con nuestro jurisconsulto Mariano Vásquez. Después de mi campaña en el Boletín de la Defensa Nacional contra la intromisión de tropas yanquis en Honduras (1924) y de mi lucha cívica en Ariel en pro de Sandino (1927-1928) recibí una carta de Vargas Vila, glorificando mi nombre por aquellas empresas. Luego aparecieron en su famosa revista Némesis (edición de junio de 1928) varios parágrafos en mi honor. De París le escribí en 1930 unas pocas líneas para que no se dejara sorprender por los embustes de la prensa amarilla de América, en relación con mi ruptura con Sandino. Sus últimas letras para mí son del 1o. de junio de 1932.

A Froylán Turcios.
París.

Gran Poeta Amigo:

Lleno del perfume intelectual de sus libros, le escribo para agradecerle fervorosamente su envío; el libro de un Gran Poeta es el más bello don que el Genio puede hacer un Hombre que se prepara ya a cerrar definitivamente los ojos, que tuvo tan años abiertos sobre el jardín de la Belleza...

Gracias, Froylán Turcios, por este Viático de Arte, traído hacia mi lecho de enfermo para aplacar la sed de mis labios, eternamente sedientos de Infinito.

Y lo Infinito no está sino en el Arte... en el Arte que usted tan primorosamente cultiva en ese Huerto de laureles de rosas que son sus libros...

Férvidamente gracias.

J. M. VARGAS VILA

S. C. Salmerón, No. 183.

El 23 de febrero de 1933 murió en Barcelona el gran panfletario, el más discutido entre los escritores hispanoamericanos de renombre universal. Para muchos hombres de pluma sólo fue un hinchado declamador, o un farsante de las letras, o un ególatra incorregible, o un inmoral, digno del ridículo y del desprecio. Otros le colocan en las alturas en que dialogan los más insignes varones del habla y de la raza. En mi juicio sobre él me coloco en un término medio, más cerca, en verdad, de éstos que de aquéllos.

Negar su inmenso talento sería absurdo e ilógico. Talento lo tuvo en grado superlativo. Si usó un estilo enfático, lleno de repeticiones y consonantes, y una personal ortografía en lo relativo a la puntuación y a las letras mayúsculas, fue por un extraño capricho más o menos explicable en su obsesión de originalidad. Pero las ideas que se agitan dentro de esas prosas bárbaras son audaces y bellas, o terribles, y malditas, y, en ocasiones ascienden a lo sublime. En su carácter de varón ecuménico, que aspira a ser tenido como incorruptible en los procesos que inició contra algunos gobernantes de Hispano América, a quienes calificara de déspotas, hay errores lamentables. Pero aquí cabría la sentencia de Jesús:

—Quien se juzgue limpio de toda culpa que arroje la primera piedra.

Si Vargas Vila hubiera querido producirse con la claridad y precisión y sencillez de los más ilustres clásicos españoles, sin esfuerzo alguno lo habría logrado con la mayor elegancia, como lo probó en sus cortos ensayos sobre música sacra.

La flexibilidad de su ingenio, y su admirable erudición en todos los secretos de la humana sabiduría, aunadas a su pasión por la libertad, pudieron ser parte para que hoy apareciera su nombre en la nomenclatura gloriosa de los mayores prosistas de nuestra lengua.

Publiqué en París cuatro libros: Cuentos del Amor y de la Muerte (350 páginas); El Vampiro, novela, segunda edición, (224 páginas); Flores de Almendro, poesías, (152 páginas); Páginas del Ayer (244 páginas).

En ellos recogí, corrigiéndola, una gran parte de mi producción aparecida en mis volúmenes editados en Honduras y que luego se agotaron, con otros trabajos últimos, algunos inéditos. De mis primeros libros, Mariposas y Renglones, no tomé ni una línea. Con mis textos no incluidos en las ediciones de París, podría yo formar dos volúmenes de prosas y uno de versos con un total de novecientas páginas. Solicité del Ministerio de Instrucción Pública que se me ayudara en la edición de aquellos libros, comprándome trescientos ejemplares de cada uno de ellos que servirían para canjes de la Biblioteca Nacional y del Ministerio de Relaciones Exteriores. Y el licenciado Céleo Dávila, que desempeñaba aquella Cartera, me contestó que no era posible comprarme ningún ejemplar.

Guardo, además de la novela Annabel Lee, cuatro libros inéditos, comenzados hace treinta años y concluidos en París en 1933: Historia de Honduras, dos volúmenes de mil páginas; Presidentes de Honduras, de 600; Anecdotario Hondureño, de 200; Tierra Maternal, cuentos regionales y nacionales, de 300. Estas Memorias, que constarán, por lo menos, de setecientas. En total, siete volúmenes con más de tres mil páginas. Tengo, además, en preparación, un libro de viajes por América, Europa, Asia y África: Luces de todos los horizontes.

FUERA DE MIS MEMORIAS, que deben publicarse en la forma que sea posible, estoy resuelto a quemarlos antes de permitir que se impriman en ediciones sórdidas y vulgares. Son obras nacionales de notoria importancia colectiva y de verdadera valía. Obras —¿por qué no decirlo, prescindiendo de ridículas modestias?—

útiles y bellas. Y cualquier Gobierno de mi patria, sea nacionalista o liberal, tiene el deber de publicarlas en ediciones empastadas, elegantes y duraderas, en Europa o en los Estados Unidos, y en un número que no baje de veinte mil ejemplares cada una. Si así no se hace, y mi adversa suerte me impide editarlos en esa forma, empeño mi palabra de honor de quemar esos libros.

Con mis impresiones de mi vida en París podría formar dos tomos, incluyendo en ellos mis notas de arte (visitas constantes a museos, audiciones en la Opera, etcétera) y mis viajes a Versalles, la Malmaison, Compiegne, Fontainebleau, etcétera. Pensé agregarlas a estas Memorias; pero renuncié a ello por su gran extensión. Por lo mismo me abstengo de insertar aquí mis entrevistas con célebres personajes y lo que publicó la prensa francesa de mis libros y de mi acción diplomática.

Entre las innumerables visitas de grandes hombres en las letras, la política y la diplomacia que recibí en mi departamento de la Avenida Charles Floquet, no olvidaré la del doctor Francisco Henríquez y Carvajal, ex-Presidente de la República Dominicana y ministro de su país en Francia, en la tarde del 7 de abril de 1933. Conocía su vida ilustre de esplendoroso civismo; pero ignoraba que ella se reflejara fielmente en su arrogante figura de autoritaria dignidad. Verdadero varón de Plutarco, prócer nacido para el mando supremo, no existe hoy en América quien le supere en prestancia personal y en virtudes heroicas.

Debo también recordar especialmente las visitas del marqués de Peralta, Decano del Cuerpo diplomático acreditado en Francia, y con quien departí tantas veces sobre asuntos centroamericanos. Habíale conocido en 1920 en Madrid, en donde escribió una página en mi álbum; comiendo alguna vez con él en el Ritz. Me contó interesantes anécdotas de celebridades parisienses, aventuras de su propia vida, irónicos incidentes del gran mundo. Una noche me condujo en su viejo automóvil a casa de la condesa de Noailles, la primera poetisa francesa, por no decir del mundo. Mujer encantadora sin ser bella, lánguida y atractiva en su madurez, moviéndose con voluptuosidad en un ambiente de perfumada elegancia. Nos ofreció dos orquídeas blancas con matices de púrpura que se extinguían en un vaso azul; y a mí, además, su retrato y su último libro. En el salón de la marquesa de Vistabella vi por última vez al marqués de Peralta. Dentro de su irreprochable traje de etiqueta, sus ochenta y cinco años daban especial interés y prestigio a sus palabras.

La marquesa de Vistabella, doña Francisca Aparicio, dama guatemalteca de peregrina belleza, cuyo primer marido fue Justo Rufino Barrios, admirable caso de triunfante defensa contra la terrible senectud. Representaba las dos terceras partes de sus años y su boca era aún graciosa y mórbida como la de una muchacha. Mirándola me la imaginaba en su adolescencia, flor magnífica dorada por el sol del trópico en los jardines de Quezaltenango, se lo dije, Y sonrió con melancolía, con leve amargura. En mi álbum de París conservo su autógrafa. También la de doña Celestina de Soto, viuda de mi eximio compatriota Marco Aurelio Soto. Dice así:

Por medio de Froylán Turcios saludo cordialmente a Honduras, en donde pasé los mejores años de mi juventud. —CELESTINA v. de SOTO. —París, 1932. Recordé estas palabras visitando, en el cementerio de Passy, la tumba de nuestro gran Presidente, forjador del renacimiento hondureño.

En esa misma necrópolis, que guarda los huesos de mi eminente amigo Briand, yace una virgen a quien mi juventud ofrendó ferviente culto y que maravilló al mundo con la magia de su pluma y de su pincel: María Bashkirseff. Muchas veces he ido a meditar sobre sus veinticuatro años, tan fugaces, y tan prodigiosos, plenos de divinos sueños y de frías desolaciones, junto a su mausoleo, grande como una estancia, en cuyo interior se ven, tras de la reja metálica, objetos que ella usó, descoloridos por el tiempo. En una de las paredes externas, sobre una plancha de mármol, brillan estos delicados versos de André Theuriet:

O Marie, o lys blanc, radieuse beauté,
ton entier n'a pas sombre dans la nuit noire,
ton esprit est vibant, vibrante est la memoire,
et l'inmortel parfum de la fleur est resté.

Cuántas peregrinaciones hice al Panteón y a los cementerios de París en busca de los sepulcros de los grandes poetas y escritores que han conmovido mi espíritu...: Hugo, Chateubriand, Lamartine, Musset, Saint-Víctor, Baudelaire, Heine, Nerval, Zola, Daudet, Flaubert, Maupassant y cien más.

El máximo varón que reposa en su espléndido sepulcro entre sus mariscales, bajo la rotonda de los Inválidos, con el imán de su gloria atrae siempre mi espíritu y más de cincuenta veces he recordado en aquel regio recinto su inmortal epopeya.

Vagando una tarde por el cementerio del Pére Lachaise sentí una impresión de asco y asombro ante el abominable símbolo que envilece la tumba de Oscar Wilde. Parece imposible que las autoridades toleren esa profanación sin nombre; que no haya quien destruya a martillazos ese emblema bestial. Hay almas tan obscuras y ruines que encuentran originalidad, gracia y belleza, en esa imagen infame, que exhibe la miseria espiritual de su amor. Yo vi a más de treinta personas, en un dos de noviembre, retirarse horrorizadas de aquel sitio, profiriendo protestas contra los que conciben ideas tan odiosas y viles. Y un periodista inglés, admirador de su insigne compatriota, me aseguró que él vendría una noche, armado de un martillo, a convertir en polvo aquel siniestro insulto. No realizó su noble intento, pues un año después vi que la horrenda escultura continuaba causando indignación y cólera a cuantas la miraban.

HABIENDO SIDO derrotado en las elecciones presidenciales de octubre de 1932 el Partido Liberal, a que yo pertenecía, presenté mi renuncia de la Legación y Consulado General al nuevo Gobierno y el 10 de abril de 1933 entregué dichos cargos, previo un minucioso inventario, a mi distinguido amigo y compañero de letras, doctor Julián López Pineda.

¡Bendita la hora del anochecer del 7 de mayo de 1933 en que, desde la ventanilla del tren, vi surgir en la distancia las torres de la Ciudad Eterna!

¡Primeros pasos por la Ciudad Madre de Ciudades! Yo, que conozco medio mundo, iba como deslumbrado por sus calles y sus ruinas, ebrio de grandes recuerdos. Compadezco a los que no hayan sentido en Roma esta emoción.

Viví unos meses en el departamento número 12, de la casa número 8, de la Vía Rodi, a diez cuadras del Vaticano, frente al Monte Mario. Todas las mañanas al abrir el balcón, penetraba en mi dormitorio la tibia llamarada del día espléndido, con templando los bosques de pinos bajo el zafir de los cielos.

En los once días, del 18 al 19, estuve catorce días en sitios sempiternos en la Historia: la basílica de San Pedro, el Panteón, el Foro Romano, el Coliseo, el Castillo de Sant'Angelo, el Palatino, la basílica de San Pablo, las columnas de Trajano y Marco Aurelio, el Palacio de Nerón, el Monte Aventino, el Capitolio, Santa María la Mayor, la Tumba de Cecilia Metella...

El 20 de mayo, con un tiempo magnífico, tomé el tren para Pisa, deteniéndome un día en Viterbo, otro en Orbetello y otro en Livorno, cruzando el norte del Lazio y la Toscana en casi su totalidad. La catedral de Pisa, con su elevada cúpula de la Edad Media, de cuatro naves y cuatrocientas cincuenta columnas, es magnificente por la rica variedad de sus mármoles, por sus ornamentaciones y valiosas obras de arte. Exornado de bíblicas remembranzas se alza en el Baptisterio el púlpito suntuoso de Nicolás Pisano.

En la Plaza de los Caballeros vi el sitio que ocupó la Torre del Hambre, que presenciaría el horrible tormento del conde Hugolino y de sus hijos. Subí a la Torre inclinada, del siglo XII, construida por Bonanos; visitando después el Camposanto cuyo piso —una capa de cuatro metros— es de tierra del Monte Calvario, colocada allí por el Arzobispo Ubaldo de Lanfranchi. Los frescos, de los siglos XIV y XV, están casi perdidos en las sombras. Estatuas, urnas, sarcófagos, y mausoleos llenan los claustros húmedos y lóbregos.

Caminé largo rato por las calles en que paseó sus arcanas meditaciones Galileo y me detuve con viva emoción en el palacio que habitó Byron, amargado por la trágica muerte de Shelley.

Días de inolvidables impresiones vividos en Florencia, Tardes y mañanas pasadas en el Palazzo pitti, en el Palazzo Vecchio, en la galería delle Uffici, en la catedral, en la Piazza del Duomo, en la Loggia dei Lanzi, en el Jardín de Bóboli, en las joyerías del Puente Viejo...

¿Qué no vi en la Atenas de Italia? Conté, minuto a minuto, las horas fugaces, avaro del tiempo, con el alma deslumbrada ante la esplendidez de sus tesoros inmortales.

¡Florencia! Flor del Renacimiento, nido de águilas audaces, patria de innumerables genios e ingenios que desfilan por la Historia llenándola de claridades eternas. Dante, Leonardo de Vinci, Miguel Ángel, Benvenuto Cellini, Galileo, Maquiavelo. Y Cimabué, y el Giotto, Boccaccio, Orcagna, Brunelleschi, Donatello, Pisano, Giucciardini, Américo Vespuccio, etcétera. Miguel Ángel llamaba su novia a la iglesia de Santa María Novella, cuyas argentinas campanas miré tantas veces balancearse frente a mi cuarto de hotel, alegrando el espacio con sus graves y claras sonoridades. Compónese el templo de tres naves y es todo él imponente y armonioso. La Madona de Cimabué, en la capilla de Rucellai, es la imagen de mayor veneración en su recinto. Frescos de Orcagna y de Ghirlandaio y, en el claustro, gran número de bellas pinturas en honor de Santo Domingo.

Santa María del Fiore —la catedral— es un estupendo triunfo del estilo gótico. La comenzó, en 1296, Arnolfo di Cambio. En 1436 construyó Brunelleschi la soberbia cúpula. Deslumbran las amplias vidrieras de múltiples colores y dibujos de las ventanas. Las puertas broncíneas del baptisterio son únicas, de imponderable mérito: en ninguna época han sido jamás igualadas. Ghiberti forjó la principal con mágicos relieves, rememorando episodios del Nuevo Testamento. La otra, no menos preciosa, es de Andrés Pisano. El campanile, de extraordinaria altura, impresiona por su elegante sobriedad.

En la Piazza della Signoría está la exposición al aire libre de obras maestras, la Loggia dei Lanzi. Grato rincón florentino en que se admiran el David de Miguel Ángel, el célebre bronce de Donatello, Judith y Holofernes, el Hércules de Bandinelli, el Rapto de las Sabinas de Juan de Bolonia, y una de las mejores esculturas de Benvenuto, el Perseo, ponderado enfáticamente por éste en sus Memorias.

El Perseo. ¡Cuántos inútiles esfuerzos hechos por el insigne Cellini para obtener de Cosme de Médicis el dinero ofrecido por aquella obra admirable! Sin embargo, estoy de acuerdo con Gustavo Geffroy en que no puede inspirar simpatía este joven matarife; y basta dirigir la mirada un poco más allá para aprender, al encontrarnos con el DAVID, de Miguel Ángel, cómo debe el arte expresar el carácter de un héroe verdadero. En efecto, repugna la expresión cruel y teatral del paladín griego, con el mórbido cuerpo de la Medusa bajo sus plantas y en su mano la cabeza ensangrentada. ¡Un héroe invicto orgulloso de su feroz victoria sobre una mujer! ¡Cuán magnífico, por el contrario, el gesto de audacia viril del David, vencedor del temible gigante! Hay que convenir en que el intrépido y sanguinario Benvenuto bien pudo buscar un asunto más noble para su trabajo supremo, que absorbió casi dos lustros de su extraordinaria vida. Aunque quizá la acción de Perseo le pareciera el colmo del valor juvenil: conjetura lógica si recordamos que en sus instantes frenéticos el maravilloso escultor acometía a puntapiés y a puñetazos a sus queridas, arrastrándolas de los cabellos sobre el pavimento.

Una extraña fuerza me retuvo largo rato en la iglesia de Santa Croce ante las tumbas de Miguel Ángel, Maquiavelo y Galileo. También vi la de Alfieri, obra de Canova. Impresionado por la evocación de aquellas sombras gloriosas no admiré, con el entusiasmo que merecen, en lo alto del templo, las sibilas de Volterano, citadas con elogio por severos críticos.

...Gustábame perderme en Florencia por callejuelas interminables para aparecer y reaparecer en los muelles del Arno, que se desliza silencioso bajo los antiguos puentes. Llegué así una tarde a la Piazza Michelangelo, desde cuya altura se mira la ciudad en toda su soberana belleza. Hasta que la noche comenzó a ennegrecer el mágico panorama bajé por la empinada cuesta.

En otra mañana recorrí los jardines de las márgenes del río (Le Cascine), llegando a la iglesia de San Lorenzo, donde se hallan los sepulcros de Lorenzo y Julián de Médicis, cincelados por Miguel Ángel; y al convento de San Marcos, en que fue prior savonarola, nuevo San Juan Bautista —quemado vivo por sus valientes prédicas contra la corrupción política y religiosa de su época— y en el que vivió Fra Angélico. Terminé mis impresiones en la extensa galería famosa por los cuadros de Leonardo, Signorelli, Giotto, Fra Filippo U Lippi, etcétera.

El trayecto de Florencia a Venecia —atravesando el norte de la Toscana, la Emilia, y una considerable extensión del Véneto— tiene un especial encanto por los sitios legendarios que van apareciendo sin cesar. El que atrajo mi mayor interés fué el ruinoso castillo de Ferrara, residencia, en un remoto pretérito, de Lucrecia Borgia, peregrina hermosura cuya dramática historia es hoy una múltiple fábula.

Penetré en Venecia un mediodía fulgurante. Aguas y cielos reverberaban como encendidos en una doble claridad. Las torres, los altos edificios, las cúpulas, las cubiertas de los barcos irradiaban con centelleos diamantinos.

Devoré la ciudad en las primeras horas como un manjar espiritual apetecido desde la infancia. La sentí fuera y dentro de mi mundo recóndito, con sus mil fascinaciones, en el marco azulado del Adriático. La conocía desde siempre a través de los célebres poetas, de los ilustres pintores, de los grandes novelistas. De este modo eran cien Venecias las que resplandecían en mi espíritu; cien ciudades fabulosas flotando en el mar, plenas de heroicos recuerdos, envueltas en los velos de los siglos. ¿Cuál de ellas es la verdadera? Ninguna. La que hoy admiraban mis ojos tenía algo de todas; pero, en su conjunto, ¡Cuán remota de la imagen quimérica, de la visión de oro, de azul y de púrpura, de cuento oriental ¡Surgida de mis sueños!

¡Luces de la fantasía! ¡Ansias misteriosas de la ilusión! ¡Cuántas veces las he visto palidecer y extinguirse ante la realidad inmutable! Pero quizá nunca —lo digo con dolor— como en la mañana siguiente de mi llegada a Venecia, cuando, libre del deslumbramiento solar de la víspera, la vi cubierta con un manto plomizo y toda su hermosura deslumbradora reducida a su verdad matemática. Sentí aumentar mi decepción ante la fachada de la basílica de San Marcos, baja, inexpresiva, exenta de majestad, a pesar de sus arcos moriscos, sus cuatro espléndidos caballos de bronce, sus estatuas y sus frontones y de las cinco cúpulas en que culmina el edificio milenario. Tuve que reconstruir con un esfuerzo mental toda su historia para liberarme de aquella negativa impresión al penetrar en su interior. Detúveme en el atrio ante las ocho columnas que, según la leyenda, provienen del Templo de Salomón. Una lobreguez sepulcral difúndese por el vasto recinto sin ventanas. La luz penetra débilmente por los espacios libres de las bóvedas. Admiré las columnas de jaspe, de mármol, de alabastro, los cuadros en mosaico, las imponderables riquezas artísticas traídas de Bizancio por el dux Enrique Dándolo. Aún se conservan en el piso preciosos fragmentos de malaquita y lapislázuli;

y la magnífica Pala d'oro, estupenda joya oriental, muestra sus piedras rutilantes y sus camafeos en el frontal exterior del baldaquino que sostienen marmóreas columnas exornadas con innumerables esculturas del siglo IX.

Ya en otro claro día —después de una plática de arte y de letras con una joven escritora belga, en la inmensa plaza cuadrada llena de palomas grises, junto a los altos mástiles rojos en que se izó, en las fechas solemnes, el pabellón de la República— subí al Campanile. ¡Qué radiante e incomparable panorama! En toda su extensión se ve a Venecia tendida sobre las aguas verdosas circuida de islas llenas de flores. La línea azul del Adriático, hacia el Lido, semeja una ondulante sabana de turquesas, y, por todos lados, los ojos se deleitan en paisajes de un esplendor nunca visto.

Ascendí de nuevo al Campanile cuando el sol tramontaba en un piélago purpureo. Y la solemnidad del grandioso espectáculo en la paz del crepúsculo me impregnó de su grave tristeza. Retenido por la magia de luces y colores vi alzarse la luna llena en el pálido horizonte, mientras sonaba el ángelus en las campanas de todas las iglesias... Con el alma suspensa en lo infinito sentí entonces el poderoso encanto, único en el vasto mundo, de la ciudad divinizada por la pluma y el pincel de los máximos poetas y artistas de todos los tiempos.

¡Qué sitio de extraordinarios recuerdos ese palacio de las Mil y una noches de los duces! Construido en el siglo XIV por Filippo Calendario, Pietro Baseggio y otros eximios artistas, deslumbra por la gracia de sus columnas, de sus mármoles amarillos y sus mosaicos estriados de sangre.

Puerta de la Carta, Escalera de los gigantes, Escalera de oro, salones del Collegio, dei Pregadi, dei Capi, del Scrutinio, de la Quarantia civile, del Scudo, del Maggiore Consiglio, en donde los geniales pintores venecianos inmortalizaron la gloria de su patria.

Vi en la biblioteca los primeros volúmenes que se imprimieron en Venecia: de poesía y teología, italianos y extranjeros, obras maestras de Aldo Manucio, príncipe de los impresores del siglo XV, y los códices del siglo X, con ilustraciones y viñetas de claros colores.

El puente de los suspiros me conduce a las terroríficas prisiones donde estuvieron los Plomos, gráficamente descritos por Silvio

Pellico; horrendas ergástulas del Palacio ducal en las que un fuego del infierno calcinaba a los prisioneros; y a los siniestros Pozos, verdaderos antros dantescos, subterráneos de subterráneos, en donde las víctimas sólo veían iluminarse las frías tinieblas para ser atormentadas con salvaje ferocidad.

Al subir a la plena luz del sol después de este recorrido lúgubre pensé en la maldad de los hombres, tan infames y crueles para afrentar a sus semejantes; sintiendo la sensación de quitarme del pecho una plancha de bronce que me estuviera asfixiando. Ocupé una mañana en ir y venir por el Archivo del Estado. ¡Qué colecciones de ochocientos años guardadas en largas filas de armarios! A más de cuatrocientos cincuenta mil ascienden los tomos manuscritos. Míranse tras los cristales de las vitrinas autógrafas de Carlos V, Francisco I, Oliverio Cromwell, Enrique IV, Gustavo Adolfo y de casi todos los duces. He de rememorar siempre la villa de los Pissani en donde viera el aposento de Napoleón, el dormitorio de Maximiliano de Austria, el gabinete de Amalia Beauharnais, las habitaciones de María Luisa de Parma, mujer de Carlos IV de España, y de Godoy y de Mallo y de tantos otros ascendidos hasta su lecho de hembra insaciable.

Pero aún más vivo en mi memoria permanecerá el Palacio Vendramin Calergi, en donde residió y murió en 1882 Ricardo Wagner. La alcoba fúnebre produce una intensa emoción.

—Aquí voló hacia la Suprema Luz —pensé— el espíritu del superhombre que transformó la Música en un centelleante universo de sueños y de símbolos, del formidable creador de las angustias y caídas y ascensiones del alma humana hacia nunca antes imaginados infinitos.

Y creía entrever, en el sitio de su tránsito, la corpórea envoltura del autor de Tristán e Isolda, que el Tiempo va grabando cada día en la Historia con mayor claridad: el pequeño cuerpo enjuto, la enorme frente, las pupilas de un zafir metálico, el agudo mentón imperativo. En ese mismo día —fecundo en brillantes evocaciones— permanecí una hora en la iglesia de los Frari, junto al sepulcro de Claudio Monteverde, grande entre los más grandes músicos italianos, innovador de audacia genial, singular en la pasión y en el dolor. El terreno en que se construyó ese templo en 1250 fue obsequiado a San

Francisco de Asís por el Senado de Venecia. San Giorgio Maggiore, toda de mármoles blancos, en la isla de su nombre, fue erigida tres siglos después, y Santa María de la Salute en 1631. La más vieja de las iglesias venecianas es la de San Giacomo, cerca del Puente de Rialto.

Cuadros magistrales de Tintoretto, Veronés Tiziano, Tiépolo, etcétera, vense en el Panteón de Venecia, que guarda, en una bella tumba, el corazón de Canova.

Recorrí una tarde el Cementerio marino, y gocé con las maravillas de cristal en Murano, y con los milagrosos encajes que surgen de los dedos de las lindas muchachas como arabescos de espuma; recorriendo una vez más los bazares y playas del Lido, y los palacios y casas en que vivieron Goethe, Byron, Musset con Jorge Sand, Ruskin y Stendhal.

Y pensé, como la protagonista de una novela española, que Venecia es única... para vista una vez, que es imposible que nadie la recuerde sin emocionarse; pero que causaría horror el solo pensar en vivir en ella toda la vida,

Sí, hay que partir antes de que la desilusión haga palidecer su gracia romántica... Y le dije adiós en la ribera de los Esclavones, cerrando los ojos en la negra góndola al pasar por los barrios para no ver sus miserias. Sentía el espíritu como dentro de una niebla azul y el pensamiento como adormido en la tarde violeta... Soñaba así con la Venecia dorada en las aguas sonoras, resplandeciendo bajo un cielo quimérico... Las campanas de sus cien iglesias, lentas y melancólicas, vibraban en una lejanía de milenios.

Roma Eterna, inagotable mina de grandiosas remembranzas, ha sido para mí pródiga en sorpresas sobrehumanas. No hay en el mundo un lugar más propicio para las ondas meditaciones, para los infinitos anhelos y los reposos espirituales. Todas las cosmópolis, inclusive París, nos decepcionan a veces. Esta nunca. Italia es un país de portentos. Florencia, Venecia, Milán, Génova, Turín, Pisa, Nápoles, Bolonia, etcétera. ¡Cuán bellas y seductoras! Pero ninguna como Roma. Vagando por sus calles y ruinas prestigiosas; el asombro y la emoción me detienen a cada paso. Es preciso que transcurra el tiempo sobre estas íntimas conmociones para que se aclaren y amplíen, fijándose, grabándose para siempre en la memoria con sus detalles precisos. Hay que mirar comprendiendo, cien veces, los sitios inmortalizados por la Historia y reconstruir en ellos el remotísimo pretérito; volver a la vida un instante, con el milagro de nuestra voluntad, a las legiones de fantasmas.

En los primeros días de junio (1933) recibí la Cruz de Caballero de la Legión de Honor que me confirió el Presidente de la República Francesa. Distinción que ha intensificado mi cariño por ese país magnífico del que sólo guardo imborrables y gratísimos recuerdos. - Otra de sus condecoraciones, —la de Oficial de la Instrucción Pública— me fue enviada a Honduras en 1919.

Poseo varios importantes nombramientos extranjeros: el de Socio Correspondiente de la Real Academia de la Historia de Madrid; el de Socio Correspondiente de la Sociedad de Geografía de Lisboa, etc.

Transcribiré de mi Diario algunas fugaces impresiones:

15 de junio de 1933.

Presencié hoy en la tarde —Jueves de Corpus— la procesión solemne que salió de San Pedro y dio vuelta bajo los pórticos de la espléndida plaza. Vi de cerca al Papa. Iba en andas, sentado y envuelto en un ropón suntuoso. El espectáculo —aún para quien no fuera un convencido creyente como yo— era magnífico. Centenares de altos dignatarios de la Iglesia, cardenales, patriarcas, arzobispos, obispos, desfilaban lentamente. Y mil más de menor categoría. En el atrio, en la plaza y en las azoteas y elevados pisos había más de sesenta mil espectadores.

18 de junio

En el Gianicolo pasé hoy las horas de la tarde. Gallarda la estatua ecuestre de Garibaldi, de Gallori, que se alza en el centro de la plaza sobre un pedestal soberbio. La de su mujer, Anita, no me gustó.

Contemplando la ciudad iluminada por los resplandores del poniente recordé las gráficas palabras del poeta Marcial, escritas hace diez y nueve siglos:

Desde aquí se ven las siete colinas de la Señora del Mundo y se contempla Roma toda y los Montes Albanos y Tusculanos y el antiguo Fidenae y Saxa Rubra y el bosque de Anna Perenna, rico en frutos.

394

Se ve a los hombres andar por la Vía Flaminia y Ostiense; hasta se ve el Puente Milvio y los barcos que van por el Tiber.

Después de evocar la figura del Tasso, frente a la encina a cuya sombra acogíase en las horas de sus meditaciones, entré en la iglesia de San Onofre. En su nave izquierda, en la primera capilla, se halla la tumba del infortunado caballero que con su pasión y con sus poemas eternizó el nombre de Leonora,

No me retiré de aquellos sitios ilustres sin entrar en el Palacio Corsini, que fue la residencia de la reina Cristina de Suecia y en la que murió en 1689(147). I de mirar, ya abajo, en dirección del Vaticano y hacia la Puerta del Santo Espíritu, el sitio en que Benvenuto Cellini mató, de un flechazo disparado de lo alto del

Castillo de Sant'Angelo, al condes table de Francia, Carlos de Borbón, en mayo de 1527.

22 de junio.

Ascendí al Pincio en esta diamantina mañana. Es indescriptible la sedante impresión que embarga el ánimo ante el panorama de Roma vista desde aquí. No se fatigan los ojos, ávidos de recoger el encanto disperso en la claridad del ambiente, en cada uno de los detalles de la milenaria metrópoli extendida a mis pies.

Llegué a las nueve y son las dos y no deseo moverme de este paraje encantador, poblado de sempiternas remembranzas, de estatuas de insignes varones, de frondosos árboles mecidos por las brisas... Caen sobre mis hombros lluvias de ligeras florecillas, acarician mis oídos los cantos de los mirlos y el firmamento fulgura como un vasto zafiro. Al bajar me detuve en la Piazza del Popolo, en la iglesia de Santa María de la Pieve, rememorando la crónica del siglo IX:

Innumerables grupos de cuervos cubrían por las noches las copas de los álamos junto al sitio en que se alzó la tumba de los Dimitii. Graznaban de un modo tan siniestro que los vecinos aterrados CREÍAN QUE ERAN LOS DEMONIOS, famélicos sobre los sepulcros de los Domicianos y de Nerón, persiguiendo el alma de este sombrío déspota. Atendiendo al clamor público, Pascual II ordenó destruir los álamos, elevando en 1099 una iglesia sobre el lugar maldito: la de Santa María del Popolo o de la Pieve.

Pasando por el pórtico de la derecha, junto a la estatua de Felipe IV, penetré en Santa María Maggiore. Está el artesón de la nave central amarillo aún con el oro que llegó por primera vez de América a los monarcas españoles. Miré después la fastuosa urna que contiene el pesebre en que nació Nuestro Señor; la imagen antiquísima de la Virgen atribuida a San Lucas, pintada sobre una tabla de ciprés, ya muy borrosa; los frescos de Guido Reni; el mosaico del ábside (La coronación de la Virgen), de rara magnificencia, que iluminó el renombre de Torriti desde 1292; y los mil detalles interesantísimos de ese grandioso templo, sin olvidar una corta meditación junto a la bóveda mortuoria de Paulina Bonaparte en la Capilla Borghese.

Ya de nuevo en la plaza, frente a la basílica, retúvome la contemplación de la arrogante columna elevada en su centro, procedente del Foro Romano, que en 1614 colocó allí Paulo V., sosteniendo la figura en bronce de la Virgen.

30 de junio.

Visita al Moisés de Miguel Ángel en San Pedro in Vincoli. Media hora de silencio ante uno de los milagros del genio humano, consagrado al sepulcro de Julio II.

Esta iglesia fue construida por la emperatriz Eudoxia, hija de Teodorico II y esposa de Valentiniano III, con el fin de que en ella se venerase un trozo de las cadenas de San Pedro, que, en un viaje a Palestina el Patriarca de Jerusalén entregó a su madre, Vi estos eslabones que en la Cárcel Mamertina llevó el primer Papa y que León Magno dónó a dicho templo. Negros y corroídos de orín, no excesivos en su grosor, menos pesados seguramente que los que hoy arrastran los presidiarios con rechinante y lúgubre ruido, al

Para completar aquella impresión fui después a la Cárcel Mamertina en la iglesia de San José de los Carpinteros. San Pedro y San Pablo conocieron en ella la ferocidad de sus victimarios, Cuenta la leyenda que San Pedro hizo renegar del paganismo al grupo de sus guardianes, bautizándolos con el agua que a su mandato brotó de un extremo del muro y que aun corre en ese sitio.

¡Qué carcomida y amarillenta miré hoy la estatua de Pasquino, en un ángulo de la plaza de su nombre! En la que, en los remotos siglos, pegábanse los insultantes escritos llamados pasquinetes.

Pasé luego por la iglesia de San Andrés della Valle, construida en donde se hallaba la curia de Pompeyo, en la que fue asesinado Julio César; por el Auditorium de Mecenas, cerca de la Via Leopardi, descubierto en 1874; por el lugar del Hipodromo célebre por el martirio de un valiente capitán de la Galia, San Sebastián en las páginas de la Hagiografía; por la tumba del niño-poeta Sulpicius Maximus, que brilló en la época de Domiciano y que asombraba a cuantos le oían.

Subí hoy a una de las siete colinas de Roma, en donde fijó su campamento la plebe insurreccionada contra los patricios —el Aventino— monte sagrado para los hispanoamericanos porque en él juró Bolívar libertar a Sur América. Mi cordial colega Starace, excepcional erudito en curiosidades romanas, más interesantes que las que diariamente nos ofrece II Messagero, puso mi diestra sobre la piedra que marca el sitio preciso en que el Héroe pronunció sus palabras inmortales.

Bajando del Aventino me detuve en la Capella della Separazione, edificada sobre el lugar en que San Pedro y San Pablo se despidieron, después de escuchar su sentencia de muerte dictada por Nerón; y penetré en la basílica de San Pablo, mal impresionado, como me sucedió con la de San Pedro, por su aspecto exterior. Pero, al pasar el umbral, ante su serena grandeza llenóse mi espíritu de grave emoción. No es vieja —apenas tiene ochenta años— pero impresiona como si se revistiera con la pátina de la más remota antigüedad. Me imagino que las edificadas por Constantino y Teodosio —la última duró quince siglos y fue convertida en cenizas por la torpeza de un obrero— no daban la idea de magnificencia y de eternidad que en su interior ésta produce. Recorro sus gigantescas naves lentamente, deteniéndome, con mi cuaderno de notas en la mano, ante cada detalle precioso. Permíteseme ver la tumba del autor de las Epístolas, bajo el altar mayor, y sobre cuyo mármol se lee:- Paulo Apostolo, Martyre.

Y las reliquias, en su capilla de la sacristía, entre las cuales reveréncianse un fragmento de la Cruz auténtica y las cadenas que aprisionaron al apóstol hasta el instante en que perdió la vida en manos del verdugo, en el sitio llamado en la actualidad Alle Tre Fontane. En la altura de la magnífica nave central, en ricos medallones de Mosaico, míranse los retratos de todos los Pontífices. Muro y pavimento son de mármoles suntuosos; y, verdaderamente admirables, las dos esbeltas columnas de alabastro amarillo traídas de Egipto.

20 de julio.

Me atraen los palacios, casas y lugares en que vivieron los grandes varones. En París agoté mis pesquisas, a este respecto, con éxito envidiable, logrando satisfacer mi anhelo espiritual. Quizá logre editar un pequeño volumen con estas visitas, cuyo título —Persiguiendo fantasmas— fue del agrado de Henri de Regnier.

Estuve hoy en la Villa de Médicis, en las estancias en que habitaron Velásquez (en 1629 y en 1648) y Galileo Galilei (en 1633); y en el sotabanco del Palacio Farnese, en que vivió el Greco, el precursor del impresionismo moderno y cuyos mejores cuadros vi en Toledo.

25 de julio.

Mañana de luz clarísima. Estoy frente al más antiguo de los obeliscos de Roma y el de mayor volumen. Ya se erguía en Egipto bajo el reinado de Totmes IV, 1740 años antes de Cristo. De aquel país fue traído por el emperador Constantino. Del Circo Máximo lo arrancó Domenico Fontana, de orden de Sixto V, para colocarlo en medio de la plaza, delante de la basílica de San Juan de Letrán.

Acompañado por un joven sacerdote español, cuyo oportuno encuentro me deparó el azar, entré al famoso templo, madre y cabeza de todas las iglesias de la ciudad y del orbe.

—Vea uste —me dijo— el baldaquino de Urbano V, sobre el altar mayor, que guarda las cabezas de San Pedro y San Pablo: el coro monumental de riqueza única, el vívido mosaico de la nave, del centro, de diez y seis metros de ancho; el artesonado que diseñó Miguel Ángel.

Condújome junto al altar del Sacramento, sobre el cual se halla la Mesa de la Ultima Cena y dos trozos de la Cruz verdadera, entre columnas de mármoles preciosos, los más bellos de las iglesias romanas. En la sacristía, una Asunción de Miguel Ángel, sobre un altar, atrajo mi interés. Completó mi guía su espontánea charla, llevándome a la capilla en que se conserva la escalera que subió Nuestro Señor cuando Pilato lo expuso ante la plebe iracunda.

—Son veintiocho escalones —murmuraba—. De mármol, forrados de madera. Fíjese donde hay en ellos unos agujeros recubiertos con finos cristales. Allí se ven todavía manchas de la divina sangre.

30 de julio.

Al pasar por la magnífica Fontana de Trevi, que surge armoniosa del Palacio Buon-compagni —la de más fama en el mundo— arrojé en ella una moneda y bebí de su *agua virgen* en el vaso de plata del siglo XVI con que me obsequió en Florencia el periodista Vincenzio Ancelloti. Asegurándome así —según la fábula clásica— mi regreso a Roma cuando los vientos de mi destino me alejen de su recinto. Repetiré el acto siempre que transite por aquí para que obre el rito con mayor eficacia.

Esta agua-virgo, que Agripa introdujo en Roma veinticuatro años antes de Jesucristo, es clara, fresca, la más grata entre todas las insuperables aguas romanas. Fue descubierto el manantial por una jovencita de los campos, a quien se consideró como una deidad misteriosa. De ella proviene el sugestivo nombre que lleva tan cristalino líquido, traído a la ciudad desde las cercanías de Tívoli por un acueducto de veinte mil ochocientos sesenta y un metros de extensión.

6 de agosto.

Lapislázulis. Los huesos de San Luis Gonzaga reposan en la iglesia de San Ignacio, en una linda urna de lapislázuli en su parte externa; y vi, además, en la iglesia de Jesús, el mayor pedazo conocido de esa piedra peregrina, figurando un globo terrestre.

10 de agosto.

Fui con Leoni Ferrero a admirar un mueble único en su mérito extraordinario: el escritorio de la duquesa de Parma (Madama Margherita, hija natural de Carlos V). De las pinturas y adornos fue autor Francesco, a quien se llamó Indaco. Según Vassari, en su género no existe otro igual en el mundo. A mí me pareció verdaderamente primoroso.

15 de agosto.

Enrique Beyle da una nota falsa al asegurar que los italianos modernos aborrecen a los árboles. Quizá fuera así cuando eso escribió, en 1828, aunque tengo comprobantes de lo contrario. En este año de 1933 Roma está llena, como las demás ciudades del reino, de pinos, eucaliptos, tilos, cipreses, álamos, palmeras, araucarias, etcétera. Fuera de las plantaciones del Pincio hechas por orden de Napoleón. Puede calcularse en doscientos mil el número actual de árboles en el recinto de esta metrópoli.

20 de agosto.

Sería cosa risible, sino diera grima, ver las sonrisas irónicas u oír las burlescas palabras del bajo pueblo de Roma ante las caravanas de viajeros que cruzan constantemente la ciudad. No es posible que comprenda que estas ruinas, que él ve con indiferencia y desdén, puedan atraer a millones de almas de todos los extremos de la tierra. Desconoce su historia y, en su ignorancia, y en su carencia de toda curiosidad mental o espiritual, juzga pueril locura la avidez artística por estas grandiosas antigüedades.

El sesenta por ciento del pueblo romano de hoy no ha bajado jamás a las catacumbas, ni transita por los imponentes escombros, ni ha procurado conocer lo que significan los bajorrelieves de los arcos milenarios. Un anciano que vive en las inmediaciones del Coliseo me dijo que sólo cuando era muchacho correteó por las cavernas y pasillos de la vasta ruina; pero que después de sus quince años nunca se le ocurrió penetrar en aquel inmenso urinario. Que cedía ese placer a los millares de sabios y de bobos que semanalmente abandonaban, para gozarlo, sus familias y negocios en sus lejanos países.

Insólita paradoja; quien menos conoce la estupenda historia de Roma es la mayor parte del pueblo romano del siglo XX.

En la plaza del Popolo tomé un automóvil que me condujo al Puente-Molle (antes Milvius) donde un grupo de conspiradores que encabezaba Catilina fueron hechos prisioneros por Cicerón. Después caminé por el terreno en que Magencio fue destrozado por Constantino, entre dicho puente y Saxa Rubra.

24 de septiembre

De un artículo que me dedicó el gran escritor J. M. Vargas Vila, en el número de junio de 1928 de su revista Némesis, extracto las siguientes líneas:

"...Froylán Turcios, aquel heredero histórico de los Curcios; cuyo heroísmo desafía la boca insatisfecha del Abismo; este Apolonida, hecho el Verbo Homérida de la Ultima Epopeya Trascendental lidiada y vivida en nuestra América Austral...".

Leo, una vez más, en la Historia de Roma, las dos notas que dicen:

Curcio (Marco). Patriota romano de familia patricia, que en el año 960 antes de Cristo, se precipitó completamente armado en un abismo, por haber proclamado los augures que tal muerte sería útil al interés de la República.

Curcio (Mecio). Guerrero sabino que mostró gran valor cuando las tropas de Tacio atacaron a Rómulo para recuperar a sus mujeres secuestradas.

Hoy visité aquel sitio del Mercado de Roma, entonces un abismo, en que Marco hizo heroicamente el sacrificio de su vida para librar a su país de los terribles males anunciados por el oráculo.

10 de octubre.

Por un precio módico —signo de buena suerte aquí donde las viviendas son tan caras— encontré en la Piazza Buenos Aires, 5, un departamento señoril con muebles antiguos y bellos. Hoy hice mi traslado. El amplio salón con tapices alegóricos y con objetos de arte, piano y lámparas magníficas; el claro comedor, las estancias, el baño y demás servicios, son dignos de un príncipe. El extenso pasillo alfombrado, después del escritorio, será el sitio preferido de mis paseos y meditaciones. De las hermosas ventanas que dan a la plaza domínase un mágico panorama que se extiende en la lejanía hasta las líneas azules de los montes. Aquí escribiré con mayor desahogo las correspondencias que envío a algunos diarios de América; continuando los diversos trabajos comenzados.

5 de octubre

Hoy es mi onomástico. Creo justo que felicite a mi espíritu, obsequiándolo con algunas horas de música selecta. Voy, pues, al Augusteo, en donde, bajo la dirección del ilustre maestro Riccardo Zandonai, escuché el siguiente concierto: 1) Cherubini: Faniska: Ouverture; 2) Beethoven: Settima Sinfonía; 3) Gasco: Buffalmacco, Preludio giocoso; 4) Rossellini: Preludio per l'Aminta del Tasso; 5) Zandonai: Suite agreste; 6) Wagner: Lohengrin: Preludio I e III.

10 de octubre.

Me despiertan —como en la primera remembranza de mi vida— las alegres campanas. Aquí las de la iglesia de la misión argentina, situada en la plaza. Abro el balcón de mi dormitorio y entra el sol con un hálito de salud y esperanza. Me recojo dentro de mí mismo y siento una alegría serena, rodeado de selectos libros, de la ilusión de una existencia útil y transparente, de trabajo metódico, y de reposo, y de paz...

16 de octubre.

En este día desatóse el siroco de improviso, con una fuerza terrible. Abriendo con espantosa violencia las ventanas de mi cuarto, destrozó en pocos segundos los grandes cristales de la puerta que lo comunica con el pasillo y aulló en éste como un perro iracundo. Mi ánimo supersticioso me obscureció con la honda inquietud de que hubiera ocurrido alguna irreparable desgracia a mi familia o a mi patria.

20 de octubre.

Día deslumbrante pasado en Ostia, frente al Mar Tirreno. Visité las ruinas del antiguo puerto —que en la época imperial contuvo ochenta mil almas— y, en el nuevo, el castillo de Julio II, construido en 1483; y la iglesia de Santa Aurea.

Ostia es, en la actualidad, una alegre villa de elegantes mansiones, a la que concurren los domingos las nobles familias romanas, deseosas de esparcimiento en el aire y la luz de las campiñas y del mar.

22 de octubre.

Aunque el boxeo me inspira invencible repugnancia por su brutalidad sin belleza, fui hoy a presenciar —pagando un precio exagerado por un incómodo sitio cerca del ring— la lucha entre Primo Carnera y Paulino Uzcudum, actualmente los dos hombres más fuertes del mundo.

El valor de Uzcudum está sobre toda ponderación. Tras de sus inútiles puñetazos sobre la férrea estructura del veneciano, el público se burlaba cruelmente, silbando y pidiendo su muerte con acres palabras y con furiosos ademanes como en el circo en tiempos de Nerón. Cambió después aquella hostil actitud a medida que el vasco mostraba su heroicidad en toda su máxima potencia. Con la cara ensangrentada resistió los formidables martillazos del gigante hasta el último minuto en el décimo quinto asalto.

Carnera —matador del pobre Ernie Schaaf, al que Sharkey estuvo a punto de seguir en el lúgubre viaje, acometido por los mismos puños— tiene dos metros y cuatro centímetros de altura con un peso de ciento veinticuatro kilogramos. Paulino presenta muy inferior volumen con un peso de noventa y dos kilogramos. Es decir, que hay entre los dos, fuera de la estatura, una diferencia de más de sesenta y siete libras. Al verlos de pie en el cuadrilátero, hízose plenamente notoria la inmensa desventaja del púgil español; y de antemano quedó exenta de todo mérito, en los espíritus imparciales, la segura victoria de Carnera. Al Francis dijo bien:

—Uzcudum puede vencer a todos los hombres del mundo. A Carnera no. Porque Carnera no es un hombre.

31 de octubre.

En mi soñado viaje a la Palestina esperaba tener de compañero al Arzobispo Hombach, jefe de la iglesia hondureña, quien me anunció su ingreso a Roma para fines de año. Amigo de mi predilección, a quien me unía un firme cariño y que por las grandes palabras que pronunció en elogio de Lalita consideraba como a un ser familiar. Y a quien iba mi estimación más alta por su talento y sus virtudes, y su amor a mi patria, demostrado —a despecho de sus míseros enemigos que le calumniaron— con obras prácticas y civilizadoras.

Con intensa amargura recibí ayer la noticia de su muerte —acaecida el 16 del actual, en el mismo instante— en la equivalencia de las horas entre Roma y Tegucigalpa, en que una violentísima ráfaga del siroco, aullando lúgubremente, destrozó los cristales de una puerta de mi dormitorio.

2 de noviembre.

...El Cementerio de Verano era un campo florido cubierto de mármoles, por donde iban y venían en silencio más de veinte mil personas. Todos los jardines de Roma se derramaron sobre él con espléndida magnificencia. La tarde tenía una palidez opalina. Las campanas de Santa Croce in Gerusalemme sonaban tristemente...

4 de noviembre.

Esta tarde, en el Pincio, abstraído en íntimos recuerdos, cuando la luz crepuscular se apagaba tras del Monte Mario y la cúspide de San Pedro perdíase en las sombras, pensé en los varones inmortales que cruzaron por estos sitios, sitios en que, en los anocheceres, pasan las brisas como suspirando..

Son tantos los que vienen a mi memoria.... Un día en el Pincio —cuenta Stendhal— me impresionó el aspecto de un hombre notablemente espiritual y un poco triste, que se paseaba con un gran bastón en la mano: era Jerónimo Bonaparte. Fue rey y mandaba una división en Waterloo.

Pero mi pensamiento se alejaba hacia un pretérito de siglos y milenios, evocando las sombras legendarias de la portentosa historia de Roma.

12 de noviembre.

Mi pasión por la buena música me lleva, con la mayor frecuencia posible, a los teatros y salones en que las mejores orquestas ejecutan las obras de los grandes maestros. En la Scala de Milán, en Nápoles y Bolonia; en las óperas de París y de Roma, y, últimamente, en el Augusteo, y en la Academia de Santa Cecilia, he llegado a conocer las expresiones supremas de ese arte divino.

22 de noviembre.

Pasé la mañana en la iglesia de San Carlos de Cantinari, donde se celebró una misa en honor de Santa Cecilia. Eran tres los números del programa: 1. Dum Aurora. 11. Adoramus te Christe, de Palestrina. 111. Ora pro nobis, de Perosi. Cantados por el coro de la Academia de Santa Cecilia, dirigido por el maestro Buenaventura Somma.

30 de noviembre.

Llevo una lista en que anoto los nombres de mis compatriotas, amigos o conocidos, que van desapareciendo del escenario del mundo, desde el 8 de abril de 1929 en que salí de Tegucigalpa. Hasta hoy la inscripción llega al número 147. ¡Cuántas veces tembló mi mano fijando una nueva cifra en esta nómina negra! Muchos de mis amigos han caído para siempre. Hay entre ellos algunos que enlutaron mi espíritu. Cuando abro el último paquete de periódicos hondureños pienso con pena:-¿A quién le tocará hoy el turno en el inevitable desfile hacia el más allá? -Tengo esta inquietud entre otras tantas inquietudes...; pero alienta en mi corazón una serena certidumbre en la magnanimidad divina, que me permitirá ver otra vez a los seres que amo y dormir mi sueño postrero en la tierra. maternal, junto a los huesos de la celeste hermana que iluminó mi camino, impulsándome hacia el Bien y la Verdad.

6 de diciembre.

Vengo de la Academia de Santa Cecilia, Durante dos horas se adormeció mi alma, oyendo exquisitos fragmentos de música sagrada. La orquesta, única en el mundo, es digna de su celebridad. Habría permanecido en mi butaca noches enteras, escuchando las admirables interpretaciones de los supremos genios, los lamentos y gemidos y súplicas elevados por nuestras miserables angustias hacia el Eón cósmico que rige los destinos humanos.

Doy cada día gracias al Eterno por haberme dotado de un espíritu tan comprensivo de la Belleza en todas sus manifestaciones. Debo a las Bellas Artes dichas imperecederas. La música, la pintura, la escultura me han proporcionado placeres profundos. Los libros exquisitos, plenos de sabiduría, fueron siempre los fieles amigos de mis mejores instantes. ¿Qué sería de mí sin mi aptitud y vocación para las altas Letras?

12 de diciembre.

Camillo Caccia Dominione, maestro de cámara de Su Santidad, me envió una tarjeta para un asiento de tribuna en la basílica de San Pedro, en el acto de la canonización de María Bernarda Soubirous.

Concurrí a él en traje de rigurosa etiqueta y entre los millares de espectadores creo que fui uno de los pocos que no perdieron ningún detalle de tan solemne ceremonia. Hice su descripción en la correspondencia que acabo de enviar a un diario de América.

18 de diciembre.

Entre los escritores y poetas de mi patria seguramente soy yo el único que (en los tres primeros lustros de mi vida literaria) he sido objeto de discusiones y críticas por la prensa. No oí hablar nunca de panfletos contra ninguno de mis colegas, si se exceptúan los de Agustín Mencos F. y Leopoldo Culebro atacando a mi amigo Molina. En cambio, podría citar más de setenta artículos en los que, en Honduras y en el Exterior, se me hizo blanco de apasionados ataques. Mi hermana —creyendo, en razón, que el dicterio nada edifica, y que, como dice el proverbio antiguo, el odio y el rencor secan los huesos— destruyó, poco antes de su tránsito, un grueso libro de recortes en que yo conservara gran número de esas diatribas. También es cierto que la cantidad de elogios y de exaltaciones que recibiera y recibo —entre los que figuran los de hombres y mujeres ilustres de América y Europa— es veinte veces mayor que el de las antiguas censuras, y que, si tratara de recogerlos, no cabrían en un volumen de ochocientas páginas en cuarto.

25 de diciembre.

Oí sonar las doce de la Nochebuena en el interior del Coliseo. La luna irradiaba en un cielo translúcido. Es éste uno de los espectáculos más estupendos que un poeta puede contemplar. Estaba solo, vibrando en mi propio universo recóndito, viendo de lejos los grupos de visitantes que se deslizaban por las ruinas como fantasmas. Como fuera de la vida, en un ángulo penumbroso me embriagué de recuerdos y de sobrehumano silencio.

1 de enero de 1934.

Dios, que es la Suprema Bondad, me dará en este nuevo año, en unión de los míos, salud y paz de espíritu. Como nunca, me anima hoy el propósito firme de superarme, de alcanzar un plano moral superior, de excederme a mí mismo en serenidad y nobleza. Anhelo hacer de los últimos años de mi vida mi mejor poema, mi poema perfecto, hasta donde este vocablo pueda alargarse en altura y claridad.

Tal ansia recóndita no ha sido jamás tan poderosa, tan consubstancial entre mi espíritu y mi mente, como en este día, que marco, pleno de fe, con un signo optimista.

6 de enero.

Fuera del amor, ninguna pasión ha dominado nunca mi voluntad. Algunas gotas de sangre de jugador hay en mis venas, que me impulsaron hacia los tapetes verdes; mas logré refrenar este malsano deseo. Los cigarrillos habanos constituyeron uno de mis placeres de los quince a los veinte años; pero pronto proscribí de mis hábitos este sucio vicio. ¿Alcoholes? El más sobrio de mis compatriotas —con alguna rara excepción— ha ingerido más alcohol en cinco meses que yo durante mi larga vida. Los refinamientos de mis gustos, a los que llamo mis vicios —intensificados por mis últimos tiempos de cultura europea— son los libros exquisitos en ediciones de lujo, el papel de lino para mis trabajos y correspondencia, la calidad especial de mi ropa interior, el agua de colonia para el baño tibio antes de acostarme y las botellas de Perrier (la mejor agua mineral) para mi mesa.

Hago todo el bien que puedo. Ninguna mano, ningún anhelo se han tendido inútilmente hacia mí. La ingratitud y la calumnia me fueron siempre odiosas y no herí jamás el honor de nadie. Nunca tomé un céntimo ajeno, ni la envidia laceró mi corazón. Amo a mi Patria como ningún otro pudo o podrá amarla más. Por ella daría gustoso mi sangre en cualquier momento y para honrarla me esforcé por adquirir estimación y renombre.

Así, cuando llegue la hora de rendir el alma, olvidaré las cosas adversas y obscuras para pensar que viví con dignidad; que ningún hombre puso su mano sobre mí ni me humilló jamás; que si cometí faltas, cayendo en errores como todos los humanos, no incurrí nunca en acto alguno que pudiera afrentarme.

10 de enero.

Vino a verme el doctor Carmine Starace, secretario del Senado del Reino, trayéndome una tarjeta para concurrir a la sesión extraordinaria de ese Alto Cuerpo el 13 próximo a las cuatro de la tarde.

Le obsequié con dos de mis libros.

14 de enero.

Asistí ayer a la sesión del Senado en la tribuna de la Prensa. Starace me presentó una docena de periodistas con quienes conversé largamente. Cinco de ellos me ofrecieron las columnas de sus diarios y todos me demostraron la mayor cordialidad.

La magnífica sala rebosaba de concurrentes. Mussolini pronunció un vibrante discurso.

18 de enero.

Hoy me asaltó una extraña inquietud. ¿Llegará un día en que me dejen impasible las expresiones de la Belleza? ¿En que no me conmueva ante las divinas formas inmortales? ¿Las pródigas fuentes de mis entusiasmos se convertirán en áridas arenas? Atravesó mi ser, como un dolor, este sombrío pensamiento; pero luego mi alma se aclaró sintiendo que sólo con mi último hálito se extinguirá la celeste llama encendida en mi espíritu.

22 de enero.

La misma repugnancia que por las fiestas populacheras tuve siempre por los certámenes. Jamás he contribuido a ninguno de esos concursos, exceptuándose el que injustamente se declaró desierto, relativo a nuestro himno nacional. He sido varias veces miembro y presidente de jurados calificadores de tales trabajos en Honduras, Guatemala y otros países. Nada más.

Juan Ramón Molina pensaba como yo y se abstuvo en toda ocasión de tomar parte en juegos de ese género. ¿Por qué? ¿Por nuestra inseguridad en el propio mérito? ¿Por temor de la derrota? No, no. Quizá, a veces, por certidumbre de lo contrario y menosprecio de los triunfos fáciles.

30 de enero.

Yo también, como el enorme Goethe, desahogué en un tiempo mi venganza contra los ataques notoriamente injustos de vulgares enemigos, escribiendo agudos epigramas que les habrían hecho saltar como cabrones picados por la tarántula. Ejercité así mi fuerza, sin intención de dar a la publicidad. Mis cauterios, no deseando ningún triunfo o celebridad por esa aptitud, que considero negativa porque tiende a destruir, y en la que inconscientemente pueden perderse el equilibrio y la ecuanimidad. Quedó, pues, inédito este poder destructor de mi pluma, esta habilidad para sacar sangre en la piel del adversario con cinco líneas escritas con ácido prúsico.

23 de febrero.

A las nueve de la noche vino mi amigo Ramiro Durán a comunicarme la trágica muerte de Sandino. Me produjo violenta indignación este cobarde e ignominioso asesinato.

¡Si Sandino no hubiera sido tan ruin para conmigo, con qué brillante y terrible cólera le vengaría mi pluma! Con el mismo o mayor ardor con que hice conocer al mundo su epopeya. Pero como no tengo nada de santo, como soy de carne y hueso, no puedo olvidar su ingratitud; y solamente mi pasión por la soberanía de Centro América y la forma infame y perversa con que fue ultimado me obligan a romper el silencio para condenar a sus verdugos.

8 de marzo.

Siempre, aun en los años de mi otoño, el Amor me fue propicio. Pudiera decir que mi paso por el mundo constituyó una fragante cadena de ternuras. Y que si los más agudos celos no me hubieran perennemente quemado la sangre y el alma entenebreciendo mis goces más íntimos y profundos, debería considerarme satisfecho de mi destino. Todavía, en la hora en que escribo estas líneas, pensativo en la puerta del invierno, recojo, venidas de lejanos países, rosas de amor de virginales jardines. Amadas y amantes innumerables, rubias o morenas, mórbidas y gráciles, con arcanos sabores diversos, con diversas delicias en su carne y en su espíritu colmaron de placer y felicidad mi corazón y en apasionado.

...Y nunca jamás encontré un amigo, en el total concepto del término. Creí, en diez o doce ocasiones, haber al fin obtenido tal gracia de los dioses. Duraba, más o menos tiempo, la grata ilusión, que la implacable realidad desvanecía en un amargo segundo. Una frase, un suceso imprevisto, un proceder inesperado, mostrábanme al fraternal compañero en toda su miseria, indigno de toda afección singular, número común en la multitud anónima de la especie...

12 de marzo.

Mis lecturas de los últimos meses despertaron las dormidas ansiedades de mi adolescencia, cuando la figura de Jesús, diciendo sus parábolas en las campiñas galileas, atraía profundamente mi alma. Cada hora intensifica en mí este anhelo espiritual de ver, de sentir el encanto de los sitios por donde El pasó tantas veces...

18 de marzo.

También una extraña avidez me impulsa hacia el Egipto. Un sentimiento imperativo me apremia a partir hacia el Oriente. Sueño que voy cruzando el divino Archipiélago, ruta de las grandiosas y milenarias aventuras. Ya hubiera partido sino me retuvieran en Roma asuntos de un orden complicado, en que se aúnan intereses prácticos con emociones estéticas.

24 de marzo.

Con la señora del Ministro de Gobernación y con su hijo Ramiro concurrí hoy a una audiencia del Papa.

Un chambelán nos condujo ceremoniosamente. Atravesamos varios salones suntuosos y en el último nos detuvimos esperando. Doce minutos después levantóse un cortinaje rojo y apareció Pío XI. Ya en su trono, pronunció un breve discurso y nos bendijo. Yo le tenía a dos metros de distancia. Está fuerte a pesar de sus setenta y siete años. Su voz es clara y vibrante. Su presencia, grave y simpática.

27 de marzo.

Vive en Roma una monjita nieta de Morazán. Le envié un saludo y me contestó indicándome una hora en que podría recibirme.

Fui esta mañana a su convento. Corso Italia, número 1-. Se llama Sor Francisca Morazán de la Croix. Prodiga sus servicios a los enfermos de los hospitales y tiene el aspecto inocente e infantil.

La parte de estas Memorias, comprendida entre el 27 de marzo y el 10 de octubre de 1934, fue publicada en los números 9 a 21 de esta revista, con los títulos De Roma a la Palestina y De Jerusalén a Roma.

Mientras preparamos los textos de los últimos siete años nos vemos obligados a suspender por algún tiempo esta sección.

www.ingramcontent.com/pod-product-compliance
Lightning Source LLC
Chambersburg PA
CBHW021210130626
46554CB00004B/1160